Journalistische Praxis

Gegründet von
Walther von La Roche

Herausgegeben von
Gabriele Hooffacker

Der Name ist Programm: Die Reihe Journalistische Praxis bringt ausschließlich praxisorientierte Lehrbücher für Berufe rund um den Journalismus. Praktiker aus Redaktionen und aus der Journalistenausbildung zeigen, wie's geht, geben Tipps und Ratschläge. Alle Bände sind Leitfäden für die Praxis – keine Bücher über ein Medium, sondern für die Arbeit in und mit einem Medium. Seit 2013 erscheinen die Bücher bei SpringerVS (vorher: Econ Verlag).

Die gelben Bücher und die umfangreichen Webauftritte zu jedem Buch helfen dem Leser, der sich für eine journalistische Tätigkeit interessiert, ein realistisches Bild von den Anforderungen und vom Alltag journalistischen Arbeitens zu gewinnen. Lehrbücher wie „Sprechertraining" oder „Frei sprechen" konzentrieren sich auf Tätigkeiten, die gleich in mehreren journalistischen Berufsfeldern gefordert sind. Andere Bände begleiten Journalisten auf dem Weg ins professionelle Arbeiten bei einem der Medien Presse („Zeitungsgestaltung", „Die Überschrift"), Radio, Fernsehen und Online-Journalismus, in einem Ressort, etwa Wissenschaftsjournalismus, oder als Pressereferent/in oder Auslandskorrespondent/in.

Jeden Band zeichnet ein gründliches Lektorat und sorgfältige Überprüfung der Inhalte, Themen und Ratschläge aus. Sie werden regelmäßig überarbeitet und aktualisiert, oft sogar in weiten Teilen neu geschrieben, um der rasanten Entwicklung in Journalismus und Neuen Medien Rechnung zu tragen. Viele Bände liegen inzwischen in der dritten, vierten, achten oder gar, wie die „Einführung" selbst, in der neunzehnten völlig neu bearbeiteten Auflage vor. Allen Bänden gemeinsam ist der gelbe Einband. Er hat den Namen „Gelbe Reihe" entstehen lassen – so wurden die Bände nach ihrem Aussehen liebevoll von Studenten und Journalistenschülern getauft.

Gegründet von
Walther von La Roche

Herausgegeben von
Gabriele Hooffacker

Walther von La Roche
Axel Buchholz (Hrsg.)

Radio-Journalismus

Ein Handbuch für Ausbildung
und Praxis im Hörfunk

10. Auflage

Springer VS

Herausgeber
Walther von La Roche
Axel Buchholz

München, Deutschland

ISBN 978-3-658-02683-7   ISBN 978-3-658-02684-4 (eBook)
DOI 10.1007/978-3-658-02684-4

Die Deutsche Nationalbibliothek verzeichnet diese Publikation in der Deutschen Nationalbibliografie; detaillierte bibliografische Daten sind im Internet über http://dnb.d-nb.de abrufbar.

Springer VS
Bis 2012 erschien der Titel in mehreren Auflagen bei Econ Journalistische Praxis, bis 2008 in der Reihe List Journalistische Praxis
© Springer Fachmedien Wiesbaden 2013

Springer VS ist eine Marke von Springer DE. Springer DE ist Teil der Fachverlagsgruppe Springer Science+Business Media.
www.springer-vs.de

Inhaltsverzeichnis

Das Symbol ⌨ kennzeichnet Online-Plus-Beiträge
(s. Vorwort).

Vorwort

Das will dieses Buch sein: eine handfeste Anleitung für die praktische Arbeit beim Radio – ohne auf den erforderlichen theoretischen Hintergrund zu verzichten.

In mehr als 30 Jahren ist »Radio-Journalismus« so zu einem hilfreichen und praxisnahen Lehrbuch geworden

- für die ersten Schritte beim Radio als Praktikant, Volontär oder freier Mitarbeiter,
- für das Journalistik-Studium oder die Ausbildung an Journalistenschulen,
- für alle Radio-Mitarbeiter, denen »Learning by doing« allein nicht reicht und
- für die Ausbildung an Universitäts- und Schulradios, Webradios, beim Bürgerfunk und in Offenen Kanälen.

Die Autoren von »Radio-Journalismus« sind fast ausschließlich erfahrene und erfolgreiche Radio-Macher. Viele von ihnen unterrichten außerdem an Journalistenschulen, Hochschulen und sonstigen Einrichtungen der journalistischen Aus- und Fortbildung. Sie alle bringen ihre Erfahrungen aus Praxis und Lehre in das Buch ein – insgesamt viel mehr als ein Einzelner das könnte. Dafür sei ihnen herzlich gedankt (vgl. »Autoren« und »Dank«).

Mit der zehnten Auflage liegt »Radio-Journalismus nun auch in einer E-Book-Ausgabe vor. Darüber hinaus wird »Radio-Journalismus« Bestandteil der Datenbank »SpringerLink« und damit allein in über 150 deutschsprachigen Hochschulen verfügbar sein. Dafür hat der Wissenschaftsverlag Springer VS gesorgt, bei dem die gesamte gelbe Reihe »Journalistische Praxis« jetzt erscheint.

»Radio-Journalismus« ist ein Lehrbuch, das in einem ganzen Kapitel mit der crossmedialen Arbeit beim Radio vertraut macht. Zusätzlich lädt am Schluss vieler Beiträge die gefettet gedruckte Aufforderung »Ins Netz damit« dazu ein, das jeweilige Beitragsthema crossmedial weiterzudenken: Denn wie es kaum ein Radio-Programm ohne begleitenden Internet-Auftritt mehr gibt, so kommt auch kein Radio-Journalist mehr ohne fundiertes Wissen über die Online-Arbeit aus.

Bei aller Orientierung hin auf diese neue Radio-Gegenwart und Zukunft bleiben die »klassischen« Radio-Tätigkeiten der Schwerpunkt: Wie Umfragen gemacht, wie Interviews geführt, O-Ton-Beiträge gebaut, Radio-Texte geschrieben und gesprochen werden, wie moderiert, wie kommentiert und wie digital an der Audio-Workstation produziert wird – all das und vieles mehr ist mit zahlreichen Beispielen und erprobten Tipps dargestellt.

Ein Blick in das Inhaltsverzeichnis zeigt, wie umfassend das Buch die Arbeit beim Radio behandelt und wie es gegliedert ist. Alle Beiträge sind in sich abgeschlossen, bauen aber gleichzeitig aufeinander auf. Wer sich systematisch auf den Journalismus im Radio vorbereiten will, sollte der Gliederung des Buches folgen. Man kann die Beiträge aber auch gezielt lesen, etwa für eine Bewerbung beim Radio oder zur Vorbereitung auf die jeweils nächste Station in einem Praktikum oder Volontariat. Querverweise sorgen für den Gesamtzusammenhang.

»Radio-Journalismus« wird durch einen Webauftritt ergänzt. Kostenlose Zusatzmaterialien stehen auf der Website zum Band (www.radio-journalismus.de) zur Verfügung. Die Symbole 🖳 (»Online Plus«) weisen im Inhaltsverzeichnis auf zusätzliche Online-Beiträge hin. Bei den Texten signalisiert 🖳, wenn Audios, Beispiele, weiterführende Links oder sonstige Informationen zum jeweiligen Beitrag auf der Website zu finden sind.

Walther von La Roche († 9.5.2010), Mit-Herausgeber und Koautor, war es nicht vergönnt, die zehnte Auflage zu erleben. Er hatte die Idee zu diesem Lehrbuch. Und mit seinem Radio-Wissen, seiner Erfahrung als Journalismus-Lehrer und seiner Akribie und Hartnäckigkeit hat er ganz wesentlich dazu beigetragen, dass »Radio-Journalismus« zu einem Standardwerk der praktischen Radio-Ausbildung geworden ist – gleichermaßen geschätzt in Redaktionen, Journalistenschulen und Universitäten.

Ebenso wie die Anforderungen an Radio-Journalisten, an Radio-Technik und an Radio-Programme hat sich »Radio-Journalismus« ständig weiterentwickelt. Und so soll es im Sinne von Walther von La Roche auch bleiben: von Auflage zu Auflage dem modernen Radio-Machen auf der Spur.

Saarbrücken im Mai 2013   Axel Buchholz

Radio-Journalist werden

In Berlin hatte er Abitur gemacht. Dann begann er auf Wunsch seiner Eltern das Jura-Studium. Parallel dazu Bewerbung an der Deutschen Journalistenschule in München, weil ihn Journalismus »interessiert hat«. Zu seinem Erstaunen bestand er die Aufnahmeprüfung. Weil er »da einfach mal angefragt« hatte, konnte er nebenbei zudem als Bote im Sportfunk des Bayerischen Rundfunks arbeiten. Dort durfte er zuerst die seinerzeit noch gebräuchlichen Tonbänder »rauf und runter tragen«. Irgendwann wurde dann auch einmal gefragt:»Wie lang ist denn das Band genau«? Die Antwort muss korrekt gewesen sein, denn schließlich hieß es:»Was, der Reporter ist drei Minuten?! Kürz ihn mal, dass der nur zwei Minuten ist«. Und so wuchs er da »langsam rein«.

Nach Journalistenschule und Hospitanz beim Zeitfunk war er zwei Jahre lang Sportredakteur, danach fünf Jahre Moderator und Redakteur beim Zeitfunk, dann zwei Jahre in Bonn als Korrespondent des BR, anschließend wieder in München, »weil der BR was gegen die privaten Sender aufbauen wollte.« Und dann erst kam das Fernsehen hinzu.

Da war Günther Jauch gerade 29 Jahre alt.

Günther Jauch war Radio-Journalist. Mehr Popularität und Geld hat ihm das Fernsehen verschafft, mehr Spaß an der Arbeit früher das Radio:»Es ist das Medium, in dem ich am stärksten das umsetzen kann, was ich mir gerade im Moment vorstelle.«

Wie stelle ich fest, ob ich fürs Radio tauge? Günther Jauch empfiehlt da einen zweistufigen Test, der »viele Frustrationen schafft, weil er zunächst meist verheerend ausfällt«.

- Stufe 1:»Nimm dir einen Artikel aus der Zeitung, nimm ein Aufnahmegerät, und lies diesen Artikel so vor, wie du ihn im Radio vorlesen würdest. Dabei erfährst du zweierlei: Erstens, *wie klingt meine Stimme?* Zweitens, *kann ich laut vorlesen?* Dann kannst du dich abhören, allein oder mit jemandem, an dessen Urteil dir liegt: Habe ich einen Dialekt und wie stark? Habe ich ein ›s‹, das wahnsinnig zischt?«

- Stufe 2:»Nimm eine kleine Meldung, zum Beispiel über einen Verkehrsunfall, fünf, sechs Zeilen in der Zeitung, und versuche, diese Meldung frei nachzuerzählen. Beim Abhören merkst du, dass dies viel mehr ist, als einfach nur vor-sich-hinreden, und in Wirklichkeit harte Arbeit bedeutet; wie schwer es ist, etwas präzise und lebendig mitzuteilen, ohne etwas ganz Wichtiges zu vergessen.«

Warum solch ein Test, wenn er »zunächst meist verheerend ausfällt«, wie Günther Jauch meint? Und wenn er noch dazu nichts Verbindliches darüber aussagen kann, wer nun fürs Radio geeignet ist und wer nicht – wie der Test-Erfinder selbst einräumt. Jauch:»Man kriegt durch den Test jedenfalls einen groben Eindruck, wie kompliziert das Medium ist, und dass es nicht damit getan ist, seine CDs von zu Hause mitzubringen, ein bisschen dufte Musik zu machen, und dann läuft alles automatisch.«

Übers Mikrofon führt der einzige Weg zum Hörer. Wer als Radio-Journalist Erfolg haben will, muss in der Lage sein, ans Mikrofon zu gehen. Das gilt nicht nur für den *Moderator* und den *Reporter*, den *Nachrichtenredakteur* und den *Korrespondenten*; auch der *Kommentator* spricht, weil er damit glaubhafter wirkt, in aller Regel seinen Meinungsbeitrag selbst. Selbst der *Redakteur* am Schreibtisch, (der vielleicht nur fremde Beiträge bearbeitet), muss heute in aller Regel ins Studio: Als »Redakteur am Mikrofon« präsentiert er dem Hörer, was er ausgesucht und gestaltet hat.

Der Radio-Journalist braucht nicht sympathisch auszusehen, wenn er nur eine sympathische oder interessante *Stimme* hat und eine *Sprechweise*, die man versteht und der man gern zuhört. Seine ständige Frage sollte sein: Wie stelle ich es an, dass der Hörer mich zu seinem Partner macht, mir zuhört anstatt abzuschalten, mich versteht, anstatt sich überfahren zu fühlen? Wie setze ich mein Thema so radiophon um, dass er *mit den Ohren sieht*?

Geschriebene Texte lesen oder den Text frei formulieren?
Der Radio-Journalist sollte das eine wie das andere können, und das heißt, beides lernen, beides üben: *Fürs Hören schreiben* und dann *das Manuskript sprechen* oder gleich *frei sprechen* (vgl. jeweils dort).
Der Radio-Reporter muss über ein Ereignis auch *live* berichten können; ein Fachredakteur, der sonst seine Beiträge aufnimmt, muss live etwas erläutern und erklären können, wenn der Magazin-Kollege ihn darum bittet (vgl. Beitrag »Moderatoren- und Reportergespräch«).

Auch Umgang mit der Technik gehört zum Radio-Journalismus. Der Radio-Journalist muss
- »Mit Mikrofon und Recorder richtig aufnehmen« (vgl. dort),
- »An der Audio-Workstation schneiden und produzieren« können (vgl. dort) und
- selbst seine »Sendung fahren« (vgl. dort).

Multimedial denken und arbeiten sollte der Radio-Journalist können, um programmbegleitend das Internet zu bedienen[1] und mit Online-Redakteuren zusammenzuarbeiten. Das setzt voraus, dass er z. B. eine Kamera in die Hand nehmen oder Internet-Teaser formulieren kann (vgl. Beitrag »Ausbildungsziel crossmediales Arbeiten«).

Bisher war von Fähigkeiten die Rede, die *jeder* Radio-Journalist mitbringen bzw. erlernen sollte. Ein Interview muss jeder führen können, aber neben Interview-Handwerkern gibt es Interview-Talente. Wie man ein Feature macht, lässt sich in den Grundzügen lernen, aber der eine macht ansprechendere als sein Kollege, der sich vielleicht als live-sicherer und obendrein freundlicher, witziger Moderator profiliert (vgl. Beiträge »Moderieren« und »Musik-Moderation«).
Umgekehrt: Jeder Radio-Journalist sollte live eine Sendung moderieren können, aber nicht jeder wird darin so gut sein, dass man ihn als Moderator einsetzt. Vielleicht kann er noch besser Nachrichten präsentieren (vgl. dort).

Der Weg zum Radio. »Einfach mal anfragen«, wie Günther Jauch es tat? Heute ist in der Regel der Weg über ein Praktikum vielversprechender – versuchen kann man es dennoch. Es hängt von den Ansprüchen der betreffenden Radio-Station bzw. ihres Redaktionsleiters und von der mitgebrachten eigenen Qualifikation ab, ob man mit der Anfrage Erfolg hat. Die Konkurrenz ist groß. Wie überall im Journalismus wird auch beim Radio auf möglichst viel praktische Erfahrung Wert gelegt. Die sollte sammeln, wer zum Radio will: so zeitig, wie und wo es geht. Bereits ein paar Jahre Schülerzeitung und genaues Hören des Senders, zu dem man will, sind ein Anfang; nützlich können Radio-Kurse sein (vgl. dort).

Besonders intensive erste Radio-Erfahrungen vermitteln Bürger-, Lern- und Uni-Radios sowie die sogenannten Offenen Kanäle, weil man dort rascher und vielfältiger zum Mitmachen kommt (vgl. Beitrag »Die Radio-Landschaft«).

Ein Praktikum von meist drei Monaten, bezahlt oder (leider häufig) nicht bezahlt, nennen größere und kleinere Sender als üblichen Weg in die Redaktion. Studenten von Journalistenschulen und journalistischen Studiengängen haben das Fach Radio in ihrem Curriculum und werden deshalb oft bei der Suche nach einem Praktikumsplatz unterstützt. Die ARD-Anstalten kennen neben dem Praktikum die Hospitanz (vgl. Beitrag »Erfolgreich in Praktikum und Hospitanz«)
Auch über freie Mitarbeit verschaffen sich manche ihre ersten Radio-Erfahrungen, vor allem, wenn sie Spezialkenntnisse einsetzen können, z. B. über eine Heimatregion im Sendegebiet oder die Berichterstattung über eine seltenere Sportart o. ä.

Erste Radio-Praxis lässt sich also im Prinzip überall erwerben, wo Radio gemacht wird, in der öffentlich-rechtlichen Rundfunkanstalt wie beim Privatsender oder beim Uni-Radio. Das gilt für die Wortredaktion einer kleinen Lokalstation genauso wie für die Abteilungen einer großen Rundfunkanstalt (vgl. Beitrag »Der Sender, die Jobs«).

Wie man sich beim Radio bewirbt. Auf diese Frage haben die Sender keine einheitliche Antwort. Einige sind bereits mit der Mail zufrieden, in der ein Bewerber um einen Telefontermin für einen ersten Kontakt bittet. Andere geben einer »aussagekräftigen« E-Mail-Bewerbung (jedenfalls für ein Praktikum) den Vorzug, wieder andere erwarten, dass der Bewerber schon der ersten Bewerbungsmail ein Audiofile mit Hörproben anhängt. Bei manchen kleineren Lokalsendern wiederum können sich (auch noch ganz junge) Bewerber aus der Nachbarschaft direkt mit einem Redaktionsbesuch vorstellen.

Lebenslauf, Zeugnisse und die Aussage, warum man ausgerechnet beim Radio arbeiten möchte, gehören im Verlauf der Bewerbung früher oder später dazu. Auf den Internetseiten der Sender finden sich in der Regel präzise Hinweise (vgl. Beiträge »Aus- und Fortbildung bei der ARD«, »Aus- und Fortbildung beim Privatfunk«).

Regelmäßiges Radio-Hören reicht meist schon, um festzustellen: Wie erfüllt die Radiostation, bei der man lernen oder mitarbeiten will, ihren journalistischen Informationsauftrag, spielt er überhaupt im Programm eine Rolle? Schon dabei erweist sich oft auch, ob man dort die journalistischen Handwerksregeln einüben kann, ob man vielleicht sogar, falls möglich, sich dort um ein Volontariat bewerben sollte, oder sich besser nach einer gründlichen journalistischen Ausbildung woanders umsieht. Auskünfte über die Qualität der Ausbildung in einem Radio-Unternehmen geben auch die Gewerkschaften Deutscher Journalisten-Verband und Deutsche Journalistinnen- und Journalisten-Union.

Ein Volontariat ist der sicherste (und zunehmend auch der einzige) Weg für eine dauerhaft erfolgreiche Beschäftigung beim Radio, als freier Mitarbeiter und besonders als Festangestellter. Volontäre werden (unterschiedlich hoch) bezahlt. Sie sind zwar noch Lernende, bringen aber durch Praktika oder Hospitanzen oder freie Mitarbeit meist schon eine (oft sogar betriebsbezogene) radiojournalistische Erfahrung in das ein bis zwei Jahre dauernde Volontariat mit.

Radio-Journalismus ist mehr als Radio-Praxis. Der Radio-Journalist hat es zwar mit einem bestimmten Medium zu tun und muss dessen Techniken beherrschen, aber zuerst einmal ist er *Journalist*, braucht also eine umfassende journalistische Grundausbildung.

Zu den journalistischen Leistungen zählt der Deutsche Journalisten-Verband in seinem Berufsbild »vornehmlich

- *Recherchieren* (Sammeln und Prüfen) sowie
- *Auswählen* und *Bearbeiten* der Informationsinhalte,
- deren eigenschöpferische *medienspezifische Aufbereitung* (Berichterstattung und Kommentierung), *Gestaltung* und *Vermittlung* ...«

Ob journalistisch solide gearbeitet wird, hängt nicht unbedingt von der *Rechtsform* des Arbeitgebers ab, und nicht immer von der *Größe* des Senders, sondern entscheidet sich in der jeweils konkreten *Redaktion* und deren *Programm*.

Das abgeschlossene Studium ist zunehmend Standard dessen, was eine ambitionierte Redaktion für ihre festen, ständigen Mitarbeiter verlangt, – vor allem bei den öffentlich-rechtlichen Rundfunkanstalten. Gemischter sieht es bei den Privatradios aus: »Abgeschlossenes Studium, abgebrochenes Studium und ›nie studiert‹ finden wir bei uns alles«, berichtet der Chefredakteur eines großen landesweiten Privatsenders. Was er mit Fug und Recht von künftigen Mitarbeitern erwartet, steht allerdings in keinem Gegensatz zu einem Studium, das die Realität im Auge behält: »Entscheidend ist aus meiner Sicht ein wirklich gutes Abitur, eine fundierte Allgemeinbildung und echtes Interesse, echte Neugier an der Welt.« »Ein abgeschlossenes Studium wird sicher gern gesehen«, ergänzt der Volontärvater bei einem anderen landesweiten Privatsender, wichtiger aber ist ihm »der flinke, unruhige Geist, der tatkräftig ist und lebhaft und gern auch mal die Uni von innen gesehen hat«.

Journalistenausbildung, Radio-Praxis, abgeschlossenes Studium, wer diese drei Voraussetzungen erfüllt, ist gut vorbereitet: Er hat größere *Berufschancen,* er wird mehr *Befriedigung* mit besseren Sendungen finden, er wird eher jene innere und äußere *Unabhängigkeit* praktizieren können, auf die es gerade im Journalismus ankommt.

[1] Informationen für den Radio-Auftritt im Internet finden Sie im Kapitel »Crossmedial beim Radio arbeiten« und jeweils unter »*Ins Netz damit*« (vgl. Seite 420) am Schluss folgender Beiträge: Das Manuskript (S. 37), Moderieren (S. 69), Korrespondentenbericht aus dem Ausland (S. 147), Interview (S. 166), Reportage (S. 191), Sportreportage (S. 200), Kommentar (S. 202), Nachrichten (S. 230), Hörer-Beteiligung (S. 264), Radio-Aktionen (S. 272), Radio-Spiele (S. 277), Formate für Begleitprogramme (S. 287), Formate für Einschaltprogramme (S. 293), An der Audio-Workstation schneiden und produzieren (S. 351).

Weiterführende Literatur:

Walther von La Roche, Einführung in den praktischen Journalismus. Mit genauer Beschreibung aller Ausbildungswege (18. Auflage, Econ Journalistische Praxis, Berlin 2008)

Sprache und Sprechen

Fürs Hören schreiben

Fürs *Lesen* zu schreiben, lernen und üben wir von der ersten Kinderpostkarte an. Gymnasium und Hochschulseminare oder die Geschäftskorrespondenz verfestigen bei jedem von uns die Vorstellung davon, wie man sich auszudrücken hat.
Wenn wir unsere ersten Beiträge fürs Radio schreiben, also *fürs Ohr* statt fürs Auge, *fürs Hören* statt fürs Lesen, sollten wir zunächst einmal stutzen und innehalten. Denn fürs Hören schreiben, also einen Text verfassen, der leicht gesprochen und gehört werden kann, ist für uns ja etwas Ungewohntes.

Zum Hörer sprechen. Dass Sprache von Sprechen kommt, dass wir mit jedem Radiotext zum Hörer *sprechen,* diese eigentlich banale Erkenntnis wird oft nicht genug beachtet. Wenn wir uns um ein *Schreiben-Wie-Geredet* bemühen wollen, hat das nicht mit einer selbstverliebten Perfektionierung des Sprechmediums Radio zu tun, sondern schlicht mit dem Wunsch, dass der Hörer besser verstehen kann, was wir ihm sagen. Also müssen wir uns die Situation des Hörers klarmachen, die so ganz anders ist als die des Lesers.

Unterschiede zwischen Lesen und Hören

Lesen	Hören
1. Der Text richtet sich ans Auge.	Der Text richtet sich ans Ohr.
2. Lesen ist in der Regel Hauptbeschäftigung (höhere Konzentration).	Radiohören ist in der Regel Nebenbeschäftigung (geringere Konzentration).
3. Der Leser hat ein Schriftbild vor sich.	Der Hörer begegnet im Radio Menschen mit ihrer Stimme.

4. Der Leser kann sich die Zeit aussuchen, zu der er lesen möchte. — Der Hörer ist abhängig von der Sendezeit.

5. Der Leser kann im Text springen. — Der Hörer muss warten, bis wieder etwas kommt, was ihn interessiert.

6. Der Text wird vor allem durch Schrift und Aufmachung akzentuiert. — Der Text wird durch Betonung und andere akustische Mittel akzentuiert.

7. Beim Lesen helfen Satzzeichen, Anführungszeichen etc. — Auch diese optischen Hilfen müssen durch akustische ersetzt werden.

8. Der Leser hat ständigen Überblick über den Text und dessen Gliederung. — Der Hörer hat keinen ständigen Überblick über Text und Gliederung.

9. Der Leser kann selbst die Lesegeschwindigkeit bestimmen. — Der Hörer muss mit der Sprechgeschwindigkeit des Sprechers hören.

10. Der Leser kann Nicht-Verstandenes noch einmal lesen. — Der Hörer kann jedes Wort nur einmal hören.

Weil wir die Situation des Hörers nicht ändern können, müssen wir unseren Schreibstil ändern, ihn anpassen an die unveränderbaren Gegebenheiten des Hörens, genauer: des *Radio-hörens*.

Die Besonderheiten des Radiohörens. Im Fernsehen und im Vortragsraum wird das Verstehen beim Zuhören erleichtert durch die Gesten des Redners, durch Schaubilder etc. Beim Gespräch kommt noch die Möglichkeit der Rückfrage hinzu.
Der Radio-Hörer hat dies alles nicht, er ist fürs Verstehen allein angewiesen auf *Stimme* und *Sprache* des Radio-Autors. Wie

man seine Stimme einsetzt, behandelt der Beitrag »Das Manuskript sprechen«. Jetzt geht es um Regeln für die Radio-Sprache.

Dass der folgende Satz kein Radio-Deutsch ist, darüber lässt sich rasch Einigkeit herstellen:
```
Unter der Telefonnummer 07071/55671 in Tübingen
erhalten Sie weitere Auskünfte.
```
Jeder wird instinktiv etwa so formulieren:
```
Weitere Auskünfte erhalten Sie in Tübingen unter
der Telefonnummer 55671, ich wiederhole: 55671.
Die Vorwahl von Tübingen ist 07071. – 07071.
```

Die Grundregel, die wir bei der Nummern-Durchsage angewandt haben, gilt für *jeden* Radio-Text:

> Man muss den Hörer *Schritt für Schritt* informieren, anstatt ihn zu überrumpeln.

Im verbesserten Beispiel-Text haben wir das dadurch erreicht, dass wir zuerst gesagt haben, was den Hörer erwartet (für weitere Auskünfte eine Nummer) und dann erst, nachdem sich der Hörer darauf hat einstellen können, mit der Nummer kamen und sie in Portionen wiederholten.

In diesem linearen und portionierten Mitteilen liegen bereits die weiteren Regeln für gutes Radio-Deutsch begründet.
```
In der wohlhabenden, 730 Einwohner zählenden Ge-
meinde Gaukönigshofen finden wir die pracht-
volle, unter dem Würzburger Fürstbischof Chris-
toph Franz von Hutten von 1724 bis 1730 nach den
Plänen von Balthasar Neumann erbaute Schutzen-
gelkirche.
```
Für den Leser mag der Satz mit Mühe verständlich sein. Aber für den Hörer? Der Satz ist nicht nur zu lang (er dauert etwa 18 Sekunden), er ist vor allem verschachtelt und überladen. 17 Sekunden muss der Hörer warten, bis er erfährt, wovon in diesem Satz überhaupt die Rede ist: von der Schutz-

`engelkirche`. Alle Informationen, die in diesem Satz davor kommen, muss er *speichern,* ohne sie sinnhaft ordnen zu können.

Solch einen genügend großen Speicher besitzen wir Menschen gewöhnlich nicht. Der Leser hilft sich damit, dass er in dem langen Satz so oft hin- und herwandert, bis er genug begriffen hat. Der Hörer muss sich den Satz, weil er ihn nicht vor Augen hat, merken. Das kann er nicht, bzw. nur bruchstückhaft. Obendrein folgt auf diesen Satz, bevor der Hörer ihn von hinten her auflösen und ordnen kann, in der Radiosendung bereits der nächste Satz.

Der Hörer soll sich möglichst wenig merken müssen. Wir müssen so schreiben, dass er gleich versteht. Bis wir in unserem Beispiel endlich erfahren, dass sich alle Details auf die Schutzengelkirche beziehen, haben wir viele von ihnen schon wieder vergessen. In solch unfreundlichem Satzbau sieht Wolf Schneider[1] einen »Kult der nachhinkenden Gebrauchsanweisung«.

Wie viele Einwohner hat die Gemeinde? Wie hieß der Fürstbischof? Von wann bis wann wurde gebaut? Man mag einwenden, die Details seien gar nicht wichtig. Dann aber kann die Folge nur sein: Wir lassen sie gleich weg und befrachten nicht den Text mit ihnen. Sind sie aber wichtig und behaltenswert, dann müssen wir sie so bringen, dass der Hörer sie beim (ersten und einzigen) Hören begreift.

Immer eins nach dem andern, also lineare Information, ohne Vorwegnahmen, Rückbezüge und Einschiebsel:

`In der wohlhabenden Gemeinde Gaukönigshofen finden wir die prachtvolle Schutzengelkirche.`

Das ist die *Hauptinformation*, die der Hörer haben muss, um das Folgende – Schritt für Schritt – aufnehmen und verstehen zu können.

`Sie wurde nach den Plänen von Balthasar Neumann erbaut.`

So klingt es schon viel besser, aber Sprechstil ist es trotzdem noch nicht. Denn, wie das deutsche Eigenheit ist, bleibt das Verbum noch vom Hilfszeitwort getrennt:

`Sie wurde ... erbaut.`

Das hat für den Radio-Text drei Nachteile:

1. Der Hörer erfährt erst im letzten Wort, was da »wurde«, nämlich `erbaut`. Er muss sich bis dahin wieder etwas merken.
2. Das letzte Wort im Satz, das besonders ins Ohr (und ins Hirn) geht, ist das allgemeinere `erbaut` statt des spezifischeren `Balthasar Neumann`.
3. Der Sprecher gerät in Versuchung, das am Satzende stehende `erbaut` auch noch stärker zu betonen als `Balthasar Neumann`.

Diese Nachteile sind wir los, wenn wir den Satz so umstellen:

`Sie wurde erbaut nach den Plänen von Balthasar Neumann.`

Mehr zur Wort-Abfolge im Satz (*Thema-Rhema*) im Beitrag »Nachrichten«.

Das Verbum nach vorn. Dieses Zusammenziehen, also Vor-die-Klammer-Stellen des Verbs hat im Radio-Deutsch, das bei einmaligem Hören voll ins Bild setzen muss, besondere Wichtigkeit. »Jeder Satz wird vom Verbum gesteuert, das Verbum enthält die Hauptinformation. Substantive stellen nicht die ›Hauptwörter‹ im Satz dar, wie das eine veraltete Bezeichnung vielleicht suggerieren könnte«, erläutert der Linguist Erich Straßner.[2]
Hätten wir die beiden Jahreszahlen im Balthasar-Neumann-Satz nicht gleich mitnehmen können? Ich finde, nein. Denn der Hörer müsste sie sich merken, noch ohne zu wissen, worauf sie sich beziehen und ob sie überhaupt das Merken wert sind. Führt ihn der Name Balthasar Neumann dazu, dass er sich nun doch für die Bauzeit interessiert, sind die Zahlen aber bereits vorbeigerauscht.

Keine Angst vorm Anhängen. Wenn der Autor die Jahreszahlen für wichtig hält, kann er sie nur *nach* der Erwähnung Neumanns bringen. Er kann dafür einen eigenen Satz nehmen, kann aber auch so formulieren:

`Sie wurde erbaut nach den Plänen von Balthasar Neumann, von 1724 bis 1730.`

Ein solches Anhängen von Ergänzungen kennzeichnet den Sprechstil allgemein, wir sollten es auch für Radio-Texte anwenden. In freier Rede hätte der Erzähler vielleicht sogar ein `und zwar` als Verbindung eingesetzt. Keinesfalls hätte er die Jahreszahlen zwischen `erbaut` und `Balthasar Neumann` gezwängt. **Eins nach dem andern.**

Und linear geht es weiter:

`Bauherr war der Würzburger Fürstbischof Christoph Franz von Hutten.`

Das ist ein guter Radio-Satz; denn er befolgt die Grundregel der Mitteilung in linearen, logischen Schritten und gleicht damit der Nummern-Durchsage vom Anfang: Erst sagen wir dem Hörer, wovon jetzt die Rede ist (vom Bauherrn), dann nennen wir ihn. Dass diese Regel *nicht umkehrbar* ist, beweist ein Blick auf unser Beispiel. Wenn wir nämlich umstellen.

`Der Würzburger Fürstbischof Christoph Franz von Hutten war der Bauherr.`

muss sich der Hörer diesen ellenlangen Namen merken und erfährt erst hinterher, was es mit ihm auf sich hat (er war der Bauherr). Die Formulierung

`Bauherr war der Würzburger Fürstbischof Christoph Franz von Hutten.`

ist, für sich genommen, also in Ordnung. Wenn wir aber bedenken, dass der Hörer bisher nur einmal den Namen der in Rede stehenden Kirche gehört hat, und dass das in der Sendung schon gute zehn Sekunden her ist, werden wir die Schutzengelkirche in Erinnerung bringen und ergänzen:

`Bauherr der Schutzengelkirche war der Würzburger Fürstbischof Christoph Franz von Hutten.`

Zentrale Begriffe wiederholen, und zwar so oft wie erträglich. Der Hörer hat bei der ersten Erwähnung vielleicht nicht richtig verstanden, weil ihm der Name oder Begriff ungewohnt war, weil er gerade mit seinen Gedanken woanders oder einen Moment nicht im Zimmer war.

Selbst wenn der Hörer aber konzentriert vor dem Apparat sitzt, wird er für die Wiederholung (und Bestätigung) `Schutzengel-kirche` dankbar sein.

Wie je nach Sachlage die Wiederholung zentraler Begriffe geradezu *unerlässlich* sein kann, zeigt das folgende Nachrichten-Beispiel:

`Detroit: Vergrabene Chemikalien haben vermutlich in einem Vorort der amerikanischen Industriestadt zu einer ungewöhnlichen Häufung von Krebserkrankungen geführt. Nach Angaben des örtlichen Gesundheitsamts haben inzwischen 44 Menschen in dem aus 52 Häusern bestehenden Wohngebiet Krebs. Ursache ist wahrscheinlich eine undichte Stelle in einem Grundstück, wo hochgiftige chemische Lösungsmittel und radioaktive Stoffe lagern. Die Abfälle stammen aus einem Krankenhaus.`

Wer erst ab dem Reizwort `Krebserkrankungen` der Nachricht genauer zuhört, erfährt in den restlichen 20 Sekunden nicht mehr, von welchem Ort die Rede ist. Fürs Lesen genügt die einmalige Ortsangabe am Anfang, fürs Hören muss sie wiederholt werden, etwa so

`Ursache ist wahrscheinlich eine undichte Stelle in einem Grundstück des Detroiter Vororts, wo hochgiftige ...`

Vorsicht bei der Varianz. Der Deutschlehrer ist mit dem folgenden Satz glücklich, der Hörer nicht:

`Für den Gesetzentwurf stimmten 243 Abgeordnete, gegen den Vorschlag der Regierung 160 Parlamentarier.`

Der Hörer, der nur einmal hören und nicht im Text zurückgehen kann, wird durch solche Wortvarianten (die Häufung von Synonymen) verunsichert:

– Ist der `Vorschlag der Regierung` vielleicht ein anderer als der `Gesetzentwurf`?

24

– Und ein `Parlamentarier` ist als Begriff zwar bekannt, als Variation zu `Abgeordneter` erregt er aber für eine Sekunde Zweifel.

Diese eine Sekunde, in der unser Hörer von der eigentlichen Sachinformation aus Berlin auf einen Seitenweg abgelenkt ist, reicht aus, dass er den gerade gehörten oder den nächsten Satz nur halb versteht. Deshalb formulieren wir besser:

`Für den Gesetzentwurf stimmten 243 Abgeordnete, dagegen stimmten 160 Abgeordnete.`

Eleganter wäre es hier sogar, ganz auf die Wiederholung zu verzichten und umgangssprachlich zu sagen:

`Für den Gesetzesentwurf stimmten 243 Abgeordnete, dagegen 160.`

Ist der zutreffende Begriff einmal gefunden, soll man auch bei ihm bleiben. `Weißes Gold` als Ersatz für `Schnee` im zweiten Satz ist genauso provinziell wie die `Schwaben-Metropole`, wenn ein Redakteur sich scheut, zweimal von `Augsburg` oder `Stuttgart` zu reden.

Zentrale Begriffe nicht variieren, sondern wiederholen, diese Regel gilt sogar (in Maßen) für das im Schreibdeutsch unangefochtene *Personalpronomen:*

`Bundesaußenminister Steinmeier ist zu Gesprächen in Warschau eingetroffen. Er wird ...`

Weniger missverständlich ist für den Radio-Hörer:

`Steinmeier (oder Der Außenminister) wird ...`

Wissen wir denn, ob der Hörer von Beginn an aufmerksam zugehört hat oder ob ihn vielleicht erst der Name Warschau (wo er im letzten Sommer einen Reise-Flirt hatte) angelockt hat? Sparsamer Gebrauch des Personalpronomens sei also empfohlen, erst recht bei `dieser`, `jener`, (auch schon gehört) `letzterer`.

Nicht Abwechseln, sondern Wiederholen schafft Verständlichkeit. Wenn vom Bundesrat die Rede ist, schreiben wir also nicht im zweiten und dritten Satz

die Länderkammer	**sondern:** der Bundesrat
die Vertretung	
der Länder	**sondern:** der Bundesrat
das Ländergremium	**sondern:** der Bundesrat

Falls man erklären will, was der Bundesrat ist, wird man es als *Beifügung* tun, nicht als Ersatz:

Der Bundesrat, die Vertretung der Länder

Wiederholungen zahlen sich noch in scheinbar nebensächlichen Zusammenhängen aus, weil sie verdeutlichen:

Im Justizministerium, Innenministerium und Verfassungsschutzamt ...

ist weniger deutlich als

Im Justizministerium, im Innenministerium und im Verfassungsschutzamt ...

Wiederholen in der gerade vorgeführten Form der ergänzenden Wiederholung (im ..., im ... und im ...) ist ein Stück Redundanz, zu übersetzen mit: notwendiger Überfluss.

Redundanz schafft zusätzliche Verständlichkeit, nicht nur bei der Durchgabe von Telefonnummern:

Weitere Auskünfte erhalten Sie in Tübingen unter der Telefonnummer 55671, ich wiederhole: 55671. Die Vorwahl von Tübingen ist 07071-07071.

Zur Redundanz, die den Hörtext vom Lesetext unterscheidet, zählt alles, was erklärt, anschaulich macht, einprägen hilft, Verschnaufpausen schafft. »Wer im Telegrammstil redet, provoziert den Irrtum«, lehrt Johannes Schlemmer[3] und berichtigt damit jenes oft kolportierte Missverständnis, ein rechter Radio-Text zeichne sich durch knappe Prägnanz aus. In Wahrheit gilt: Fürs Hören schreiben ist das Gegenteil von knapp schreiben.

Besonders deutlich wird das in der folgenden Radio-Regel:

Aussagen dosieren, Begriffe nicht häufen. Man darf dem Hörer Informationen nicht so komprimiert und dicht aufeinander gedrängt (meist in Gestalt von Begriffen) an den Kopf werfen, dass er angesichts des Begriffehagels nur noch den Kopf einziehen kann. Begriffe kommen als Substantive daher. Je mehr Substantive und je weniger Verben, desto schwerer wird es für den Hörer, den Text zu verstehen. Ein noch ganz zahmes, relativ historisches Beispiel aus der Radio-Praxis:

`Insbesondere erwarten Beobachter vom Kanzler ein deutlicheres Eingehen auf die sowjetische Militärintervention in Afghanistan als in seiner Neujahrsansprache.`

Den Nominal-Stil meiden: Verständlicher wird der Afghanistan-Satz, wenn wir das *Substantiv* `Eingehen` durch das *Verb* `eingeht` ersetzen und so wenigstens *einen* Puffer zwischen die dicht beieinander stehenden Begriffe einbauen:

`Insbesondere erwarten Beobachter vom Kanzler, dass er deutlicher als in seiner Neujahrsansprache eingeht auf die sowjetische Militärintervention in Afghanistan.`

Die Wörter auf »ung« sind die schlimmsten im sowieso schon schlimmen Nominal-Stil (»Substantivitis«). In jedem -ung-Substantiv (`Bedarfsfeststellung`) steckt ein Verbum, das sich zurückholen lässt, wenn wir uns die Mühe machen und die Zeit dafür nehmen (`den Bedarf feststellen`). Wolf Schneider[4] erweitert die Skepsis gegenüber der ung-Wörterei zu der Faustregel:

»Es liegt immer im Interesse der Verständlichkeit (und ziemlich oft des guten Stils), sparsam und misstrauisch mit Wörtern umzugehen, die so enden: -ät, -heit, -ion, -keit, -mus, -ung.« (viele Sprachtipps finden sich auch im Beitrag »Nachrichten«).

Im verdichteten und damit informationsüberladenen Nominal-Stil lässt sich zwar mehr Inhalt pro Sendeminute unterbringen als in einem redundanten Stil, der Hörer aber kommt bei diesem Informationstempo nicht mit.

Die Ballung von Substantiven führt außerdem dazu, dass der Sprecher allzu oft hintereinander um Aufmerksamkeit bitten muss, indem er möglichst viele Begriffe betont. Schließlich schlägt eine Akzentuierung die andere tot (vgl. Beitrag »Das Manuskript sprechen«).

Möglichst nur eine neue Information pro Satz, empfiehlt der Schweizer Radio-Fachmann Heiner Käppeli[5] in seinem Plädoyer gegen die Informationsdichte von Radiotexten.
Neben der schon besprochenen *Substantivierung* gibt Käppeli Beispiele für drei weitere Arten der Informationsverdichtung, die man meiden soll.

1. Zusammensetzungen:
```
Wärmehaushaltkonzept
Haftentlassungsbegehren
Hauptschadengebiet
Frankenschwäche
```
Jeder von uns kennt wohl noch bombastischere Wortungetüme.

2. Reihung von präpositionalen Fügungen:
```
Der bevorstehende 20. Jahrestag des Mauerbaus in
Berlin am 13. August 1961 hat führende Politiker
in der Bundesrepublik neben den gewohnten Rück-
blicken auf die Ereignisse von damals zu Be-
standsaufnahmen und zu Überlegungen über die
künftige Entwicklung der innerdeutschen Bezie-
hungen rund zehn Jahre nach Beginn der Vertrags-
politik zwischen Bonn und Ostberlin animiert.
```
Jede Präposition für sich allein kann notwendig und verständlich sein `in - am - neben - auf - von - zu - über - nach - zwischen` Weil aber jede Präposition eine neue Information einleitet `in Berlin am 13. August 1961 neben den ge- wohnten Rückblicken auf die Ereignisse von damals (usw.),` wird der Satz immer schwerer mit Informationen beladen. In einem englischen Unterrichtswerk[6] fand ich dazu den hübschen Spruch: »A talk is like a fragile boat – overload it and it sinks.«

3. Die Anhäufung von Adjektiven missfällt Käppeli als weiterer Informationsverdichter:
```
Mit der Eröffnung der Volkszahnklinik hat der
Kanton Zürich eine soziale Institution geschaf-
fen, die der weniger begüterten erwachsenen Be-
```

völkerung eine verbilligte und doch zweckmäßige
zahnärztliche Betreuung ermöglichen soll.
Dieses Boot, so fürchte ich, hat zu viele Adjektive geladen.
Außerdem ist das dazugeladene Wort verbilligt ein Partizip.

Auch Partizipien gehören zu den Informationsverdichtern,
wie wir ganz zu Anfang beim 18-Sekunden-Satz über die erbaute Schutzengelkirche in der wohlhabenden ... zählen-
den Gemeinde Gaukönigshofen gesehen haben.
Hier noch ein viel drastischeres Beispiel:
Professor Wolfgang Roth von der Universität Freiburg erklärte, angesichts der sich verselbst-
ständigenden technischen Entwicklung sei eine
freiwillige Selbstkontrolle der Hersteller dringend erforderlich. Roth meinte, das überwiegend
auf analytische Fähigkeit bauende Elektronik-
Spielzeug lasse zunehmend das ganzheitliche Denken verkümmern. Dadurch entstehe die Gefahr wach-
sender Defizite an emotionaler und moralischer
Reife bei den Kindern.

Bittere Konsequenz: Wer sich um verständliches Radio-Deutsch
bemüht, wird (bei gleicher Manuskriptlänge) weniger Informationen loswerden als sein Kollege von der Zeitung. Fünfzehn Zeilen
(eine Minute) Radiotext enthalten bis zu einem Drittel weniger
Information als 15 Zeilen Drucktext. Das ist der Preis der Verständlichkeit im Hörfunk.

Immer wieder orientieren und zusammenfassen; denn, an-
ders als der Leser, hat der Hörer ja keinen Überblick über den
Text. Also muss man ihn bei der Hand nehmen und durch den
Text führen:

- Wo sind wir gerade?
- Was hatten wir schon?
- Was steht noch aus?
- Wie lässt sich das Ergebnis (oder Zwischenergebnis) des
  Textes zusammenfassen?

```
... Das ist der eine Grund: Die Menschen in den In-
dustrieländern essen zu viel. Es gibt, wie ge-
sagt, noch einen zweiten Grund.
```

Hilfreich ist auch eine einleitende Frage, weil sie den Hörer hinführt, seine Aufmerksamkeit erregt – und ihm obendrein noch eine kleine Pause lässt.

```
Wie viel verdient eine medizinisch-technische
Assistentin? Das hängt von der Zahl der Berufs-
jahre ab. Im ersten Berufsjahr kommt sie auf rund
... Euro. Und später? Da steigert sich ihr Ge-
halt ...
```

Unmissverständlich zitieren. Das Radio kennt keine Anführungszeichen. Was ist Meinung des Autors, was Zitat? Wo hört das Zitat auf?

Es genügt nicht, sich im Manuskript Anführungszeichen hinzuschreiben und dann vor dem Mikrofon an dieser Stelle die *Stimme anzuheben*, auch wenn das ein bisschen unterstützt. Eindeutigkeit erreichen wir nur mit entschiedenen Hinweisen. Als Einleitung zum Beispiel:

```
Wörtlich sagte Meier ...
... und hier zitiere ich noch einmal Meier ...
```

Am Ende:

```
Soweit Meier wörtlich.
```

Wenn das Zitat länger als ein Satz ist, kann eine *Zitiereinfügung* verdeutlichen:

```
... Ich zitiere weiter Meier ...
```

Zitieren in der indirekten Rede ist kein Ausweg. Wohl merkt der Hörer durch den Konjunktiv, dass der Autor hier nur referiert und nicht selbst am Wort ist, aber diesem Gewinn stehen folgende Minuspunkte gegenüber:

- Den jeweils richtigen Konjunktiv zu bilden, ist oft schwer.
- Manche Konjunktive klingen antiquiert (`böten`, `hülfen`).
- Die indirekte Rede lässt offen, wie genau sie zitiert.

- Sie ist (wie der Name auch sagt) weniger unmittelbar und damit schwerer verständlich.

Wenn eine Aussage so wichtig ist, dass man sie wörtlich zitiert, dann also lieber in *direkter* Rede.

Den Hörer nicht ablenken. Aus einer Sendung von Dienstag, dem 27. Mai:

`Am 29. Mai findet in der Stadthalle ...`

Der Hörer, der jetzt erfahren soll, was in der Stadthalle stattfindet, fängt stattdessen zu überlegen an: Am 29. also. Was für ein Datum haben wir heute? Ach ja, den 27. Oder erst den 26.? Heute ist Dienstag, dann ist das also übermorgen, am Donnerstag.

Für fünf Sekunden war unser Hörer abgelenkt. Und wenn er sich nicht ablenken ließ, sondern weiter am Text blieb, müssen wir bezweifeln, ob er am Schluss noch mit Bestimmtheit das Datum weiß.

Diese *Ablenkung* oder *Verständnisschwierigkeit* können wir dem Hörer ersparen, wenn wir sagen:

`Übermorgen, am Donnerstag (dem 29. Mai) findet in der Stadthalle ...`

Ein weiteres Beispiel für Ablenkung und wie man sie vermeidet: Über einen 1962 Geborenen sollte man nicht mitteilen `1985 machte er seinen Doktor,` sondern `Mit 23 Jahren machte er seinen Doktor.`

Fürs Selber-Sprechen schreiben. Gleichgültig, ob man den Text für sich selbst oder für einen anderen Sprecher schreibt, man sollte ihn so fassen, wie man ihn selbst sprechen *möchte* und sprechen *kann*. Texte, die man selbst schon nicht flüssig vortragen kann (weil zum Beispiel für den Satz der Atem nicht reicht), – wie soll sie der Hörer verstehen können?

Deshalb muss man sich den Text *laut vorlesen* und jede Änderung, die sich einem beim Sprechen/Hören aufdrängt, sofort ins Manuskript eintragen.

Die allgemeinen Verständlichkeitsregeln (vgl. weiterführende Literatur am Ende des Beitrags) gelten auch und ganz besonders für Radio-Texte, zum Beispiel:

- *Aktiv* ist gewöhnlich besser als Passiv.
- *Konkret* ist besser als abstrakt.
- *Bejahung* ist verständlicher als (gar doppelte) Verneinung.
- *Auf-* oder *Abrunden* ist besser als die Stelle hinter dem Komma.
- Wörter der *Umgangssprache* passen für die meisten Radio-Texte eher als nicht geläufige Fremd- und Fachwörter.

Umgekehrt gilt vieles von dem, was in diesem Beitrag als Radio-Deutsch-Regel herausgestellt wurde, auch für einen verständlichen und guten Lese-Text.

Nur: Der Leser kann sich zur Not helfen, wenn er etwas, was ihn interessiert, beim ersten Mal nicht versteht. Der Hörer ist hilflos.

Deshalb hängt alles davon ab, dass wir die radiospezifischen wie die allgemeinen Verständlichkeitsregeln anwenden; zu jeder Minute und in jeder Zeile.

Nicht für die Kollegen schreiben. Kollegen hören zwar nicht ständig Radio, aber sie lassen sich das Manuskript kommen. Weil wirklich konsequentes Radio-Deutsch sich nicht so brillant liest, wie der Autor auf seine Kollegen wirken möchte, ist die Versuchung groß, im Zweifel lieber fürs Gelesen-Werden zu schreiben. Aber es gibt nicht nur weniger Kollegen als Hörer. Die Hörer sind auch unsere Auftraggeber, die uns dafür bezahlen, dass wir ihnen unter allen Service-Angeboten zu allererst den Dienst der Verständlichkeit leisten.

---

[1] Wolf Schneider, Schule der Verständlichkeit, Lehrmaterial der Gruner + Jahr-Journalistenschule Hamburg, o. J., S. 24

[2] Erich Straßner, Zur Verständlichkeit von Sendetexten, in: gep-Texte, Frankfurt, 1/78

[3] Johannes Schlemmer, Über die Verständlichkeit des gesprochenen Worts im Hörfunk, in: Rundfunk und Fernsehen, Hamburg, Heft 2/1968

[4] Wolf Schneider, a. a. O., S. 14

[5] Heiner Käppeli, Sprache und Sprechen im Radio. Vortrag für die Radiowoche 1981 der Jean-Frey-Journalistenschule (Zürich, Manuskript)

[6] The British Council, Radio Training Kit, London 1975

Weiterführende Literatur:

Jürg Häusermann, Journalistisches Texten. Sprachliche Grundlagen für professionelles Informieren (2. Auflage, UVK, Konstanz 2005)

Ludwig Reiners, Stilfibel. Der sichere Weg zum guten Deutsch (Deutscher Taschenbuch Verlag, München, erstmals erschienen 1951, jüngste Auflage 2007)

Wolf Schneider, Deutsch für Profis. Handbuch der Journalistensprache – wie sie ist und wie sie sein könnte (Goldmann Taschenbuch Verlag, München 1999)

Wolf Schneider, Deutsch fürs Leben. Was die Schule zu lehren vergaß (Rowohlt Taschenbuch Verlag, Reinbek bei Hamburg 1994)

Stefan Wachtel, Schreiben fürs Hören. Trainingstexte, Regeln und Methoden (3. Auflage, UVK, Konstanz 2003)

Das Manuskript

Radiotexte müssen so geschrieben sein, dass alle mühelos damit zurechtkommen – der Autor/Berichterstatter bei der Präsentation (egal, ob vom Blatt oder vom Bildschirm), der Techniker (wo es ihn noch gibt) beim Fahren der Sendung oder der Sprecher und der Regisseur bei der Feature-Produktion.

Die äußere Gestaltung des Radio-Manuskripts ist also eine wichtige Voraussetzung für die gelungene Präsentation, Produktion und Mehrfachnutzung von O-Ton-Beitrag, Kommentar oder Hintergrundbericht. Unübersichtliche Texte provozieren Versprecher, falsche O-Ton-Einspielungen und Überlängen; sie beanspruchen die Aufmerksamkeit, die man vor dem Mikrofon besser nutzen sollte:

- für die richtige Sprechhaltung und Stimmlage,
- für das Mithören der eingespielten Originaltöne
- und für die Konzentration auf den Inhalt des Textes.

Textdauer kontrollieren. Weil Autoren meist zu *Überlängen* neigen, muss schon während des Schreibens die Textdauer im Auge behalten werden. Dafür gilt die Faustregel: 15 Zeilen zu je 60 Zeichen – beim PC: rund 1000 Zeichen – ergeben eine Sendeminute. Das setzt allerdings voraus, dass alle Zahlen, Maßangaben und andere Abkürzungen ausgeschrieben werden. 155 000 ist nämlich im geschriebenen Text kürzer, als

`Einhundertfünfundfünfzigtausend` beim Sprechen Zeit erfordert. Ausgeschriebene Zahlen sind allerdings versprecher-trächtig.

Großer Zeilenabstand (30 Zeilen pro Seite) erhöht die Lesbar-keit und bietet Platz zum Redigieren. Denn die meisten O-Ton-Berichte (vgl. dort) werden kurz vor der Aufnahme oder Sendung handschriftlich korrigiert oder ergänzt.

Trennungen vermeiden. Aus Gründen der Übersichtlichkeit und um Versprechern vorzubeugen

- sollte es *keine Silbentrennung am Zeilen- und Seitenende* geben
- sollten Sätze *auf einer Seite zu Ende gehen* und nicht auf die nächste »überlaufen«
- darf *nie die Rückseite eines Blattes beschrieben* werden. Das stört nicht nur die Orientierung im Text: Umblättern im Studio beschert dem Hörer auch lästige Nebengeräusche.
- werden *zusammengesetzte Substantive besser mit Binde-strich* lesbar gemacht – also nicht `Bundeswirtschafts-ministerium`, sondern `Bundes-Wirtschafts-Minis-terium`.

Im Text eingebaute O-Töne (Zuspielungen) müssen in Minuten und Sekunden festgehalten und durchnummeriert werden. Es empfiehlt sich, auch die *Anfangs-* und *Schlusswörter* eines O-Tons im Manuskript festzuhalten. Mit dieser Hilfe überwacht man die richtige Reihenfolge der eingeplanten Töne. Techniker kön-nen den Wechsel von Zuspielen und Mikrofon-Öffnen für die Text-Aufnahme besser kontrollieren. Der Berichterstatter hört, wenn sein Einsatz wieder gefragt ist.

Ein Beispiel aus einem O-Ton-Bericht über Angela Merkel:
`Nach der verlorenen Bundestagswahl 1998 macht der neue Parteivorsitzende Wolfgang Schäuble Frau Merkel zur Generalsekretärin der CDU. Warum?`
`O-Ton: Wolfgang Schäuble (0:45)`

»Sie ist eine sehr kluge ... in einem ganz politischen Sinne unverbraucht«.
Die Öffentlichkeit aber beschäftigt zunächst weiter die Frage, ob »Kohls Mädchen« das auch kann:
O-Ton: Claus Leggewie, Politikprofessor Gießen (0:30)
»Wenn es auf Show ankommt ... zählt der Frauenfaktor«.

Namen und Funktion eines O-Ton-Gebers im Manuskript festzuhalten, ist sinnvoll – am besten auch noch *Datum* und *Anlass* seiner Stellungnahme. Vielleicht will man später einen der O-Töne erneut einsetzen. Und nicht alle Gesprächspartner sind durch bloßes Anhören wiederzuerkennen – schon gar nicht nach längerer Zeit.
Noch mehr Orientierung im Manuskript gibt der *Volltext*, der vollständige Wortlaut der O-Töne. Dafür fehlt in der aktuellen Berichterstattung allerdings meist die Zeit.

Beim Feature vermitteln ausgeschriebene Originaltöne dagegen eine viel bessere Einstimmung – für Sprecher, Technik und Regisseur. Volltext fällt gut ins Auge, insbesondere wenn er durch eine andere Schrifttype, durch einen anderen Zeilenabstand und/oder am PC durch Grauhinterlegung besonders hervorgehoben wird.
Auch der Einsatz von Musiken, Geräuschen, Regieanweisungen, Sprechhaltungen bei einer Feature-Produktion sollte sich optisch vom Autorentext unterscheiden. Unerlässlich für den Techniker sind auch Hinweise im Manuskript auf hart geschnittene, *abreißende O-Töne*. Nur dann kann – dem Hörgenuss des Beitrags zuliebe – an den nötigen Stellen ausgeblendet werden.
Ein Beispiel:
HEFTIGER WIND/ LAUB RASCHELT/ EIN MANN GEHT UNRUHIG AUF UND AB/ ZIEHT NERVÖS AN SEINER ZIGARETTE/ NACH CA. 20 SEK. EILIGE SCHRITTE VON RECHTS:

```
1. Spr:   (AGRESSIV) »Da bist Du ja endlich ... seit
          viertel nach sieben steh ich mir hier die
          Beine in den Bauch ...«
2. Spr:   (BESÄNFTIGEND) »Sorry, aber war leider
          nicht früher zu machen, die Marie hätt
          sonst was gespannt ...
1. Spr:   »Na dann mal los, bis acht müssen wir's
          geschafft haben, sonst war alles um-
          sonst, das heißt, wenn wir nicht .../
          SZENE AUSBLENDEN/DIE SCHRITTE ENTFERNEN
          SICH ...
Spr'in:   Bevor wir Simon und Schmitz bei der Aus-
          führung ihres Plans weiter verfolgen,
          wenden wir uns erst einmal der Frage zu,
          warum sich so viele Leute auf dieses ris-
          kante Geschäft einlassen.
3. Spr:   Dazu Oberinspektor Georg Horch von der
          Bayerischen Kriminalpolizei
          ZUSPIELUNG I /  1.25
          »Wir haben nur unsere Phantasie« MUSIK
          »KRIMINALTANGO« ca. 0.30 Sek. (REISST AB/
          NACHBLENDEN)
```

Ein Lesen des Manuskripts zur Probe sollte – und deshalb stellt ein erfahrener Autor und Berichterstatter seinen Text nicht erst in letzter Minute fertig – vor der Sendung/Produktion möglich sein. Dabei können Fehler entdeckt und vermieden werden. Denn schon eine falsche Zeichensetzung kann eine sinnentstellende Betonung provozieren.

Lautes Lesen eignet sich als erster Test: Spreche ich den einzelnen Hörer an? Wird daraus eine langatmige Rede? Enthält mein Text ausreichend Aufmerksamkeitssignale (z. B. O-Töne oder überraschende Formulierungen), damit ich den Hörer trotz der Flüchtigkeit des Mediums Radio fesseln kann, usw.?

In der aktuellen Berichterstattung bleibt für so viel Reflexion häufig kaum Zeit. Aber auch da sollte man sich in seinen Text – zumindest in Teilen – auf dem Weg zum Studio einlesen.

Das Archivieren von Manuskripten und der dazugehörenden Töne (auf CD) empfiehlt sich jedenfalls bei größeren Wortproduktionen wie aufwendig recherchierten Berichten und Mini-Features. So kann man auf *Text- und Ton-Bausteine* zurückgreifen. Das private Archiv erfahrener Reporter hat sich schon oft als Schatztruhe *mehrfach nutzbarer* Texte und Töne erwiesen.

Ins Netz damit: Schreibfehler beseitigen und O-Töne abtippen – die Onliner sind nicht das Sekretariat des Radioreporters. Aus dem Bundes-Wirtschafts-Ministerium wird für die Online-Version wieder das Bundeswirtschaftsministerium, ausgeschriebene Zahlen werden wieder zu Ziffern. Und den Text jedenfalls mit dem Korrekturprogramm überprüfen.

O-Töne abschreiben und in den Text mit aufnehmen. Eine andere Möglichkeit besteht darin, den O-Ton-Beitrag als Online-Version umzuschreiben. Dabei werden die O-Töne dann (meist gekürzt) als Zitate in den Text integriert (vgl. dazu ein Beispiel im Beitrag »Ausbildungsziel crossmediales Arbeiten«).

Den Online-Redakteuren hilft es außerdem, wenn

- der Manuskript-Text bereits gegliedert ist,
- er richtig beschriftet ist (vgl. »*Ins Netz damit*« zum Beitrag »An der Audio-Workstation schneiden und produzieren«),
- er eine aussagekräftige Schlagzeile bekommt,
- Metadaten wie Ort und Zeit des Geschehens zugeliefert werden,
- Tags, also Schlagworte zum Inhalt, angeboten werden,
- die Anmoderation mitgeliefert wird. Sie kann Basis sein für den *Teaser*. Teaser können der Anmoderation entsprechen; andere Redaktionen bevorzugen Teaser, die das Wichtigste des Artikels kondensieren – vergleichbar dem Lead eines Zeitungsartikels. Schlagzeile und Teaser entscheiden, ob sich der Nutzer zum ganzen Artikel durchklickt.
- Links angegeben werden: Was immer im Netz zu finden ist, sollte für den Online-Nutzer nur einen Klick entfernt sein. Transparenz ist Trumpf!

Man unterscheidet: *Quellen-Links*, die Materialien nachvollziehbar und überprüfbar machen; *Lexikalische Links,* die einzelne Begriffe und Themen erklären und vertiefen (sind in Online-Texten absolute Pflicht), und »*Überraschungseier*«, die den Leser mit einem unerwarteten Bild, Gedanken oder Zusammenhang erfreuen – etwa wenn der Link unter dem Wort Sommerloch tatsächlich zu einer Seite rund ums Loch Ness führt.

- Bilder mitgeliefert werden: Alles, was sich bei der Recherche ergeben hat und den Beitrag illustriert – gelegentlich wird so etwas auch extra honoriert. Das können Fotos (oder kurze Videos) sein, die der Autor bei O-Ton-Aufnahmen selbst gemacht hat, ebenso Fotos und Videos von der Studioproduktion mit bekannten Mitwirkenden, aber auch kostenloses Bildmaterial, beispielsweise von Fremdenverkehrsämtern oder PR-Agenturen. Für die Rechtefrage muss dabei immer die Quelle angegeben werden.

⌨ Wie man fürs Netz schreibt

Das Manuskript sprechen

Von Radio-Journalisten wird heute erwartet, dass sie ihre Texte selber am Mikrofon präsentieren können. Professionelle Sprecherziehung vermittelt die Fertigkeiten dafür. Doch gute Sprech-Trainer sind teuer – und in den Redaktionen regiert häufig der Rotstift. Diese Hinweise geben eine erste Orientierung.

Authentisch sprechen! Ob 10 000 Menschen zuhören oder eine Million – der Sprecher im und der Hörer am Radio sind meist miteinander allein. Warum also am Mikrofon anders sprechen als von Angesicht zu Angesicht?

- Sich einen konkreten Hörer vorzustellen hilft, eine natürliche Ansprechhaltung zu finden und die Künstlichkeit der Studio-Situation vergessen zu machen.
- Dem Hörer erzählen, um was es geht. Keine Rolle spielen.
- Keine Vorbilder kopieren. Niemandes Stimme nachahmen.

Sprechen, nicht vorlesen! Das Manuskript zum Leben erwecken. Zu gesprochener Sprache. Sprechen, als formuliere man den Text gerade erst in diesem Augenblick. Mit-Denken. Sich mit den Augen wann immer möglich vom Blatt lösen.

Lebhaft und zügig sprechen! Ob der Hörer dem Sprecher folgen mag und kann, hängt sehr von der Sprechgeschwindigkeit ab. Breites und schleppendes Tempo unterfordert und langweilt – der Hörer schaltet ab. Ebenso, wenn das Tempo zu hoch ist. Dann wird es unmöglich, dem Text zu folgen. Als erster muss der Sprecher seinen Text im Moment des Vortrags verstehen können. Das Sprechtempo ist aber auch formatabhängig: höher in jüngeren, geringer in älteren Formaten.
Das Tempo muss atmen, d. h. dem Gewicht der jeweiligen Textstelle entsprechen: Zentrale Passagen werden im Tempo zurückgenommen, solche mit geringerer Informationsdichte rascher präsentiert.

Den Text durch Pausen gliedern! Zusammenhalten, was zusammengehört: Der Hörer muss jeden Sinnschritt, d. h. jede vollständige neue Information eines Textes, als Ganzes wahrnehmen können. Jeder Gedanke muss daher auf einen Bogen gesprochen werden – unabhängig von der Zeichensetzung, die für das richtige Sprechen vorformulierter Texte nur wenige Anhaltspunkte gibt. Die einzelnen Gedanken werden aber voneinander durch Pausen abgesetzt (Atempausen). Ist ein Gedanke zu lang, um ihn auf einen Atem zu bekommen, kann er durch sogenannte Staupausen gegliedert werden: Der Sprechfluss hält kurz an, die Sprechspannung aber bleibt erhalten.

Nach dem Inhalt betonen! Betonungen dienen dem Zweck, den Hörer zu den zentralen, sinntragenden Begriffen zu führen. Überbetonung (viele Wörter bekommen einen Akzent) kann das ebenso wenig leisten wie flache Präsentation (es werden keine Akzente gesprochen). In aller Regel werden betont:
- das Subjekt eines Satzes (»Nebenton«) und

- der Begriff, der die zentrale neue Information trägt (»Hauptton«).

Der Hauptton, also der stärkste Akzent im Satz, fällt auf den Satzschwerpunkt – er steht im Deutschen meist in der zweiten Satzhälfte.

Grundsätzlich werden in Informationstexten einmal betonte Wörter nicht wieder betont, wenn sie ein zweites Mal auftauchen. Betont wird stets nur das Neue.

Während die richtige *Satz*betonung von Fall zu Fall entschieden werden muss, steht die *Wort*betonung, also welche Silbe innerhalb eines Wortes einen Akzent bekommt, von vornherein fest. Im Deutschen geht der Akzent meist auf die Stammsilbe (»*Le*ben«, »ver*ste*hen«), bei zusammengesetzten Wörtern auf das bestimmende Glied (»*Landes*regierung«, »*Bundes*kanzleramt«).

Die Atmung kontrollieren! Beim Sprechen im Alltag gibt es kaum je Probleme mit der Atmung. Wohl aber oft im Studio unter Stress und Anspannung. Bauchatmung (die Bauchdecke hebt sich, die Schultern bleiben unten) sichert einen ausreichenden Vorrat an Luft.

Luftnot ist oft nur vermeintlich – und tatsächlich ein Zuviel an Luft. Daher stets auch an tiefes Ausatmen denken. Sich weder aufpumpen noch leer sprechen. Nur so viel Luft holen, wie nötig ist, um die nächste Atempause zu erreichen.

Die natürliche Sprechstimmlage wählen! Das ist die, auf der wir im Alltag beispielsweise eine Frage nach dem Weg beantworten würden. Auf dieser »Indifferenzlage« kostet das Sprechen am wenigsten Kraft. Sie liegt meist am oberen Ende des unteren Drittels des Stimmumfangs.

Die richtige Aussprache recherchieren! Fremdwörter, Personen- und geographische Namen stellen den Sprecher oft vor das Rätsel der korrekten Aussprache.

Sie kann aber anhand leicht zugänglicher Quellen verlässlich ermittelt werden.

Die richtige Aussprache klären

- Aussprachedatenbank (ADB) der ARD. Beim Hessischen Rundfunk (Frankfurt/M.) angesiedelte Gemeinschaftseinrichtung der ARD. Über 170.000 Einträge (Stand Mai 2007), rund um die Uhr online abrufbar als Transkription in Lautschrift sowie als mp3-Audiofile. Zugänglich für die Mitarbeiter aller Anstalten von ARD, von DLF und DW sowie ORF (Österreich) und SRG SSR (Schweiz), und der deutschen Abteilung des italienischen Staatsfernsehens RAI. Demo unter www.ard.de/kultur/wortlaut
- Online-Wörterbuch Deutsch/Englisch (britisch) mit Audiofiles zur Ermittlung der richtigen Aussprache http://dict.leo.org/ende?lang=de&lp=ende.
- Online-Wörterbuch Deutsch/Englisch (amerikanisch) mit Audiofiles zur Ermittlung der richtigen Aussprache http://merriam-webster.com/.
- Online-Wörterbuch Deutsch/Französisch mit Audiofiles zur Ermittlung der richtigen Aussprache http://dict.leo.org/frde?lang=de&lp=frde&search=
- Duden Aussprachewörterbuch. Wörterbuch der deutschen Standardaussprache (= Duden Bd.6). (6. Auflage, Dudenverlag, Mannheim 2005)
- Duden Deutsches Universalwörterbuch. (6. Auflage 2006) incl. CD-Rom mit 12.000 Audiobeispielen aus der Aussprachedatenbank der ARD (s.o.)
- Fiukowski, Heinz: Sprecherzieherisches Elementarbuch. (7. Auflage, Verlag Niemeyer, Tübingen 2004)

Fremdsprachige Namen und Begriffe werden behutsam eingedeutscht. Es geht nicht darum, den Klang des fremdsprachigen Originals wiederzugeben.

Im Manuskript mit Sprechzeichen arbeiten! Mag die richtige Wiedergabe dem Sprecher beim Verfassen des Manuskripts noch klar gewesen sein, so ist sie dies unter Live-Bedingungen im Studio vielleicht nicht mehr. Es ist deshalb nützlich, Atem-

und Staupausen, Stimmführung und Betonung im Text mit einem Stift zu kennzeichnen – dort wo sie sich nicht natürlich ergeben.

Pausen lassen sich z. B. durch senkrechte Striche notieren, die Melodie durch auf- oder abwärts gerichtete Pfeile; was betont wird, durch Punkte oder Unterstreichungen.

Atempausen lassen sich z.B. durch senkrechte Striche notieren.

Staupausen, sollten sie nötig sein, durch Apostrophe. Die Stimmführung wird durch Pfeile wiedergegeben, die auf- oder abwärts gerichtet sind oder auch waagrecht verlaufen – dann nämlich, wenn z.B. über Kommata hinweggelesen werden soll.

Einfache oder doppelte Unterstreichungen schließlich kennzeichnen, was wie stark betont wird.

Kein Aufhebens von Versprechern machen! Die Korrektur an das misslungene Wort anfügen. In der Melodie bleiben. Förmliche Entschuldigung nur bei groben Schnitzern.

Für geeignete Rahmenbedingungen sorgen! Sprecherraum gut lüften. Nicht überheizen. Kein Nikotin. Wenig Kaffee. Viel stilles Mineralwasser.

▣ Sprechen lernen fürs Radio

Weiterführende Literatur:

Michael Rossié, Sprechertraining. Texte präsentieren in Radio, Fernsehen und vor Publikum (4. Auflage, Econ Journalistische Praxis, Berlin 2007)

Frei sprechen

Freies Sprechen will geübt sein. Dazu braucht der Journalist Fertigkeiten und Hilfen, die er mit wenig Mühe lernen kann. Sie sind auf die Besonderheiten des Zuhörens und des Verstehens abgestimmt. Es gehören Talent und Können dazu, eine Kommunikationssituation zu schaffen, die das Gegenüber einbindet, es in den Prozess des Denkens, des Gedankengangs integriert und zum Mitdenken verführt.[1]

Das Informationsziel muss klar sein. Bei der Analyse von -zig Hörfunkbeiträgen in Seminaren wurde deutlich, dass häufig diffuse und ungenaue Vorstellungen über das Informationsziel vorhanden waren. Entsprechend unstrukturiert war der Aufbau.
- *Wen* soll der Beitrag ansprechen?
- *Wozu* soll er dienen?
- *Was* soll er bewirken?

Wenn man die Zielaussage *formuliert* und *aufschreibt* wird deutlich, wo Unsicherheiten und Ungenauigkeiten liegen.

Nicht alles (auf einmal) sagen wollen, was es zu sagen gilt. Der *Zuhörer* kann nur eine bestimmte Anzahl von Gedanken aufnehmen und braucht Zeit zum Verarbeiten. Der *Sprecher* überfordert zudem sich selbst, wenn er bei seinen komplexen Gedankengängen nicht die Spreu vom Weizen trennt und sich nicht auf *Wesentliches* konzentriert.

Ordnen der Gedankenschritte auf das Ziel hin: Der Sprecher muss den Zuhörern den roten Faden liefern, der ihnen Struktur und Orientierung bietet, damit sie die Informationen aufnehmen und einordnen können.[2]

Der Anfang kommt zuletzt dran, erst dann, wenn Zielaussage und Struktur feststehen. So kann er ad hoc, aus der Situation und für die Situation, überlegt werden.

Wortwahl, Satzlänge, Komplexität der Informationen richten sich nach dem Zielpublikum. In *welchem Programm,* für *wen* und *wann* soll gesendet werden? Für ein Serviceprogramm ist eine andere Ansprache, sind andere Formulierungen gefragt als für ein Jugend- oder Kulturprogramm.

Die Sprache, die für den Hörfunk taugt, ist eine andere als die, welche in Schule und Universität vermittelt wird – mit Einschüben, Nominalstil, Substantiven. Diese Sprache ist für einmaliges Hören zu kompliziert. Für das Medium Hörfunk gilt eben nicht: Sprechen wie gedruckt! Eine sinnbezogene sprachliche und sprecherische Gestaltung, die den Hörer einbezieht, ist Voraussetzung.

Die Textvorlage für Sprechen im Hörfunk hat sich nach den Kriterien und der Grammatik der *gesprochenen mündlichen Sprache* zu richten. Denn alles, was ins Mikrofon gesprochen wird, müssen die Zuhörer *auf Anhieb aufnehmen* und *verstehen* können. Ein Bandwurmsatz mit drei Einschüben, bei dem das Verbum erst am Schluss gesetzt wird, ist für den Hörer kaum noch zu entschlüsseln.

Freies Sprechen mit Hilfe des Stichwortzettels befördert klar strukturierte, einfache und gut sprechbare Texte und entlarvt Verkünstelungen, komplizierte und verstellte Sprache, die weder gut zu sprechen, noch gut zu verstehen ist.
Tucholsky, der Journalist und Schriftsteller war, brachte es folgendermaßen auf den Punkt:»Man kann gewiss nicht alles simpel sagen – aber man kann es einfach sagen. Und sollte dies nicht gelingen, so ist das ein Zeichen dafür, dass die Denkarbeit noch nicht abgeschlossen ist«.[3] Notizen in Form eines Stichwortzettels helfen dem Sprecher beim Denkprozess und beim Formulieren seiner Mitteilungen.

Die Stichworte sollten so deutlich aufgeschrieben sein, dass sie nicht erst mühselig entziffert werden müssen und Konzentration abziehen, die für den Sprech-Denkprozess notwendig ist. Eine *graphische* Anordnung hilft, die Stichworte schnell aufzunehmen, zu ordnen und umzusetzen. Am besten eignen sich *Karteikarten*, auf denen man *in Lesegröße* schreiben kann.

Normalerweise stehen auf den Stichwortzetteln Substantive, Fakten, Daten. Wer allerdings aufmerksam in Hörfunk und Fernsehen z. B. Reportagen lauscht, merkt, dass die Sprecher nicht vor Substantiven, sondern häufig vor *Verben* stocken, dass *Gelenkwörter* (Konjunktionen, z. B. und, oder, aber) nicht so geläufig sind und fehlerhaft angewandt werden, dass *Satzverbindungen*, -überleitungen nicht stimmig sind. Wer bei sich diese Probleme ebenfalls feststellt, sollte die Substantive auf seinem Stichwortzettel entsprechend mit Verben, Konjunktionen und Satzverbindungen ergänzen.

Zum Üben eignen sich Zeitungsartikel. Der Inhalt wird in Stichworte gegliedert, die *nach ihrer Wichtigkeit von links nach rechts abgestuft* werden. Dadurch sind mit einem Blick Hilfen für die Strukturierung gegeben – vom Wesentlichen zum weniger Wichtigen. Wird z. B. die Zeit knapp, kann weggelassen werden, was rechts außen steht. Klare, schnell identifizierbare Zeichen helfen zusätzlich beim Strukturieren.

Beispiel. Zuerst eine Meldung mit der Information, die frei gesprochen werden soll:

Die EU berät über Umweltamt

Brüssel – Die Umweltminister der Europäischen Union (EU) sind in Brüssel zu Beratungen unter anderem über die geplante Europäische Umweltagentur zusammengekommen. Prinzipiell sind sich die Mitgliedsländer zwar über den Nutzen des Amts einig, das in erster Linie der Umweltpolitik der Union eine solide Informationsgrundlage geben soll. Über zahlreiche Fragen gibt es aber noch Streit.

Das gilt vor allem für den Sitz der Behörde, die bis auf Luxemburg alle EU-Staaten für sich reklamieren. Die Bundesregierung tritt für Berlin ein.

Ein weiteres Hauptproblem ist nach Angaben von Diplomaten ein Einwand der Spanier. Sie wollen dem Umweltamt nur die Befugnis geben, national verfügbare Daten zu sammeln. Dagegen soll es diese Informationen nicht so aufbereiten und abgleichen dürfen, dass unmittelbare Vergleiche unter den verschiedenen Ländern möglich wären.

Und jetzt ein Vorschlag für den Stichwortzettel:

```
Umweltminister EU
beraten über
Umweltagentur EU
    └ Prinzipiell einig
    │           └ Nutzen
    │               └ solide Infogrundlage
    └ Fragen → Streit!
        │   └ Sitz
        │       └ alle reklamieren
        │       └ außer Lux
        │     └ B → Berlin
        └ Spanien
            └ eingeschränkte Befugnis
                └ nur sammeln
                    └ nationale Daten
                    └ kein unmittelbarer Vgl.
```

Jeder muss für sich selbst ausloten, welche Schwierigkeiten bei der Wortwahl oder Grammatik auftreten, und welche Wörter ihm für den Aufbau des Stichwortzettels wichtig sind. Nach einigen Übungen wird sich die Anzahl der zunächst noch notwendigen Wörter und Zeichen bestimmt reduzieren.

Glaubwürdigkeit. Die beste Technik der freien Rede im Radio ist umsonst, wenn der Sprecher nicht glaubwürdig ist, wenn er nichts zu sagen hat, auch wenn er viel redet. Dann wird nämlich niemand wirklich zuhören.

Dazu schreibt Sten Nadolny in »Selim oder die Gabe der Rede«: »Wer redet, transportiert niemals nur das, was seine Worte bedeuten, sondern auch, was er selbst bedeutet – er erzählt seine eigene Geschichte indirekt mit. Das sollte er nicht fürchten, sondern sogar wollen und zulassen! Nur dann wird er Aufmerksamkeit gewinnen, mehr noch: Die Haltung hilft dem Inhalt auf die Beine«.[4]

[1] Geißner, H. Sprecherziehung, Didaktik und Methodik der mündlichen Kommunikation, Königstein/Ts., S. 11 ff

[2] Zur Übung im argumentationslogischen Denken bietet sich der Fünfsatz an, siehe dazu ebenfalls Geißner, H., S. 154 ff

[3] Zitiert nach Die Zeit vom 4. 3. 1992

[4] Sten Nadolny, Selim oder Die Gabe der Rede, Piper, München, S. 335

Weiterführende Literatur:

Der Beitrag »Frei sprechen« von Michael Rossié im Lehrbuch »Fernseh-Journalismus« ergänzt diesen Aufsatz (7. Auflage, Econ Journalistische Praxis, Berlin 2006)

Michael Rossié, Frei sprechen in Radio, Fernsehen und vor Publikum. Ein Training für Moderatoren und Redner (2. Auflage, Econ Journalistische Praxis, Berlin 2006)

Moderieren

Moderatoren sind oft stundenlang zu hören, viele in sog. »Schienen« immer zur selben Zeit, Tag für Tag. Dadurch werden sie die populärsten, beliebtesten und (meist auch) bestbezahlten Radio-Mitarbeiter.

Das Wort Moderator kam aus den USA in die deutsche Radio-Sprache und bedeutet »Vermittler« oder »Mittelsmann«. Moderatoren »vermitteln« den Hörern das Radio-Programm. Auch was im lateinischen Wortursprung steckt, passt: »lenken«, »leiten«.

»Moderator« ist kein Beruf, zumindest nicht im journalistischen Bereich, sondern nur eine Form journalistischer Arbeit beim Radio. Die Chance dazu bekommt oft erst, wer zuvor erfolgreich als Redakteur, Reporter oder Nachrichten-Präsentator gearbeitet hat und natürlich die erforderlichen Voraussetzungen mitbringt. Dennoch gibt es immer wieder auch »Blitzkarrieren«, besonders bei kleineren Privatsendern, bei jungen Formaten und bei Musik- und Unterhaltungsmoderatoren. Da geben dann Stimme und Talent den Ausschlag, und auch Mut und Hartnäckigkeit bei der Bewerbung.

Moderatoren/innen werden auf den Internet-Seiten der Sender meist heraus- und vorgestellt. Dort finden sich oft auch interessante Informationen zum Werdegang.

Die Grundanforderungen an Moderatoren sind überall dieselben, unabhängig von Sender und Einsatzgebiet. Sie müssen:

- eine gute Stimme haben,
- sympathisch und natürlich »rüber kommen«,
- glaubwürdig sein,
- »verkaufen« können,
- schnell reagieren, gute Nerven haben und
- die technischen Abläufe im Selbstfahrer-Sendestudio beherrschen (zumindest bei den Begleitprogrammen).

Was noch dazu kommt an Voraussetzungen, ist weitgehend abhängig vom Format des Programms, den Anforderungen einzelner Sendungen (Sendungsstrecken oder Schienen) und auch der Tageszeit. So muss etwa der »Morning-Man« schon munter und präsent sein, wenn andere die Zähne noch nicht auseinander kriegen. In informationsbetonten Sendungen braucht der Moderator Fachwissen über Politik und Zeitgeschehen, Sport oder Unterhaltung – je nachdem. Der Musik-Moderator (auch noch Diskjockey, »DJ« genannt), muss einen Bezug zu der Musik haben, die er »verkaufen« soll, obwohl er sie nicht ausgesucht hat. Das tut die Musikredaktion (vgl. Beiträge »Formate für Begleitprogramme« und »Musik-Programme mit dem Computer erstellen«).

Cross-over-Moderatoren. In den Begleitprogrammen – vor allem beim Privatfunk – ist der Moderator zum generellen Begleiter durch das Programm geworden, der ohne Beschränkung auf bestimmte Inhalte und Ressortgrenzen dem Hörer alles vermittelt: von der Verkehrs- und Wettermeldung über die Musikansage bis hin zum informativen Interview. Er sollte zumindest eine breite Allgemeinbildung haben.

In den Kulturprogrammen (vgl. Beitrag »Formate für Einschalt-programme«) moderieren meist Fachredakteure die Magazine oder Kompaktsendungen ihrer jeweiligen Ressorts. Was es an Besonderem zur Moderation in einzelnen Sendungsformen zu sagen gibt, ist jeweils dort behandelt (vgl. Beiträge »Magazin«, »Kompaktsendung« und »Musik-Moderation«). Im Folgenden geht es um die Moderation unabhängig von speziellen Sendungsinhalten und -formen.

Die Aufgaben des Moderators sind vielfältig:
- dem Programm »ein Gesicht« geben, Hörerbindung herstellen,
- Programminhalte verbinden (s. u.), d. h. aus Einzelelementen (Musik, Beiträgen, Verpackungselementen) ein (Gesamt-) Programm werden lassen,
- Sendung fahren (vgl. dort), also den technischen Sendungsablauf im Selbstfahrer-Studio gewährleisten.

Diese Aufgaben erfüllt er mit:
- Zwischenmoderationen (s. weiter unten: Moderation, Mod oder »Break«)
- An- und Abmoderationen einzelner Programminhalte, z. B. Beiträge (vgl. Beitrag »Moderationen schreiben«).
- Pflichtmoderationen (s. weiter unten)

Keine Werbung sprechen. Bei Privatsendern werden Moderatoren gelegentlich veranlasst, auch Werbung zu sprechen. Das ist eine (stimmliche) Vermischung von Programm und Werbung, die jeder Radio-Journalist auch im Interesse seiner eigenen Glaubwürdigkeit ablehnen sollte (vgl. dazu und zum Anmoderieren von Werbung den Beitrag »Recht der Rundfunkwerbung, Ausloben von Preisen, Sponsoring«).

Wie soll er denn sein, der Moderator? Sachlich-seriös oder kalauernd-kess? Was ist gefragt: wortreiche Anmache oder knappe Ansage, charmante Plauderei oder fetzige Spreche?

Sprache und Sprechen

Wie soll's denn sein: Hochdeutsch, Dialekt oder Jugendjargon? Auf diese Fragen gibt es keine einheitliche Antwort. Denn:

Moderation ist formatabhängig. Junge Leute wollen anders angesprochen werden als ältere. Informationsreiche Programme müssen anders moderiert werden als Programme, die hauptsächlich unterhalten sollen. Der Moderationsstil ist deshalb wesentlicher Bestandteil des »Formats« und bei vielen Sendern in den Grundzügen festgelegt (vgl. Beiträge »Formate für Begleitprogramme« und »Formate für Einschaltprogramme«).

→ Tipp: Wer bei Hospitanz oder Praktikum Gelegenheit bekommt, solche Moderationsregeln einzusehen, sollte dies unbedingt tun – und sich die zu Grunde liegenden Überlegungen erläutern lassen. Danach weiß man viel darüber, wie die »Macher« ihre Hörer und deren Wünsche einschätzen.

Die Moderations-Vorgaben sollen eine auf die jeweilige Zielgruppe ausgerichtete einheitliche Hörer-Ansprache sicherstellen – unabhängig von den unterschiedlichen Vorlieben einzelner Moderatoren. In solchen Pflichten-Heften können nicht nur Anzahl und Zeitpunkt von Moderationen innerhalb einer Radio-Stunde festgeschrieben sein; festgelegt ist oft noch weit mehr, z. B.: *Wie stellt sich der Moderator vor?* Nur kurz mit dem Sendungstitel und der Information `Am Mikrofon: Christian Oster`. Oder noch knapper: `Am Mikrofon (der) Christian` (wobei das der oder die vor dem Vornamen sprachlich nicht schön ist). Oder soll die Eingangsmoderation verbindlicher sein: der Name und dazu noch eine persönliche Bemerkung oder ein kleiner Scherz? Solche Standards können für nahezu alles festgeschrieben sein: von den Zeitansagen über die Wetter- und Verkehrsmeldungen bis hin zu Musikansagen und An- und Abmoderationen aktueller Beiträge.

Moderieren heißt, mit dem Hörer reden. Moderieren heißt nicht, den Hörern eine Rede halten. In seiner Vorstellung spricht der Moderator also immer den *einzelnen* Hörer an, weil das die Hör-Situation ist. So versucht er, alle (einzelnen) Hörer zu erreichen.

Aber wie soll er mit dem Hörer reden, wenn er da allein vor dem Mikrofon sitzt, keinen seiner Hörer sieht, kein zustimmendes oder ablehnendes Wort zu ihm in die Studio-Einsamkeit dringt? Jeder Redner, jeder, der etwas erzählt, hat ein direktes Feedback seiner Zuhörer. Den Radio-Moderator erreicht die Hörer-Antwort in der Regel nicht tatsächlich, nichts kann er an Gesichtern ablesen, nichts aus Bemerkungen heraushören. Für ihn ist das Feedback nur »gedachte Wirklichkeit«. Es erreicht ihn in seiner Phantasie. Er braucht es, um beim Hörer auch wirklich »anzukommen«.

Frei sprechen ist eine Grundvoraussetzung fürs Moderieren: Der Moderator »redet« mit dem Hörer, er liest ihm nicht vor. Deshalb sollten Moderationen möglichst nicht vorher Wort für Wort aufgeschrieben werden. *Stichworte* sind dagegen sinnvoll, notiert z. B. auf einer Karteikarte (sog. Liner Card).

→ Tipp: Schreiben Sie die Stichworte gegliedert auf, wie im Beitrag »Frei sprechen« erklärt.

Moderationen aufschreiben. Häufig werden allerdings Moderationen komplett aufgeschrieben: wegen der Kürze der für Mods (Radiosprache für Moderationen) zur Verfügung stehenden Zeit (meist im Privatfunk, aber nicht nur), wegen des anspruchsvollen Inhalts (Kulturprogramme) oder aus Angst vor dem Rest-Risiko, das immer mit Live-Moderationen verbunden ist (vgl. Beitrag »Moderationen schreiben«).

Präsent sein – das wird von den Moderatoren verlangt. Was das heißt, ist vom Gegenteil her am leichtesten zu erklären: nicht schüchtern sein, nicht zurückhaltend wirken, nicht nur sprechen, sondern die Hörer ansprechen. Kurz: »den Kopf aus dem Radio strecken« – aber nicht zu weit, denn aufdringlich soll's auch wieder nicht wirken. Ein bisschen ist das eine Typfrage. Aber etwas dafür tun, kann man auch. Das Wichtigste: Man muss *wirklich moderieren wollen.* Und man muss seine *Hörer sympathisch* finden, Freude daran haben, »mit ihnen sprechen zu können«. Mit mehr Übung nimmt die Präsenz häufig von allein zu.

➜ Tipp: Sich recken und dehnen, mit der Musik mitswingen hilft, anfängliche Nervosität und Unsicherheit zu mindern.

Die Vorstellung vom (einzelnen) Hörer steuert das Sprechverhalten. Deshalb soll der Moderator sich vorstellen, zu wem er spricht und wie der Angesprochene wohl darauf reagieren wird.

Wenn ich versuche, einen Einzelnen anzusprechen,
- klingt meine Stimme automatisch persönlicher,
- werde ich ganz von selbst nicht laut, sondern eher eindringlich sprechen,
- werde ich nichts herunterrasseln, sondern (ohne viel darüber nachzudenken) ein Sprech-Tempo und einen Sprech-Rhythmus finden, der vom Verstanden-werden-wollen bestimmt wird,
- werde ich also kleine Zäsuren (Pausen) machen, mal langsamer, mal schneller sprechen,
- werde ich mit der richtigen Betonung meiner Aussage Nachdruck verleihen und sie besser verstehbar machen,
- werde ich natürlich klingen und nicht gespreizt oder affektiert.

Der bekannteste Reporter der Anfangsjahre des Radios, Alfred Braun von der Berliner Funk-Stunde AG, hat einmal im Zusammenhang mit einer Reportage vom Flugfeld Berlin-Staaken[1] diesen Gedanken-Dialog mit dem Hörer beschrieben:
Wie Braun zu den Hörern redete:
»Als ich genau den gleichen Vorgang zu wiederholten Malen geschildert hatte, ...
Wie Braun sich die Hörer-Reaktion vorstellte:
... glaubte ich durchs Mikrofon zu spüren, dass meine Zuhörer ungeduldig wurden.
Wie Braun auf das »gedachte« Feedback reagierte:
Hilf, Himmel, gab es denn sonst nichts auf dem Flugfeld zu berichten?«

Ein Gespür für die Hörer-Reaktion muss der Moderator entwickeln. Dabei helfen spontane Hörer-Anrufe oder E-Mails in der Sendung. Sie geben Gelegenheit, sich die Reaktion des Hörers am Telefon erzählen zu lassen.

➜ Tipp: Sprechen Sie, wo immer möglich, mit wohlmeinenden – aber kritischen – Zuhörern über Ihren Moderationsstil. Suchen Sie sich diese Gesprächspartner in unterschiedlichen Altersgruppen und Milieus. Geben Sie dabei zu verstehen, dass Sie in dieser oder jener Frage selbst etwas unsicher seien und deshalb gern einen Rat hätten.

Bringen Sie das Gespräch unter Bekannten und Freunden mal auf andere Moderatoren. Was an denen kritisiert wird, gehört das vielleicht auch zu Ihren eigenen Schwächen? Und was an Ihren Kolleginnen und Kollegen gelobt wird, gäbe es Grund, das auch bei Ihnen zu loben?

Hörer-Reaktionen einbeziehen. Kurz nach Moderationen oder einem Beitrag kommt nicht selten eine Hörer-Mail oder ein -Anruf ins Studio (im Studio klingelt's allerdings nicht, es flackert eine Signal-Lampe). Hörer wollen etwas sagen (manchmal Nettes, manchmal weniger Schmeichelhaftes), wollen etwas fragen oder auch nur einfach mit dem Moderator plaudern. Wann immer Sie Zeit dazu haben, nutzen Sie diese Chance zu einem *wirklichen* Dialog mit dem Hörer.

Wenn Sie meinen, dass ein Anruf typisch für die Reaktion vieler Hörer ist, dann erzählen Sie über den Sender davon, sprechen Sie live mit dem Hörer oder zeichnen Sie den Anruf auf (häufiger, zur Technik vgl. Beitrag »Sendung fahren«). Über den einen Hörer als »Stellvertreter« werden Sie viele andere (die ebenso reagiert, aber nicht angerufen haben) ebenfalls ansprechen.

»Sprich, damit ich dich sehe«, sagte Sokrates. Sie werden bei solchen Gesprächen tatsächlich merken, welch fest gefügtes Bild Ihre (Stamm-)Hörer von Ihnen haben: Ihr »auditives Image«. Pflegen Sie es! Schließlich ist es Ihre Aufgabe, das Programm an den Hörer zu bringen, »zu verkaufen«. Und wer kauft auf die Dauer schon einem unsympathischen oder unglaubwürdigen

Verkäufer gern etwas ab? Dass Ihre Hörer Sie *sympathisch* finden, Ihnen von Ihrer Art zu reden, von Ihrer Stimme her gern zuhören, ist Voraussetzung dafür, dass Sie auch mit dem *Inhalt* Ihrer Moderation ankommen.

Dem Programm »ein Gesicht geben« das muss der Moderator im wahrsten Sinne des Wortes, seines nämlich. Er/sie *steht für das Programm,* schafft *Hörer-Bindung* über seine Person. Moderator oder Moderatorin sind *als Persönlichkeiten* gefragt. Voraussetzung dafür ist, dass sie bei den Hörern bekannt sind.

➡ Tipp: Haben Sie keine Scheu davor, Ihren Namen öfter mal zu sagen. Und tun Sie's auch so, dass er zu verstehen ist.

Die Kölner Soziologieprofessorin Dr. Christa Lindner-Braun[2] hat untersucht, welche Erwartungen Hörer an Moderatoren als ihre »Interaktionspartner« haben: »Die ›moralische Glaubwürdigkeit‹ eines Moderators nimmt den höchsten Stellenwert ein, … ›Kompetenz‹ (erzielt) ähnlich hohe Werte … ›Sympathie‹ ist Hörern der ersten (älteren) Programme wichtiger als Hörern junger Programme, bei den übrigen Profilkomponenten sind die Unterschiede gering (›Kompetenz‹, ›Autorität‹) oder weniger groß (›moralische Glaubwürdigkeit‹)«.

Am schwierigsten zu trainieren sei die »moralische Glaubwürdigkeit« eines Moderators, »weil sie nicht nur am stärksten in der Persönlichkeit des Moderators verankert ist, sondern auch in starkem Maße Gespür für die Hörer eines Programms oder einer Sendung voraussetzt«.

Solchen Hörer-Erwartungen kann ein Moderator gerecht werden mit dem *was* er sagt, aber auch damit, *wie* er es sagt (mit seiner Stimme und seiner Art zu sprechen).

Eine gute Stimme ist sehr wichtig für die Arbeit als Moderator. Wer sie von Natur aus hat, braucht nicht besonders stolz darauf zu sein, eher dankbar. Wer sie gar nicht hat, sollte sich überlegen, ob er unbedingt in der Moderation sein journalistisches Betätigungsfeld suchen muss. Wer den einen oder anderen Mangel an seiner Stimme feststellt, sollte nicht von vornherein aufgeben. Leichtere Sprachfehler können häufig behoben werden. Zu starke Dialektfärbung kann sich verlieren. Mehr Praxis, mehr Sicherheit und ein größeres Selbstvertrauen führen gelegentlich von ganz allein auch zu einer kräftigeren und volleren Stimme. Stimmen entwickeln sich.

Sprecherzieher helfen dabei, Stimme und Sprechverhalten zu verbessern. Manche Sender bieten Sprecherziehung zur Aus- oder Fortbildung kostenlos an. Auch bei Volkshochschulen, anderen Einrichtungen der Erwachsenenbildung oder an Universitäten findet man entsprechende Kurse. Einzelunterricht ist recht teuer.

➜ Tipp: Suchen Sie sich zwei oder drei Partner und nehmen Sie gemeinsam Sprechunterricht. Auch davon werden Sie profitieren.

Mit der Voice-Card die Stimme technisch »schönen«, das ist Praxis bei vielen Sendern. Mit Hilfe von Geräten wie Equalizer und Kompressor wird dabei z. B. die Höhenlage einer Stimme verändert und für einen volleren Klang gesorgt. Bei jedem Moderator werden die Werte der Stimm-Korrektur festgelegt und gespeichert. Vor Beginn seiner Moderation stellt er sie dann per Tastendruck oder mit dieser persönlichen Stimm-Korrektur-Karte ein.

Weniger ist meist mehr. Ehe Sie mit dem Hörer reden, überlegen Sie, ob Sie ihm auch wirklich etwas zu sagen haben. Moderationen unterbrechen in der Regel das Musikprogramm, die Amerikaner nennen sie deshalb »breaks«. Also wird der Hörer bei jeder Ihrer Moderationen (unbewusst) ein Urteil darüber fällen, ob das »Gerede« die Unterbrechung rechtfertigt. Im Zweifel: Musik.

Alles Überflüssige weglassen, das spart Zeit und erhält die Aufmerksamkeit der Hörer für das Wesentliche.

- Sagen Sie nicht: `Wie immer hören Sie jetzt ...` Erzählen Sie etwas, was nicht »wie immer« ist.
- Sagen Sie nicht: `Und nun Musik ...` Erstens hört's gleich jeder, und zweitens erwartet es jeder ohnehin.

- Sagen Sie nicht: Und jetzt gleich die Nachrichten mit dem Neuesten aus aller Welt. Womit wohl sonst?
- Sagen Sie nicht: In der zweiten Stunde unserer Sendung ... Welcher Hörer zählt schon die Sende-Stunden?
- Sagen Sie nicht: In der nächsten Stunde aktuelle Informationen und interessante Beiträge ... Dass die Informationen aktuell und die Beiträge interessant sind, darf der Hörer doch ohnehin erwarten, oder? Und ob's interessant ist, werden Ihre Hörer gern selbst beurteilen.
→ Tipp: Kündigen Sie Kommendes im Programm immer konkret an, also interessante Beiträge mit Thema und die Musik mit Titel und Interpret.

Die Geschwätzigkeit ist eine Hauptgefahr für Moderatoren. In die eigene Stimme verliebt, von der eigenen Bedeutung überzeugt, produziert so mancher einen Wortschwall, der dem Hörer schier endlos erscheint.

> »Die Hör-Minute am Lautsprecher ist durchschnittlich dreimal so lang wie die Sende-Minute am Mikrofon.« (Zeitfunkreporter Otto Willi Gail vom Bayerischen Rundfunk schon 1939 in seiner »Zeitfunkfibel«[3])

Die Stopp-Uhr am Moderatoren-Tisch hilft bei der Selbstkontrolle. Beim Zuhören kommt einem die Zeit nämlich viel länger vor als beim Selber-Reden. Deshalb: *In der Kürze liegt die Würze.*

Verbale Hochstapler werden schnell durchschaut. Versuchen Sie nicht, Ihre Moderationen künstlich »aufzumotzen«. Grundübel des falschen Stils: »Man will mehr scheinen, als man sein kann und mehr sagen, als man zu sagen hat«, schrieb bereits 1931 der Zeitungswissenschaftler Emil Dovifat[4]. Also: kein leeres Wortgeklingel, keine hochgestochenen Phrasen.

➜ Tipp: Machen Sie regelmäßig einen *Air-Check* (vgl. dort) mit sich selbst. Prüfen Sie dabei: Hätte ich mich einfacher ausdrücken können?

Deine Sprache verrät dich. Wolf Schneider stellt dieses Bibel-Zitat (Matthäus 26/73) seinen Ausführungen zur »Wegwerf-Sprache« voran. Schneider beklagt die »Wortkaskaden«, die Tag und Nacht aus allen Hörfunk- und Fernsehkanälen auf uns »niederschäumen«. Was da im Rundfunk geredet werde, sei »meist Hohlprosa, aus allzu reichem Mundvorrat gespeist«. Widerlegen Sie Schneider: Halten Sie sich an die Ratschläge seiner Stilkunde »Deutsch für Kenner«[5].

Egon Jameson[6] riet den angehenden Reporter-Kollegen ironisch: »Geben Sie Ihren Kampf gegen die schöne deutsche Sprache lieber auf!« Ganz ohne Ironie: Denken Sie daran, dass Sie als Moderator/in auch sprachlich ein Vorbild sind (sein sollten).

Ja, jaah, tja. `Ja, da sind wir wieder,` sagt der Moderator. `Ja, und weiter geht's mit Musik ...,` verkündet er. `Ja, und damit wären wir wieder mal am Ende unseres Programms,` stellt er schließlich fest – der Ja-Sager. Wollen Sie so einer sein, der das Wörtchen ja zum reinen Überleitungslaut degradiert? Außerdem:

Maschen machen Hörer müde, hörmüde. Das gilt ebenso für die stereotype Einleitung von Moderationen mit `so` oder `ja` wie auch für das, was in den Beispielen oben jeweils nach dem »Ja« zu lesen ist. Prüfen Sie also stets, ob Sie nicht bestimmte Floskeln immer wieder gebrauchen, immer wieder mit denselben Maschen ihre Hörer zu bestricken versuchen.

Die Hörer ansprechen – aber wie? `Meine lieben Hörerinnen und Hörer?` Oder nur: `Liebe Hörerinnen und Hörer?` Oder besser: `Meine Damen und Herren?` Oder ganz vertraulich: `Hallo, Freunde?`

Oder im Dialekt: `Servus?` Das Programm-Format und der Charakter der einzelnen Sendung entscheiden darüber, was richtig ist – und auch der Typ des Moderators. Persönlich soll sie sein, die direkte Höreransprache. Glaubwürdig muss sie, anbiedernd darf sie nicht sein.

Einfach »Sie« sagen ohne Anrede – das ist ganz und gar unproblematisch: `Was tun Sie gegen die Hitze?` Das richtet sich an den Einzelnen, gleichzeitig auch an alle Hörer insgesamt. Das »Du« klingt für Ältere ungewöhnlich, ist deshalb auch nur in ganz jungen Formaten zu hören: `Was tust Du gegen die Hitze, ruf jetzt an` ... Mit dem »Ihr« klingt's für die nicht mehr ganz so Jungen besser, da wird aber der Einzelne nicht angesprochen: `Was tut Ihr gegen die Hitze, ruft jetzt an` ...

Kollegen duzen – auch in der Sendung? Im Zweifel: nein. Sonst: Ja, wenn es zum Programm-Format und zur Sendung passt. Diese Regel gilt auch für den Umgang mit Interview-Partnern und Hörern an Mikrofon oder Telefon. Ganz allgemein ist das »Du« unter jüngeren Leuten üblich. Bei »jungen« Radio-Programmen kann es deshalb schlecht anders sein.
Kollegen und Interview-Partner werden *mit Vor- und Nachnamen vorgestellt:* `Von der Funkausstellung berichtet Sandra Oster.` Bei der *Anrede* bleibt der Name weg, also nicht: `Sandra Oster, was ist die interessanteste technische Neuerung ...?`, einfach: ... `Was ist` ... Häufig aber: `Sandra, was ist` ... Dann Sie oder Du. Überholt ist `Frau Oster, was ist` ...

Lachen Sie ruhig mal, wenn Ihnen danach ist. Fröhlichkeit steckt an. Aber lachen Sie nicht über Ihre eigenen Witze (oder Versprecher). Seien Sie überhaupt möglichst natürlich und ungezwungen am Mikrofon, aber hüten Sie sich davor, die Ungezwungenheit zur Masche zu machen. »Sei du«, empfahl der Lyriker Richard Dehmel seinem Sohn. Der Rat war fürs ganze Leben gedacht. Er gilt auch für die Stunden am Mikrofon.

Keine Angst vor Versprechern. Gelegentlich passieren sie halt, das ist kein Beinbruch. Einfach das Wort wiederholen und weiter reden, Entschuldigungen für die ganz schlimmen Fälle aufsparen. Und danach: *Positiv vorwärts denken,* konzentrieren auf das, was kommt. Den Patzer verdrängen, sonst folgt gleich der nächste. Denn Versprecher haben die fatale Eigenschaft, neue nach sich zu ziehen. Aber selbst dann: Meistens hat es nicht so schlimm gewirkt wie befürchtet.

> Was so alles passieren kann: Witzige Versprecher finden sich im Internet auf der Seite radiopannen.de. Lernen kann man beim Anhören oft auch, wie Sprecher/Moderatoren damit umgehen.
> Bei den Sendern/Redaktionen gibt es häufig »im Giftschrank« eigene Versprecher-Sammlungen oder im Archiv auch Sendungen dazu.

Pannen erklären. Manchmal ist einfach der Wurm drin. Da läuft ein Beitrag nicht an, ein Musik-Titel startet nicht, eine Leitung »steht« nicht rechtzeitig (ist nicht geschaltet), eine Anmod wird vertauscht, ein Interview-Partner am Telefon ist nicht zu verstehen, der Studiogast verspätet sich. Wenn's nicht ständig passiert, haben die Hörer dafür Verständnis und machen kein Aufhebens davon. Das sollte auch der Moderator nicht tun.

→ Tipp: Erklären, woran es gelegen hat – gelassen und freundlich. Das ist die angemessene Reaktion auf Pannen.

Informieren und unterhalten – beides muss der Moderator können, wenn auch manchmal nur eins davon tun oder auch (immer häufiger in den Begleitprogrammen) beides zusammen: »informativ unterhalten« (Infotainment).

Moderation, Mod oder »Break« – das sind die geläufigen Ausdrücke für eine kurze Zwischenmoderation. Moderationen unterbrechen im Begleitprogramm die Abfolge der Musiktitel. In den USA (und teilweise auch in Deutschland) werden sie deshalb

Breaks genannt. Wenn in einem Sendungslaufplan »Mod op« steht, dann ist damit gemeint, dass es dem Moderator freigestellt ist (optional), ob er an diesem Platz moderieren will oder nicht.

Solche kurzen Mods zwischen zwei Musiktiteln haben unterschiedliche Inhalte. Sie können

- allgemein informieren,
- mit Service informieren,
- unterhalten (auch mit Bunten Meldungen, s. Abschnitte unten),
- Musik an- oder absagen (vgl. Beitrag »Musik-Moderation«) oder eine
- Pflichtmoderation sein,
- mit O-Ton ergänzte Mods *(O-Ton-Mods)* sein (vgl. zu Auswahl der O-Töne, An- und Abtexten Beitrag »O-Ton-Bericht«).

Three-Element-Break (3EB). Das ist eine Zwischenmoderation, die drei kurze Botschaften enthält, meist Pflicht- und Servicemoderationen: Sieben Uhr zehn, Radio Eins, Nur für Erwachsene (Zeit, ID, Claim).

Diese Bündelung von Kurzinfos als »Dreierpack« hat sich als gut sprechbar erwiesen. Sie ist auch sinnvoll, weil mit Three-Element-Breaks der (Musik-)Programmfluss nur einmal unterbrochen wird. Zudem können so die Pflichtmoderationen mit Service-Meldungen verbunden werden und sind damit weniger in Gefahr, zu Nervtötern oder Langweilern zu werden.

Agenturmeldungen umschreiben für allgemein informierende Moderationen und dabei mindestens typische Agenturformulierungen durch Umgangssprache ersetzen. Die Nachrichtenagenturen schreiben als Zeitangabe z. B. grundsätzlich den jeweiligen Wochentag in ihre Meldungen, um Irrtümer auszuschließen. Der Moderator macht aus dem Montag ein heute (wenn heute Montag ist) und aus dem Dienstag ein morgen. Bandwurmsätze werden in mehrere kurze zerlegt. Bürokraten-Deutsch und Technokraten-Schreibe werden durch Umgangssprache ersetzt (vgl. Beitrag »Fürs Hören schreiben«).

Auch andere fremde Texte nicht wörtlich übernehmen. Zu den Aufgaben von Moderatoren gehört es auch, Texte zu vermitteln, die andere formuliert haben, etwa An- und Abmoderationen für Beiträge (vgl. Beitrag »Moderationen schreiben«) und Servicemeldungen. Die »Schreibe« von Kollegen oder vom Wetterdienst ist aber nicht immer die »Spreche« des Moderators oder gutes Radio-Deutsch. Machen Sie sich die Texte anderer deshalb mundgerecht. Moderation ist eine personengebundene Darstellungsform, der Hörer muss Ihnen persönlich die Botschaft abnehmen, die Sie vermitteln wollen. Aber Vorsicht beim Umschreiben von Moderationen: Inhalt und Übergänge müssen auch danach noch stimmen!

Service-Informationen sind Aufgabe des Moderators, wenn es nicht eigene Präsentatoren dafür gibt (was immer häufiger der Fall und auch für Studierende ein guter Job ist). In aller Regel sollen Wetter und Verkehr über ein *Musik-Bett* gelesen werden, dennoch aber sachlich sein und nicht vergagt werden (vgl. weiter unten »Über Musik moderieren«).
Wie das Wetter wird, wo ein Stau ist und was die Stunde geschlagen hat, das muss klar und verständlich rüberkommen, das sind Informationen, die Hörer direkt betreffen. Keinesfalls ist deshalb aber Amtsdeutsch (etwa beim Wetterbericht) gefragt. Auch Verkehrsmeldungen sollten nicht so formuliert sein, dass man dabei in Gedanken den Amtsschimmel wiehern hört. Dagegen sind kleine Moderationsscherzchen allerdings kein Rezept – nur bessere Formulierungen helfen.

Bei Verkehrsmeldungen sind die *Ortsnamen* oft sprachliche Stolpersteine. Besonders »*Reise-Moderatoren*« (die für mehrere Sender arbeiten) müssen sich da vorsehen. Ein falsch ausgesprochener Ortsname sagt den Hörern: »Der ist nicht von hier«. Und von da ist die Frage nicht weit, ob das überhaupt »unser Programm« sein kann, wenn »die« sich »bei uns« noch nicht mal auskennen.

Zeitansagen sind zumindest in den Prime-Times (= Drive-times, Haupt-Radiohör-Zeiten am Morgen und späteren Nachmittag, vgl. Beitrag »Medienforschung für den Hörfunk«) eine Pflicht. Morgens, auch wenn's dem Moderator keinen Spaß macht, muss regelmäßig alle paar Minuten die Zeit gesagt werden. Aber auch in der Heimfahrzeit am Nachmittag kommt es vielen auf die Minute an. Zeitansagen müssen stimmen und stimmig für die jeweilige Region formuliert sein. Ist es drei viertel acht oder viertel vor acht – eine Frage, fast so entscheidend wie die richtige Wortwahl bei Brötchen, Weck oder Semmeln.

Pflichtmoderationen sind Mods, die regelmäßig mit einer hohen Frequenz im Programm stattfinden müssen, z. B.:

- Stationsansage, meist »Station-Identification« oder »Station-ID« genannt: Hit-Radio FFH. Der Hörer soll immer wissen, welches Programm er gerade hört.
- Claim, auch als Slogan bezeichnet. Dem Hörer soll immer wieder gesagt werden, was dieses Programm besonders auszeichnet: `Der beste Mix. News und Hits.`
- Frequenz, wenn es derer für das Programm nicht zu viele unterschiedliche gibt: `auf UKW 88,0`. Der Hörer soll das Programm jederzeit auf der Skala wieder finden können.

Diese Pflichtmoderationen sind Teil der Programm-Promotion (vgl. Beitrag »Formate für Begleitprogramme«) und sollen dafür sorgen, dass das Programm zu einem »Markenartikel« mit hohem Bekanntheitswert wird, damit es bei den zweimal jährlich stattfindenden Umfragen möglichst gut abschneidet (vgl. Beiträge »Medienforschung für den Hörfunk« und »Das Programm als Markenartikel«). Pflichtmoderationen werden oft mit Info-, Service- oder Unterhaltungsmods kombiniert (s. o. Three-Element-Break).

Unterhalten. Besonders in den Morgensendungen (Morning-Shows) sind unterhaltsame Moderatoren gefragt. In manch größerem Sender liefert die Redaktion Gags und (aufbereitete) bunte Meldungen zu, in kleineren (und ärmeren) Radios ist das Sache der Moderatoren selbst. Manche nehmen Witz-Bücher und Sprüche-Sammlungen zu Hilfe. Besser aber sind selbsterdachte Gags, die sich auf das tagesaktuelle Geschehen beziehen: den witzigen Versprecher im Bundestag (wie anders, noch witziger hätte der Versprecher sonst noch sein können), den sehr teuer geschiedenen Prominenten (wie viel hat ihn jeder Tag Ehe gekostet), den Euphemismus eines Politikers (wie wir uns unseren Alltag auch allein schönreden könnten). Wenn die Agenturen aus solchen Begebenheiten selbst schon bunte Meldungen gemacht haben, reicht es dennoch meist nicht, sie einfach vorzulesen (vgl. Beitrag »Radiocomedy«).

Bunte Meldungen sind häufig im Nachrichtenstil geschrieben, mit dem Wichtigsten vorn. Das braucht der Moderator aber am Schluss. Oft ist auch der Unterhaltungswert solcher »Bunter« eher mäßig. Da muss der Moderator »noch einen draufsetzen«, einen Gag, eine »Punch-Line«. Folgendes Vorgehen empfiehlt sich:

- Meldung lesen, dabei Unwichtiges (z. B. genaue Ortsangaben, komplizierte Namen, unwichtige Begleitumstände) streichen.
- Einstieg suchen (z. B. Aufmerksamkeitswecker, s. Beitrag »Moderationen schreiben«).
- Geschichte klar gliedern, Schritt für Schritt, linear.
- Stichworte für das freie Sprechen aufschreiben (vgl. o. und Beitrag »Frei sprechen«).
- Schluss-Gag, Pointe suchen.
- Bunte Meldung zur Probe sprechen.

Geräusche, Musiktitel, O-Töne als Gag-Lieferanten. Manchmal lassen sich Pointen mit Geräuschen, Beziehungsmusiken oder O-Tönen erzielen: Schnarcher-/Wecker-Geräusch auf den müden Einbrecher, der am Tatort eingeschlafen ist oder auf den Nonsens-Satz aus dem Bundestag ein O-Ton wie `Danke für diesen wichtigen Beitrag`, möglichst von der Kanzlerin persönlich. Beim Auswählen sog. *Beziehungsmusiken* hilft der Computer, in dem die Titel archiviert sind (vgl. Beitrag »Archive«). Manche Moderatoren bauen sich nach und nach ein eigenes kleines Archiv (Datenbank, vgl. Beitrag »Sendung fahren«) mit geeigneten O-Tönen, Geräuschen und Titeln auf.
Ganz entscheidend ist bei derlei Gags aber die Verkaufe. Was sich auf dem Papier noch fade liest, kann, richtig rüberge-

bracht, zum Schmunzler/Lacher werden. Schauspielerische Fähigkeiten helfen da. Auch wer Dialekte gut nachahmen oder Prominente imitieren kann, hat meist die Lacher auf seiner Seite.

Programminhalte verbinden. Die einzelnen Bausteine eines Programms (Musik, Beiträge, Jingles) dürfen nicht beziehungslos nebeneinander stehen. Der Moderator muss aus ihnen »die Sendung« oder »das Programm« machen. Das tut er schon allein durch seine Präsenz. Die sollte deshalb nicht zu gering sein. Immer mal wieder muss der Moderator zu hören sein, wobei die einzelnen Mods ruhig kurz sein können.

Aber das allein reicht nicht:

- Mit Teasern kündigt er gelegentlich kommende Programmteile an, wirbt für sie.
- Hin und wieder macht er auch Rückbezüge, knüpft an vorangegangene Sendungsinhalte an. Sie dürfen aber nicht zu weit zurück liegen und müssen kurz zusammengefasst werden. Sonst sind alle ausgeschlossen, die das noch nicht gehört hatten.

Beim »Back-Selling« werden (auch mit kurzen O-Ton-Ausschnitten) Höhepunkte der Sendung noch einmal präsentiert. Wer sie verpasst hat, soll motiviert werden, beim nächsten Mal möglichst früher einzuschalten. Wer sie bereits gehört hat, soll daran erinnert werden, sich noch einmal daran erfreuen.

Auch Übergänge von Wort zu Musik und umgekehrt helfen dabei, ein Programm zusammenzuhalten, aber:

Überleitungen nicht um jeden Preis. So manche Textzeile eines Musiktitels bietet sich für lockere Bemerkungen an. Aber wenn sie zu nahe liegen, sind es vielleicht schlicht Plattitüden (die sich viele andere vor Ihnen schon nicht verkneifen konnten). Von manchem Beitrag findet sich eine Überleitung auf den nächsten Musiktitel. Aber, erstens: Wenn sich solche Assoziationen aufdrängen, dann haben sie bestimmt auch Ihre Hörer – von ganz allein. Und zweitens: Warum eigentlich?

Sie sagen: Weil die Überleitung eine zusätzliche wichtige Information enthält! – Dann machen Sie sie. Sie sagen: Weil die Überleitung wirklich lustig oder originell ist! – Dann machen Sie sie. Aber sonst: Lassen Sie sie!

Ein gelungenes Beispiel für eine misslungene Überleitung brachte der Mediendienst epd/Kirche und Rundfunk in einer Kritik zur ARD-Berichterstattung von olympischen Winterspielen:

Musik: »Mach die Augen zu ...«

Moderator: »Mach die Augen zu ...«, ein be-
                 liebtes und probates Mittel,
                 sich zu konzentrieren, auch beim
                 Skispringen, und dazu schalten
                 wir um ...

Besondere Vorsicht ist geboten, wenn Sie auf *fremdsprachige* Musiktitel Bezug nehmen wollen. Nicht jeder Hörer kann z. B. genug Englisch, um die Texte zu verstehen. Darum die betreffende Textstelle auch in Deutsch sagen.

Moderation über Musik verbindet ebenfalls, sorgt für *Programmfluss*. Meist spricht der Moderator dabei über die Intros (auch *Ramp* = Rampe genannt, *Ramp-Talk*), die kurzen instrumentalen Einleitungspassagen der Musiktitel, manchmal auch über die »Outros« (vgl. »Musik-Moderation«).

Etwas längere Wortpassagen werden mit einem »*Musik-Bett*« unterlegt (instrumentale Musik). Damit soll

- der Musikfluss des Programms erhalten werden,
- Langweiliges wie Verkehrs- und Wetterinfos aufgepeppt werden,
- die Moderation dynamischer klingen (durch ein rhythmisches, schnelles Musik-Bett) oder
- der Klang der Stimme weicher und gefühlvoller werden (mit einer Schmuse-Musik als Musik-Bett/Mod-Hintergrund).

Außer Mode gekommen ist die Methode, das Musik-Bett als Akzentuierung zwischen den einzelnen Informationen z. B. des Reise-Wetterberichts immer wieder kurz hochzublenden. Diese Präsentation lockert zwar auf, macht auch Tempo, zieht aber gleichzeitig in die Länge.

Verpackungselemente sind ebenfalls verbindende Elemente im Programm, gleichzeitig heben sie heraus, akzentuieren sie. Je nach Format werden diese Jingles mehr oder weniger intensiv eingesetzt (vgl. Beiträge »Verpackungselemente« und »Programm-Promotion«). Sie bestehen meist aus kurzen Musikpassagen mit sehr knappen Texten. Sie können mit Moderationen kombiniert werden. Ein Beispiel:

Jingle (»Bumper«, Stoßstange):	`Die Verkehrslage` (produziert, zugespielt)
Moderation (über Musikbett):	Verkehrsmeldungen (live gesprochen)
Jingle (»Stinger«, Stachel [Abbinder] mit Station-ID):	`Immer schnell und aktuell – die Verkehrslage auf Radio XY` (produziert, zugespielt)

Solche Kombinationen müssen »hart gefahren« werden, das heißt: Die Anschlüsse müssen genau passen. »Löcher« (also kleine Pausen) zwischen Jingles und Moderationen nehmen Tempo und wirken wie peinliche Pannen. Was im Jingle dem Hörer mitgeteilt wird, darf der Moderator nicht wiederholen, und umgekehrt: *keine Doppelungen.* In unserem Beispiel darf der Moderator also nicht mit dem Satz beginnen: `Und nun die Verkehrslage ...` Deshalb müssen Moderatoren die Jingles kennen, notfalls kurz vorher noch einmal anhören (vgl. Beitrag »Sendung fahren«).

Doppelmoderation. Bei fast allen Sendern gibt es sie in manchen Programmstrecken oder Sendungen. Wenn die Moderatoren (*meist ein Pärchen)* gut harmonieren, kann sie *Vorteile* haben:

- mehr Lebendigkeit durch Stimmenwechsel,
- mehr Schwung durch gegenseitiges freundlich/neckisches »Anmachen«,
- Verteilen der Moderationsaufgaben auf den jeweils am besten Geeigneten.

Aber auch *Nachteile* gibt es bei der Doppelmoderation:

- Gefahr eines höheren Wortanteils durch »Verquatschen«,
- zu viele Stimmen, wenn auch noch viele Beiträge im Programm sind,

- schlechtere Hörer-Ansprache durch miteinander beschäftigte Moderatoren.

Deshalb ist jedenfalls darauf zu achten, dass die beiden Moderatoren

- klare Rollenzuweisungen haben,
- stimmlich gut zueinander passen,
- als Team rüberkommen (harmonieren), nicht etwa als Konkurrenten und
- die Zeitvorgaben einhalten.

Morning-Shows. Wer die Hörer morgens hat, behält sie auch später am Tag – jedenfalls hat er die Chance dazu. Deshalb sind die Frühsendungen die wichtigsten für das Radio. Und deshalb wird auch in den Begleitprogrammen das meiste Geld und die größte Aufmerksamkeit in die Morgenstrecke investiert.

Der Morgenmoderator (*Morning-Man*) ist besonders gut bezahlt und wird von der Konkurrenz auch gern abgeworben. Er/sie moderiert in vielen Programmen täglich (außer im Urlaub und wenn er krank ist), ist deshalb besonders populär. Aufwendige und personalisierte Werbekampagnen sorgen oft noch für zusätzliche Bekanntheit.

Sidekicks: Um den Morning-Man werden in den musikorientierten Formaten häufig noch weitere (Mit-)Moderatoren mit klar zugewiesenen Aufgaben gruppiert (sog. *Sidekicks*): z. B. eine Wetterfee, ein/e News- Moderator/in, ein Moderator oder eine Moderatorin für die Verkehrsmeldungen und ein »Spaßmacher«. Sie agieren dann als *Morning-Team*, beziehen sich gegenseitig ein, machen sich auch gegenseitig an, ziehen eine kleine, möglichst witzige, muntere und gute Laune verbreitende Schau ab (Morning-Show).

Dadurch verändert sich die Kommunikation mit dem Hörer. Er wird nicht mehr als einzelner angesprochen (Eins-zu-eins-Kommunikation mit dem Moderator), sondern verfolgt das akustische Treiben auf der »(Hör-)Bühne« eher wie der Hörer eines Hörspiels.

Voice-Tracking. Nicht alle Moderationen sind live. Auch in Deutschland ist aus Kostenerwägungen bei Privatsendern die aus den USA kommende Methode *des Voice-Tracking* inzwischen verbreitet. Dabei werden allein die Moderationen im voraus am Stück aufgenommen. Während der Sendung fährt eine Software sie dann sekundengenau (auch Zeitansagen, Übergänge zu Live-Nachrichten und Blenden müssen ja stimmen) mit den Musiktiteln und anderen Sendungsinhalten automatisch zusammen. So können Moderationen für das Nachtprogramm oder für Wochenend-Sendungen kostengünstig vorproduziert werden. Was dem Hörer bei der Sendung dann als live erscheint, ist in Wirklichkeit lange vorher aufgezeichnet, insofern eine Hörer-Täuschung, die auch kritisch diskutiert wird.

Stehen oder sitzen. Viele Moderatoren sitzen nicht am Mikrofon, sie stehen. Weil sie zusätzlich zur Moderation viele technische und organisatorische Aufgaben zu erledigen haben, sprechen sie auch nicht in ein fest installiertes Mikrofon, sondern nutzen ein *Headset* – eine Kombination von drahtlosem Mikrofon und Kopfhörer, wie sie von Sportreportern bei Außenübertragungen bekannt ist. Damit können sie sich frei im Studio bewegen. In den Morning-Shows kann das ganze Team so ausgerüstet werden. Die körperliche Motorik wirkt sich positiv auf *Dynamik* und *Präsenz* der Moderation aus.

Die erste Moderation. Hier einige Tipps, wie Sie sich darauf vorbereiten können:
- Üben Sie, *frei zu sprechen*. Suchen Sie jede Gelegenheit bei der Radio-Arbeit, kleinere Passagen frei und live zu sprechen, in Interviews oder Berichten zum Beispiel.
- Versuchen Sie, möglichst viel *live auf den Sender zu kommen*: als Reporter mit dem Ü-Wagen, als Nachrichten-Präsentator oder mit Verkehrsmeldungen.
- Überlegen Sie, ob nicht ein erfahrener Kollege mit Ihnen zusammen eine *Doppel-Moderation* machen kann, bei der Sie nur Mit-Moderator sind.

- Schreiben Sie möglichst keine vollständigen Texte auf, aber *machen Sie sich Stichworte.*
- Setzen Sie sich zu Kollegen ins Studio und *gewöhnen Sie sich an die Atmosphäre und Abläufe.*
- *Proben Sie alle technischen Handgriffe,* die Sie kennen müssen. Bei Selbstfahrer-Studios (vgl. Beitrag »Sendung fahren«) müssen Sie die Bedienung spielend beherrschen. Ihre Konzentration brauchen Sie fürs Sprechen.

Ins Netz damit: Da Moderatoren bekannt sein und geschätzt werden müssen und ihr Name eine »Marke« sein sollte, gilt es, diese Moderatoren-Persönlichkeiten auch im Netz zu pflegen. Auf einer eigenen Seite sollten sie *Persönlichkeit zeigen* können: statt eines trockenen Lebenslaufs nur einige wichtige persönliche Daten und dazu z. B. die derzeitige Lieblingsband, Antworten auf FAZ-Fragebogen-Fragen, und Anekdoten wie vielleicht das misslungenste Interview. Moderatoren mit starker Schreibe und einem Gefühl dafür können zudem bloggen. Ihr Blog wird dann die virtuelle Verlängerung ihrer Sendung und hilft, mit Hörern und Fans zu kommunizieren.

Moderatoren als Teil der Sender-Community. Besonders elegant handhaben es Sender, bei denen die Moderatoren-Profile in die sendereigene Community integriert sind. Wer beispielsweise bei mySputnik aktiv ist, trifft dort auch die Sputnik-Moderatoren an. Sie stellen sich auf ihren Seiten vor, bloggen und antworten dort; man kann sie kontaktieren, kann sehen, wofür sie sich in der Community interessieren und wer ihnen schreibt. Reaktionen und Anregungen aus diesen Foren sollten on air Erwähnung finden – gemeinsam mit Anrufen oder E-Mails ins Studio (vgl. »*Ins Netz damit*« zum Beitrag »Hörerbeteiligung«).

Die Moderatoren live am Mikro zeigen, das geht mit einer (oder mehreren) im Studio fest installierten Web-Kamera(s). Die meisten Webcams liefern derzeit noch Standbilder, die alle paar Sekunden aktualisiert werden. Bewegtbild wird sich aber über kurz oder lang durchsetzen.

→ Tipp: Es ist nur zu einfach, die Kamera zu vergessen – und sich beim Nasebohren erwischen zu lassen, also Vorsicht. Die Moderatoren müssen ihr Einverständnis dazu geben, per Kamera gezeigt zu werden – ebenso wie alle Studiogäste und Besucher, die man beispielsweise mit einem Aufkleber an der Studiotür auf die Webcam hinweisen kann. Sollte ein Gast sich gegen die Webcam wehren, wird sie einfach mit einem Tuch verhängt. Das haben viele Sender früher auch gemacht, wenn sie aufgezeichnete Interviews mit Stars eingespielt haben – inzwischen bekennen sie sich lieber (und korrekt) dazu, aufgezeichnet zu haben.

Moderatoren-Videos ins Netz stellen. Wenn Besuchergruppen kommen, wird es immer wieder deutlich: Die Arbeit beim Radio fasziniert viele Hörer. Also auch damit ab ins Netz – als täglicher oder wöchentlicher Video-Podcast mit den Highlights des Tages, präsentiert von Radio-Moderatoren als Youtube-freundlicher Kurzfilm: Ausschnitte aus Events, Aktionen und Interviews, Neuerungen im Programm, Späße der Moderatoren, Gäste (auch Hörer) im Studio. Dafür haben sich einige Sender regelrechte kleine Fernsehstudios eingebaut, in denen diese Kurzfilme aufgenommen werden (vgl. dazu auch Multimedia-Studios im Beitrag »Im Studio und mit dem Ü-Wagen produzieren«).

→ Tipp: Bei Interviews mit Prominenten, die auch als Video eingestellt werden sollen, dafür auch die Genehmigung einholen und Rechtefragen beachten, wenn dazu Musik-Videos oder Ausschnitte aus einem Live-Auftritt im Radio gezeigt werden sollen.

🖳 Beispiele im Netz

[1] Alfred Braun, Achtung, Achtung. Hier ist Berlin! Buchreihe des Senders Freies Berlin (Haude & Spenersche Verlagsbuchhandlung, Berlin) S. 14

[2] Christa Lindner-Braun, Moderatorentest für den Hörfunk, in: Radioforschung, hgg. von Christa Lindner-Braun, (Westdeutscher Verlag, Opladen/Wiesbaden)

[3] Otto Willi Gail, Die grüne Flasche mit dem Kabel (Essener Verlagsanstalt, Essen), S. 140

[4] Emil Dovifat, Zeitungswissenschaft II (Walter de Gruyter, Berlin/Leipzig) S. 59

[5] Wolf Schneider, Deutsch für Kenner (Stern-Buch, Hamburg 1987), S. 10

[6] Egon Jameson, Der Zeitungsreporter (Delos-Verlag, Garmisch-Partenkirchen) S. 71 ff.

Weiterführende Literatur:

Kapitel »Als Video-Journalist arbeiten« in »Fernseh-Journalismus«, hgg. von Gerhard Schult/Axel Buchholz, bearbeitender Herausgeber (Econ Journalistische Praxis, Berlin 2006)

Patrick Lynen, Das wundervolle Radiobuch. Personality, Moderation und Motivation (2. Auflage, Verlag Reinhard Fischer, München 2006)

Moderationen schreiben

Beiträge anmoderieren, d. h. dem Hörer »verkaufen«, was andere dem Programm zuliefern. Das ist eine wichtige Aufgabe des Moderators, besonders in den Radio-Formaten, die (noch) auf Information setzen.

»Anmods« bestehen aus drei Teilen:
- Der *»Hinhörer«* (»ear-catcher«) soll den Hörer veranlassen, erst einmal hinzuhören:

Kann Pop-Musik die Welt verbessern?
- Die *»Hinführung«* soll danach die erreichte Aufmerksamkeit nutzen, um mit (zusätzlichen) Informationen Interesse für den Beitrag zu wecken, auf ihn hinzuführen:

Auf diese Frage suchen seit heute Morgen 200 Wissenschaftler und Popmusiker in Berlin eine Antwort.
- Die *»Anbindung«* ist die direkte Verknüpfung von Moderation und Beitrag:

Ob sie die schon gefunden haben, sagt Ihnen jetzt Michael Daniel:

So geht der Moderator vor, wenn er eine Anmod schreiben will:
- Er hört den Beitrag aufmerksam an: Der Verkäufer muss das Produkt kennen, das er anbieten will.
- Dabei schreibt er Stichworte zum Inhalt auf: So hört er aufmerksamer zu und kann notfalls nachlesen, auf welche wichtigen Aspekte des Beitrags er die Anmod ausrichten will.

- Er notiert die Anfangsinformation des Beitrags und die ersten Wörter: Darauf will er hinführen, aber weder beim Inhalt noch bei den Formulierungen etwas vorwegnehmen.
- Schließlich sucht der Moderator Antworten auf folgende Fragen:
- Wie kann ich meine Hörer veranlassen, den Beitrag anzuhören? Wie mache ich neugierig? Der Moderator sucht also eine Idee für das »Verkaufsgespräch« mit dem Hörer. Was ihm einfällt, wird zu »Hinhörer« und »Hinführung«.
- Welche zusätzlichen Informationen braucht der Hörer, um den Beitrag zu verstehen? Sie müssen noch in die Hinführung.
- Welche Service-Informationen erhöhen den Nutzwert des Beitrags? Diese Zusatz-Informationen kommen in die Abmoderation (vgl. weiter unten).

Die Länge der Anmod wird von der Überlegung bestimmt: Wie viel Zeit brauche ich *unbedingt*, um den Hörer für den Beitrag zu interessieren? Drei bis sechs Zeilen sind eine Richtschnur.

Hinhörer und Hinführung können jeweils natürlich aus mehreren Sätzen bestehen. Aber Vorsicht: Meist sind Anmods mit zu vielen Gedankenschritten befrachtet.

Außerdem richtet sich die Länge einer Anmod auch nach dem Beitrag (kurzer Beitrag/kurze Anmod), dem Programm-Format (im Begleitprogramm kürzer als im Einschaltprogramm) und dem jeweiligen Sendungstyp (in Info-Sendungen wenn's sein muss, auch mal länger).

Anmod-Formen. Wer gute Anmods schreiben will, muss Ideen haben, kreativ sein. Manchmal allerdings will einem partout nichts einfallen. Da hilft der folgende Katalog von verschiedenen Anmod-Formen:

Die nachrichtliche Anmod ist formuliert wie eine kurze Nachrichtenmeldung, mit einem Leadsatz am Anfang.

Der Beitrag bringt dann weitere Fakten/Einzelheiten. Immer geeignet, wenn wirklich etwas Neues geschehen ist, wozu die Hörer über die knappe Kerninformation hinaus noch mehr hören wollen. Standard in der aktuellen Berichterstattung, sowohl in Kompakt- wie in Magazinsendungen:

Vor der Nordseeküste ist ein Öltanker auf eine Sandbank gelaufen.

Oder:

Die Volkhochschule Übersee bietet in diesem Wintersemester erstmals Kurse gegen Altersvergesslichkeit.

Die Fakten-Anmod beginnt mit einer Tatsache, die nicht (ganz) neu ist, aber jedenfalls von (latentem) Interesse sein muss:

Aidsinfizierte leben immer länger.

Geeignet in informativen Sendungen wie Fachmagazinen.

Die Panorama-Anmod ist eine faktische Anmoderation, die sich nicht auf eine interessante Tatsache beschränkt, sondern das Thema des Beitrags in wenigen Sätzen in einen großen Zusammenhang einordnet.

Einordnung/Hintergrund:
»In Deutschland werden die Menschen immer älter«.
Beitrag:
»Gehirn-Jogging gegen Altersvergesslichkeit«.
Der Beitrag behandelt also einen kleinen Ausschnitt aus dem Themenkomplex »In Deutschland werden die Menschen immer älter« und wird so in diesen Gesamtzusammenhang gestellt.
Die Panorama-Anmod ist in schnellen Begleitprogrammen und der tagesaktuellen Berichterstattung eine Ausnahme. In den ressortspezifischen Magazinen der Einschaltprogramme, kann die tiefer gehende Information durch Einordnung in einen Gesamtzusammenhang durchaus am Platz sein (vgl. Beiträge »Formate für Einschaltprogramme« und »Magazin«).

Fokus-Anmod ist das Gegenstück zur Panorama-Anmod. Sie versucht, mit einem Einzelaspekt (»Gehirn-Jogging gegen Altersvergesslichkeit«) Interesse für das Gesamtthema (»Die Deutschen werden immer älter«) zu wecken.

Anmod:

»Volkshochschulkurs Gehirn-Jogging gegen Altersvergesslichkeit«.

Beitrag:

»Welche Folgen es hat, dass in Deutschland die Menschen immer älter werden«.

Die Fokus-Anmod kann eine nachrichtliche (s. oben), eine Situations-Anmod (s. unten) oder auch eine faktische sein:

Immer mehr Volkshochschulen bieten Kurse gegen Altersvergesslichkeit. Selbst kleinste wie z.B. die in Übersee im Chiemgau.

Die Fokus-Anmod ist für alle Formate geeignet. Sie versucht, umfassende, grundsätzliche, auch abstrakte Themen aktuell »aufzuhängen« oder anschaulich und hörernah zu verkaufen.

Situations-Anmod: Der Moderator schildert als Aufhänger eine Situation, z. B. eine mit lokalem Aufhänger:

Freitagnachmittag, Volkshochschule Übersee am Chiemsee: erwartungsvolle Stille, über 30 Kursteilnehmer sitzen im Kreis, alle weit über 60. Das Trainingsprogramm »Gehirn-Jogging gegen Altersvergesslichkeit« ist ein Renner. Eigentlich kein Wunder.

Denn die Deutschen werden immer älter. Darauf muss sich unsere Gesellschaft einstellen – nicht nur bei der Gesundheitsvorsorge.

Besonders gern werden Situationsanmods verwendet, um an typische Alltagssituationen anzuknüpfen, die viele Hörer kennen oder selbst erlebt haben:

Zu spät dran morgens. Die Nacht war kalt, sehr kalt. Da müssen die Autoscheiben erst mal mühsam frei gekratzt werden. Und dann noch das: Der Wagen will nicht anspringen.

Der Beitrag kann dann z. B. darüber informieren, was man selbst tun kann, wie man Hilfe bekommt oder am Vorabend schon Vorsorge trifft.

Die Gegensatz-Anmod knüpft an Bekanntes/Vergangenes an und führt zu Unbekanntem/Neuem (ebenso möglich: hier/dort; jung/alt usw.):

Wer Geldgeschäfte zu erledigen hat, der geht halt zur Bank:
Raus aus der Wohnung, vielleicht noch rein ins Auto, Parkplatz suchen, das kostet Zeit. Jedenfalls machen's viele noch so. Immer mehr aber gehen nur noch drei Schritte, zuhause – bis zu ihrem PC …

Auch umgekehrt funktioniert die Gegensatz-Anmod (vom Neuen zum Alten):

Die Banksachen zuhause am PC erledigen, dafür werben die Banken. Immer mehr tun's, halten Schritt mit dem Technologie-Fortschritt. Viele aber wollen nicht verzichten auf ihre gute alte Bankfiliale.

Die Rätsel-Anmod lässt kurz offen, wovon/von wem die Rede ist, soll so zum Mit-Denken animieren, die Hörer also besonders einbeziehen:

Mit sechs Jahren ist er schon öffentlich aufgetreten, mit elf war er bereits sehr erfolgreich, stets vorangetrieben von seinem ehrgeizigen Vater Leopold …

Spielerische Anmod: Moderator macht ein Geräusch nach, singt kurz einen bekannten Titel an, spricht deftig im Dialekt, imitiert einen Promi, spielt eine Mini-Szene usw. Geeignet für unterhaltende Themen und Moderatoren, die das Spielerische wirklich beherrschen.

Anmod-Anfänge. Für den ersten Satz einer Anmod gibt es ebenfalls verschiedene Möglichkeiten. Sie lassen sich miteinander und mit den unterschiedlichen Mod-Formen kombinieren.

Die Zitat-Anmod verwendet ein Zitat als »Hinhörer«; z. B. aus einer Bundestagsrede, aus dem Text eines bekannten Pop-Songs, oder auch aus dem Weisheitsschatz der Altvorderen:

`Ehrlich währt am längsten ...`

Geeignet ist vielleicht auch ein gerade populärer Buchtitel oder ein gerade angesagtes Teil cooler Jugendsprache. Wichtig nur: Aussagestark, kurz und inhaltlich wie akustisch leicht zu verstehen muss das Zitat sein. Zitat-Anmods sind überall einsetzbar. Je nach ausgewähltem Zitat, passen sie aber besser in das eine oder andere Format – das Beispiel besser in ein DOM- als in ein Hot-AC-Format (vgl. Beitrag »Formate für Begleitprogramme«).

Die Frage-Anmod soll den Hörer veranlassen, mitzudenken, sich selbst diese Frage zu beantworten:

`Wer würde das heute eigentlich noch ernsthaft behaupten: Ehrlich währt am längsten ...?`

Anmod mit Hörer-Ansprache, eine noch direktere Einbeziehung des Hörers:

`Sie kennen's bestimmt, das Zitat: Ehrlich währt am längsten?`

Aber Vorsicht vor dem Einbeziehen der Hörer durch direkte Hörer-Ansprache. Das Zitat »Ehrlich währt am längsten« kennt bestimmt jeder. Auf Ihre Feststellung werden Sie also die gedankliche Antwort bekommen: »Na klar!« Oder: »Na und?« (und darauf müssen Sie dann mit dem weiteren Mod-Text reagieren).

Aber wie ist es mit dieser Einbeziehung Ihrer Hörer:

`Sie kennen das Gefühl doch bestimmt, keine Zigarette mehr, und gerade jetzt hätten Sie dringend eine gebraucht ...`

Viele sind Nichtraucher, die kennen das Gefühl überhaupt nicht – und fühlen sich deshalb auch gar nicht angesprochen, im Gegenteil vielleicht. Also lieber als offenes Angebot formulieren:

`Viele Raucher kennen das Gefühl ...`

Die »Anmod mit Hörer-Ansprache« lässt sich mit der »Frage-Anmod« kombinieren:

Würden Sie das heute noch ernsthaft behaupten:
Ehrlich währt am längsten ...?

O-Ton-Anmod beginnt mit einem kurzen, prägnanten auf Anhieb verständlichen O-Ton, z. b. aus einer Pressekonferenz, einer Rede oder Parlamentsdebatte. Wenn's die Kanzlerin z. B. gesagt hat Ehrlich währt am längsten, dann wäre das ein schöner Mod-Einstieg. Der sollte dann aber im Beitrag nicht auch enthalten sein, jedenfalls nicht gleich zu Beginn.

Anmod mit Aufmerksamkeitswecker: Eine kurze Bemerkung vor der eigentlichen Botschaft soll Spannung aufbauen:
Unvorstellbar, was da in München-Pasing passiert ist ...

Geräusch-Anmod beginnt mit einem typischen, klar erkennbaren Geräusch, etwa dem Zwitschern eines Vogels, dem die Ehre zuteil wurde, als »Vogel des Jahres« gewürdigt zu werden.

Musik-Anmod: Ein Musikstück wird kurz angespielt. Die Moderation nimmt darauf Bezug:
Er ist wieder im Kommen, der gute alte Dixieland ...
Wenn es um den Titel eines Songs oder eine bestimmte Textzeile geht, müssen die unbedingt in der Mod zitiert werden, Textzeilen (auch) in Deutsch. Wer den Titel nicht kennt oder nicht so gut Englisch kann, würde sonst den Bezug nicht verstehen. Darauf achten, dass dieser Titel möglichst nicht noch einmal im Beitrag gespielt wird.

Mod-Einstieg mit Pflicht-Moderationen. Alle Mods können auch mit Kurzinfos wie Station-ID, Claim, Frequenz und Zeit beginnen. Dadurch entfallen zusätzliche Breaks für Pflicht-Moderationen im Programm:
Sieben Uhr fünfzehn. Viertel nach sieben. Radio XY. Morgenstund hat Gold im Mund. Das glau-

```
ben Sie nicht? Dann hören Sie mal, was Dr. Götz
Götze dazu zu sagen hat ...
```

Keine Doppelungen. Kreativen Moderatoren werden weitere Anmod-Varianten einfallen. Selbst in einer nicht so schöpferischen Phase allerdings darf ein Moderator *nicht einfach den Anfang des Beitrags übernehmen,* schon gar nicht Gags oder besondere Formulierungen daraus »klauen«.
Zumindest muss der Beitrag entsprechend gekürzt werden, was den Moderator aber auch nicht gerade als einfallsreich ausweist. Bei aktuellen Beiträgen, die sehr »nachrichtlich« beginnen, lässt sich der »Anfangs-Klau« allerdings rechtfertigen, wenn eine nachrichtliche Anmod geboten erscheint.

Namen richtig aussprechen – d. h. immer so wie im Beitrag, auch wenn der Moderator eine andere Aussprache für richtig hält. Ausnahme: Es handelt sich um einen groben Schnitzer oder offensichtlichen Versprecher des Korrespondenten. Nach der Sendung müssen der Moderator und die Redaktion sich dann um eine Klärung bemühen. Dabei kann die Tagesschau eine Orientierung sein oder die ARD-Aussprache-Datenbank beim Hessischen Rundfunk (vgl. Beitrag »Das Manuskript sprechen«).

Den Beitragsautor anmoderieren ist manchmal ein Stolperstein zwischen Hinführung in der Anmod und dem Beitrag, nimmt Eleganz und Tempo. Zudem sind viele Formulierungen dafür ziemlich strapaziert:
```
Ein Beitrag von ...
Dazu ein Beitrag von ...
Dazu ...
Für uns war dabei ...
```
Manches klingt auch zu gewollt: `Dagmar Brandt hat für uns mitgefeiert ...` Eine bessere Lösung kann deshalb sein, den Namen des Beitragsautors in die Abmod zu nehmen: `Ein Beitrag von Dagmar Brandt ...` **oder** `Dagmar Brandt berichtete aus Brüssel ...` In der Abmoderation sind

Standardformulierungen als kurze, an den Beitrag angehängte Information kein Problem.

Die Selbstabsage des Autors hilft ebenfalls, Anmod-Routine zu vermeiden: `Für Radio Aktuell Chantal Fries aus Paris`. So wird außerdem der Sendername (Station-ID) beiläufig noch einmal erwähnt und Korrespondentenname und Berichterstattungsort werden routinemäßig miteinander verknüpft. »Da haben wir eine Korrespondentin« ist eine wichtige beiläufige Selbstpromotion des Senders (auch für die Abdeckung der Fläche im Inland). Wichtige Voraussetzung: Es darf sich nicht in Wirklichkeit um einen Redaktions-O-Ton handeln.

Abmoderationen können den Namen des Beitragsautors (den immer zuerst) transportieren und zusätzlich
- *Service-Infos:*
`Karten gibt es noch an der Abendkasse. Sie kosten zwischen 15 und 50 Euro.` **Oder:**
`Nachlesen können Sie die Schnäppchen-Adressen in SR-online ...`
(gleichzeitig Cross-Promotion für den eigenen Online-Dienst).
- *ergänzende Informationen:*
`Die Deutsche Presseagentur meldet dazu noch, dass ...`
Absagen mit ergänzenden Informationen dienen auch zum Verbinden von Programminhalten (vgl. Beitrag »Moderieren«).
- *aktualisierende Zusatz-Infos:*
`Inzwischen gibt es noch weitere Meldungen zur möglichen Ursache des Unglücks ...`
- *Teaser (Programm-Hinweis):*
`Den nächsten aktuellen Beitrag vom Ort des Unglücks bringen wir in wenigen Minuten.`
Service für den Hörer, dient auch der Hördauer-Verlängerung (vgl. Beitrag »Medienforschung für den Hörfunk«).

Abmod-Ende mit Pflicht-Moderationen. Dem Sender-Image wird Gutes getan, wenn z. B. an einen besonders aktuellen und informativen Beitrag Station-ID und Claim (die Programm-Positionierung, vgl. Beitrag »Programm-Promotion«) angehängt werden: `Radio XY. Damit Sie immer Bescheid wissen.`

Moderationen gegliedert aufschreiben. Mod-Beispiele sind hier aus Platzgründen als Fließtext gesetzt. Der Moderator sollte sie sich aber immer nach Sinnschritten gegliedert aufschreiben:
`Sieben Uhr fünfzehn. Viertel nach sieben.`
`Radio XY.`
`Morgenstund hat Gold im Mund.`
`Das glauben Sie nicht?`
`Dann hören Sie mal, was Dr. Götz Götze dazu zu sagen hat ...`
Wer so seine Moderationen gliedert, liest sie strukturierter, also besser verständlich.

Wer seine Moderationen vom Blatt liest (also nicht vom Bildschirm) sollte für jede Mod ein Extra-Blatt verwenden, damit er es nach der Präsentation weglegen oder umdrehen kann (läuft also nicht Gefahr, aus Versehen eine Mod doppelt zu lesen). Bei kurzfristigen Umstellungen im Sendungsablauf hat er seine Mods zudem schnell neu geordnet. Beim Ordnunghalten hilft auch weit oberhalb des Mod-Textes ein Stichwort als Überschrift, für das Beispiel oben etwa `Morgenstunde/Götze`.

Mods sollten zudem in größerer Schrift sauber geschrieben sein und wegen der Versprechergefahr möglichst wenige, am besten gar keine handschriftlichen Korrekturen enthalten.

Moderatoren-, Reporter- und Hörer-Gespräch

Der Moderator spricht nicht nur Moderationen, zu seinen Aufgaben gehört auch das Interviewen – obwohl seine Interviews (meist) zu Unrecht »Gespräche« genannt werden. Drei Formen werden unterschieden:

- *Moderatorengespäche* sind Interviews, die der Moderator mit Interview-Partnern führt, die nicht zum Sender gehören.
- *Reporter-Gespräche* sind Interviews, die der Moderator mit

Reportern, Fachredakteuren oder Korrespondenten des Senders führt.

- *Hörer-Gespräche* sind Interviews (oft eher Gespräche oder Plaudereien) des Moderators mit Hörern.

Moderatorengespräche können mit Gästen im Studio oder mit Partnern am Telefon geführt werden. Dafür gelten grundsätzlich die Ausführungen im Beitrag »Interview« (vgl. dort). Einiges kommt jedoch hinzu:

Die Anmoderation des Moderatorengesprächs. Der Moderator muss in einem Take

- sein eigenes Interview inhaltlich anmoderieren,
- seinen Interview-Partner vorstellen,
- mitteilen, wo der sich befindet (als Gast im Studio oder sonstwo vor Ort),
- bei einem Telefoninterview sagen, dass er mit dem Interview-Partner telefonisch verbunden ist (manche tun es nur entschuldigend bei schlechten Verbindungen)
- und gleich im Anschluss seine erste Frage an den Interview-Partner stellen.

Wichtig für die Sprechhaltung: Anmod und Vorstellung des Interview-Partners richten sich an die Hörer, die Frage (persönlicher) an den Interview-Partner, dazwischen zur Verdeutlichung eine Mini-Sprechpause. Außerdem: Nach der meist längeren Anmod sollte die erste Frage kurz und knackig sein.

Der Schluss eines Moderatoren-Gesprächs will ebenfalls überlegt sein, also der Übergang zum nächsten Programm-Element. In den Begleitprogrammen ist das in der Regel Musik, in Kompaktsendungen meist die nächste Moderation oder ein Trenner. Einige Möglichkeiten:

- Kurzer Dank: `Danke, Klaus Steiner.` Empfiehlt sich in eher flotten, jungen Formaten und wenn das Interview durch eine prägnante, zusammenfassende oder witzige Antwort des Interviewpartners einen *natürlichen Schluss* hat.

- **Ausführlicher Dank:** `Vielen Dank, Herr Kühn, es war sehr nett, dass wir uns so früh am Morgen schon mit Ihnen am schönen Chiemsee unterhalten durften.` Sehr freundlich, wirkt gemütlich, bieder; ist in älteren Formaten (Melodie, Dom, vgl. Beitrag »Formate für Begleitprogramme«) aber durchaus noch (manchmal) am Platz.
- **Kurze Absage mit Namen, Funktion und Thema:** `Auf SR 1 war das Professor August-Wilhelm Scheer zum Lehrangebot seines virtuellen Studiengangs Wirtschaftsinformatik.` Erinnert den Hörer noch einmal an Namen und Thema, ist knapp und sachlich, angebracht in informationsorientierten Formaten oder bei entsprechenden Themen.
- **Zusammenfassende Absage mit Namen, Funktion und Thema:** `Wirtschaftsinformatik studieren, ohne immer an die Uni zu müssen – das geht jetzt. Auf »SR 1« war das Professor August-Wilhelm Scheer zu Lehrangeboten seines neuen virtuellen Studiengangs.` Unterstreicht nochmal die Kernaussage, hebt hervor, informativ, setzt besonders deutlich ab gegen das folgende Programm.

Reporter-Gespräche (auch *Kollegen-Gespräche*) ersetzen »*Alleingänge*« der Kollegen, werden also an Stelle eines Berichts (mit oder ohne O-Ton), eines Kommentars (*kommentierendes Gespräch*) oder auch einer Reportage gesendet. Dies geschieht immer häufiger, weil Redaktionen den Dialog im Kollegen-Gespräch für attraktiver halten als einen vorproduzierte Beitrag (wenn vielleicht schon viele im Programm sind), manchmal weil keine Zeit mehr war, rechtzeitig z. B. einen O-Ton-Bericht zu produzieren.

Es kommt auch vor, dass die Kollegen die Zwischenfragen des Moderators als willkommene Hilfe empfinden und ein Reporter-Gespräch deshalb einem Alleingang vorziehen.

Reporter-Gespräch vorstrukturieren, d. h. die Gliederung und (oft) auch die Fragen werden *vorbesprochen.* Der Moderator klärt vorher, was ein Reporter z. B. schon zur Unglücksursache sagen kann oder was der Fachredakteur über bestimmte Details in einem neuen Gesetz weiß. Damit soll vermieden werden, dass geschwafelt oder unverantwortlich spekuliert wird, wenn z. B. auf Nachfragen nun wirklich nichts zu sagen ist. Gelegentlich unterstützt der Moderator (oder die Redaktion) den Reporter mit Meldungen der Nachrichtenagenturen, die vor Ort nicht zur Verfügung stehen. Jedenfalls warnt er vor, wenn er solche Agenturberichte anspricht. Denn peinlich kann's wirken, wenn der Reporter *mehrfach* antworten muss: `Dazu kann ich leider nichts sagen.` Aber das ist immer noch besser, als wenn er inhaltsleer ausweichend schwätzt.

Den Moderator fürs Kollegen-Gespräch »füttern«. Reporter und Fachredakteure machen den Moderator vor dem Interview auf wichtige Aspekte des Themas aufmerksam, die der nicht kennt oder kennen kann. So sorgen sie gleichzeitig dafür, dass ihnen dazu dann eine Frage gestellt wird und sie ihre Informationen wirklich loswerden. Auch besondere Leistungen oder Schwierigkeiten bei der Reportertätigkeit vor Ort sollten sie dem Moderator mitteilen, damit er sie erwähnt (und evtl. gebührend herausstreicht), was nicht nur für den Reporter, sondern auch für das Ansehen des Senders wichtig sein kann.

Wenn Kollegen-Gespräche *O-Töne* enthalten, müssen die Absprachen besonders sorgfältig sein, damit der Reporter sie auch in der richtigen Reihenfolge in seinen Antworten unterbringen kann.

Gelegentlich werden nur *Nachfragen* nach einem Bericht vereinbart, keine kompletten Reportergespräche.

Im Reporter-Gespräch an die Vereinbarungen halten. Bei der Absprache notiert sich der Moderator deshalb die Fragen in Stichworten. Dabei achtet er darauf, dass er immer aus der Sicht/dem Interesse des Hörers heraus fragt. Sonst wird aus dem Reporter-Gespräch leicht ein Dialog unter (journalistischen) Fachleuten, bei dem der eine klüger sein will als der andere und der Hörer sich nicht mehr angesprochen fühlt. Ulrich Ueckerseifer, Reporter und Fachredakteur in der WDR-Programmgruppe Wirtschaft mit viel Erfahrung auf diesem Gebiet, empfiehlt den Reportern/Fachredakteuren, dem Moderator bei Studio-Gesprächen die gewünschten Fragen als Vorschlag schriftlich zu geben.

Reporter und Fachredakteure sprechen ihre Antworten in der Regel frei. Ueckerseifer empfiehlt aber, sicherheitshalber einen Stichwortzettel zu nutzen.

Enthalten Reporter-Gespräche O-Töne, ist eine sauber geführte *O-Ton-Liste* mit einem Stichwort zum Inhalt jedes einzelnen O-Tons und den ersten und letzten Wörtern nötig. Nur so können die Töne sauber vom Reporter angetextet und ggf. (auch von ihm) abgenommen werden (vgl. Beitrag »O-Ton-Bericht«).

Vorproduzierte Interviews. Moderatoren-Gespräche werden häufig aufgezeichnet (vor der Sendung oder während Musik läuft) und dann *zeitversetzt* gesendet (»quasi live«). Dies geschieht, um die *Risiken* von Live-Interviews zu vermeiden und das Interview *kürzen* zu können. Öfter stehen auch die Interview-Partner zur Sendezeit nicht zur Verfügung. Meist weist der Moderator aber nicht gesondert darauf hin, dass ein Interview nicht live geführt wurde. Da die Hörer aber automatisch annehmen, dass es sich um ein Live-Interview handelt, sehen manche Radio-Journalisten darin eine unzulässige Hörer-Täuschung. Jedenfalls darf der Moderator ein aufgezeichnetes Interview nicht ausdrücklich als live verkaufen.

Getürkte (unechte) Interviews sind bei manchen Sendern üblich. Sie werden in Wirklichkeit vorab von Redakteuren geführt und bearbeitet. Dem Moderator schreiben sie die dazugehörigen Fragen auf. Der liest sie in der Sendung dann vor und spielt nach jeder Frage die aufgezeichnete Antwort zu. Spannung und Unwägbarkeiten des Live-Interviews gehen so verloren, dafür geht nichts mehr schief – höchstens kann aus Versehen die falsche Antwort zu einer Frage abgespielt werden. Diese Methode wird angewendet, wenn die Moderatoren zwar gute »Verkäufer« sind, inhaltlich aber nichts »drauf haben« oder keine ausreichend guten Interviewer sind.

Baukasten-Interviews (vorproduzierte Korrespondentengespräche) sind eine andere (ebenfalls journalistisch nicht korrekte) Form getürkter Interviews: Ein Korrespondent, der für mehrere Sender arbeitet, liefert jedem nur seine Antworten in Einzeltakes und dazu schriftlich die passenden Fragen. Jeder Moderator kann sich damit »sein exklusives Live-Interview« zusammenbauen: einfach die Fragen vorlesen und jeweils dazu den Antwort-Take einspielen.

PR-Interviews nicht senden. Auch sie sind vorproduziert und für die Sender kostenlos: die Antworten z. B. auf CD oder als Daten-File im Internet und die dazugehörigen Fragen als Text für den Moderator. So werben Agenturen im Auftrag ihrer Kunden z. B. für (neue) Produkte, für Zeitschriften(artikel), neue Musik-Titel oder für Filme. Auch für Veranstaltungen (Messen) und anderes mehr wird so PR gemacht. Show-Bizz-Promis geben für diesen Zweck nur ihrer Agentur ein einziges PR-Interview, bei dem Themen und Antworten genau ins PR-Konzept passen und zudem die Mühsal vieler Einzel-Interviews vermieden wird.
Redaktionen sollten dieser Versuchung (*Vermischung* von PR/Werbung und Programm) nicht erliegen, selbst wenn sie so zu einem kostengünstigen Beitrag oder einem Promi im Programm kämen, der für sie sonst als Interviewpartner nicht erreichbar wäre. Nichts ist allerdings dagegen zu sagen, wenn aus solchen Interviews einzelne O-Töne mit Quellenangabe verwendet werden.

Hörer-Gespräche werden vom Moderator z. B. bei Umfragen, Hörer-Aktionen und Radio-Spielen (vgl. in den jeweiligen Beiträgen) geführt. Dabei sind die Regeln für die Einbeziehung von Hörern ins Programm und für den Umgang mit Hörern als Interview-Partner zu beachten (vgl. Beiträge »Hörer-Beteiligung« und »Sendung fahren«).
⌨ Ergänzung zu »Baukasten-Interviews«

Musik-Moderation

Musik anzumoderieren, ist nicht nur Sache von Disk-Jockeys oder Musik-Moderatoren. Auch *Cross-over-Moderatoren* in den Begleitprogrammen (die in Programmflächen mit Informationen, Musik und Unterhaltung eingesetzt werden) müssen das können. Wie es richtig gemacht wird, ist vom Format der Programme abhängig. Musik-Moderation klingt bei einem Klassik-Sender anders als bei einem Hit-Radio. Wer gern deutsch-orientierte melodiöse Musik hört (DOM-Format), will anders angesprochen sein als die Hörer eines AC-Formats (vgl.Beitrag »Formate für Begleitprogramme«). Aber wie anders?

Welche Titel sollen angesagt werden? Das hängt vom Bekanntheitsgrad eines Titels ab. Einen oft gespielten Tageshit bei jedem Einsatz anzusagen, ist überflüssig. Wichtig ist die Anmoderation bei noch nicht bekannten Titeln oder solchen, die wegen ihres ungewöhnlichen oder provozierenden Textes aus dem üblichen Rahmen herausfallen.

- Regel: Je musikbetonter und je jünger ein Programm ist, umso häufiger werden Titel angesagt. Je neuer ein Titel ist, umso häufiger wird er angesagt.

Wie ausführlich soll ein Titel angesagt werden? Im Tagesprogramm reicht es, nur den Titel und/oder den Interpreten zu nennen und ggf. darauf hinzuweisen, dass er neu im Programm ist. In einer reinen Musiksendung hingegen sollten außer Titel und Interpret auch noch weitere Informationen gegeben werden, zum Beispiel:

- Erscheinungsjahr,
- Hitplatzierung,
- Besonderheiten,
- kurze Infos zum Interpreten u. ä. (vgl. »Sendung fahren«),
- wenn von Bedeutung, der musikalische oder zeitgeschichtlich-gesellschaftliche Hintergrund der gespielten Musik.

→ Tipp: Nicht immer dasselbe zu einem Titel sagen. Und nicht einfach die Infos der Plattenfirmen abspulen.

Soll man einzelne Titel kritisieren? Nein! Eine Radio-Station bietet dem Hörer ein Programm, von dem sie hofft, dass es ihm gefällt. Äußert sich nun der Moderator negativ über einen Titel, dann stimmt ihm der Hörer zu, der den Titel auch nicht mag Gleichzeitig ärgert er sich aber, weil er sich zu Recht fragt: »Warum spielt der denn den Titel, wenn er ihn auch nicht mag?« Die meisten Hörer gehen nämlich immer noch davon aus, dass ein Musik-Moderator auch die Musik auswählt, zumindest aber Einfluss auf die Auswahl hat.
Der Hörer aber, der einen kritisierten Titel gern hört, ärgert sich erst recht.

- Regel: Der Moderator vertritt das Musikangebot seines Senders.

Soll man mehrere Titel gleichzeitig ansagen? Von der Sendungsform hängt ab, wie viele Titel ohne Unterbrechung hintereinander gespielt werden sollen. Sind es z. B. zwei Titel und es handelt sich um eine Musiksendung, so sollte man den ersten der beiden Titel ansagen und den zweiten absagen.
Werden drei Titel *(»im Dreier-Pack«)* hintereinander gespielt, und möchte man alle drei ansagen, so wird

- zuerst der dritte,
- dann der zweite und
- schließlich der erste, also der unmittelbar auf die Moderation folgende Titel, angekündigt.

Soll die Moderation einen bestimmten Tonfall haben? Handelt es sich um einen langsamen Lovesong, wird er nicht marktschreierisch angesagt und ein »Stimmungstitel« wird nicht mit Schlafzimmerstimme anmoderiert. Musikmoderation als Programmeinstieg nach einem Wortbeitrag oder als Vorankündigung vor einer Werbung, sollte relativ sachlich ausfallen.

- Regel: Tonfall, Lautstärke und Sprechrhythmus richten sich nach dem Titel, der anmoderiert wird.

Der Moderationsstil, den jeder Sender entwickelt hat und pflegt, gilt unabhängig davon und ist im Prinzip am jeweiligen Format orientiert:

- Je jünger ein Programm ist, umso schneller, umgangssprachlicher, dynamischer und manchmal auch »schräger« oder »cooler« wird moderiert und umso häufiger wird die Musik angesagt.
- Je älter ein Programm ist, umso langsamer, konventioneller und informativer wird moderiert.
- Je anspruchsvoller ein Programm ist, desto gepflegter, informativer und zurückhaltender in der Höreransprache wird moderiert.

Soll man in die Musik »hineinreden«? Auch dies hängt von Format und Zielgruppe ab. Prinzipiell gilt jedoch: nie über Gesang reden. Ansonsten gibt es verschiedene Möglichkeiten:

- Man nutzt ein unabhängiges/neutrales (aber zum Format passendes) Musikbett; d. h. eine instrumentale Untermalung.
- Man nutzt Intro/Ramp, d. h. die instrumentale Einleitung eines Titels.
- Man nutzt das Outro, d. h. das instrumentale Ende eines Titels.
- Man nutzt das Outro des letzten und das Intro des nächsten Titels.

Alle Formen dienen dazu, *trockene Moderation* (= nur Wort, ohne Musik als akustischer Hintergrund) zu vermeiden und so nie einen Bruch im Musikfluss zu haben.

→ Tipp: Wenn man über das Outro des letzten und das Intro des nächsten Musiktitels moderiert (beide Instrumentalpassagen also als Musikbett nutzt), gehört die Titelabsage über das Outro und die Ansage des kommenden Titels über das Intro.

Musiksendungen selbst zu fahren ist die Regel (vgl. Beitrag »Sendung fahren«). Musik und Moderation müssen perfekt miteinander verbunden, also etwa verzögerte (oder zu frühe) Blenden und »Löcher« vermieden werden. Bei Ramp-Talks (Moderationen über Intro) ist es ein schwerer Kunstfehler, in den Gesang hineinzureden. Dabei hilft eine besondere Uhr am Moderatorentisch, die die Ramp-Sekunden rückwärts mitzählt. Exakt bei »0« muss die Moderation spätestens beendet sein. Durch den dann unmittelbar folgenden Gesangsteil des Titels entsteht eine besonders dynamische Wirkung.

Musik-Spezialsendungen wollen nicht nur mit Musik unterhalten, sondern auch über Musik informieren (vgl. oben). Nicht einfach ist es dabei, die Mitte zwischen (für viele langweilige) Insider-Informationen und (für Fans banalem) Jedermann-Wissen zu treffen.

→ Tipp: Nicht dozieren, beiläufig (auch: anekdotisch) Wissen vermitteln.

In Wunschsendungen ist neben der knappen Titelansage vor allem die Information wichtig, für wen dieser Titel gespielt wird. Die Namen der Grüßenden und der Gegrüßten sowie die entsprechenden Orte müssen korrekt wiedergegeben werden. Geschieht dies nicht, mischt sich in die Freude, dass der Wunschtitel gespielt wurde, die Enttäuschung darüber, dass die Freundin wegen des falschen Vornamens leicht irritiert war.
Wünsche und Grüße kann man auch von den Hörern selbst als O-Ton am Telefon live (immer seltener) oder als Aufzeichnung durchsagen lassen.
Durch die Speicherung des Repertoires auf Festplatte, sind gewünschte Titel auf dem Schirm am Selbstfahrerplatz sehr schnell zu finden und auch sofort abspielbereit (vgl. »Sendung fahren«).

Hitparaden bringen nicht nur die beliebtesten Titel, sie geben auch Aufschluss über die Veränderungen: Lieblingstitel steigen ab, Newcomer klettern in die Charts. Die Moderation muss folglich diese Dynamik vermitteln, eine gewisse Spannung erzeugen. Bekannte Titel werden knapper anmoderiert, zu neuen sind Zusatzinformationen sinnvoll.

Aircheck

Nicht nur für den Moderations-Anfänger ist dauernde Schulung wichtig, sondern auch für »Profis« am Mikrofon. Aircheck nennt sich diese Form des permanenten Moderatoren-Trainings, das in jeder Station ausgiebig gepflegt werden sollte.

Im Selbstfahrer-Studio sind die Mikrofontaste oder der Mikrofonregler mit einer digitalen Aufzeichnungseinheit gekoppelt. Das Programm wird immer dann aufgezeichnet, wenn das Mikrofon des Moderators offen ist. Die langen Musikpassagen fehlen. Neue Geräte zeichnen alles auf (dazu auch die Studiokamera sowie viele Konkurrenzprogramme). Sekundengenau sind die einzelnen Programmteile ansteuerbar und auf allen PCs im Funkhaus abzurufen.

Nach der Sendung verfügt der Moderator über seinen persönlichen Aircheck, einen Mitschnitt, auf dem seine eigenen Sprechanteile festgehalten sind.

Durch das kritische Abhören seines Airchecks sollte sich jeder Moderator regelmäßig kontrollieren. Technische Unsauberkeiten, sprachliche Ausrutscher, Längen oder Schwierigkeiten beim Live-Interview werden so deutlich.
Wichtig gerade auch für erfahrene Moderatoren: Kleine Fehler und Angewohnheiten, die sich im Laufe der Zeit eingeschlichen haben, können erkannt und beim nächsten Mal korrigiert werden (vgl. Beitrag »Moderation«).
Dies gilt besonders für streng formatierte Sender, in denen die Einhaltung der vereinbarten Programmstandards (Art und Länge der Moderation, »Fahren« der Sendung, Einsatz von Jingles) sehr ernst genommen wird.

Wer leitet den Aircheck? Einige Sender leisten sich einen hauptamtlichen Moderations-Coach, der regelmäßig Airchecks mit den Moderatoren abhält. In anderen Fällen übernimmt dies der Programmchef oder ein Kollege. Manche Radiostationen laden zum Aircheck auch externe Fachleute ein.

Redaktionskonferenzen, bei denen generelle Programm-Kritik geäußert oder Fehler der Programm-Planung besprochen werden, können persönliche Airchecks am konkreten Sende-Beispiel nicht ersetzen.

Bei Gruppen-Airchecks kann es leicht passieren, dass sich der Moderator als vorgeführt empfindet.

In jedem Fall gilt: Durch den Aircheck fühlt sich der Moderator mit seiner Moderation nicht alleine gelassen – er wird bestätigt oder zu Verbesserungen angespornt.

Machen Sie regelmäßig einen Aircheck, auch wenn Ihr Sender das nicht verlangt.

- Legen Sie dafür Termine fest, an die Sie sich auch halten.
- Schreiben Sie sich eine Liste mit Fehlern/Nachlässigkeiten, die andere an Ihnen oder Sie selbst an sich festgestellt haben.
- Überprüfen Sie daraufhin die mitgeschnittenen Moderationen.
- Halten Sie Ihre Aircheck-Ergebnisse in einigen Zeilen fest, damit Sie erkannte Defizite bei den kommenden Moderationen konsequent abbauen können.
- Überprüfen Sie beim nächsten Aircheck mit diesem Aircheck-Protokoll, ob Sie erfolgreich waren.

Beiträge und Darstellungsformen

Umfrage/Vox Pop

`Sagen Sie mir mal bitte fürs Uni-Radio, was Sie`
`so über Radio-Umfragen auf der Straße denken?`
So etwa könnte die Frage für eine Umfrage gestellt werden. Die
Antworten ergeben dann ein *zufälliges Meinungs- oder Stim-*
mungsbild.

Umfragen sind nicht repräsentativ. Da nur eine kleine Zufalls-
auswahl von Passanten befragt wird, geben solche Umfragen,
auch »Vox Pop« (= vox populi, Volkes Stimme) genannt, wirklich
nur wieder, was die jeweils Befragten denken. Deshalb darf auch
durch An- oder Abmoderation nicht der Eindruck erweckt werden,
als sei dies die Meinung »aller«, als denke »man« so. Also nicht:
`Hier, was die Thüringer darüber denken` ... Statt dessen z. B.: `Hier, was Erfurter auf der Krämerbrücke`
`dazu gesagt haben` ... Wer besonders gewissenhaft sein will,
kann ausdrücklich auf den Zufallscharakter hinweisen.

Der Stellenwert im Programm wird dadurch nicht beeinträchtigt. Umfragen
- vermitteln einen Eindruck davon, welche unterschiedlichen
  Meinungen es zu einem Thema gibt,
- geben diese Meinungen ungeschminkt und offen in Alltagssprache wieder,
- wirken authentisch, z. B. auch durch Äußerungen im Dialekt
  oder durch Beispiele/Begründungen aus den Alltagserfah-
  rungen der Befragten,
- zeigen, dass das Programm die Bürger (und damit die Hörer)
  ernst nimmt und
- haben oft auch Unterhaltungswert.

Umfragen können so im Programm Meldungen »illustrieren«,
Berichte mit O-Ton (vgl. dort) und andere Darstellungsformen ergänzen oder einen Aufhänger liefern für die Behandlung des

Themas in einer anderen Form, etwa einer Experten-Diskussion, (vgl. Beitrag »Diskussion«).

Bei der Wahl des Umfrage-Themas ist mehrerlei zu bedenken:
- Das Thema muss *bekannt* sein, »die Leute« beschäftigen, möglichst »Gesprächsgegenstand« sein.
- Das Thema sollte auch *emotional berühren*, kein reines »Kopf-Thema« sein.
- Das Thema muss *einfach und leicht verständlich* (aufbereitet) sein, damit auch der »im Vorübergehen« etwas dazu sagen kann, der kein ständiger FAZ-Leser ist.

Gemessen an diesen drei Kriterien: Ist unser Beispiel also ein gutes Umfrage-Thema? Es wird nur einem gerecht: Es ist einfach und leicht verständlich.

Bei der Formulierung der Frage sollte bedacht werden, dass die Passanten »überfallen« werden, überrascht sind, vielleicht ängstlich, aus ihren eigenen Gedanken herausgerissen werden – und trotzdem die Frage gleich verstehen müssen.
- → Tipp: Kurz und einfach fragen, Fremdwörter und Fachausdrücke vermeiden. Eine evtl. nötige Erklärung vor der Frage auf das Wesentliche beschränken und klar strukturieren: Wir machen gerade eine Straßen-Umfrage. Sagen Sie mir bitte fürs Uni-Radio: Was denken Sie so über Straßen-Umfragen fürs Radio?

Die Antworten sollten möglichst aus einem *zusammenhängenden Satz* bestehen, keinesfalls nur aus einem »ja« oder »nein«. Deshalb wäre es bei unserem Beispiel ungeschickt, so zu fragen: Sagen Sie mir mal bitte fürs Uni-Radio, was Sie so von Umfragen auf der Straße halten?
Die Antwort »nichts« liegt zu nahe. Der Reporter müsste dann nachfragen: Und warum nicht? Auch da wäre die Gefahr wieder groß, dass nur eine kurze Bemerkung käme: ... die sind lästig! Zur Not könnte man beide Antwortteile beim Schnitt noch zusammenfügen: ... Nichts. Die sind lästig.
Besser aber:

- Fragen so formulieren, dass sie zum längeren Reden veranlassen: ... was Sie so denken/welche Erfahrungen Sie so gemacht haben/können Sie mal bitte erzählen/erklären/begründen ...
- Keine suggestiven, sich selbst beantwortenden Fragen stellen, die dem Befragten Antworten der bequemen Art in den Mund legen: Können sie mir mal bitte sagen, ob Sie sich auch über die gestiegenen Preise geärgert haben?

Fragen testen. Was man sich in der Redaktion ausgedacht hat, lässt sich schon dort an Kollegen/innen testen, noch besser dann auf der Straße an den ersten Befragten. Sollte die Frage zu kompliziert sein oder zu wenig zum zusammenhängenden Reden verlocken, eine neue Version überlegen und wieder ausprobieren. Aber Achtung: dabei *nicht das Thema verändern*, auch nicht partiell. Dann antworten die Befragten nämlich auf verschiedene Fragen. Hintereinander geschnitten, machen diese Antworten keinen Sinn mehr und der Hörer fragt sich, worum es denn eigentlich geht.

Unfreiwillige inhaltliche Veränderungen der Fragestellung passieren gelegentlich auch durch die ständige Wiederholung und das Gefühl des Reporters, mal anders fragen zu sollen. Das ist aber unnötig: Jeder Befragte hört die Frage nur einmal, der Hörer vom Reporter meist gar nicht, sondern nur einmal vom Moderator.

Fragen nicht einschleifen: »Höflichkeit ist eine Zier, doch weiter kommt man ohne ihr« – das trifft auf die Umfrage-Situation auf der Straße in einer Beziehung zu: Wer vorab erst einmal höflich fragt, ob er denn überhaupt fragen darf, wird sich viele »Neins« einhandeln.

→ Tipp: Nicht fragen Darf ich Sie mal etwas fürs Uni-Radio fragen? Oder: Haben Sie mal einen Moment Zeit für eine kurze Frage? Haben zu wenige! Gleich mit der Tür (freundlich) ins Haus fallen.

Höflichkeit und ein nettes Lächeln sind ansonsten aber absolute Pflicht: `Sagen Sie mir bitte mal` ... Schließlich tun die Befragten dem Reporter einen Gefallen, wenn sie sich Zeit für die Antwort nehmen. Zu sagen, für wen die Antwort bestimmt ist, ist mehr als Höflichkeit, nämlich Voraussetzung dafür, dass sie gesendet werden darf. Also den Namen der Radiostation gleich in die Frage einbauen:
`Sagen Sie mir bitte mal fürs Uni-Radio ...`

Während der Antwort schweigt der Reporter. Bestätigungslaute wie »aha«, »hm« oder Lachen vermeiden. Meist können sie beim Schnitt nicht herausgenommen werden und stören dann als seltsame Töne eines Reporters, der ansonsten nicht zu hören ist.

Ähnliches gilt für Unterbrechungen: Nicht dazwischenreden, erst den Befragten richtig ausreden lassen, dann nachfragen, sonst ist die Nachfrage nicht herauszuschneiden, ohne auf vielleicht wichtige Teile der Antwort zu verzichten.

Zur Motivierung/Bestätigung des Befragten während seiner Antwort muss also die Körpersprache des Reporters reichen: Interessiert ansehen, Kopfnicken, Lächeln.

Beim Zuhören die Antworten analysieren – und entsprechend reagieren. Manche Antwort ist so noch zu verbessern.

- Ist das eine Antwort auf meine Frage? Wenn nein – Frage wiederholen, anders stellen, aber nicht den Sinn dabei verändern.
- Wird in einem ganzen Satz geantwortet? Oder sind es nur Satz-Bruchstücke ... `finde ich blöd.` Dann für die Frage ein Verb wählen, das zum längeren Reden auffordert.
- Es hört sich schlecht an, wenn zu viele Antworten auf dieselbe Weise beginnen. Deshalb gleich *unterbrechen* und dem Befragten kurz in den Satz helfen: `Bitte fangen Sie doch so an: Umfragen finde ich blöd` ... Bei solchen *Formulierungshilfen* selbst variieren. Mal so: `Ich finde Umfragen` ... Und mal so reinhelfen: `Die kosten Zeit und deshalb sind Umfragen` ... Das führt zu

mehr Abwechslung durch unterschiedliche Antwort-Anfänge. Dabei muss klar sein: Es geht um *Einstiegshilfen* für die Befragten, nicht etwa um den Versuch, Inhalte vorzugeben.

■ Passen die Antwort-Teile beim Schnitt zusammen, wenn gekürzt werden soll oder zwischendurch eine Nachfrage gestellt wurde? Wenn man sich unsicher ist, ruhig noch einmal fragen, auch wenn der Befragte sich wundert. Vielleicht passt ja die Wiederholungsversion der Antwort besser.

■ Braucht der Befragte vielleicht noch etwas Zeit, um ausführlicher zu antworten? Wenn ja, dann das Mikrofon einfach noch beim Befragten lassen und nicht sofort nachfragen. Das wirkt wie eine Aufforderung, noch etwas zu sagen. Nicht jeder Befragte auf der Straße sprudelt gleich los als hätte er nur auf diese Chance gewartet (vgl. Beitrag »O-Ton, Atmo und Geräusche«).

Auswahl der Befragten. Da in der geschnittenen Umfrage die Antworten ganz kurz aufeinander folgen, ist oft nicht klar herauszuhören, wann eine neue Antwort beginnt – etwa, wenn zwei ähnlich klingende Stimmen nacheinander kommen. Deshalb schon *bei der Aufnahme abwechseln*: eine Frau, ein Mann, ein jüngerer Befragter, eine ältere Befragte usw. Das hört sich besser an und verhindert auch, dass unbeabsichtigt nur Männer oder Frauen, Junge oder Alte befragt werden (es sei denn, wegen des Umfrage-Themas ist es so gewollt).

➜ Tipp: *Pärchen* oder *Grüppchen* junger Leute sollte der Reporter besser nicht befragen. Sie antworten oft als Team, jeder ein bisschen was, oder sie nehmen aufeinander Bezug. Das lässt sich dann schwer schneiden.

Wie viele Antworten aufnehmen? Bei einer Sende-Länge von 50 Sekunden, sind für die Aufnahme 12 bis 15 Befragte ein Minimum. Wer sicher gehen will und außerdem merkt, dass viele Antworten nicht zu verwenden sind, holt einfach noch einige mehr ein: Weglassen ist beim Schnitt kein Problem – aber es ist eines, wenn man nicht genug gutes Material mit in den Sender gebracht hat.

Der richtige Ort für eine Straßenumfrage wird nach mehreren Kriterien ausgewählt:

- *Zielgruppe*: Herrn und Frau Jedermann finde ich am besten in einer Fußgängerzone. Dort kommen viele unterschiedliche Menschen vorbei, sind nicht allzu gehetzt, der Straßenverkehr stört nicht. Studenten treffe ich auf dem Campus an, usw.

- *Genehmigung*: In Bahnhöfen, Schulen, Kaufhäusern, Krankenhäusern dürfen Umfragen eigentlich nur gemacht werden, wenn man vorher eine Erlaubnis eingeholt hat. *Vor* dem Bahnhof (usw.) geht's allerdings problemlos.

- *Technik*: Laute Hintergrundgeräusche stören, besonders wenn sie ungleichmäßig sind (wie etwa der Straßenverkehr an einer Ampel). Deshalb einen Ort mit einem *gleich bleibenden geringen* Geräuschpegel suchen, also z. B. eine Fußgängerzone. Aber auch dort Vorsicht: Das Rauschen des Springbrunnens und der Drehorgelspieler als akustischer Hintergrund stören. Der Springbrunnen ist zu laut und lenkt ab, die Drehorgelmusik »reißt ab«, wenn geschnitten wird. Darum *Vorsicht beim Ortswechsel*, die Atmo kann sich störend ändern (vgl. Beitrag »Mit Mikrofon und Recorder richtig aufnehmen«).

Die Fragen aufnehmen? Wer das Aufnahmegerät auf »Pause« stellt und Pausentaste oder -knopf erst kurz vor der Antwort löst, nimmt *weniger Rohmaterial* auf und kommt bei der *Bearbeitung schneller* voran.

Aber ein-, zweimal sollte auch die *Anfangsfrage* des Reporters und immer müssen die *Zwischenfragen* in guter Qualität mit aufgenommen werden. Beim Schnitt könnten sie ausnahmsweise mal gebraucht werden. Deshalb stets das Mikrofon (Niere) richtig führen (vgl. Beitrag »Mit Mikrofon und Recorder richtig aufnehmen«).

Vor dem Schneiden kann das Rohmaterial auf dem Mini-Disc-Gerät *vor-ausgewählt* werden. Ansonsten werden beim Abhören für jede Antwortpassage, die verwendet werden soll, die ersten und letzten Wörter und jeweils dazu der Timecode (oder die Ziffern auf dem Zählwerk) notiert. Nur dieses Material wird dann für den Schnitt eingespielt. Wer wenig Rohmaterial hat, kann auch einfach alles einspielen (vgl. Beitrag »An der Workstation schneiden und produzieren«).

Nur die ausgewählten Antworten werden beim Schneiden (in der Regel ohne die Eingangsfrage; denn die erfährt der Hörer ja aus der Anmoderation) direkt hintereinander gehängt:

`Radio-Umfragen finde ich blöd, weil sie nur Zeit kosten/Im Radio höre ich ja Umfragen ganz gern, aber selber angequatscht werden, kann ich nicht leiden/Kommt immer darauf an, wie hübsch die Reporterin ist, die mich anlabert/Was ich von Radio-Umfragen halte? Viel! Da kriegt man mit, was die Leute so alles denken/Nichts halte ich von Radio-Umfragen. Da wird viel zu viel Schrott erzählt/Ne Menge, wenn's een bessres Thema iss ...`

Und darauf sollte beim Schneiden geachtet werden:

- Das Meinungsspektrum zum Umfrage-Thema muss wiedergegeben werden.
- Nicht kleinlich sein, was drastische Wortwahl und Schärfe der Meinungsäußerung betrifft. Aber *Grenzen beachten*, die Gesetze und Anstand setzen: Keine Gossensprache, keine Beleidigungen, keine Volksverhetzung oder Leugnung des Holocausts (vgl. Beitrag »Medienrecht für Radioleute«, Äußerungen Dritter).
- Pro und Contra direkt hintereinander hängen.
- Auch bei brisanten und kontroversen Themen nicht manipulieren: Das Verhältnis von Pros und Contras sollte in der geschnittenen Fassung so sein wie im Rohmaterial.
- Keine zu großen Längen-Unterschiede bei den Antworten. Umfragen leben auch vom Tempo des Wechsels der Befragten. Also sich nicht in einzelne Antworten »verlieben« und sie übermäßig lang stehen lassen, auch wenn sie noch so originell sind.

- Zwischendurch auch bei sachlichen Themen mal was Lockeres: Kommt immer darauf an, wie hübsch die Reporterin ist, die mich anlabert.
- Einstieg und Schluss müssen knackig sein: Ne Menge, wenn's een bessres Thema iss ...
- Der Hörer sollte gelegentlich mal an die Eingangsfrage erinnert werden: Was ich von Radio-Umfragen halte? Viel!
- Zwischenfragen des Reporters und die Eingangsfrage werden nur ausnahmsweise verwendet, wenn eine sehr gute (fast unverzichtbare) Antwort sonst unverständlich wäre.

Gag-Umfragen sind als unterhaltende Kurzbeiträge sehr beliebt. Dabei kommt es darauf an, erst einmal ein lustiges Thema zu finden. Dafür braucht's Kreativität, aber es gibt auch »Muster«:

- Anknüpfen an aktuelle Jedermann-Themen, die gerade Boulevard-Stoff sind.
- (Zu) schwierige Wörter/Begriffe/Vorgänge erklären lassen: Im Bundestag gab's jetzt einen »Hammelsprung«: Sagen Sie mir mal bitte, was das war? Oder: Erklären Sie mir mal bitte, was ist ein Steinraffler?
- (Falsche) persönliche Betroffenheit provozieren (auf die falsche Fährte locken): Wie würden Sie reagieren, wenn Sie erfahren würden, dass Ihr Sohn »heterosexuell« ist?
- Vorgänge auf die Spitze treiben, karikierend weit überziehen, aber nur so weit, dass einige Befragte auch dies noch für möglich/sinnvoll hielten: Der Finanzminister hat kürzlich eine Computer-Steuer vorgeschlagen. Müsste es dann nicht auch eine »Kugelschreiber-Steuer« geben? Viele schreiben ja noch damit. Die wären sonst ja im Vorteil ...
- Alltägliches erklären lassen: Warum ist es nachts eigentlich dunkel?
- Phantasie freisetzen: Ein Prominenter will im Alter von 80 Jahren zum vierten Mal heiraten – und zwar wieder seine erste Frau, von der er schon dreißig Jahre geschieden ist. Bitte

helfen Sie ihm mit einem Vorschlag: `Was soll er in sei-`
`nem Heiratsantrag sagen?`

- Befragte darum bitten, etwas zu singen oder sie Geräusche/
Stimmen imitieren lassen.

Gag-Umfragen können auch *personalisiert* werden, also immer
von demselben originellen Reporter gemacht und an *festen Sendeplätzen* ausgestrahlt werden.

Der Unterhaltungswert solcher Gag-Umfragen entsteht oft *auf
Kosten der Befragten*, durch deren Unwissen, deren Unvermögen, etwas zu erklären oder deren »unmögliche« Ideen. Da sie
aber namentlich nicht genannt und an den Stimmen kaum iden-
tifiziert werden können, ist das hinnehmbar.

Telefon-Umfragen haben den Vorteil, dass sie schneller realisiert werden können: Kein Reporter muss dafür extra den Sender verlassen. Außerdem können sich Hörer aus allen Teilen des
Sendegebiets leicht daran beteiligen. Straßen-Umfragen wirken
aber authentischer. Bei großen Sendegebieten sollten sie möglichst immer mal woanders aufgenommen werden (unterschiedliche Dialekte), damit sich viele Hörer darin wiederfinden (vgl.
Beiträge »Hörerbeteiligung« und »Diskussion«).

Für Praktikanten und Hospitanten sind Umfragen oft die ersten Aufträge in einer Redaktion. Das hat auch Sinn: Wer sie gut
machen will, muss die Technik beherrschen (oder kann sie dabei
üben), lernt, mit Menschen umzugehen und kann zeigen, ob er
handwerklich sauber, schnell und zuverlässig arbeitet. Diese
Chance sollte man nutzen.

Aufsager/Nachrichten-Minute

Aufsager sind *kurze Berichte (meist) ohne Einspielungen*, die vor
allem in O-Ton-Nachrichten verwendet werden; deshalb heißen
sie oft auch Nachrichten-Minute (vgl. Beitrag »Nachrichten-Prä-

sentation«). Sie werden vom Journalisten geschrieben und selbst gesprochen.

Der Aufsager ist eine nachrichtliche Darstellungsform. Er stellt im Prinzip eine längere Meldung dar, die mit Details oder Hintergrund angereichert ist. Aufsager enthalten deshalb keine kommentierenden Elemente.

Die Länge der Aufsager richtet sich nach dem Nachrichten-Format; eine Minute dürfte meist die Obergrenze sein.

Als Quelle von Aufsagern gibt es einerseits die Korrespondenten (vgl. Beitrag »Korrespondentenbericht aus dem Ausland«) bzw. Reporter *vor Ort*, andererseits Mitarbeiter in der *Redaktion*, die sich eines Themas annehmen. Man spricht dann vom redaktionellen O-Ton (Redaktions-O-Ton) oder auch R-Ton. In diese Redaktions-O-Töne können auch szenische Details aus dem Agenturmaterial eingearbeitet werden, die in einer rein vom Nachrichtensprecher gelesenen Nachricht keinen Platz finden.

Aufsager werden meist vom Autor selbst abgesagt: `Heidi Holz, Berlin` oder `Heidi Holz, Redaktion` (wenn es sich um einen Redaktions-O-Ton handelt). Mit diesen Absagen darf aber keine Präsenz des Reporters vor Ort vorgetäuscht werden, wenn er tatsächlich nicht dort war. Also: `Heidi Holz, Berlin` ist keine zulässige Selbstabsage, wenn es sich in Wirklichkeit um einen R-Ton aus dem Funkhaus in München handelt.

Aufsager haben Sinn,
- wenn sie die Glaubwürdigkeit und Kompetenz der Nachrichten erhöhen,
- wenn darin Hintergründe dargestellt und Einordnungen vorgenommen werden, die dem Nachrichtensprecher wegen seiner besonderen Verpflichtung auf die Rolle des neutral Vortragenden nicht zustehen,
- wenn der Redaktions-O-Ton Elemente von Schilderung und Illustration beisteuert, die so der Nachrichtensprecher nicht präsentieren kann und die seine neutrale Darstellung ergänzen,

- wenn der Aufsager von einem Autor kommt, dessen Personality den Hörern bekannt ist und dem sie deshalb für das Thema des Aufsagers eine besondere Kompetenz zuordnen.

Beschreiben und bebildern – so kommt Leben in die Nachrichten. Deshalb an dieser Stelle ein Beispiel für Elemente von Schilderung und Illustration, die mit einem Redaktions-O-Ton in die Nachrichten einfließen.

Präsentierender Nachrichtenredakteur/Sprecher: Die kriegerischen Auseinandersetzungen im Südkaukasus gehen mit unverminderter Härte weiter. Russische Truppen marschieren seit den Morgenstunden in die von Georgien abtrünnige Provinz Südossetien ein und liefern sich Kämpfe mit Truppen der georgischen Armee. Gleichzeitig bombardieren russische Flugzeuge nach unbestätigten Berichten militärische und auch zivile Einrichtungen im georgischen Kernland. Die Zahl der Opfer ist unklar, tausende Menschen sind auf der Flucht:

Redaktions-O-Ton: Das russische Fernsehen zeigte Aufnahmen aus der südossetischen Hauptstadt Zchinwali, nach denen der Ort durch die Kampfhandlungen weitgehend zerstört ist. Zivilisten irren durch mit Schutt bedeckte Straßen, etliche Häuser brennen oder sind eingestürzt, in der Ferne sind Explosionen zu hören und das Rattern von Maschinengewehren. Die russische Armee rückt mit großen Verbänden aus Panzern und Lastwagen Richtung georgische Grenze vor. Bilder aus Georgien zeigen, wie russische Flugzeuge Ziele nahe der Hauptstadt Tiflis angreifen. Dabei sind ebenfalls zivile Wohnhäuser in Brand geschossen worden. Während Georgiens Regierung die Zahl der Toten mit einigen Dutzend angibt, sprechen Quellen aus Südossetien von bis zu 1500 Toten.

Kurze Schilderungen und Informationen aus Agenturen werden in diesem Redaktions-O-Ton zusammengefasst und machen ihn sinnvoll. Außerdem lassen sich in ihm die Bilder aus dem Fernsehen plastisch beschreiben. Der Nachrichten-Präsentator hätte das so nicht tun können. Durch diese Beschreibung wird den Hörern die Lage der Zivilbevölkerung im Kriegsgebiet deutlich gemacht. Die zusätzlichen Informationen am Ende des Aufsagers dokumentieren, wie widersprüchlich die Informationen aus dem Kriegsgebiet sind.

Einordnen und bewerten – so geben Nachrichten wirkliche Informationen und Orientierung. Damit ist natürlich nicht Meinung gefragt. Die hat weder im Nachrichtentext noch im Redaktions-O-Ton Platz. Aber durch Hintergründe und Zuordnungen kann Politik und Zeitgeschehen erklärt werden, der Vorgang wird transparent. Ein Beispiel:

```
Die hessische SPD will erst im Oktober einen
zweiten Anlauf auf das Amt des Ministerpräsiden-
ten im Landtag starten, wenn Ende September in
Bayern gewählt ist. Die bayerischen Genossen hat-
ten vergangene Woche die hessische SPD-Chefin
Andrea Ypsilanti öffentlich aufgefordert, sich
nicht vor der Landtagswahl in Bayern zur Wahl zu
stellen. Denn ein rot-rot-grünes Bündnis in Hes-
sen würde nach Einschätzung vieler Sozialdemo-
kraten in Bayern und im Bund die Wahlchancen
der Bayern-SPD deutlich schmälern. Der neue Zeit-
plan der hessischen Genossen zur Übernahme der
Regierung in Hessen scheint nun auf die Bedenken
der bayerischen Sozialdemokraten Rücksicht zu
nehmen.
```

Ein Stimmungsbild zeichnen – ideal für die Form des Redaktions-Aufsagers. So können im Aufsager auch Zitate und Meinungen von Politikern zusammengetragen werden. Die Zitate dazu kann der Autor aus Zeitungen und Agenturmeldungen zusammensetzen. Starke Zitate, wie in der politischen Auseinandersetzung üblich, sind vom Autor überzeugender zu transportieren als vom Nachrichtensprecher.

Auf den Biertischen der Prominenz standen tönerne Bierseidel mit dem Porträt des Landesvaters, voll mit Starkbier. Und vorne stand Stoiber am Rednerpult und schenkte kräftig aus. Stoiber wörtlich: »Gerhard Schröder ist der schlechteste Kanzler der Nachkriegsgeschichte«. Und weiter: »Deutschland wurde noch nie so schlecht regiert wie heute«.

Durch die Rollenverteilung ist es dem Nachrichten-Präsentator möglich, die neutrale Präsentatorenrolle durchzuhalten. Der Autor des Aufsagers jedoch kann knackig zitieren und auch solche Zitate verwenden, die nicht direkt mit dem Namen zitiert werden dürfen (also nur »unter zwei« freigegeben sind). Solche Zitate bedürfen immer der Einordnung, die ein Autor besser vornehmen kann als ein Nachrichten-Präsentator.

Kompetenz durch Personality – so bindet man die Nachrichten an das übrige Wortprogramm der Radiostation an. Ein gut gemachtes Radioprogramm baut nicht nur die einzelnen Moderatoren als Personality auf, sondern auch Korrespondenten, Reporter und Experten. Personality bedeutet: Glaubwürdigkeit, Kompetenz, Wiedererkennbarkeit.

Im Fall von Experten heißt das: Die Personality ist den Hörern bekannt und im Idealfall auch vertraut. Die Hörer ordnen ihr ein Fachgebiet zu (Landespolitik, Medizin und Gesundheit, Sport oder Wetter); die Hörer verbinden den Experten mit dem Radioprogramm. So kann der Gesundheitsexperte einen Aufsager für die Nachrichten sprechen, wenn ein Fall von Vogelgrippe in Deutschland auftritt. Der Experte bewertet dann die Gefahren für den Erkrankten und die Möglichkeiten, dass er weitere Menschen bereits angesteckt hat. Die Hörer kennen diesen Experten und vertrauen seinem Urteil – die Nachrichten gewinnen an Kompetenz.

Der Experten-Aufsager erfüllt gleich mehrere Funktionen. Er hilft bei der Einordnung einer Nachricht, liefert Hintergründe und kann mit hoher Kompetenz Fragen der Hörer zur Nachricht beantworten. Mit solchen Elementen lassen sich Nachrichten zu wirklichen *Newsshows* weiterentwickeln.

Bei entsprechender, mehr moderierender Positionierung des *Newsanchors* (Nachrichten-Präsentators) könnte der sogar den Experten interviewen, also den Aufsager mit einer Frage einleiten/anmoderieren und mit einer Zwischenfrage zusätzlich gliedern.

Überlegt eingesetzte Redaktions-Aufsager bereichern also die Nachrichten und sind kein Notbehelf. Ist der Sender als glaubwürdig und newskompetent positioniert, kann er umso mehr auf sein eigenes Team bei der Nachrichtengestaltung zurückgreifen.

Experten des eigenen Senders sind glaubwürdiger als Experten, die beim Hörer noch nicht eingeführt sind. Die eigenen Redaktionsmitglieder treffen oft besser den Ton als Fremdkorrespondenten von außen, weil sie die Hörerschaft besser kennen. Redaktions-Aufsager aus dem eigenen Team zu aktuellen Ereignissen können facettenreicher und bildhafter sein, weil sie möglicherweise auf mehr Agenturen, Fernsehquellen und Hintergrund zurückgreifen können als der Korrespondent im Einmannbüro.

O-Ton, Atmo und Geräusche

Reporter: Wissen Sie, was ein O-Ton ist? Passanten: Nee, keine Ahnung! O-Ton? Ich nehme an, das ist ein Selbstlaut, der nach dem A-Ton kommt? Ein O-Ton – nee, tut mir leid! Nee, ich nich verstehn, ich Italiener. Da müssen Sie mir erst sagen, ob das naturwissenschaftlich ist oder überhaupt von den Naturwissenschaften kommt. Ein O-Ton? Einen Ton mit einem »O« gibt es nicht (aus einer Straßenumfrage von Studen-

ten des Journalistischen Seminars der Universität Mainz).

O-Ton (Original-Ton) ist im Radio-Journalismus der Fachausdruck für authentische *Wort*-Aufnahmen: kleine Ton-Dokumente. Solche O-Töne zu beschaffen, ist nicht selten eine der ersten Aufgaben von Hospitanten oder Praktikanten in einer Radio-Redaktion. O-Töne können sein:

- speziell eingeholte Statements,
- ohne Aufforderung des Journalisten gesprochene Wort-Passagen, »belauschtes Leben«,
- Ausschnitte aus Interviews, Reden und Pressekonferenzen,
- Wort-Passagen aus Archivmaterial.

Das Statement ist eine eigene Darstellungsform: eine gezielt von einem Journalisten zur Ausstrahlung im Original-Ton eingeholte *kurze Stellungnahme*. Statements werden in Moderationen einbezogen, ergänzen Text-Meldungen in den Nachrichtensendungen (vgl. Beitrag »Nachrichten-Präsentation«), sind Bestandteile von O-Ton-Berichten und Features (vgl. jeweils dort) und können auch zu Umfragen (s. o. und Beitrag »Umfrage/Vox Pop«) zusammengeschnitten werden.

Auch im politischen Sprachgebrauch gibt es »Statements«, kurze amtliche/offizielle Erklärungen oder Verlautbarungen. Beim Radio- oder Fernseh-Statement geht die Initiative dagegen vom Journalisten aus.

Authentizität. Bevor der Radio-Journalist ein Statement einholt, muss er überlegen, warum er eine Aussage als O-Ton formal hervorheben (und sie nicht einfach im Text wiedergeben) will. Meist ist das nur bei Kernsätzen mit zentraler Bedeutung oder gar Nachrichtenwert berechtigt. Sie wirken damit authentischer und bekommen mehr Gewicht.

Das formale Argument der *Abwechslung* allein sollte nicht als Begründung für ein Statement ausreichen, da die Hervorhebung durch einen O-Ton auch *inhaltlich* einen Akzent setzt.

Statements schnell und gezielt einholen. Bei dieser Methode hat sich der Journalist vorher so genau wie möglich überlegt, welche Aussage er im O-Ton braucht. Mit dem O-Ton-Geber bespricht er vor der Aufnahme dann präzise den gewünschten Aspekt des Themas (*Eingrenzung*) und die dafür zur Verfügung stehende *Zeit*. Erfahrene Partner wie Politiker und Pressesprecher geben gern solche Statements. Es geht schnell und sie können ihre Meinung unbeeinflusst von Reporterfragen formulieren. Zudem dürfen sie einigermaßen sicher sein, dass ihre Stellungnahme auch so gesendet wird.

O-Töne im Interview einholen. Oft weiß der Journalist selbst noch nicht genau, welche Informationen er im eigenen Text vermitteln und welche er im O-Ton senden will. Dies kann daran liegen, dass er sich auf sein Thema nicht ausreichend vorbereitet hat, sich über den Aufbau noch unklar ist oder seine Entscheidung von der Qualität der O-Töne abhängig machen will. Dann interviewt er den O-Ton-Geber, stellt ein breites Spektrum von Fragen zu dem Thema. Es handelt sich dabei um ein *O-Ton-Recherche-Interview* und nicht um die Darstellungsform Interview (vgl. dort).

Diese Interview-Methode empfiehlt sich immer, wenn es um Folgendes geht:

- emotionale Äußerungen,
- Reaktionen auf überraschende Vorhaltungen,
- Stellungnahmen zu kontroversen Themen und
- Statements von im Umgang mit dem Radio unerfahrenen Partnern.

Interview-Partner informieren. In solchen Fällen erbittet der Journalist von vornherein ein Interview mit dem Hinweis, daraus nur bestimmte Passagen als O-Ton verwenden zu wollen. Diese Erläuterung für den Interview-Partner ist fair und sollte unbedingt erfolgen, damit er nicht etwa glaubt, alles (oder jedenfalls das meiste) würde auch tatsächlich gesendet.

Die Interview-Methode ist für den Partner mit Risiken behaftet: Er weiß nicht, was der Journalist aus einem möglicherweise langen Interview zur Ausstrahlung auswählt. Und er muss sich darauf verlassen (können), dass der Journalist seine Aussagen nicht aus dem Zusammenhang reißt oder ihnen durch die Einbindung in den Text eine von ihm nicht beabsichtigte Tendenz gibt.

Die Fragen werden nicht gebraucht, müssen also nicht sendefähig formuliert sein. Sie dienen nur dem Zweck, möglichst gute O-Töne zu bekommen. Mal tut's eine sachliche Frage am besten, mal eine provozierende oder schmeichelnde, mal eine mitfühlende. Der Hörer wird es nicht erfahren, ebenso wenig wie der Zeitungsleser weiß, wie ein wörtliches Zitat in einem Artikel zustande gekommen ist. Trotzdem gelten natürlich auch für solche Recherche-Interviews die Regeln der Fairness und des journalistischen Anstands.

O-Töne mit Leben erfüllen. Manche O-Töne müssen nur verständlich informieren. Andere sollen möglichst lebendig oder voller Gefühl sein, sollen eine bestimmte Situation oder für die Person des O-Ton-Gebers Charakteristisches vermitteln. Solche O-Töne wird man nicht mit dem Hinweis bekommen »Nun seien Sie mal etwas lebhaft« oder »Nun zeigen Sie mal etwas Gefühl«.

Erfolg versprechender ist es, den O-Ton-Geber in eine Situation zu versetzen, die seine Art zu reden automatisch in dem gewünschten Sinn beeinflusst. Beispiele:

- Eine Mutter berichtet über die ersten Lebensjahre ihres Sohnes beim Anschauen alter Fotos.
- Der Züchter erzählt im Stall über sein preisgekröntes Pferd.
- Der Arzt nennt nicht einfach die Kriterien für ein gutes Patientengespräch, sondern gibt wieder, wie er sein letztes geführt hat.
- Der Lehrer wird nicht einfach nach der Disziplin auf dem Schulhof gefragt. Er wird besser gebeten, den letzten Vorfall und seine Reaktion darauf zu schildern.

Solche O-Töne bekommt der Journalist in der Regel nicht zwischen Tür und Angel. Dafür muss er sich *Zeit nehmen* und ein gewisses *Vertrauensverhältnis* zum O-Ton-Geber aufbauen.

Allen Antworten des O-Ton-Gebers hört der Journalist bei der Aufnahme nicht nur unter dem Gesichtspunkt zu, ob sie inhaltlich seiner Konzeption des Beitrags entsprechen. Wichtig ist außerdem:

- Hat der Partner die gewünschte Passage in vollständigen Sätzen gesprochen, die für sich allein verständlich sind?
- Ist die Passage kurz genug? Oder lässt sie sich gut kürzen?
- Hat der Partner am Ende des gewünschten Takes auch »auf Punkt gesprochen«, bleibt er also mit der Stimme unten?

Ist eines dieser Kriterien nicht erfüllt – das Ganze noch einmal. Die erste Version aber nicht löschen, die zweite könnte noch schlechter sein! Die Zeit, die bei der Aufnahme investiert wird, zahlt sich später beim Bearbeiten und beim Schreiben des Textes doppelt und dreifach aus.

Für die Bitte um Wiederholung einer Stellungnahme braucht man *etwas Mut*, vor allem aber *Sensibilität* und *»pädagogisches Geschick«*. Folgende Hinweise helfen dabei:

- Ein Satz wird nicht korrekt begonnen (..., `dass ich bald wieder gesund werde!`) Dann: *Gleich* mit der Bitte *unterbrechen*, doch so anzufangen: `Ich hoffe, dass ich ...`
- Der O-Ton-Geber verspricht sich zu häufig oder klingt zu langweilig und zögerlich. Dann: Mit einem zarten Hinweis darauf *um Wiederholung bitten*. Dabei mit einem kleinen Scherz für entspanntere Stimmung sorgen. Selbst mit Dynamik und Engagement sprechen: Wie man in den Wald hineinruft, so schallt es (meist) heraus.
- Der O-Ton-Geber drückt sich zu kompliziert oder unverständlich aus. Dann: *Dieselbe Frage (gleich oder später) noch einmal stellen.* Manchmal klappt's im zweiten Anlauf besser. Wenn das nicht hilft, abbrechen und mit dem O-Ton-Geber gemeinsam nach einer besseren Formulierung suchen. Dafür vorsichtig Vorschläge einbringen (`Ich überlege, ob wir das nicht noch klarer sagen können.`

`Vielleicht wäre es nicht schlecht, wenn Sie`
`so anfangen würden ...).`

- Der O-Ton-Geber wird auch bei Wiederholungen nicht besser, eher schlechter. Dann: *Das eigene Konzept überprüfen:* z. B. Kompliziertes im Text selbst erklären und vom O-Ton-Geber mit einem Beispiel illustrieren lassen. Es ist einfacher, Beispiele aus eigener Erfahrung zu erzählen als abstrakte Zusammenhänge darzustellen. Oder: Eine kleine Pause einlegen. Oder: Mit dem Tischmikrofon statt mit dem Handmikrofon arbeiten.

- Der O-Ton-Geber ist sehr zurückhaltend auf persönliche Fragen nach Gefühlen, Hoffnungen, Ängsten. Dann: *Nicht drängen, Zeit lassen.* Oft kommt nach dem ersten zögerlichen Halbsatz noch mehr, wenn man nur lange genug das Mikrofon hinhält und nicht gleich mit der nächsten Frage nachfasst. Solche Fragen mit Gefühl stellen, aber auch nicht betroffener sein als der Betroffene selbst.

Sich auf den O-Ton-Geber einstellen. Natürlich ist mit dem einen O-Ton-Geber nicht umzugehen wie mit dem anderen. Und natürlich wirken auch die Journalisten sehr unterschiedlich auf ihre Partner. Was bei dem einen als willkommene Hilfe empfunden wird, mag bei einem anderen als zu bedrängend stören. Jeder Journalist muss deshalb Schritt für Schritt seine eigene Methode entwickeln, gute O-Töne zu erarbeiten und sich dennoch in neue Partner immer wieder neu hineinfinden (vgl. Beitrag »Interview«, Vorgespräch).

Auch die eigenen Reaktionen muss der Journalist im Griff haben. Jedes »hm, hm« oder »aha« als Reaktion auf eine Antwort muss hinterher herausgeschnitten werden. Wenn es teilweise unter den Wörtern des Partners liegt, geht das nicht. Schlimmstenfalls könnte deshalb eine ganze O-Ton-Passage nicht verwendet werden.

→ Tipp: Zur Bestätigung/Ermunterung nicken oder lächeln – aber keine averbalen Laute.

Mit dem Mikrofon in der Hand gelingt in der Regel die O-Ton-Aufnahme am besten. Durch Veränderungen der Distanz zum Mund des O-Ton-Gebers können Lautstärkeunterschiede so gut ausgeglichen werden. Normal sind ca. 15 cm, abhängig von Stimmstärke und Nebengeräuschen (vgl. Beitrag »Mit Mikrofon und Recorder richtig aufnehmen«). Zudem wirkt das Mikrofon auch als Mittel der nonverbalen Kommunikation: vor den Mund des Partners gehalten, sagt es »sprich« oder »sprich noch weiter, ich will mehr hören«.

Mit einem Tischstativ aufnehmen, kann bei *sehr langen Aufnahmen* sinnvoll sein. Dennoch darf dadurch nicht die Nähe zum Partner verloren gehen, schließlich soll es nicht »distanziert« klingen. Obwohl die Fragen des Reporters nicht gebraucht werden, sollte er also nicht zu weit weg sitzen. Er muss zudem beobachten, ob der O-Ton-Geber sich nicht langsam immer mehr vom Mikrofon weg bewegt. Das passiert oft und führt dann zu mehr Nebengeräuschen und einem Klang mit mehr Hall (wie in einem großen Raum/Saal).

Telefon-O-Töne sind in manchen Redaktionen strikt untersagt, andere gestatten sie für die aktuelle Berichterstattung (O-Ton-Nachrichten, O-Ton-Berichte, Veranstaltungsankündigungen). Der bei ISDN-Telefonleitungen nur noch geringe Unterschied in der Ton-Qualität wird dann wegen des großen Zeitgewinns in Kauf genommen.
Beim Aufnehmen von O-Tönen am Telefon sich besonders vor bestätigenden »hms« hüten, weil sie in einem normalen Telefongespräch üblich sind.

»Belauschtes Leben« im O-Ton. Besonders natürlich und aussagestark sind oft O-Töne, die nicht extra für das Mikrofon produziert, sondern *dem Leben »abgelauscht«* wurden. Die Unterhaltung der Marktfrau mit einer Kundin, die Gespräche und Zurufe spielender Kinder, die Diskussion der Politesse mit einem Parksünder, die letzten Anweisungen eines Trainers vor dem Wettkampf, die Absprachen und Anweisungen der Helfer bei einem Unglück, die Fragen von Polizisten und die Entschuldigungen von Verkehrssündern bei einer Kontrolle – all das können eindrucksvolle O-Töne sein, besonders für Mini-Features, Features und Reportagen (vgl. dort).

Die Persönlichkeitsrechte (Schutz des nicht-öffentlich gesprochenen Wortes) sind natürlich bei solchen Aufnahmen zu beachten, vor allem, wenn die O-Ton-Geber namentlich genannt werden sollen. Der Journalist darf also nicht einfach ein privates Gespräch (auch nicht auf einem Marktplatz) mit dem Mikrofon belauschen. Er braucht die *Genehmigung der Betroffenen,* die manchmal allerdings auch als stillschweigend erteilt gelten kann, wenn ein Mikrofon mit Senderlogo deutlich sichtbar hingehalten und trotzdem weitergesprochen wurde (vgl. Beitrag »Medienrecht für Radio-Journalisten«).

Ein deutlich sichtbares Mikrofon aber macht befangen, besonders wenn »belauschtes Leben« aufgenommen werden soll. Was eben noch natürlich klang, hört sich plötzlich gestelzt und künstlich an. Meist verliert sich das jedoch nach einer geraumen Weile. Deshalb braucht der Journalist für solche Aufnahmen besonders *viel Zeit* und auch das *Vertrauen* der Partner, dass mit den Aufnahmen korrekt umgegangen wird. Für größere Produktionen empfehlen sich auch kleine drahtlose Mikrofone, die an der Kleidung angebracht werden.

Beeindruckende O-Töne können der Lohn solcher Mühen sein. Der Schweizer Sender Radio Z war bei einer schwierigen Geburt mit dem Mikrofon dabei. Für ein Mini-Feature wurden das Stöhnen und die Schmerzensschreie der werdenden Mutter aufgezeichnet, ebenso das beruhigende Zureden der Hebamme, die sachlichen Fragen des Arztes und schließlich nach Stunden die bewegenden Sätze einer glücklich-erschöpften Mutter und eines gerührten Vaters. Die Produktion (ausgezeichnet mit dem Axel-Springer-Hörfunkpreis für junge Journalisten) wurde über einen Tag verteilt gesendet, in jeder Stunde ein Take, der zusammenfasste, was in dieser Stunde geschehen war.

O-Töne aus Reden und Pressekonferenzen werden häufig in O-Ton-Nachrichten und O-Ton-Berichten (vgl. dort) verwendet. Dafür werden z. B. Landtags- und Bundestagssitzungen, Diskussionen und wichtige Pressekonferenzen (teilweise oder ganz) mitgeschnitten.

Für das Auswählen der O-Töne aus diesen Mitschnitten hat sich folgende Arbeitsmethode bewährt: Treffen Sie beim Zuhören gleich eine Vorauswahl. Schreiben Sie dafür die *Rednerfolge* und die *wichtigsten Aussagen* in Stichworten mit. Notieren Sie bei jedem neuen Redner und jedem wichtigen Thema die *Zeit:* so und soviel Minuten seit Beginn.

Benutzen Sie dafür eine Stopp-Uhr oder notfalls Ihre Armbanduhr (mit der Realtime-Methode, z. B. Beginn: 10.00 Uhr. Für den ersten wichtigen O-Ton z. B.:»10.07/Ziele der Tarifverhandlung«). Sie wissen dann, dass nach 7 Minuten Ihres Mitschnitts diese Passage kommt.

An den Mitschnitten selbst sollten Sie ebenfalls Hinweise anbringen: Markierungen setzen bei digitalem Tonmitschnitt (auch bei DAT-Recordern und Mini-Disc-Geräten, vgl. Beitrag »Mit Mikrofon und Recorder richtig aufnehmen«), bei Analog-Kassettenrecordern die Nummer auf dem Zählwerk notieren. Vermerken Sie diese Markierungen/Ziffern in Ihren Notizen.

Bei großen Veranstaltungen dürfen eigene Mikrofone meist nicht aufgestellt werden. Dafür wird manchmal die Möglichkeit eingeräumt, sich für den eigenen Mitschnitt an die Saalanlage anzuklemmen. Manchmal wird auch ein Sender verpflichtet, den O-Ton allen anderen zur Verfügung zu stellen. Bundestagssitzungen werden in die Korrespondentenbüros durchgeschaltet und können dort mitgeschnitten werden. Eine bequeme O-Ton-Quelle ist nicht selten der Ereignis- und Dokumentationskanal Phoenix, der Bundestagssitzungen, Bundesparteitage, wichtige Großveranstaltungen und Pressekonferenzen oft live überträgt.

Rede-Texte der Agenturen sind hilfreich. Bei Bundestagsreden von herausragender Bedeutung verbreiten Nachrichtenagenturen recht schnell auch wichtige Passagen im *Wortlaut.*

Das hilft bei der endgültigen O-Ton-Auswahl und beim Texten von zusammenfassenden Berichten. Trotzdem muss man vorher Zeiten und Stichworte mitschreiben, damit man die entsprechenden Passagen auf dem Mitschnitt rasch findet. Gelegentlich übermitteln Agenturen sogar *vorab* Redetexte im Wortlaut. Aber nicht immer halten sich die Redner an ihre Manuskripte. Wenn die Nachrichten-Agenturen keine Vorankündigungen über die Art ihrer Berichterstattung gesendet haben, hilft eine Rückfrage beim Chef vom Dienst.

→ Tipp: Ist der Reporter selbst vor Ort, um O-Töne aus langen Reden einzuholen, bekommt er manchmal vorab den Text von den Rednern/ihren Mitarbeitern. Auch hier Vorsicht: Abweichungen sind immer möglich.

Mikrofonreiter. Bei Pressekonferenzen dürfen Journalisten oft ihre eigenen Mikrofone aufstellen. Wer zu solch einem Termin geht, braucht also ein langes Mikrokabel und einen Mikroreiter oder Windschutz mit Senderlogo.

Ein auf Pressefotos und im Fernsehen deutlich sichtbares Sender-Logo ist gutes Marketing.

Als Notbehelf werden gelegentlich O-Töne vom Lautsprecher abgenommen. Dabei ist Vorsicht geboten: Zu nah dran ergeben sich oft Verzerrungen wegen falscher Aussteuerung bei der großen Lautstärke, zu weit weg stören Nebengeräusche und der Raumklang (vgl. Beitrag »Mit Mikrofon und Recorder richtig aufnehmen«).

O-Töne aus Archivmaterial sind gelegentlich eine gute Möglichkeit, O-Ton-Berichte interessanter zu gestalten. Für Beiträge über Jahrestage und Jubiläen, für Porträts, Nachrufe und Dokumentationen wird das Archiv (vgl. Beitrag »Archive«) häufig zu einer O-Ton-Fundgrube.

Wenn der eigene Sender nur über ein kleines Archiv verfügt, helfen auch Dokumentationen wichtiger Ereignisse auf CDs und Video-Kassetten. Dabei müssen dann aber die Rechte beachtet werden. Beim eigenen Archivmaterial ist vermerkt, wenn Rechte abgegolten werden müssen.

Das Internet als O-Ton-Quelle ist ebenfalls manchmal ergiebig. Wie bei der Internet-Recherche überhaupt, ist allerdings zu prüfen, von wem diese O-Töne eingestellt wurden und wie verlässlich diese Quelle ist. Auch Rechte- und Honorarfragen können zu beachten sein (vgl. Beitrag »Podcasting«).

O-Töne vor Ort mit »Atmo« oder Geräuschen (zur Begriffserklärung s. unten) aufnehmen, macht sie lebendiger. Dabei ist zu beachten:

- Hintergrundgeräusche/Atmo sollen die Aussage unterstützen, müssen also einen Bezug zu ihr haben. Lärm, der vom Hörer nicht zugeordnet werden kann, stört nur.
- Hintergrundgeräusche dürfen nicht zu laut sein. Das macht die O-Ton-Takes im Verhältnis zum Sprechertext zu schwer verständlich. Der Hörer muss sich bei jedem Akustik-Wechsel umstellen.
- Das Geräusch/die Atmo muss vor Beginn und nach dem Ende der Wortpassage eine kurze Welle allein zu hören sein. Diese Zeit wird eventuell für eine Blende gebraucht.
- Hintergrundgeräusche sollten gleichmäßig sein. Wenn sie sich in Lautstärke und Intensität stark verändern, ist häufig das darüber liegende Wort schlecht zu schneiden (zu kürzen).
- Musik als Hintergrund ist problematisch. Wenn man Texte verstehen kann oder der Takt von Instrumental-Titeln genau zu hören ist, dann wirken Kürzungsschnitte an der falschen Stelle taktlos. Deshalb Musik entsprechend leise im Hintergrund.

Atmo(sphäre) ist die Bezeichnung für die allgemeinen Umweltgeräusche eines Ortes, z. B. eines Hallenbades: Stimmengewirr, gelegentliches Gelächter, Kinderschreie und Zurufe, Wasserplätschern, das Klappen des Sprungbretts, Platscher ins Wasser, ein stimmgewaltiger Ordnungsruf des Bademeisters, alles hallig (nach großem kahlen Raum klingend). Alle diese einzelnen Geräusche zusammen machen den »akustischen Steckbrief« eines Hallenbades aus. Durch diese Atmo entsteht vor dem geistigen Auge des Hörers die Vorstellung eines Hallenbades.

Atmo transportiert eine Aussage, malt uns akustisch ein Bild in den Kopf. Sie kann eingesetzt werden

- als kurze eigenständige *nonverbale akustische Information*, die langsam unter dem beginnenden Text weggeblendet wird. Sie besagt: »Wir sind jetzt in einem Hallenbad«. Der Text wiederholt diese Aussage dann nicht, sondern führt gleich weiter: Am Sonntagvormittag ist im städtischen Hallenbad fast immer Hochbetrieb ...
- um *eine Textpassage zu unterstützen*. Der Text beschreibt ein neues Hallenbad. Die Hallenbad-Atmo wird unter diesen Text gelegt (geblendet) und verstärkt so seine Wirkung.

Ebenso kann Atmo die Aussage eines O-Tons unterstützen. Für einen O-Ton »Ordnungsruf des Bademeisters« gibt es folgende Möglichkeiten:

- Der O-Ton wird im Bademeister-Büro (ohne Atmo, »trocken«) aufgenommen: Ich kann mich bald selber nicht mehr hören. So oft muss ich sagen, dass es verboten ist, von den langen Seiten ins Becken zu springen. Hallenbad-Atmo wird gesondert aufgenommen und bei der Produktion unter den O-Ton gelegt. So kann der Journalist selbst beeinflussen, wie laut die Atmo unter dem Bademeister-O-Ton zu hören sein soll (vgl. Beitrag »An der Workstation schneiden und produzieren«).
- Der Bademeister wird gebeten, im Hallenbad (mit Atmo) einen Ordnungsruf einmal zu demonstrieren: Bitte springen Sie nicht von der Seite ins Becken. Das kann zu schweren Unfällen führen.
- Der Bademeister wird bei seiner Arbeit »belauscht«, einer seiner Ordnungsrufe wird (mit Atmo) aufgezeichnet: Seien Sie doch vernünftig, springen Sie nicht von den Seiten ins Becken. Das ist verboten. Nochmal sage ich das nicht!

Atmo und O-Töne mit Atmo werden vor allem in Mini-Features, Features, O-Ton-Collagen und Dokumentationen (vgl. dort) verwendet, weniger in der nachrichtlichen Darstellungsform »O-Ton-Bericht« und in Nachrichten-O-Tönen.

Geräusche (auch: Sound Effects, SFX) sind die Einzelbestandteile der Atmo: in unserem Beispiel also das Kinderlachen, das Klappen des Sprungbretts, der Platscher ins Wasser. Ihre Aussage ist *eingeschränkter,* damit aber auch *gezielter:* »Kinder lachen«, »jemand springt auf einem Sprungbrett«, »jemand ist (nicht sehr elegant) ins Wasser gesprungen«.
Geräusche werden wie Atmo zum Etablieren eigenständiger Aussagen oder zur Verstärkung eingesetzt. Sie wirken (weil auf ein einziges »Bild« konzentriert) eindrucksvoller. So erregt z. B. das Weinen eines Kindes Mitleid: »Das arme Kind. Was ist denn da passiert«? Ist das Weinen des Kindes dagegen nur ein Bestandteil von vielen in der Schwimmbad-Atmo wird die Aussage viel schwächer: »Da weint auch ein Kind«.

Das Geräusch »Ein Kind weint im Schwimmbad« kann dramaturgisch so eingesetzt werden:

- Beginn mit Geräusch »Ein Kind weint im Schwimmbad« steht kurz allein, wird dann unter den ersten Wörtern des Textes weggeblendet: `Nasse Fliesen sind glatt. Michael hat's im Eifer des Gefechts vergessen.`
- Beginn mit Text: `Nasse Fliesen sind glatt.` Geräusch »Ein Kind weint ...« wird (noch unter dem Text) hochgeblendet (eingefadet), steht kurz allein, wird dann unter den ersten Wörtern des Textes weggeblendet, Text geht weiter: `Michael hat's im Eifer des Gefechts vergessen ...`
- Beginn mit Text: `Nasse Fliesen sind glatt. Michael hat's im Eifer des Gefechts vergessen ...` Geräusch »Ein Kind weint ...« wird unter den letzten Wörtern des Textes hochgeblendet und steht kurz allein.

Die Versionen eins und zwei wirken überzeugender als die dritte. Schlecht wäre es, das Geräusch erst ganz nach Textende beginnen zu lassen.

In journalistischen Darstellungsformen werden zumeist vor Ort aufgenommene Original-Geräusche verwendet. Dabei ist zu beachten,

- dass längst nicht alle Geräusche auch wirklich ein Bild im Kopf produzieren. Beim Klappen des Sprungbretts etwa ist das schon zweifelhaft (wenn nicht vom Kontext vorbereitet).
- dass Geräusche sich so anhören müssen *wie sie uns bekannt sind.* Schritte z. B. hören wir normalerweise nicht aus einem kurzen Abstand zu den Füßen auf dem Boden. Wird also bei der Aufnahme das Mikrofon sehr dicht an Füße und Boden gehalten, kann dabei ein unnatürlicher Klang entstehen, der das gewünschte Bild im Kopf nicht – oder nicht wie gewünscht – entstehen lässt.

Vorproduzierte Geräusche gibt es in zahllosen Varianten auf *Geräusch-CDs,* im Archiv und im Internet (vgl. Beiträge »Archive«, »Mini-Feature«, »Feature« und »Radiocomedy«, Absatz: Durch Geräusche).

O(riginal)-Musik (vor Ort aufgenommene Musik) spielt in journalistischen Produktionen wie Mini-Features, Features, O-Ton-Collagen und Dokumentationen (vgl. dort) ebenfalls eine wichtige Rolle, kaum allerdings in O-Ton-Berichten. Sie *dokumentiert* (»Das wurde da gespielt oder gesungen«) oder *macht/unterstützt* wie Atmo und Geräusche *Aussagen* (»Da ist es ja ausgelassen/ländlich-sittlich/vornehm zugegangen«). Sie kann auch einen Orts- oder Stimmungswechsel signalisieren (»Wir sind jetzt in Südamerika«).

O-Musik ist damit *Bestandteil der journalistischen Aussage,* wird nicht etwa um ihrer selbst willen (zum Musik hören) eingesetzt. Meist ist sie nur kurz angespielt (recht schnell weggeblendet), was bei Musiktiteln sonst im Radioprogramm verpönt ist. Deshalb stört auch nicht die für Musikproduktionen längst nicht ausreichende Qualität.

Gesang sollte gar nicht, jedenfalls nur kurz und leise, unter Wort liegen. Instrumentale O-Musik lässt sich dagegen bestens zur

Untermalung von (auch etwas längeren) Textpassagen einsetzen.

🖥 Hörbeispiele – Wenn Ohren Augen machen

Links zu Internet-Geräuscharchiven (Geschäftsbedingungen beachten):
www.hoerspielbox.de
www.tonarchiv.de
www.soundarchiv.com
www.findsounds.de
www.sounddogs.com

O-Ton-Bericht

Der O-Ton-Bericht ist eine der wichtigsten Darstellungsformen
im Radio-Journalismus. Kein Wunder.

Die Vorteile der O-Ton-Berichte sind überzeugend:

- Sie sind *weniger weitschweifig* als das bei Interviews der Fall
  sein kann und
- *weniger trocken* als ein reiner Bericht (vgl. Beitrag »Aufsager«).
- Die Prägnanz des Berichts und die Authentizität und Lebendigkeit des O-Tons verbinden sich im O-Ton-Bericht zu einer
  radiogemäßen Form.
- Sie eignen sich dadurch nicht nur für die aktuelle Berichterstattung in den massenattraktiven Begleitprogrammen, sondern auch für die Fachredaktionen der Einschaltprogramme.

Nachteile gibt es aber auch:

- Die Produktion von O-Ton-Berichten kostet Zeit und entsprechend ausgebildete journalistische Mitarbeiter – damit also
  Geld. In manchen Sendern/Redaktionen fehlt es an allem.
- Manchem erscheinen O-Ton-Berichte zu wenig unmittelbar
  und locker.
- Als rein journalistische Form beißen sie sich mit Radio-Kon-
  zepten, die eher auf Infotainment ausgerichtet sind.

Auf Live-Reporterberichte, Reporter- und Moderatoren-Gespräche wird zur Vermittlung reiner Fakten meist ausgewichen, wenn sich Redaktionen wegen dieser Nachteile gegen den O-Ton-Bericht entscheiden (vgl. Beiträge »Moderatoren-, Reporter- und Hörer-Gespräch« und »Aufsager/Nachrichten-Minute«). Spielen aber Atmosphäre, Stimmen und Stimmung eine Rolle, soll hörbar lebendig aus dem Leben berichtet oder sollen Menschen vorgestellt werden (O-Ton-Porträt), dann jedenfalls ist der O-Ton-Bericht nicht zu ersetzen.

Atmo, Geräusche und besonders aussagestarke O-Töne sind im O-Ton-Bericht deshalb stark gefragt (vgl. Beitrag »O-Ton, Atmo und Geräusche«). Die Form nähert sich damit dem Mini-Feature (vgl. dort) an.

O-Töne und Berichtstext sind im O-Ton-Bericht (OTB) gleichwertig Träger der Information – anders als im Zeitungsbericht, in dem die wörtlichen Zitate nur eine ergänzende Funktion haben. Das macht den O-Ton-Bericht zu einer radiospezifischen Darstellungsform. Sie wird auch »BME« (Bericht mit Einblendungen) genannt. Die ebenfalls übliche Bezeichnung »gebauter Beitrag« ist weniger spezifisch und umfasst auch das Mini-Feature und die O-Ton-Collage (vgl. jeweils dort). Wie der Bericht informiert der O-Ton-Bericht sachlich und ohne wertende Zusätze des Berichterstatters über Tatsachen und Meinungen.

Die Aufteilung der Informationen auf Text und O-Töne folgt bestimmten Regeln. In den *Text* gehören grundsätzlich:

- der »rote Faden«, die Weiterentwicklung des Themas,
- das An- und Abtexten der O-Töne (vgl. weiter unten),
- alle Informationen, die der Reporter ebenso glaubwürdig, interessant und verständlich vermitteln kann wie ein O-Ton-Geber,

- alles Komplizierte und schwer Erklärbare, was ein guter Journalist besser darstellen kann als ein O-Ton-Geber.

In die *O-Töne* gehören Informationen, die an Aussagekraft dadurch gewinnen, dass sie vom Informanten selbst vermittelt werden und damit authentischer und glaubwürdiger wirken:

- besonders wichtige Fakten prägnant formuliert,
- die Meinung auf den Punkt gebracht,
- die eingängige Begründung,
- das illustrierende Beispiel,
- die einprägsame Zusammenfassung,
- Bewegendes,
- Persönliches,
- das von Formulierung und Sprache her Typische und Originelle.

Das Aufteilen auf Text und O-Ton nach Sinn-Schritten (in sich abgeschlossenen Aussagen) verhilft zur gewünschten nahtlosen Verbindung beider Elemente. Zwei Beispiele:

Version 1, beginnt mit Text: Wichtigstes Ergebnis der Pressekonferenz heute Vormittag: Bürgermeisterin Eva Schuh kündigte den Bau der neuen Umgehungsstraße an.

O-Ton (Bürgermeisterin): Bereits Ende nächsten Jahres werden wir durch diese Baumaßnahme um die Hälfte weniger Verkehr in unserer Innenstadt haben ...

Hier transportiert der Text also die *Ankündigung* (Bau der Straße), und der O-Ton vermittelt ergänzend die wichtigste *Folge* (Halbierung des Verkehrsaufkommens in der Innenstadt).

Die Aufteilung der Informationen auf Text und O-Ton wäre auch umgekehrt möglich. Der O-Ton bringt die *Ankündigung,* der Text schließt mit der *Folge* an.

Version 2 beginnt mit O-Ton (der Bürgermeisterin): Noch in diesem Monat wird nun endgültig mit dem Bau der neuen Umgehungsstraße begonnen.

Text: Für unsere Stadt, so die Bürgermeisterin, bedeutet dies vor allem: Bereits Ende nächsten Jahres werden wir um die Hälfte weniger Verkehr in der Innenstadt haben.
Der *Name* der Bürgermeisterin und der *Anlass* ihrer Äußerung müssen bei Version 2 in der *Anmoderation* zum Beitrag genannt werden (vgl. weiter unten und Beiträge »Moderieren« und »Moderationen schreiben«).

Welche der beiden Versionen ist nun sinnvoller? Welche der beiden Kernaussagen lässt man besser die Bürgermeisterin selbst im O-Ton sagen? Die Bau-Ankündigung oder die Folgen für den Innenstadtverkehr? Der Bau-Ankündigung als entscheidender Nachricht (Version 1) ist der Vorzug zu geben. Zu rechtfertigen wäre dennoch auch Version 2: Die Verkehrsentlastung der Innenstadt ist für viele Bürger sehr bedeutsam, allerdings nur eine Erwartung, kein Fakt. Bringt ihn der Reporter-Text, ist deshalb die Quellenangabe Pflicht: Für unsere Stadt, so die Bürgermeisterin ... Kompromiss, wenn Zeit ist: beide O-Töne verwenden.

Weitere Beispiele für die Aufteilung der Information nach Sinn-Schritten:

Information im Text:	Information im O-Ton:
Vereinsvorsitzender kandidiert nicht mehr	Begründung dafür
Beschreibung der Strapazen einer Radrenn-Etappe	Radrennfahrer berichtet, wie er sie überstanden hat
Darstellung der Auswirkungen von Arbeitslosigkeit auf das Familienleben	Arbeitsloser schildert als Beispiel eine Diskussion mit seiner Frau

→ Tipp: Achten Sie darauf, dass der O-Ton nur *eine* klare und abgegrenzte Aussage transportiert. Mehrere Gedankenschritte oder Aspekte überfrachten einen O-Ton-Take, machen ihn schwerer verständlich und nehmen ihm oft Tempo und Wirkung. Die Weiterentwicklung des Themas, den Übergang von einem Aspekt zum anderen (Roter Faden) leistet besser der Text.

Der O-Ton-Anteil in einem Bericht ist nicht beliebig. Im Übermaß eingesetzt, führt der O-Ton ebenso zu einer unharmonischen Wirkung des Beitrags wie als allzu sporadisches Einsprengsel. Das richtige Maß liegt in der Regel zwischen *40 und 60 Prozent O-Ton*. In einem Radioseminar (Universität Trier/Fachbereich Medienwissenschaft) wurden zehn ausgezeichnete Beiträge des Axel-Springer-Hörfunkpreises für junge Journalisten ausgewertet. Ergebnis: Im Durchschnitt lag der O-Ton-Anteil bei 47 % (53 % Text).

→ Tipp: In etwa halbe/halbe O-Ton/Berichtstext ist für den Anfang ein Richtwert, der grobe Fehler erspart. Machen Sie selbst die Probe: Wenn Ihnen Ihr Beitrag mit O-Ton als »nicht rund«, als »holprig« oder »schleppend« erscheint, überprüfen Sie die Längen. Sie werden fast immer feststellen, dass der O-Ton-Anteil entweder unter 40 Prozent liegt oder 60 Prozent übersteigt oder die Take-Längen äußerst unterschiedlich sind.

Ausnahmen bestätigen auch in diesem Fall die Regel. Das sind meist Beiträge, die von besonders bewegenden (z. B.: Unglücksopfer, Augenzeugen) oder originellen O-Tönen (z. B.: Fußballfans, Kinder) leben. Manche haben einen hohen Unterhaltungswert oder nähern sich den Darstellungsformen »Mini-Feature« und »O-Ton-Collage« (vgl. dort) an.

Mehrere O-Ton-Geber. O-Töne verschiedener Personen in einem Beitrag sind oft Pflicht. Sie sind häufig inhaltlich notwendig, machen ihn informativer und auch lebendiger – allerdings muss der Journalist auch mehr Zeit aufwenden, um sie aufzunehmen. Beim Antexten (vgl. unten) muss darauf geachtet werden, dass der Hörer immer weiß, wer gerade spricht.

Der Zeitrahmen. Wie lang ein O-Ton-Bericht sein darf, wird vom Format eines Programms oder einer bestimmten Sendung (vgl. Beiträge »Formate für Begleitprogramme« und »Formate für Einschaltprogramme«) vorgegeben: eineinhalb bis zweieinhalb Minuten in Begleitprogrammen und bis zu vier (ausnahmsweise mehr) in Einschaltprogrammen sind üblich.
In einem öffentlich-rechtlichen Begleitprogramm sind 2'30" ein Richtwert.

> »Ist der Journalist auch noch so fleißig, senden darf er nur zweidreißig«.

Die zeitlichen Anteile von O-Tönen und Text-Takes könnten für einen solchen Beitrag so aussehen:
Gesamtlänge 2'30"
Davon:
Text: 1'15" (6 Text-Takes zu je knapp 4 Zeilen)
O-Ton: 1'15" (z. B. 6 Takes zu ca. 12–13")
Die Text-Länge wird wie folgt berechnet: Beginnt der Beitrag mit Text und endet er mit O-Ton, stehen für die sechs Text-Takes ebenfalls ca. je 12 bis 13 Sekunden zur Verfügung. Das sind ca. je drei Zeilen. (Bei einer Sprechgeschwindigkeit von ca. 15 Zeilen à 60 Zeichen pro Minute ist die Sprechzeit für eine Zeile ca. vier Sekunden, vgl. Beitrag »Das Manuskript«.)
→ Tipp: Machen Sie sich gleich eine solche überschlägige Rechnung. Wer die zeitlichen Vorgaben aus dem Auge verliert (und das geschieht zu Beginn meist), macht sich unnötige Mehrarbeit: Erst schreibt er zu viel, dann muss er kürzen.

Natürlich sind das nur grobe Richtwerte. Sie helfen aber sehr bei der Beitragsplanung (Aufteilen der Informationen auf Text und O-Töne), bei dem Aufnehmen der O-Töne (möglichst wenig, das aber gut) und beim Textschreiben (knapp, aber informativ).

Das Platzieren der O-Töne im Beitrag ist von inhaltlichen und formalen Überlegungen bestimmt. Inhaltlich: Welche *Reihenfolge* und welche *Länge* erfordert mein Berichtsthema? Formal: Welche *dramaturgischen* Gesichtspunkte muss ich berücksichtigen? Im Normalfall gilt Folgendes:

- O-Töne und Text wechseln sich möglichst gleichmäßig ab.
- Der erste O-Ton im Beitrag lässt nicht zu lange auf sich warten.
- Der einzelne O-Ton-Take darf nicht zu lang sein. Das nimmt dem Beitrag das Tempo.
- Der einzelne O-Ton-Take darf nicht so kurz sein, dass der Hörer ihn nicht versteht, weil er sich nicht so schnell auf die neue Stimme und/oder die andere Akustik einstellen kann.

Fehler bei der Abfolge von Text und O-Ton. Im folgenden ersten Beispiel ist die Information genau im Verhältnis 50:50 auf Text und O-Ton verteilt. Alle Text-Passagen und O-Töne sind zudem gleich lang.

| Text | O-Ton | Text | O-Ton | Text | O-Ton | Text | O-Ton |

So schematisch soll und kann ein Beitrag nicht sein, weil sich die Länge der einzelnen O-Ton-Takes und Text-Passagen aus inhaltlichen und formalen Überlegungen ergibt.
Richtig also: *Die in etwa gleichmäßige Aufteilung der Informationen auf Text und O-Ton als grober Orientierungsrahmen.*

| Text | O-Ton | Text | O-Ton | Text | O-Ton |

Auch so sollte man den O-Ton nicht im Beitrag platzieren: Der erste O-Ton kommt zu spät. Die O-Töne ballen sich in der zweiten Hälfte des Beitrags. Eine gleichmäßigere Verteilung sorgt von Anfang an für mehr Höranreiz und Lebendigkeit.

| Text | O-Ton | Text |

Auch dies ein schlechtes Beispiel: Zu viel Text, zu wenig O-Ton, der sich zudem im Text verliert und damit eher störend wirkt.

| T | O-Ton | T | O-Ton | T | O-Ton | T | O-Ton |

Ein Mini-Text, der fast nur noch aus dem An- oder Abtexten der O-Töne besteht, verliert seine Funktion als eigenständiger Träger von Informationen. Solche Beiträge hören sich oft an wie ein schlechtes Interview mit nachgestellten Fragen.

| Text | OT | Text | OT | Text | OT | Text |

Wenn der Text den Beitrag dominiert, werden die O-Töne zu Einsprengseln, tragen inhaltlich nicht genügend zur Vermittlung der Information bei und können formal nicht ausreichend für Höranreize durch Abwechslung und Lebendigkeit sorgen.

Mit Text oder O-Ton anfangen? Beides ist möglich. O-Ton gleich zu Beginn des Beitrags, das ist häufig ein packender Einstieg ins Thema. Damit dadurch beim Hörer aber keine Verwirrung entsteht, muss der Beitrag entsprechend *anmoderiert* werden. Aber nicht so:

Anmoderation: `Dazu ein Beitrag unserer Reporterin Heidi Bernd:`

Beitrag: Man hört zu Beginn eine weibliche Stimme und denkt: Das ist Heidi Bernd. In Wahrheit ist es der erste O-Ton-Take der Vorsitzenden des Tanzsport-Clubs, was man aber erst hinterher erfährt.

Sondern so:

Anmoderation: `Wie man den neuen Modetanz der Saison am schnellsten lernen kann, ließ sich unsere Reporterin Heidi Bernd erklären. Sie war dazu dort, wo man es wissen muss: im Tanzsport-Club Blau-Gelb, bei der Vorsitzenden Rita Landego:`

Beitrag: Man hört zuerst Frau Landego.

Wer sich daran stört, dass in der Anmoderation zwei Namen kurz aufeinander folgen, kann den Namen der Reporterin in der Anmod auch weglassen und ihn dann in der Abmod nennen (vgl. Beitrag »Moderieren«).

O-Ton-Einstieg als Überraschungsmoment. Dazu muss der erste O-Ton kurz, gut verständlich und knackig in der Aussage sein. Die Informationen, die in der Anmoderation des Berichts bewusst wegbleiben, werden beim *Abtexten* des ersten O-Tons nachgeliefert. Ein Vorschlag:

Anmoderation: ... und unsere Kollegin Heidi Bernd hat herausgefunden: Der neue Modetanz der Saison gehört bereits zum Programm der Tanzschulen.

O-Ton: Man hört eine Frau, die jemanden tröstet, der gestürzt ist.

Text: Akrobatik auf glattem Parkett ist auf Anhieb nicht jedermanns Sache.

Aber Rita Landego, die Vorsitzende des Tanzsportclubs Blau-Gelb, hilft den Gestrauchelten schnell wieder auf die Beine. Manchmal allerdings nur für kurze Zeit, denn ...

Mit Text oder O-Ton enden? Auch hier geht beides. Gerechtfertigt ist ein O-Ton am Schluss, wenn er Wichtiges zum Thema prägnant zusammenfasst oder inhaltlich oder formal einen besonderen Akzent (Hinhörer) setzt. Bei mehreren kontroversen O-Tönen unterschiedlicher Personen muss der Journalist bedenken, ob er nicht ungewollt Partei ergreift, wenn er einem O-Ton-Geber das letzte Wort überlässt.

Gute O-Töne richtig aufzunehmen, ist nicht nur für O-Ton-Berichte von großer Bedeutung. Es ist auch für viele andere Darstellungsformen im Radio-Journalismus wichtig und deshalb in zwei gesonderten Beiträgen behandelt. Unter der Überschrift »O-Ton, Atmo und Geräusche« geht es um die inhaltliche Seite, im Beitrag »Mit Mikrofon und Recorder richtig aufnehmen« um die technische (vgl. jeweils dort).

Das Bearbeiten der O-Töne für den Beitrag macht häufig Probleme:

Den prägnant formulierten Kernsatz findet man im Mitschnitt der Pressekonferenz nicht. Was man hat, ist ein aufgeblähter Schachtelsatz, viel zu lang und schwer verdaulich. Man könnte ihn »abspecken«, die Nebensätze wegschneiden. Aber darf man? Man darf, wenn dadurch die Aussage nicht verfälscht wird. Oder: Es gibt die eingängige Begründung in der mitgeschnittenen Rede. Nur bleibt der Redner am Ende mit der Stimme oben. Schneidet man dort, klingt es, als hätte man ihm das Wort abgeschnitten. Schneidet man nicht, wird der Take viel zu lang. Was tun? Man blendet den O-Ton bei der Produktion etwas aus, lässt ihn also leiser werden. Das hilft oft. Oder: Die originelle Formulierung und die typische Ausdrucksweise würde man den Hörern gern mit O-Ton vorführen. Nur leider hat sich der Diskussionsredner gerade in diesem Satz so verheddert, dass das Zuhören fast zur Qual wird. Ein »geschönter« O-Ton ist da hörerfreundlich: Versprecher, Wiederholungen und Stotterer raus. Bei mehreren O-Ton-Gebern bitte »Gleichbehandlung«.

Der Berichtstext sorgt für den roten Faden, den logischen Aufbau des Beitrags, transportiert selbst Informationen und bettet die O-Töne durch An- und/oder Abtexten ein. Ein Berichtstext dagegen, der fast nur aus dem Antexten der O-Töne besteht, ist zu dürftig. Er soll eigenständig Informationen vermitteln, die zusammen mit den Aussagen der O-Töne die Gesamt-Information ergeben. Manchmal bieten sich für den Text(einstieg) auch reportageartige Passagen (kurze Schilderungen) oder als roter Faden ein typischer Fall (als Beispiel) nach der Methode des »Storytelling« an.

Das Antexten sorgt für die Verbindung von Berichtstext und O-Ton, dafür also, dass die beiden Elemente des Berichts nicht beziehungslos nebeneinander stehen, sondern flüssig ineinander übergehen. Bei diesen kleinen Überleitungen beachten:

- Die Grundanforderung: Der Hörer muss wissen, wer gleich spricht (Name, Funktion). Wenn derselbe Redner in mehreren O-Tönen hintereinander zu hören ist, muss der Name nicht jedes Mal genannt werden.
- Auf die Anrede »Frau« oder »Herr« wird verzichtet. Der O-Ton-Geber ist also nicht Herr Daniel Rosen, sondern einfach

Daniel Rosen (auch Prof. oder Dr. Daniel Rosen oder der Is-
rael-Kenner Daniel Rosen).

- Außerdem kann die Information wichtig sein,
  - warum gerade von *dieser* Person ein O-Ton zu hören sein
    wird,
  - wann und aus welchem Anlass diese Aussage gemacht
    wurde und
  - zu welchem Aspekt des Themas der O-Ton etwas aussagt.
- Beim Antexten nichts vorwegnehmen, was aus dem folgenden O-Ton sowieso klar hervorgehen wird. Doppelt hält in
  diesem Fall nicht besser, doppelt langweilt!
- Auf Überflüssiges verzichten: ... dazu sagt ... Dass *dazu*
  etwas gesagt wird, ist ohnehin klar. Warum sonst würde der
  O-Ton *jetzt* folgen? Und dass es *gesagt* werden wird, wer
  hätte etwas anderes vermutet?
- Der Übergang von Text zu O-Ton wirkt umso eleganter, je weniger er eine reine Ansage ist.

Indirektes Antexten hilft dabei, Text und O-Ton zu einer ein-
heitlichen, durchgehenden Information zu verbinden:
Text: Viele (Kinder)machen sich so ihre Gedanken
darüber, wie er wohl aussieht, der
Gast,der oft heimlich kommt, der Nikolaus.
O-Ton (Kinder): ... sieht rot aus ...
Überleitungen wie in diesem Beispiel überlassen einen Gedan-
kenschritt dem Hörer.

Text stellt fest:	Text verzich- tet auf die Ankündigung:	O-Ton bringt gleich das Ergebnis der Gedanken:
Die Kinder machen sich Gedanken über das Aussehen des Nikolaus	Jetzt hören Sie gleich, was bei diesen Gedan- ken heraus- kommt	... sieht rot aus ...

Der Antext-Routine mit immer wieder gern verwendeten Standard-Formulierungen zu entkommen – auch dazu helfen indirekte Überleitungen. Dafür hier zuerst das nicht zur Nachahmung empfohlene Beispiel in Lang- und Kurzversion:

Text: `Eine Tischler-Lehre kann manchmal ziemlich anstrengend sein.`

Überleitung: `Dazu sagt Martin Holz...`

O-Ton Holz: `Abends war ich anfangs total fertig. Einfach alle!`

Überleitung kürzer: `Dazu Martin Holz...` (folgt O-Ton)

Überleitung noch kürzer: `Martin Holz...` (folgt O-Ton)

Als Verbesserungsvorschlag die indirekte Methode:

Text: `Seine Tischler-Lehre hat Martin Holz manchmal als ziemlich anstrengend empfunden:`

O-Ton Holz: `Abends war ich anfangs total fertig. Einfach alle!`

→ Tipp: Geben Sie eine Information über denjenigen, dessen O-Ton folgt und nennen Sie darin seinen Namen. Der Hörer ordnet den anschließenden O-Ton dann automatisch dem genannten Namen zu. Das klappt umso besser, je mehr sich Text- und O-Ton-Information inhaltlich ergänzen.

Gelungene und misslungene Überleitungen haben Studenten des Journalistischen Seminars der Universität Mainz in einer Lehrkassette zusammengestellt. Daraus ein Beispiel:

Text (vom Reporter gelesen): `Über die Nachfrage der Mainzer nach Weihnachtsreisen berichtet der Leiter eines Mainzer Reisebüros:`

O-Ton (Frage, vom Reporter gesprochen): `Herr Pfeifer, der Urlaub über die Weihnachtstage erfreute sich in den vergangenen Jahren steigender Beliebtheit. Wie geht das Geschäft in diesem Jahr, vier Wochen vor dem Fest?`

(Antwort Pfeifer): `Vier Wochen vor dem Fest lässt's nach, alldieweil es nicht mehr sehr viel gibt...`

Die Reporter-Frage zu Beginn des O-Tons ist überflüssig. Zudem hört es sich nie gut an, wenn dieselbe Stimme in zwei unterschiedlichen Akustiken aufeinander stößt. Hier: Die Reporter-Stimme mit einem an der Work-Station oder im Studio aufgenommenen Text und direkt anschließend in einem im Reisebüro aufgenommenen O-Ton.

Grundsätzlich sind Reporter-Fragen in O-Tönen eine absolute Ausnahme. Die Funktion der Eingangsfrage übernimmt der vorangehende Berichtstext oder die Anmod.

Zwischenfragen sind nur dann akzeptabel, wenn sie sehr kurz und zur Präzisierung/Verständlichkeit einer unverzichtbaren O-Ton-Aussage unbedingt erforderlich sind.

Nach der entsprechenden Überarbeitung liest sich unser Beispiel so:

Text (vom Reporter gelesen): `Über die Nachfrage der Mainzer nach Weihnachtsreisen berichtet der Leiter eines Mainzer Reisebüros:`

O-Ton (Pfeifer): `Vier Wochen vor dem Fest lässt's nach, alldieweil es nicht mehr sehr viel gibt.`

Jetzt wird der Hörer allerdings nicht mehr über den Namen des Reisebüro-Leiters informiert. Aber: Muss das überhaupt sein? Falls ja, könnte man ihn mit antexten: `berichtet Michael Sturm, der Leiter eines Mainzer Reisebüros ...`

oder den Namen abtexten (vgl. weiter unten).

Die Überleitung mit einer Frage ist eine Variante, die man nicht überstrapazieren sollte. Zu häufig eingesetzt, kann der Beitrag wie ein Interview-Verschnitt klingen:

Text: `Viele Kinder machen sich so ihre Gedanken über den oft heimlich kommenden Gast. Wie er wohl aussieht, der Nikolaus?`

O-Ton (Kinder): `... sieht rot aus./ ... hat'n Bart und rot is er ...`

Nicht jedem gelingt es am Anfang, Fragen auch wirklich als Fragen vorzulesen. Probieren Sie es. Klingt es gestelzt, ändern Sie einfach die Überleitung so:

Text: Viele Kinder machen sich so ihre Gedanken darüber, wie er wohl aussieht, der Gast, der oft heimlich kommt, der Nikolaus **O-Ton (Kinder):** ... sieht rot aus. / ... hat'n Bart und rot is er ...

Eine Mini-Umfrage als O-Ton geht sehr gut, wie man an dem letzten Beispiel sieht. Wichtig dabei: Es dürfen nur wenige, sehr kurze Antworten sein. Sonst bekommt eine Umfrage (vgl. dort) zu viel Gewicht in einem O-Ton-Bericht.

Halbsätze antexten. Der *Übergang von Beitragstext zu O-Ton mitten im Satz* ist eher ein (Not-)Behelf als gewünschtes Stilmittel. Wenn allerdings der erste Satz eines O-Tons zu Beginn teilweise unverständlich oder technisch nicht verwendbar ist, geht es auch so:

Text: Selbst nach mehr als 10 Jahren hat Oliver ihn nicht vergessen, diesen Tag, ...

O-Ton: ... an dem sich für mich ein Taucher-Traum erfüllt hat.

Abtexten (oder Abnehmen) des O-Tons nennt man den Übergang vom O-Ton zum anschließenden Text. Es bietet sich manchmal an, um beide Elemente besonders eng miteinander zu verknüpfen. Ein Beispiel:

O-Ton (Bürgermeisterin): Bereits Ende nächsten Jahres werden wir um die Hälfte weniger Verkehr in unserer Innenstadt haben.

Text: *Um die Hälfte weniger Verkehr in der Innenstadt* – was das für die Bürger bedeutet, darüber wurden auf der Pressekonferenz zwei Gutachten vorgelegt ...

Der kursiv gesetzte Satzteil wird fast wörtlich wiederholt und damit besonders hervorgehoben.

Beim Abtexten den Namen des O-Ton-Gebers nennen. Gelegentlich bietet sich das an. Wer beim Antexten auf den Namen verzichtet (und ihn erst nach dem O-Ton abtextet), beabsichtigt damit in der Regel einen Überraschungs- oder Neugiereffekt. Gleichzeitig erreicht er aber auch etwas Unbeabsichtigtes: Der Hörer denkt darüber nach, *wen* er hört und vielleicht weniger darüber, *was* er hört. Wer beim Abtexten den Namen wiederholt (nur bei längeren O-Tönen zu erwägen), strebt damit zumeist eine klare Zuordnung (z. B. einer überraschenden/deftigen Aussage) zu einem O-Ton-Geber an, um sie deutlich gegen die Aussage eines dann folgenden anderen abzusetzen. Zusätzlich wird durch dieses besonders deutliche Verbinden von Aussagendem und Aussage noch deutlich, dass der Reporter sich die Aussage keinesfalls zu eigen macht.

Der Autor liest seinen Text selbst. Er hat ihn erarbeitet, er spricht ihn ins Mikrofon. Auch das trägt zur Authentizität und Lebendigkeit des Beitrags bei, vorausgesetzt, der Journalist hat gelernt, »Das Manuskript (zu) sprechen« (vgl. dort). In manchen Begleit-Programmen (nicht in Einschalt-Programmen und nicht in Magazin-Sendungen) ist es allerdings üblich geworden, den Moderator der Sendung den Text des O-Ton-Berichts sprechen zu lassen. Damit soll (vor allem im Privatfunk) das Programm noch mehr personalisiert, der Moderator also noch präsenter werden und keine (vielleicht auch schlechtere) zusätzliche Stimme zu hören sein. Der Autor des O-Ton-Berichts liefert dann nur Berichtstext und O-Töne zu.

Tipps für den ersten O-Ton-Bericht. Immer wieder zeigt sich, dass Journalistenschülern und Journalismus-Studenten die ersten O-Ton-Berichte besser gelingen, wenn sie möglichst systematisch Schritt für Schritt vorgehen:

- **Das Thema eingrenzen.** Versuchen Sie, in einem Satz zu formulieren, worüber Sie im Rahmen Ihres Themas informieren wollen. Solch ein »*Erzählsatz*« könnte z. B. lauten: Ich will darüber berichten, welche Erfahrungen in der Tanzschule Blau-Gelb mit dem neuen Modetanz gemacht wurden und welche Zukunft man ihm dort gibt. Es schadet nicht, solch einen Satz wirklich aufzuschreiben. Das zwingt Sie, Ihr Informationsziel zu durchdenken und klar zu bestimmen. Es verhindert, dass Sie sich im Thema verlieren.

- **Ideen entwickeln.** Machen Sie ein Brain-Storming mit sich selbst darüber, was Sie in der Tanzschule im Einzelnen erfahren/erfragen wollen: Wie kommt der Tanz an? Bei welcher Altersgruppe besonders? Warum wird er gern getanzt? Warum nicht? Ist es schwer, ihn zu lernen? Warum, warum nicht? Was hilft dabei? Wie lange braucht man? Hat es Probleme beim Lernen/Tanzen gegeben? Welche? Wird der Tanz sich durchsetzen? Wer hat ihn erfunden?

- **Informationen auf Text und O-Ton aufteilen.** Überlegen Sie, welche Informationen Sie im O-Ton einholen wollen: Begründungen, warum der Tanz gefällt oder nicht; persönliche Erfahrungen mit dem Lernen und Tanzen; Zwischenfälle oder Episoden beim Training ...

- **Besondere O-Töne einholen.** Denken Sie darüber nach, ob Sie O-Töne aufnehmen können, die lebendiger sind als einfache Statements/Meinungsäußerungen, z. B.: Tanzlehrer erklärt einigen Schülern die Grundschritte, möglichst mit anschaulichen oder lustigen Vergleichen; Tanzlehrer gibt laut Anweisungen oder Korrekturen; Tänzer fragen den Tanzlehrer; Tänzer sprechen miteinander über den Tanz ...

- **Wer können die O-Ton-Geber sein?** Berichte werden mit mehreren O-Ton-Gebern meist informativer und lebendiger: Besitzerin der Tanzschule; Tanzlehrer; Tänzer, junge und ältere; Zuschauer ...

- **Spickzettel schreiben.** Notieren Sie sich in Stichworten, was Sie sich für die Aufnahme der O-Töne und die Recherche vor Ort vorgenommen haben. Überprüfen Sie dort, ob Sie auch nichts vergessen haben.

- **Beitrag vorplanen.** Überlegen und notieren Sie sich, wie Sie Ihren Beitrag aufbauen wollen, z. B.:
  1. O-Ton: Unterrichtsszene;
  2. Text: Tanz seit wann in dieser Tanzschule mit wie vielen Teilnehmern;
  3. O-Ton: Tanzlehrer zur Akzeptanz, usw.

- **Zeit nehmen bei der O-Ton-Aufnahme.** Geben Sie sich alle Mühe, gute O-Töne zu bekommen, aber machen Sie keine ellenlangen Interviews. Sie ertrinken sonst im Material und brauchen viel zu viel Zeit fürs Anhören und Auswählen.

- **O-Ton-Geber notieren.** Sie müssen später fürs Antexten in aller Regel wissen, von wem welcher O-Ton stammt (außer z. B. bei Mini-Umfragen). Also Namen und Funktion notieren oder/und mit aufnehmen.

- **Informationen für den Text sammeln.** Vor Ort recherchieren Sie auch alles, was Sie für Ihren Text brauchen. Vergessen Sie nicht, aufzuschreiben, was Sie dort sehen und bemerken (z. B.: Einrichtung, Farben, Kleidung, Bilder, Aushänge usw.), was Sie empfinden (Stimmung), was Sie riechen usw. Diese Infos könnten für Ihren Text gut zu gebrauchen sein, z. B. für einen szenischen Einstieg in den O-Ton-Bericht. Nehmen Sie auch Informationsmaterial und Handzettel mit. Lassen Sie sich Visitenkarten geben, falls Sie noch einmal anrufen müssen für ergänzende Fragen.

Konzeption und Schreiben des O-Ton-Berichts erfolgen in mehreren Arbeitsschritten:

Auswählen der O-Töne. Machen Sie sich schnell an diese Arbeit, so lange die Eindrücke noch frisch sind.
Vielleicht haben Sie sich ja dazu auch bei oder direkt nach den Aufnahmen schon Notizen gemacht. Routiniers verbinden diesen Arbeitsschritt gleich mit dem Überspielen/Digitalisieren der O-Töne. Anfängern ist dies aber nicht zu empfehlen.

O-Ton-Liste anlegen. Dafür notieren Sie sich sauber und korrekt für jeden ausgewählten O-Ton:

- ein Stichwort zum Inhalt,
- den Wortlauf am Anfang und am Ende, also die ersten und letzten Wörter:
A: Das ist schwer zu sagen ... E: ... noch beschlossen werden.
- die Länge des O-Ton-Takes in Sekunden,
- die Ziffern auf dem Zählwerk des Recorders, bei denen der ausgewählte O-Ton-Take beginnt und endet. Bei digitalen Recordern und Mini-Disc-Geräten wird der Time-Code abgelesen oder es können für Anfang und Ende Markierungen gesetzt werden. Dann werden die Nummern der Markierungen notiert.

O-Töne ordnen. Die so beschriebenen O-Ton-Takes werden danach auf dem Papier in die richtige, für den Beitrag vorgesehene Reihenfolge gebracht und entsprechend nummeriert. Sie sind damit das »Gerüst« für den Text.

Text schreiben. Verteilen Sie dabei die Informationen möglichst gleichmäßig auf die Text-Passagen. Beachten Sie deren Länge (s. oben »Der Zeitrahmen«).

Die Überleitungen Text/O-Ton/Text werden anhand der Notizen über die O-Töne (erste Wörter, Inhalt, letzte Wörter) formuliert. Für Zweifelsfälle liegt der Recorder mit den O-Tönen bereit: lieber schnell noch einmal hineinhören. Beim Schreiben des Textes stellt sich manchmal heraus, dass die vorgeplante Reihenfolge der O-Töne besser geändert wird. Dann auch die O-Ton-Liste entsprechend korrigieren, damit man nicht durcheinander kommt.

Die technischen Produktionsschritte sind dann:

- Überspielen/Digitalisieren der O-Töne im Studio oder in die Workstation in der Redaktion.
- Bearbeiten der O-Töne (kürzen, säubern, nachblenden),

- Einsprechen des Textes (vgl. Beitrag »Das Manuskript lesen«) und evtl. Versprecher rausschneiden,
- Zusammenfügen von Text- und O-Ton-Passagen in der richtigen Reihenfolge,
- Abhören und evtl. letzte Korrekturen wie Verbessern von Übergängen.

Wie an einer Workstation vom Journalisten selbst ein O-Ton-Bericht produziert wird, ist im Beitrag »An der Workstation schneiden und produzieren« (vgl. dort) ausführlich dargestellt und an einem Beispiel erläutert.

Bericht mit O-Ton live. Diese Variante wird angewendet, wenn in der aktuellen Berichterstattung vor der Sendung keine Zeit mehr für die Produktion bleibt. Die Arbeitsschritte sind bis zum Einsprechen des Textes dieselben wie oben dargelegt. Der Berichtstext wird aber live gelesen und die O-Töne werden während der Sendung direkt zugespielt. Sie verbinden sich also mit dem Sprechertext erst während der Sendung zu einem Beitrag.

Bericht frei sprechen (vgl. Beitrag »Moderatoren-, Reporter- und Hörer-Gespräch«). Manchmal reicht die Zeit sogar nicht mehr dafür, den Berichtstext zu schreiben (oder diese Form ist wegen größerer Unmittelbarkeit und des Dialogcharakters redaktionell gewünscht): Dann spricht der Journalist seinen Bericht live und frei (nach Stichworten, aber ohne Manuskript) und spielt die O-Töne direkt zu (oder gibt Zeichen, wann die O-Töne von der Technik zugespielt werden sollen). Diese Methode erfordert große Konzentration und jedenfalls eine *genaue O-Ton-Liste*. Ist die nicht korrekt, kann es leicht zu einem Durcheinander mit O-Tönen zum falschen Zeitpunkt oder ungenauen Überleitungen kommen.

Der »kommentierende Bericht« ist ein Zwitter, der Berichterstattung mit Kommentierung verbindet. Die Gefahr dabei liegt in der Vermischung von beidem. Wird der Hörer nun über ein Ereignis informiert oder darüber, was ein Journalist von einem Ereignis hält? Kann der Hörer sich noch selbst eine Meinung über ein Menü und seine Zutaten bilden, wenn der Journalist immer gleich dazusagt, wie es ihm selber schmeckt? Deshalb: Wenn »kommentierender Bericht«, dann bitte die Speisenfolge einhalten: Zuerst die Information als »Hauptgang«, anschließend die Bewertung als »Dessert« – und beides durch eine entsprechende Formulierung voneinander abgesetzt.

Check-Liste O-Ton-Bericht. Bei den ersten O-Ton-Berichten schleichen sich einige Fehler immer wieder ein. Deshalb fragen Sie sich selbstkritisch, bevor Sie den Beitrag produzieren und abliefern:

■ Haben Sie vom Inhalt und/ oder der Formulierung her »starke« O-Töne?	Wenn nein: darauf verzichten und (falls vorhanden) andere nehmen, zumindest kürzen.
■ Sind die O-Töne rein akustisch gut verständlich?	Wenn nein: nach Möglichkeit technisch verbessern oder andere suchen. Schlimmstenfalls neue O-Töne aufnehmen (wenn noch Zeit).
■ Sind Ihre O-Töne gut anhörbar, also frei von zu vielen nervenden »ähs« und Versprechern?	Wenn nein: O-Töne säubern.
■ Stimmt das Lautstärke-Verhältnis zwischen O-Tönen und Text?	Wenn nein: anpassen.
■ Gibt es langweilige Doppelungen, werden also Aussagen des Textes im O-Ton (oder umgekehrt) unbeabsichtigt wiederholt?	Wenn ja: Text ändern oder O-Töne entsprechend kürzen.

▪ Haben Sie beim Antexten der O-Töne Standard-Überleitungen möglichst vermieden?	Wenn nein: Text entsprechend ändern.
▪ Haben Sie einen O-Ton auch einmal abgenommen, also im nachfolgenden Text darauf Bezug genommen?	Wenn nein: Text ändern. Dadurch bekommen Sie mehr Fluss in Ihren Beitrag.
▪ Sind die Text-Passagen mehr als nur das Antexten des nächsten O-Tons, bringen sie eigenständige Informationen?	Wenn nein: mehr Informationen in den Text.
▪ Sind die Namen (Funktionen) der O-Ton-Geber korrekt und häufig genug genannt?	Wenn nein: Text ändern.
▪ Sind Ihre Sätze kurz genug? Haben Sie sich bei der Wortwahl an die gehobene Umgangssprache als Richtschnur gehalten?	Wenn nein: die Bereinigung der semantischen Textgestaltung bewerkstelligen. Gemerkt?
▪ Haben Sie nur Sätze geschrieben und Wörter gewählt, die Sie auch gut sprechen können?	Wenn nein: entsprechend ändern.

Ein Vorschlag: Kopieren Sie sich diese Liste vor der Produktion Ihres ersten O-Ton-Berichts, damit Sie bei einem letzten Check an die wichtigsten Punkte denken.

🖳 Hörbeispiele

Kulturbericht

Auch Kultur-Themen können in der Form von Berichten und Kritiken *mit O-Ton* nicht nur radiophoner, sondern auch eindringlicher vermittelt werden. Dabei gilt vieles von dem, was schon im Beitrag »O-Ton-Bericht« aufgeführt wurde (vgl. dort). Einiges ist aber doch etwas anders. Besonderheiten sind etwa bei der *Beschaffung* der O-Töne zu beachten. Da gibt es nämlich mitunter technische und juristische Probleme.

O-Ton-Effekthaschereien vermeiden. Der O-Ton in einem Kultur-Bericht soll ein »Diener« des beschreibenden, einordnenden Textes bleiben, soll helfen, Zusammenhänge zu verdeutlichen und Kritik zu belegen.

Theater-Rezensionen mit O-Ton können nach der modellhaften Faustregel *Inhalt-Szene-Kritik* aufgebaut werden. Zunächst also wird – möglichst farbig – erzählt, worum es in dem Stück geht. Diese knappe und pointierte Inhaltsangabe sollte mit »typischen« Szenen-Ausschnitten illustriert werden. Clevere Kritiker haben zuvor das Textbuch studiert und wissen, wann die Schlüssel-Szenen zu erwarten sind. Danach folgt die Kritik an Stück und/oder Inszenierung. Dazu passen erläuternde oder entschuldigende Statements des Autors oder Regisseurs.

Die Beschaffung der Szenenausschnitte kann schwierig sein. In vielen Theatern sind Ton-Aufnahmen während der Aufführung grundsätzlich untersagt. Also: Auf jeden Fall vor der Premiere klären, was erlaubt ist und was nicht. Falls man mit dem Mikrofon in die *Aufführung* darf, gilt: So dicht wie möglich ran an die Rampe. Und zwar mit einem *Richtmikrofon* und einem kleinen Kopfhörer im Ohr. Nur so schafft man es, den Absprechwinkel der Schauspieler einigermaßen exakt zu treffen. Aber selbst dann sind Nebengeräusche nicht auszuschließen. Da knarrt der Stuhl des Nachbarn, da wird gehustet, geräuspert und geraschelt. Und gelacht. Bei Kabarett-Nummern und Komödien mag es sinnvoll sein, neben dem Gag gleich auch noch die Reaktion des Publikums aufs Band zu bekommen. In der Regel aber stört das ungemein und lenkt vom eigentlich Wichtigen im O-Ton ab.

→ Tipp: Störende Publikumsgeräusche können vermieden werden, wenn man für die Tonaufnahmen die *Generalprobe* besuchen darf. In einigen Theatern werden für die Medienleute eigens *Stellproben* arrangiert, auf denen man in Ruhe mitschneiden kann. Die Kritik darf aber selbstverständlich erst nach dem Besuch der Premiere geschrieben werden.

Bei Opern- und Ballett-Aufführungen gilt das eben beschriebene Verfahren. Da jedoch technische Ausstattung und technische Erfahrung des Kultur-Reporters in der Regel allenfalls für Sprachaufnahmen, nicht aber für die adäquate Aufzeichnung von musikalischen Darbietungen ausreichen, sollte man sich bei den Tonmeistern der Opernhäuser und Konzertsäle erkundigen, ob und wie man an deren *professionellen Mitschnitt-Einrichtungen* partizipieren kann. Die rechtlichen Bedingungen für solche »Klammerteile« müssen auf jeden Fall rechtzeitig mit den zuständigen Stellen geklärt werden.

O-Töne aus Filmen sind leichter zu beschaffen. Die meisten Verleihfirmen haben sich darauf eingestellt, dass kaum noch eine Filmkritik ohne O-Ton-Einblendungen über die Sender geht. Meist schon einige Wochen vor dem Kino-Start eines Films werden Redaktionen und einzelne Kritiker mit *O-Ton-CDs* bemustert oder erhalten Zugang zu einem entsprechenden Internetportal, das die Töne zum Download anbietet. Vorsicht: in der Regel dürfen diese Ausschnitte nur in einem begrenzten Zeitraum verwendet werden. Wichtig ist hier, den leider oft wechselnden Presse-Betreuern der Filmfirmen klarzumachen, dass man diesen Service *kontinuierlich* nutzen will.

→ Tipp für Newcomer: Manuskripte, Artikel und Sendemitschnitte als Belegexemplare hinschicken. Das unterstreicht die Berechtigung des Begehrens.

Das Verfahren der Verleiher ist für viele Film-Rezensenten verführerisch und hat deshalb den Nachteil, dass alle Medienwelt mit den immer gleichen Film-Ausschnitten operiert.

Übrigens ist auch die Film-*Musik* oft recht hilfreich, um besondere Stimmungen besser nachvollziehbar zu machen.

Die Sound-Track-CD liegt meist lange vor dem Kino-Start in den Regalen gut sortierter Medien-Märkte und auch der Schallarchive in den Funkhäusern.
Die Verwendung von CD-Aufnahmen kann auch in einem anderen Bereich der Kulturberichterstattung praktisch sein, nämlich bei Rock- und Pop-Konzerten. Die Veranstalter haben meist (vielfach durchaus begründete) Angst vor unerlaubten »Raub«-Mitschnitten und verwehren strikt und manchmal ziemlich ruppig allen den Eintritt, die mit einem auch noch so kleinen Recorder anrücken.

Für den Konzertbericht mit O-Ton montiert man am besten aus den vielleicht bei der Presse-Konferenz ergatterten Statements der Stars sowie aus den Äußerungen der Fans nach dem Konzert eine kleine Stimmungs-Collage und baut darum herum den eigenen Text und den letzten Hit der Band.
Vorsicht! Bei der mittlerweile üblichen und für das Medium Radio zukunftsträchtigen Verbreitung der Beiträge über das Internet (etwa als Podcast) müssen Einschränkungen beachtet werden. Das betrifft vor allem Musikanteile in den Beiträgen, da Musik in der Regel nicht bzw. nur in dramaturgisch notwendigen kurzen Beleg-Ausschnitten zum Herunterladen bereitgestellt werden darf.

Berichte mit O-Ton über Bildende Kunst sind ein besonders schwieriges Arbeitsfeld des Kultur-Journalismus im Funk. Die meisten Arbeiten von Bildhauern und Malern sind nun mal stumm. Der Radiomensch muss über das Werk reden, muss es möglichst anschaulich beschreiben, damit sich der Hörer ein Bild von dem Bild machen kann. Das ist schwer. Dennoch muss es versucht werden, und der O-Ton kann dabei helfen. Zumal, wenn der Schöpfer des Kunstwerks in einem Statement selbst erklären kann, welche Vision hinter seinem Werk steckt. Wenn nicht, bleibt, etwas prosaischer, die Information aus erster Hand über technische Besonderheiten oder Verfahrensweisen.

Literaten sind in eigener Sache meist beredter als bildende Künstler. Deshalb sollte man sie (auch in Buchrezensionen, wenn irgend möglich) selbst zu Wort kommen lassen. Darüber hinaus ist zu empfehlen, die Dichter und Denker beim Interview in der Buchmessen-Koje oder nach der Signierstunde beim Buchhändler nicht nur zum gegenwärtig letzten Werk zu befragen, sondern auch zu künftigen Projekten und zu ihrer Arbeit und zu Themen und Trends in der Kulturszene allgemein.

Das lässt sich dann als Meinungsäußerung der Big Names bei Gelegenheit aus dem wohl geordneten *Archiv* ziehen, das zumal der »freie« Kulturjournalist anlegen sollte, und das auch bei Nachrufen gute O-Ton-Dienste tun wird (vgl. Beiträge »Archive« und »Das Manuskript«).

🖥 Hörbeispiele

Weiterführende Literatur:

Dieter Heß, Literaturkritik im Hörfunk; Walter Filz, Kunstkritik im Hörfunk; in: Dieter Heß (Hrsg.), Kulturjournalismus. Ein Handbuch für Ausbildung und Praxis (2. Auflage, List Journalistische Praxis, München 1997)

Korrespondentenbericht aus dem Ausland

Viel Berufserfahrung muss jeder Anwärter auf einen Platz im Ausland mitbringen. Zudem möglichst gute Sprach- und Landeskenntnisse. Rund 100 Korrespondenten an fast 30 Orten der Welt arbeiten derzeit für den Hörfunk der ARD. Sie bedienen entweder alle Anstalten oder nur bestimmte Sender-Gruppen, die sich die Finanzierung der jeweiligen Stelle teilen (www.ard.de/korrespondenten-welt). *Privatradios* haben selten eigene Korrespondenten. Häufig nutzen sie Beiträge von Agenturjournalisten (Rufa/dpa-audio).

Die meisten Korrespondenten sind fest angestellt. Es gibt aber auch Freiberufler, die in der Regel für mehrere Medien (Zeitungen und auch Radio-Sender) arbeiten.

➜ Tipp: Wenn Sie schon beim Radio sind, egal ob als Freier, Volontär oder Festangestellter, und sich für die Arbeit als Korrespondent interessieren: Nutzen Sie Auslandsaufenthalte auch dazu, mit Korrespondenten zu reden. Zudem gibt es in jedem ARD-Funkhaus Kollegen, die im Ausland als Korrespondenten gearbeitet haben und bestimmt gern auch mit Hospitanten und Praktikanten über ihre Erfahrungen sprechen.

Was ist daheim ein Thema? Diese Frage stellt man sich als Korrespondent/in jeden Morgen neu. Dabei sollte sich niemand von der *Agenturhörigkeit* der Heimatredaktionen entmutigen lassen, die manchmal nach dem Motto leben: Es kann nicht sein, was nicht bei dpa, Reuters oder AP schon gemeldet wurde. Doch, es kann.

Ein Thema ist:

- ein bedeutendes bzw. schwer wiegendes Ereignis (Gipfeltreffen, Wahlen, Katastrophen),
- Ereignisse mit Bezug zum eigenen Heimatland (bilaterale Treffen, Wirtschaftskontakte),
- ein Ereignis, das eine wichtige Person des Gastgeberlandes betrifft (Krankheit des Präsidenten, Skandale um Spitzenpolitiker, Tod eines berühmten Künstlers),
- die Fortschreibung wichtiger Ereignisse (Presseschau, Reaktionen nach Atomtests),
- eine überraschende Entwicklung (plötzliche Unruhe, Attentat),
- ein Hintergrundbericht zu sich anbahnenden Ereignissen (Zuspitzung in einem Krisengebiet),
- ein Beitrag, der das Land näherbringt, Unterschiede aufdeckt, Kuriositäten erklärt, Lösungsideen aufzeigt für Probleme, die auch im Heimatland des Korrespondenten existieren,
- ein Quereinstieg, mit dem ein nicht tagesaktuelles Thema beleuchtet werden kann (Gründung eines Radios, das nur Musik des Landes spielt – Tendenz: zurück zur nationalen Kultur etc.),

Mit sogenannten Korri-Ketten wird ein im Heimatland heiß diskutiertes Thema mit den Erfahrungen und Regelungen aus dem Ausland dadurch illustriert, dass verschiedene Korrespondenten aus ihren Berichtsländern (meist nur) eine Nachrichten-minute beisteuern (Beispiel: Debatte über Kinderbetreuung in Deutschland – Wie löst Frankreich das Problem?).

Einzelkämpfer ist der Korrespondent in den meisten Fällen. Er recherchiert eigenständig, nutzt dazu Nachrichtenagenturen, Internet und einheimische Medien, er geht zu Pressekonferenzen und hat sein eigenes Archiv. Auch die deutsche Botschaft im Gastland ist mit ihrer Pressestelle und regelmäßigen Presse-gesprächen eine Informationsquelle.

Mitunter fährt/fliegt er zum unmittelbaren Ort des Geschehens. Reporter-Laptops, Satellitentelefone und das Internet ermögli-chen inzwischen die Übertragung von O-Ton-Reportagen aus den entferntesten Winkeln der Welt.

Doch nicht immer hat der Korrespondent die Zeit zu reisen, denn er muss für alle Sender stets verfügbar sein. So verrichtet er meist einen Bürojob am Nachrichtencomputer und am Telefon. Bei der Größe des Berichtsgebietes ist der Auslandskorrespon-dent (Moskau: zuständig für 12 GUS-Republiken; Buenos Aires: zuständig für ganz Südamerika) auf sogenannte *Stringer* ange-wiesen, meist Einheimische vor Ort, die Augenzeugenberichte übermitteln und Informationen einholen oder prüfen können.

Ein 24-Stunden-Job ist typisch für einen Auslandskorrespon-denten. Die Info-Radios senden rund um die Uhr. So sind in heißen Phasen 10 Beiträge und 20 Live-Einblendungen pro Tag normal.

Reisekorrespondenten kommen deshalb oft für »ausgeruhte« Reportagen zum Zuge: Redakteure und auch freie Mitarbeiter reisen aus Deutschland für Spezialthemen oder längere Sendun-gen an und stimmen in der Regel ihre Arbeit mit den ortsansäs-sigen Korrespondenten ab, schon um von deren Erfahrungen und Kontakten zu profitieren.

→ Tipp: Gelegentliche Arbeit als Reisekorrespondent kann hilf-reich sein bei der Bewerbung um einen Korrespondenten-platz.

O-Töne und Geräusche verlangen die Heimatredaktionen von einem Korrespondenten wie von jedem Reporter im Inland – nur sind sie für einen Einzelkämpfer in Ländern mit oft ganz anderen politischen Systemen und unterschiedlicher Mentalität ungleich schwieriger zu beschaffen. Nach Möglichkeit nimmt er sie trotzdem selbst auf. Es werden aber auch Radio- und Fernsehsendungen des Berichtslandes und das Angebot der European Broadcasting Union vom Korrespondenten ausgewertet.

Was ist typisch für Berichte aus dem Ausland? Sie sind oft *vereinfachend,* was Eigennamen, Funktionen, Ortschaften, Details anbelangt. Der Auslandskorrespondent darf den Hörer nicht mit fremdländischen Namen, unbekannten Bezügen oder geographischen Angaben überlasten. Es gibt auch Sachverhalte, bei denen man »zu viel erklären« müsste. Sie fallen als Thema für die meist höchstens dreiminütigen Radioberichte manchmal sogar aus. Gleichzeitig sind die Berichte *erläuternder* und *hintergründiger.* Der Hörer muss das für ihn weit entfernte Geschehen einordnen und verstehen können. So gerät ein Kommentar eher zu einem kommentierenden Bericht (bzw. ein Bericht eher zu einem kommentierenden Bericht).

Zum Repertoire des Auslandskorrespondenten gehören im Übrigen alle Genres – von der Glosse bis hin zum Porträt.

Das Credo des Auslandskorrespondenten sollte es sein, *Brücken zu bauen*, zwischen seinem Heimat- und seinem Berichtsgebiet und Dinge nachvollziehbarer zu machen. Er muss übersetzen oder besser über-setzen ans andere Ufer. Dabei geht es nicht um Sensationshascherei, lüsterne Kriegsberichterstattung oder leere Exotik, sondern um Objektivität, Verantwortungsbewusstsein und ein Wachrütteln, wenn internationale Hilfe benötigt wird.

→ Tipp: Wenn Sie erwägen, einmal als Korrespondent/in zu arbeiten, sollten Sie dies langfristig vorbereiten. So könnte es gehen: frühzeitige Entscheidung für ein Berichtsgebiet, entsprechende Sprach- und Länderkenntnisse erwerben, Aufenthalte dort, journalistische Arbeiten über dieses Gebiet,

Urlaubsvertretung von Korrespondenten. Dennoch ist der Erfolg keineswegs sicher. Die Konkurrenz ist groß.

Ins Netz damit: ARD-Korrespondenten berichten, dass sie auf die online veröffentlichten Manuskripte ihrer Beiträge viel Rückmeldung bekommen, besonders auf die von tagesschau.de veröffentlichten Manuskripte (vgl. *»Ins Netz damit«* zum Beitrag »Manuskript«).

Korri-Blogs. Für all das, was ein Korrespondent täglich selbst im Berichtsland erlebt, ist in seinen Berichten oft kein Platz – in Blogs dagegen um so mehr. Sie bieten sich ganz besonders dann an, wenn der Korrespondent auf Reportage-Reise ist oder einfach über seinen Alltag erzählt. Beispiele für Artikel (auch) der Hörfunk-Korrespondenten finden sich im Blog der Tagesschau oder in den »reporters' blogs« der BBC.
🖥 Beispiele im Netz

Weiterführende Literatur:
Martin Wagner, Auslandskorrespondent/in für Presse, Radio, Fernsehen und Nachrichtenagenturen (List Journalistische Praxis, München 2001)

Mini-Feature

Der Begriff sagt alles: Kurz muss es sein, ein Feature soll es sein, ein Mini-Hörbild. Also nehme man:

- O-Ton,
- Atmo,
- Geräusche,
- Musik und
- eigenen Text

und mische diese, nicht planlos, sondern sinnvoll. Ein Mini-Feature ist ein *akustischer Film.* Ein Feature vom bunten Treiben am Nordseestrand muss das Möwen- und Kindergeschrei ebenso akustisch transportieren wie das Wellenrauschen. Und im Hörbild über eine barocke Kirche müssen die hallenden Schritte ebenso zu hören sein wie das murmelnde Geflüster der Betenden.

O-Ton, Atmo und Geräusche sind Teil der Information. Sie sind keine zufällige Beigabe (vgl. Beiträge »Feature« und »O-Ton, Atmo und Geräusche«). Vor Ort, dort, wo der Reporter mit dem Recorder steht oder geht, muss alles aufgenommen werden: der Strandkorbverleiher, der Mann von der DLRG, das Möwen- und Kindergeschrei, das Wellenrauschen; der Küster, die hallenden Schritte, das Gemurmel der Betenden. Die Aufnahmen sind notwendig, um bei Schnitt und Produktion »Spielmaterial« für das Mini-Feature zu haben.

Der akustische Film – als Beispiel das Thema: Die Nordsee an einem herrlichen Sommertag. Wellen plätschern, der Sand blendet grellweiß, die Strandkörbe voll besetzt, Kinder spielen, Burgen bauende Väter, sich sonnende Mütter und z. B. ein Strandkorbverleiher. Der Reporter, lässt ihn erzählen, wie denn heute der Andrang war und wie er ihn bewältigt hat. Aufgenommen ist dann dieser O-Ton des Strandkorbverleihers und – wenn auch nur im Hintergrund – Kinder- u. Möwengeschrei, Wellenrauschen usw.

Für das Hörbild über das Strandleben an der Nordsee an einem herrlichen Sommertag wird das alles gebraucht, und zwar *einzeln,* also nacheinander aufgenommen:

- O-Ton (z. B. Strandkorbverleiher),
- Atmosphäre (Kindergeschrei, Möwengekrächze),
- Geräusche (Wellenrauschen),
- Musik (Schifferklavier).

Beim Schnitt werden all diese »akustischen Bilder« des geplanten Features fein säuberlich getrennt. Hier ein Stückchen Wellenrauschen, dort ein Stückchen Möwengekrächze, hier der O-Ton Strandkorbverleiher (vgl. Beitrag »An der Audio-Workstation schneiden und produzieren«).

Und nun muss der Autor entscheiden: Wie stimme ich meine Hörer ein, wie starte ich den akustischen Film im Kopf des Hörers. Mit Wellenrauschen? Mit Möwengekrächze? Mit Kindergeschrei? Mit allem auf einmal?

Nur so viel ist sicher:

Nicht mit Text beginnen. Denn die Atmosphäre ist Teil der Information. Die Information im Text: `Ein herrlicher Sonnentag heute an der See` ... sagt weniger als 5, 7, 9 Sekunden Wellenrauschen plus Möwengekrächze plus Kindergeschrei. Die Atmosphäre ist die bessere, weil lebendigere Information. Ein einziges Wort des Reporters reicht aus, um zusammen mit der Atmosphäre den akustischen Film im Kopf des Hörers zu starten: das Wort `Nordseestrand`.

Man hört die Wellen und die Möwen. Spielende, lärmende Kinder am Strand sind akustische Signale dafür, dass es sich nicht um einen trüben, windigen und nasskalten Tag handeln kann, an dem man keinen Hund vor die Tür jagen würde.

Mit dem Text: `Nordseestrand` versehen, weist die Atmosphäre den Weg: Jeder sieht *seinen* Nordseestrand, so, wie er ihn, ob leibhaftig oder auf einer Postkarte, schon einmal gesehen hat. Der akustische Film im Kopf des Hörers läuft. Mit der Mischung aus Text, O-Tönen, Atmosphäre, Geräuschen und Musik kann dieser Film abgedreht werden. Von diesem Augenblick an (Start des Films) ist es nur noch eine Frage des Drehbuches, das der Autor schreibt, wie farbig der Film (sprich: das Mini-Feature) sein wird, mit welcher Atmosphäre-Originalton-Text-Mischung er seine Hörer in den Bann zieht.

Grundregeln für die Mischung gibt es dennoch:
- Atmosphäre/Geräusche sollten abgestimmt sein auf den Text. Und umgekehrt! Die Wellen sollten rauschen, wenn im Text von ihnen die Rede ist (oder schon kurz zuvor), aber nicht, wenn vom Schifferklavier gesprochen wird.
- Atmosphäre/Geräusche sollten nicht plötzlich abbrechen: Wellenrauschen, darüber liegender stimmungsvoller Text, und dann sind plötzlich keine Wellen mehr zu hören! Oder kein Möwengeschrei mehr. Im Kopf des Hörers reißt der Film. Unsanft wird er aus den Nordseeträumen zurückgerissen in die sterile Studioatmosphäre.
- → Tipp: Atmo und Geräusche nicht zu kurz aufnehmen. Bei Bedarf kann man sie aber auch während der Produktion noch durch Umkopieren verlängern.

- Atmosphäre/Geräusche/Musik müssen immer geblendet werden. Hier das Wellenrauschen, 20 Meter weiter die spielenden, lärmenden Kinder, noch einmal 40 Meter weiter der Strandkorbverleiher.

Auf dem Weg von den Wellen zum Strandkorbverleiher passiert akustisch dann dieses: Erst hört man laut die Wellen, leise die lärmenden Kinder, den Strandkorbverleiher hört man gar nicht (1). Dann hört man laut die lärmenden Kinder, leise die Wellen, aber immer noch keinen Strandkorbverleiher (2). Und nun, bei diesem angekommen, hört man O-Ton Strandkorbverleiher und leise die spielenden, lärmenden Kinder, noch leiser die Wellen (3).

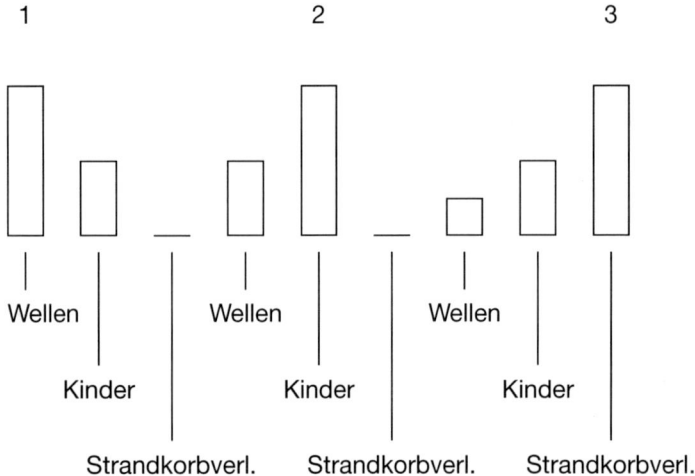

Dass der Text diesem Spaziergang vom Meer (Wellen) über die Kinder (Beschreibung, was und wie spielen sie) bis zum brubbelnden Strandkorbverleiher folgt, versteht sich von selbst. Der Film im Kopf des Hörers kann aber nur dann abgespult werden, wenn auch Atmo und O-Ton sich anpassen.

⌨ Hörbeispiel

O-Ton-Collage

Man stelle sich dieses vor: Reporter Hubert S. kommt stöhnend und schwitzend in seine Redaktion. Seit 15 Tagen Sonne, nichts als Sonne, Temperaturen ständig um die 30 Grad. Und was sagt der Chef zu ihm? »Semmelmayerling«, sagt er ihm, »Semmelmayerling, schnappen Sie sich gleich Ihren Recorder und kommen Sie erst wieder, wenn Sie die Hitze im Kasten haben«. Dem hitzegeplagten und stöhnenden Reporter bleibt das Wort im Hals stecken. Er geht grußlos; sagt nichts, als er zurückkehrt, setzt sich an die Workstation, weigert sich zu texten, geschweige denn zu sprechen.

Wenn Reporter nicht reden, ist das Radio? Die Antwort lautet: Ja, auch das ist Radio. Denn warum sollte der Reporter sich den bemerkenswerten Satz Puh, ist das heiß einfallen lassen und sprechen, wenn ihm das ohnehin alle Mitmenschen in Kaufhäusern, Straßencafés, Straßenbahnen oder Badeanstalten schon gesagt haben? Weil dies so war, weil alle über die Hitze stöhnten, schwieg unser Reporter. Eine O-Ton-Collage war entstanden.

Umfrage, Atmo, Musik. Aha, mag nun manch einer denken: Hubert S. machte eine *Umfrage,* schnitt seine Fragen raus und ging. Genau dieses aber ist so nicht richtig. Natürlich hat unser Reporter Mitmenschen gefragt, sie stöhnen und schwitzen lassen. Er hat aber noch etwas getan: *Atmosphäre* mit dem Mikrofon eingefangen. Die eintönigen Ansagen im Kaufhaus, das Straßenbahnklingeln, das Klingen der Gläser und Tassen im Straßencafé (vgl. Beitrag »O-Ton, Atmo und Geräusche«). Und dann hatte Hubert S. noch eine Idee: Im Schallarchiv ließ er sich die Platte »So heiß wie die Sonne« von den Strandjungs oder besser noch den aktuellen Sommerhit (wenn der passt) geben oder er lädt ihn sich aus dem Archiv auf seine Workstation.

Sein Material für eine O-Ton-Collage besteht jetzt aus
- Umfragen über die brütende Hitze im Kaufhaus, in der Straßenbahn, im Straßencafé und im Schwimmbad,

- Atmosphäre von all diesen Aufnahmeorten,
- dem Lied »So heiß wie die Sonne« von den Strandjungs.

Einspielen, cutten, mischen. Die Originaltöne von schwitzenden, stöhnenden Menschen werden in die Workstation eingespielt und geschnitten (vgl. Beitrag »An der Audio-Workstation schneiden und produzieren«). Der Reporter schneidet seine Fragen weg, dann müssen die besten, sprich: aussagekräftigsten Antworten sortiert werden. Die einzelnen Teile nennt man Clips.

Clip 1 – O-Ton im stickigen Kaufhaus,

Clip 2 – O-Ton in der bullig-heißen Straßenbahn,

Clip 3 – O-Ton im schattigen Straßencafé,

Clip 4 – O-Ton im lärmenden Schwimmbad.

Und noch einmal müssen vier verschiedene Clips zusammengestellt werden:

Clip 5 – Atmo Kaufhaus,

Clip 6 – Atmo Straßenbahn,

Clip 7 – Atmo Straßencafé,

Clip 8 – Atmo Schwimmbad.

Bleibt das Lied »So heiß wie die Sonne«. Blende, Textzeile »So heiß wie die Sonne ...«, Blende – nur diesen winzigen Musikschnipsel will Hubert Semmelmayerling.

Und nun wird gemischt. Atmo Kaufhaus, O-Töne schwitzender Mitmenschen im stickigen Kaufhaus, dazwischen immer wieder die eintönigen Ansagen im Kaufhaus, dann »So heiß wie die Sonne ...« und weiter: Atmo Straßenbahn, O-Töne von Fahrgästen. »So heiß wie die Sonne ...«, Atmo Straßencafé usw. usw. Der sonst so beredte Reporter hält ausnahmsweise den Mund. Die Atmos sind (vgl. Beiträge »Mini-Feature« und »Feature«) Teil der Information.

Akustisches Spielelement und gleichzeitig auch Information ist die Liedzeile »So heiß wie die Sonne«. Verschiedene Reporterstandorte (Kaufhaus, Straßenbahn, Straßencafé, Schwimmbad) können so überbrückt werden. Die träge Textzeile Und nun bin ich in der Straßenbahn erübrigt sich.

Das Drehbuch für die O-Ton-Collage schrieb Hubert S. beim Schnitt – mit dem Fingerspitzengefühl, das zur Einhaltung der Handwerksregeln hinzukommt.

🖵 Hörbeispiel

Interview

Radio-Journalisten führen häufig Interviews, um O-Töne einzuholen. Ihre Fragen senden sie dann nicht. So eingesetzt, leistet das Interview nur Vorarbeit für andere Darstellungsformen wie den O-Ton-Bericht. Im Beitrag »O-Ton, Atmo und Geräusche« (vgl. jeweils dort) ist dargestellt, was bei solchen *O-Ton-Recherche-Interviews* zu beachten ist.

Das Interview als journalistische Darstellungsform ist anspruchsvoller, weil es beides öffentlich macht:

- die Information (im O-Ton) als Ausbeute des Interviewens und
- den Arbeitsvorgang des Interviewens selbst.

Es präsentiert dem Hörer nicht nur, *was* der Reporter erfragt, sondern auch, *wie* er es tut und ob der Interview-Partner bereitwillig Auskunft gibt oder nur durch beharrliches Nachfragen zu Antworten zu bewegen ist. Darin liegt zusätzlicher Informationswert. Oft ist es zugleich spannend oder unterhaltend. Von dieser Art des Interviews ist hier die Rede.

Gesagt ist gesagt. Im Print-Journalismus werden Interviews vor dem Druck »autorisiert«[1]. Interview-Partner haben damit die Möglichkeit, ihre Äußerungen vor der Veröffentlichung noch zu korrigieren, zu entschärfen, ganz zu streichen oder zu ergänzen. Im Radio-Interview gilt dagegen das gesprochene Wort – live ohnehin, aber auch aufgezeichnete Interviews müssen vom Interview-Partner vor der Sendung nicht mehr genehmigt werden: gesagt ist gesagt. Das bedeutet ein höheres Risiko für den Interview-Partner wie für den Reporter. Ein wesentlicher Teil des Reizes von Radio-Interviews ist so zu erklären.

Hinzu kommt: Die Zeitung kann mit der nachgedruckten Abfolge von Fragen und Antworten (»Wortlaut-Interviews«) all die Informationen nicht vermitteln, die durch Stimme, Tonlage, Diktion und sonstige akustische Merkmale zum Ausdruck kommen.

Das Fernsehen liefert zur Sprache noch die Körpersprache und das Aussehen. Das macht die Information einerseits noch vollständiger, andererseits verlagert sie sich zum Teil von der Aussage auf den Aussagenden und dessen äußere Erscheinung.

Die Anforderungen an den Interviewer. Manch junger Radio-Journalist hat schon Erfahrungen mit Zeitungsinterviews oder O-Ton-Recherche-Interviews gemacht. Trotzdem ist meist die Überraschung groß, wie anders die Situation im Radio-Interview ist – und wie viel mehr es den Reporter fordert:

- Zeit steht nur sehr begrenzt zur Verfügung: Der Interviewer muss mit ihr auskommen.
- Die Fragen müssen auf Anhieb vernünftig und »sendereif« formuliert werden.
- Die endgültige Form bekommt das Interview sofort: Es muss von vornherein schlüssig aufgebaut sein.
- Überlegungspausen gibt es nicht: Wann immer eine Antwort zu Ende ist, muss die nächste Frage unmittelbar anschließen.

Die Interview-Situation. Mit einer Abfolge von Fragen und Antworten stehen Interviewer und Interviewpartner miteinander in einem Kommunikationsprozess, der auf einen Dritten abzielt: den Zuhörer. Der Reporter fragt *stellvertretend* für den Hörer – nicht, weil er selbst etwas wissen will, sondern weil er mit den Antworten den Hörer informieren will. Der Befragte antwortet dem Reporter – erreichen will er mit den Antworten aber den Zuhörer. Sich dieses *Dreiecksverhältnis* klar zu machen, verhilft zum richtigen Rollenverständnis als Voraussetzung für gute Interview-Technik.

Die Rolle des Interviewers. Er ist in »dienender« Funktion als Mittler für den Hörer tätig. Durch seine Interview-Führung soll er aufschlussreiche Antworten des Befragten erreichen. Der Reporter

- ist sachlicher, neutraler Anwalt des von ihm oder seiner Redaktion vermuteten Informationsinteresses der Hörer,
- fragt nicht, um den Interview-Partner positiv herauszustellen oder ihn negativ vorzuführen,
- interviewt nicht, um sich selbst und seine eigene Meinung darzustellen.

Auch in einem harten Interview wird aus einem Interview-Partner kein Interview-Gegner. Wenn der das Fragen in eine bestimmte Richtung trotzdem als Angriff versteht, wird er versuchen, Gegenstrategien (vgl. Beitrag »Auf Gegenstrategien des Interview-Partners richtig reagieren«) anzuwenden, vielleicht gar zum Gegen-Angriff übergehen. Für den Interviewer gilt auch dann: Nicht aus der Rolle fallen und eher noch verbindlicher in der Form werden, wenn es härter zur Sache geht.

Das gilt jedenfalls für das journalistische Interview im Radio, nicht zu verwechseln mit Talkshows. Das überfreundliche, gespreizte oder bissige Gehabe mancher Talkmaster ist Teil der »Show«.

Ein Interview ist kein Gespräch. Diese Selbstbeschränkung des Interviewers fällt manchem inhaltlich engagierten Reporter nicht leicht. Er will Besser-Wissen einbringen, Kommentare anbringen und eigene Meinungen vorbringen. Dagegen ist grundsätzlich nichts zu sagen. Nur wird aus dem Interview auf diese Weise eine andere Darstellungsform: ein Gespräch oder eine Diskussion mit gleichberechtigter Stellung beider Gesprächspartner und austauschbaren, mehr oder weniger identischen Rollen. Bleiben Sie deshalb als Interviewer immer in der Fragehaltung.

Ein Interviewer ist mehr als ein Stichwort-Geber. Er

- (oder die Redaktion) bestimmt das *Interview-Thema*,
- (oder die Redaktion) legt das genaue Interview-*Ziel* fest,
- (oder die Redaktion) wählt den Interview-*Partner* aus,

- plant und steuert den *Verlauf*,
- *führt* das Interview, hebt bestimmte Aspekte hervor und vernachlässigt andere. Über kritische Punkte kann er hinweggehen oder bohrende Nachfragen stellen.

Auch ohne aus seiner Rolle auszubrechen, hat der Interviewer also eine wichtige und verantwortungsvolle Funktion. Hauptperson ist jedoch der Befragte. Um seiner Antworten willen findet das Interview statt.

Welche Rolle/Funktion der Interview-Partner haben soll, ist eine wichtige Vorentscheidung bei der Auswahl, z. B. nach einem schweren Unglück:

- Der *Augenzeuge* kann Fragen zum Hergang des Unglücks beantworten.
- Der *Betroffene* kann schildern, was ihm widerfahren ist.
- Der *Experte* kann seine Meinung zur Unglücksursache sagen.
- Der *Interessenvertreter* (z. B. Politiker oder Gewerkschaftsvertreter) kann darlegen, was nach seiner Meinung (der Meinung seiner Gruppierung) geschehen müsste, um eine Wiederholung zu vermeiden.
- Der *Prominente* (der z. B. in der Nähe wohnt) ist in keiner dieser Rollen und dennoch interessiert vielleicht seine Reaktion auf das Unglück.

Mit der Rolle eines Interview-Partners ist die *Frage-Richtung* weitgehend vorgegeben – oder ausgeschlossen. Auch durch noch so eindringliches Befragen wird z. B. aus dem Augenzeugen kein Experte. Seine Aussagen zur vermuteten Unglücksursache füllen Zeit, werden aber nur selten zu einer qualifizierten Information führen.

➔ Tipp: Ebenso wenig, wie der Reporter aus der Interviewer-Rolle fallen soll, darf er den Interview-Partner in eine drängen, der dieser nicht gerecht werden kann.

Drei Interview-Typen werden allgemein unterschieden. Diese Klassifizierung hilft dem Reporter, sich selbst die Frage nach dem *Zweck* eines geplanten Interviews klarer zu beantworten:

- *Interview zur Sache.* Es will Informationen über Fakten vermitteln;
- *Meinungsinterview.* Informationsziel ist, was der Befragte zu einem Thema meint, wie er einen Vorgang oder eine Situation bewertet;
- *Interview zur Person.* Hier geht es um Informationen über den Befragten durch den Befragten. Der Interviewpartner als Mensch steht im Vordergrund.

Häufig werden die Interview-Zwecke »Sache« und »Meinung« miteinander kombiniert (und dann in dieser Reihenfolge).

Die Vorbereitung aufs Interview geschieht in mehreren Schritten. Dabei geht der Reporter immer vom Hörer aus:

- Für welche Informationen interessiert sich nach meiner Einschätzung der Hörer?
- Für welche sollte ich den Hörer durch meine Fragen interessieren, weil ich sie für ihn als wichtig ansehe?

Aber wer ist »der Hörer«? Niemand hat ihn je getroffen und dennoch muss jeder Radio-Journalist eine Vorstellung von ihm haben. Sie zu entwickeln, helfen viel persönlicher Kontakt zu Hörern und die Ergebnisse der Hörer-Forschung. Da ist der »Durchschnittshörer« immerhin eine statistische Größe (vgl. Beitrag »Medienforschung für den Hörfunk«).

Was der Reporter selbst gern vom Interviewpartner erfahren würde, ist oft nicht die richtige Messlatte für Interviewfragen. In der Regel weiß der Reporter mehr vom Thema. Dann setzt er vielleicht beim Hörer zu viel voraus oder stellt zu spezielle Fragen. Möglicherweise hat er selbst auch ganz andere Interessen als ein »Durchschnittshörer«.

Brainstorming. Dabei sucht der Reporter nicht nach Fragen (*Wie haben Sie sich gefühlt?*), sondern er denkt in Inhalten: Gefühle, für evtl. Nachfragen auch gleich spezieller: Selbstvorwürfe, Verantwortungsgefühl, Bedauern, Mitleid, Schadenfreude? Was ihm spontan an Stichworten einfällt, schreibt er auf. Damit hat er zum möglichen Inhalt des Interviews eine *erste Sammlung eigener Ideen.* Wenn keine weitere Zeit zur Vorbereitung bleibt, muss dies ausnahmsweise reichen. Wirklich ausreichend ist es nur, wenn der Reporter sich im Thema besonders gut auskennt.

Die sorgfältige Recherche sollte der nächste Schritt der Vorbereitung sein, damit

- der Reporter genau versteht, worum es bei seinem Thema geht,
- er weiß, wo er wirklich Neues erfragen kann, wo er nachhaken muss und wo es sich nicht lohnt,
- er auf zusätzliche Ideen kommt, die ihm selbst nicht eingefallen sind.

Agenturmeldungen, Internet, Archiv, Gespräche mit Kollegen und Recherche-Interviews (z. B. mit Fachleuten, Unterstützern, Gegnern, Weggefährten) helfen dem Reporter, sich so sachkundig wie möglich zu machen. Wer darauf verzichtet, läuft Gefahr, in seiner Interview-Führung an jemanden zu erinnern, der mit einer langen Stange im Heuhaufen herumstochert. Fündig im Interview wird in der Regel nur, wer weiß, wo und was er zu suchen hat.

Das Ergebnis der Recherche sind zusätzliche Stichworte für Fragen und Notizen mit Fakten und Zahlen zum Thema.

→ Tipp: Bereiten Sie sich in der Sache so gut vor, dass Sie genügend Hintergrundwissen für kritische Nachfragen haben und vom Interviewpartner auch ernst genommen werden.

Die Eingrenzung des Informationsziels. Nach der gründlichen Vorbereitung hat der Reporter viel mehr Stichworte für Fragen, als er in der vorgegebenen Zeit unterbringen kann. Jetzt muss er sein Interviewziel eingrenzen:

- Welche Aspekte des Themas sind neu und wichtig?
- Wozu ist die Meinung gerade dieses Interviewpartners aufschlussreich und noch nicht bekannt?
- Was ist das Interessanteste?

Je mehr man in ein Interview hineinpacken will, desto mehr muss man notgedrungen an der Oberfläche bleiben: Je eingegrenzter der Stoff, desto größer meist der Informationswert. Gute Interviews liefern Informationen mit Nachrichtenwert.

→ Tipp: Fassen Sie Ihr Interview-Ziel in einem Erzählsatz zusammen: Ich will wissen, warum Margit Klein-Müller gerne auf die Jagd geht und was sie zu den Argumenten der Jagd-Gegner zu sagen hat. Gerade bei den ersten Interviews verlieren Reporter oft ihr Interview-Ziel aus den Augen.

Die Vorbereitung auf die Person folgt der Vorbereitung auf die Sache. Was muss der Reporter von seinem Interviewpartner wissen? Selbstverständlich: den genauen Namen und Vornamen, Titel und Funktion. Wenn außerdem noch zu erfahren ist, ob der Befragte ein verschlossener oder ein zugänglicher Mensch ist, ob er sich flüssig ausdrücken kann oder schwerfällig formuliert, dann ist dies hilfreich.

Findet der Reporter zudem einen Hinweis z. B. auf die Hobbys, sollte er ihn sich merken – selbst wenn ein hartes Interview zur Sache geplant ist. Im Vorgespräch könnten sie ein gutes Thema zum »Anwärmen« sein.

Für den Aufbau eines Interviews gibt es kein Schema, an das sich der Interviewer immer halten könnte, immerhin aber eine Regel für den Normalfall:

- Gliedern Sie Ihr Interview-Thema in *Unterthemen.*
- Bringen Sie die Unterthemen in eine sinnvolle Reihenfolge.
- Bei jedem Unterthema fragen Sie zuerst nach dem *Allgemeinen.*
- Mit den folgenden Fragen werden Sie *spezieller,*
  - greifen nacheinander einzelne Aspekte auf,
  - vertiefen den jeweiligen Sachverhalt,
  - versuchen präzisere Antworten zu bekommen.
- → Tipp: Nicht »springen«. Was inhaltlich zusammengehört, auch zusammenhängend abfragen.

Das Bild eines Trichters verdeutlicht dieses Vorgehen: oben weit offen, nach unten immer enger. Mit dieser Standard-Methode hat der Reporter den Vorteil des logischen und sauber gegliederten Vorgehens für sich. Sie bewahrt auch davor, mit Einzel-Fragen mal hier, mal dort zusammenhangslos ins Thema »hineinzupicken«.

Das interessantere Interview führt aber vielleicht manchmal der Kollege, der den Trichter umdreht und mit einem (Aufmerksamkeit erregenden) Detail beginnt und von diesem Ausgangspunkt das Thema zum Generellen hin erweitert.

Interviews müssen Fluss haben. Entwickeln Sie, wann immer sinnvoll, die jeweils folgende Frage aus der vorangegangenen Antwort und schließen Sie auch gelegentlich sprachlich an. Das gibt dem Interview den nötigen Fluss.
Antwort: ... `das war ein Erfolg, auf den ich wirklich stolz war.`
Frage: `Stolz – trotz des Preises, den Sie dafür bezahlen mussten?`
Behalten Sie dennoch interviewziel-orientiert die Führung, lassen Sie sich also nicht mit »Ködern« in der Antwort vom Interview-Ziel weglocken.

Den Interview-Verlauf antizipieren. Die beste Planung eines Interview-Verlaufs wird allerdings zunichte gemacht, wenn der Interview-Partner ganz anders als gedacht antwortet: Sachverhalte bestreitet, Ausflüchte ergreift, am Thema vorbeiredet usw. Um darauf besser vorbereitet zu sein, kann der Reporter den Verlauf des Interviews antizipieren, vorher gedanklich durchspielen: Auf welche Frage würde wohl welche Antwort kommen? Und wie dann weiterfragen? Wie reagieren, wenn nur eine ausweichende Antwort gegeben wird? Nachfragen oder zur nächsten Frage übergehen?
Auf diese Art macht der Reporter sozusagen ein Interview mit sich selbst. Das hat zwei Vorteile. Er durchdenkt den Stoff und schafft bessere Voraussetzungen für die eigene schnelle Reaktion auf die Antworten des Befragten. In seinem Kopf hat er verschiedene mögliche Abfolgen von Fragen, also alternative Interview-Strategien gespeichert.

Interview-Partner definieren ebenfalls ihr Interview-Ziel. Deshalb lohnt es, sich in deren Position zu versetzen: Was wird der Interview-Partner wohl sagen wollen, was verschweigen?

Wo werde ich nachhaken müssen, wo bremsen? Politiker und Top-Leute der Wirtschaft werden zudem für schwierige Interviews oder Pressekonferenzen gecoacht. Sie legen dabei ihre Kernaussagen fest und versuchen, auf erwartete (oder befürchtete) Journalistenfragen möglichst überzeugende Antworten zu finden.

➜ Tipp: Für die tägliche Interviewer-Routine ist die Interview-Antizipation meist nicht nötig und auch zu zeitaufwendig. Auch die Spontaneität eines Interviews könnte darunter leiden. Bei besonders schwierigen und kontroversen Interviews aber empfiehlt sich eine solche Vorbereitung als wertvolle Hilfe.

Fragen aufschreiben? Ganz abgesehen vom Armutszeugnis, das sich ein Reporter ausstellt, der seine Fragen abliest, während der Befragte frei antwortet, haben aufgeschriebene Fragen noch einen entscheidenden anderen Nachteil: Sie führen fast zwangsläufig dazu, dass der Reporter sie nacheinander ohne Rücksicht auf die Antworten abspult wie ein sprechender Fragebogen. Also: Nicht auf dem Papier sollte man's haben, sondern im Kopf und auf dem Spickzettel den vorstrukturierten Interview-Ablauf, im Auge das Interview-Ziel und im handwerklichen Repertoire die Fragearten. Und dann: flexibel auf die Antworten des Interviewpartners reagieren.

Die Beziehung zwischen Reporter und Interview-Partner spielt sich auf zwei Ebenen ab, der sachlichen und der emotionalen.

■ *Die sachliche Ebene* ist die geschäftsmäßige: Der Reporter will ein gutes Interview haben, der Interview-Partner ein (für sich) gutes geben. Beide wollen dies meist möglichst schnell und professionell erledigen. Je mehr die Interviewziele von Reporter und Interview-Partner sich decken, umso reibungsloser wird das Interview verlaufen. Je kontroverser sie sind, umso spannungsgeladener kann die Interview-Situation sein (noch gründlicher vorbereiten!).

- *Die emotionale Ebene* ist davon bestimmt, wie gut Reporter und Interview-Partner »miteinander können«. Auftreten, Aussehen und Kleidung können da eine Rolle spielen. Je besser der emotionale Kontakt zum Interview-Partner, umso offener und freier werden die Antworten sein. Das ist bei kontroversen Interviews besonders wichtig, gilt aber auch für den Normalfall.

→ Tipp: Zeigen Sie Ihrem Interviewpartner, dass Sie sich für ihn und das, was er zu sagen hat, wirklich interessieren. Treten Sie offen, freundlich und nicht voreingenommen auf, auch wenn Ihnen ein Interview-Partner einmal weniger liegen sollte.

Das Vorgespräch dient vor allem der Herstellung dieses Kontaktes. Auch deshalb: pünktlich sein. Zeit für ein persönliches Wort sollte bleiben; also nicht gleich mit der Tür ins Haus fallen. Schließlich sind Interview-Partner Menschen (und oft auch noch interessante), die man nicht einfach abhakt wie ein Buchhalter seine Zahlen.

Außerdem hat das Vorgespräch folgende Funktionen:

- *Formalitäten klären:* Länge des Interviews, Sendeplatz und Sendezeit (soweit noch nicht bei der Verabredung des Interview-Termins geschehen). Für das Jugendprogramm z. B. wird der Interview-Partner (hoffentlich) einen anderen Ton anschlagen als für ein politisches Magazin.
- *Nachrecherche:* Fehlen Ihnen noch Informationen für das Interview, die Sie vorher nicht bekommen konnten?
- *Interview-Inhalt besprechen.* Dafür gilt folgende Regel: So viel wie unbedingt nötig, so wenig wie möglich. Darum spricht man vorher am besten nur kurz die Themenblöcke an. Fragen und Antworten im Einzelnen schon vorher genau durchzusprechen, empfiehlt sich nur bei sehr schwierigen Partnern oder Themen.
- *Einstellen auf den Interview-Partner.* Testen Sie, wie er antwortet. Stellen Sie ihm dazu Fragen aus dem Umfeld des Themas. Müssen Sie ihn aufmuntern oder beruhigen, werden Sie einen Vielredner unterbrechen oder einen Einsilbigen zum Reden bringen müssen?

- *Partner vorbereiten:* Wollen Sie etwas fragen, worauf Sie Ihren Partner vorbereiten sollten (nicht jeder erinnert sich z. B. spontan an »ein besonders witziges Erlebnis«)?
- *Die erste Frage.* Manche Interview-Partner sind nervös und wollen sie gerne vorher wissen. Nichts spricht dagegen – es sei denn, die erste Frage soll eine Überraschung sein.

Nicht ins Vorgespräch gehören:
- Hinweise auf Fragen, mit denen Sie Ihren Interview-Partner im Interview überraschen wollen,
- Fakten, die Sie zum Nachhaken verwenden wollen und von denen Ihr Interview-Partner nicht weiß, dass Sie sie kennen,
- die Vorbesprechung von Fragen zu Gefühlen (Ängsten, Hoffnungen usw). Antworten darauf, sollten spontan sein – der zweite Aufguss schmeckt fade.
- ellenlange Erklärungen des Reporters zum Interviewziel und schon gar nicht seine Meinung zum Thema. Meist langweilt das die Interview-Partner. Immer kostet es Zeit.
- → Tipp: Es kommt darauf an, den Interview-Partner reden zu hören (und nicht sich selbst), damit man sich auf ihn einstellen kann.

Stolperstein Technik. MD-Player und Recorder sind für den Radio-Reporter Handwerkszeug. Er wird sich hüten, einen durch das Vorgespräch gelockerten und aufgeschlossenen Interviewpartner kurz vor der Aufnahme durch umständliches Hantieren wieder nervös oder ungeduldig zu machen. Aufnahme-Technik schon vorher checken. (vgl. Beitrag »Mit Mikrofon und Recorder richtig aufnehmen«). Beim Live-Interview ist schnell Nervosität da, wenn zwischen Vorgespräch und »Rotlicht« eine lange, ehrfürchtige Pause entsteht: Einige freundliche Sätze helfen darüber hinweg.

Interviewen am Telefon ist leichter – und schwerer. Die gewohnte Telefon-Situation lässt bei Ungeübten weniger Befangenheit aufkommen – egal ob Reporter oder Interviewpartner.

Für Reporter wie Interview-Partner allerdings haben Telefon-Interviews auch zusätzliche Tücken. Weil sie sich nicht sehen, können sie keine Signale der nonverbalen Kommunikation nutzen, weder aussenden noch deuten.

Unterbrechen am Telefon ist besonders schwierig. Redet ein Interview-Partner trotz der Unterbrechung durch den Reporter weiter, dämpft das Telefon-Hybrid (Anschaltgerät im Mischpult) seine Lautstärke ab. Er ist unter dem Frager zwar weiterhin zu hören, aber nicht mehr zu verstehen. Das akustische Ergebnis ist in der Regel unerfreulich.

➜ Tipp: Unterbrechen Sie möglichst nur in Atempausen oder bei stockendem Redefluss.

Telefon-Technik. Der Moderator muss beim Telefongespräch im Studio den Telefonhörer nicht in der Hand halten. Seinen Telefonpartner hört er über Kopfhörer. Was er selbst sagt, geht über das Mikrofon in die Telefonleitung. Über die Telefonleitung kann der Partner auch das Programm vor und nach dem Telefongespräch mithören. Unabhängig vom laufenden Programm ist über die Telefonleitung ebenso das Vorgespräch mit dem Interview-Partner möglich (vgl. Beitrag »Im Studio und mit dem Ü-Wagen produzieren«, Telefon Hybrid).

Telefonier-Tipps für Radio-Leute können helfen, so manche Panne zu vermeiden:

- Wählen Sie langsam, gerade wenn es hektisch zugeht. Schnell hat man sich mal vertippt – und dann dauert's doppelt so lange.
- Stellen Sie Telefonverbindungen rechtzeitig her. Falls Sie eine schlechte Leitung (z. B. ins Ausland) erwischt haben, können Sie's noch einmal versuchen.
- Auch wenn Handys bequem sind, versuchen Sie sich besser über einen Festnetz-Anschluss zu verabreden. Handy-Verbindungen brechen öfter zusammen und sind häufig auch technisch schlechter.
- Überprüfen Sie im Vorgespräch auch die Qualität der Telefon-Leitung. Wenn Sie noch einen Techniker haben, bitten Sie ihn

darum, dies zu tun. Über den Regie-Tisch kann er die Leitungsqualität besser beurteilen.

- Wenn der Gesprächspartner zu leise ist, geben Sie ihm den Rat, mit dem Mund dichter an die Sprech-Muschel zu gehen und diese mit der Hand gegen Nebengeräusche abzuschirmen. Das hilft meist mehr als lauteres Sprechen.
- Bleibt die Qualität sehr schlecht, versuchen Sie, aus einem geplanten Interview ein Statement oder einen Bericht zu machen. Eine Telefonleitung lässt sich technisch noch »hochziehen«, aber der ständige Wechsel zwischen Moderator im Studio und Gesprächspartner am Telefon bereitet bei sehr schlechten Leitungen große Aussteuerungsprobleme.
- Gelegentlich bricht mal ein Telefongespräch zusammen. Manche Partner halten dann treu und ausdauernd den Hörer in der Hand und damit ihr Telefon »besetzt«. Wenn Sie sich dagegen absichern wollen, bitten Sie Ihren Gesprächspartner im Vorgespräch, in einem solchen Fall gleich aufzulegen und auf Ihren Rückruf zu warten.
- Denken Sie immer daran, was die Stunde geschlagen hat. Das ist von Zeitzone zu Zeitzone unterschiedlich. Korrespondenten und Partner haben wenig Verständnis dafür, wenn sie nachts unnötig geweckt werden.
- Manchmal möchte man zwei oder mehr Interview-Partner kurz zu einem Thema befragen. Man kann sie nacheinander anrufen. Man kann sie aber auch gleichzeitig jeweils auf einer Telefon-Leitung haben (Telefonkonferenz). Dann hören sie mit, was der andere sagt und können auch darauf Bezug nehmen.

Telefongespräche nicht heimlich mitschneiden. Telefonate dürfen nur aufgezeichnet oder ausgestrahlt werden, wenn der Partner vorher dazu seine Genehmigung gibt. Nachträgliche Zustimmung reicht juristisch nicht aus (vgl. Beitrag »Medienrecht für Radio-Journalisten«).

→ Tipp: Sagen Sie Ihrem Partner immer deutlich, wann das Vorgespräch beendet ist und Sie mit der Aufzeichnung beginnen oder auf Sendung gehen wollen. Hört beim Vorgespräch ein

Dritter zu, sollten Sie auch das sagen. Nicht jeder Interview-Partner kennt die technischen Möglichkeiten in einem Funkhaus.

Frage-Arten und Frage-Technik im Interview sind in einem gesonderten Beitrag ausführlich dargestellt (vgl. Beitrag »Fragetechnik im Interview«).

Das Nachgespräch ist in der Regel kürzer als das Vorgespräch. Es hat folgende Funktionen:

- Auf jeden Fall bedankt sich der Reporter darin bei seinem Interviewpartner. Dazu sollte durchaus auch ein lobendes Wort gehören, wenn die Antworten besonders aufschlussreich, offen oder präzise waren, vielleicht sogar eine Exklusivmeldung hergeben (... sagte in einem Interview des Senders XY ...).
- Auch die Frage kann nicht schaden: Haben wir alles Interessante drin gehabt? Gelegentlich fällt dem Interviewpartner nach der Anspannung des Interviews noch etwas Wichtiges ein. Bei einer Aufzeichnung kann das eine Wiederholung wert sein.
- Eine solch entspannte Situation ist auch eine gute Gelegenheit, die Geheimnummer des Partners zu erbitten, die vielleicht beim nächsten Mal die Verabredung sehr erleichtert.

Häufig ergibt sich nach einem gut gelungenen Interview in entspannter Atmosphäre ein wertvolles *Hintergrundgespräch*, in dem der Partner mit mehr Informationen herausrückt als er das öffentlich zu tun bereit war. Gebrauchen kann sie der Reporter allemal – wenn auch leider nicht mehr als Basiswissen für seine Fragen in diesem Interview.

Ins Netz damit: Gelungene Interviews sind *Hinklicker*. Deshalb: Das gesamte Interview online stellen. Das muss nicht die erste Rohfassung mit allen Versprechern sein – aber je mehr vom Originalmaterial da ist, desto weniger setzt sich die Redaktion dem Verdacht aus, Entscheidendes weggelassen zu haben. Zudem: einzelne O-Töne aus dem Interview auskoppeln. Der zusammenfassende Text zum Interview darf aber nicht fehlen: Auf zentrale Aussagen hinzuweisen, kann ein redaktioneller Text besser leisten.

Einen aussagekräftigen Teaser fürs Netz zu formulieren, ist wichtig. Er sollte zentrale Aussagen aus dem Interview anreißen und zusammenfassen. Wenn das Interview ohnehin für eine Agenturmeldung ausgewertet wurde, kann die Redaktion diesen Text einstellen oder zumindest für den Teaser heranziehen – natürlich ergänzt um ein gutes Agenturfoto des Interviewten. Handelt es sich um besondere Interview-Partner oder Interviews bei speziellen Gelegenheiten oder an außergewöhnlichen Orten, sollte der Radio-Reporter auch *eigene Fotos* machen (lassen) und sie der Online-Redaktion anbieten. Wenn ein Promi im Studio ist, natürlich sowieso.

Das ganze Interview verschriften, das lohnt in den meisten Fällen vermutlich nicht. Was man aber auf jeden Fall machen sollte, ist eine lange Magazin-Sendung in ihre Einzelteile zerlegen – mit aussagekräftigen Titeln für die einzelnen Interviews oder sonstigen darin enthaltenen Beiträge. Auch mit langen Gesprächssendungen kann man so verfahren und die einzelnen Themen-Komplexe des Gesprächs gesondert anbieten. Eine Playliste für den Online-Player setzt die Einzelteile dann wieder zusammen – wer die gesamte Sendung hören will, kann das am Stück tun; wer Einzelpassagen sucht, findet sie gleich.
🖳 Beispiele im Netz

---

[1] Publizistische Grundsätze (Pressekodex) des Deutschen Presserats, Richtlinie 2.4-Interview (http://www.presserat.de)

Weiterführende Literatur:

Jürgen Friedrichs/Ulrich Schwinges, Das journalistische Interview (2. Auflage, VS Verlag, Wiesbaden 2005)

Michael Haller, Das Interview. Ein Handbuch für Journalisten (3. Auflage, UVK, Konstanz 2001)

Mario Müller-Dofel, Interviews führen. Ein Handbuch für Ausbildung und Praxis (Econ Journalistische Praxis, Berlin 2009)

Fragetechnik im Interview

Knapp aber abwechslungsreich fragen, so sollte es sein. Also nerven Sie nicht Hörer und Interview-Partner mit verquasten Fragen, die um sich selbst kreisen wie ein Hund, der im Körbchen seinen Platz sucht. Aber stellen Sie trotzdem nicht nur W-Fragen. Das macht ein Interview eintönig. Nutzen Sie alle Möglichkeiten der Frage-Typen (inklusive der Feststellungen und Einwürfe im Fragetonfall).

Die verschiedenen Fragearten – eingeteilt danach, was der Journalist mit ihnen erreichen will:

Offene Frage: Wird gern als Eingangsfrage gestellt, wenn genügend Zeit ist. Sie gibt dem Interview-Partner Gelegenheit zu einer *unbeeinflussten Antwort*, »führt« wenig, lässt viel Freiraum:
Was wissen Sie über Fragearten?

Offene Frage mit Aufforderungs-Charakter: Will zum besonders ausführlichen Antworten ermuntern, Einsilbige zum Reden bringen:
Erzählen Sie mal, was wissen Sie so alles über Fragearten?

Geschlossene Frage: Ist mit einem »Ja« oder »Nein« zu beantworten; will Zustimmung oder Ablehnung, ist nicht dazu geeignet, den Interview-Partner zum Reden zu bringen:
Stimmt es, dass offene Fragen als Eingangsfragen geeignet sind?

Bestätigungs-Frage: Ist auch eine »Ja-Nein-Frage«. Sie dient dazu, vorausgegangene Antworten zu präzisieren, wenn der Interviewpartner sich (aus Taktik oder Unvermögen) unklar ausgedrückt hat:
Habe ich Sie richtig verstanden, dass offene Fragen ein großes Risiko sein können, wenn der Journalist nur wenig Zeit für sein Interview hat?

In diesem Fall ist die Antwort ein klares »Ja«. Wer sich aber bewusst unklar ausgedrückt hat, wird meist auch auf eine Bestätigungsfrage nicht klar antworten. Schlimmer noch: Wer durch eine Bestätigungsfrage erst merkt, dass er schon mehr gesagt hat, als er eigentlich wollte, wird »verunklaren« statt zu klären.

Alternativ-Frage: Enthält zwei Antwortvorgaben, nur zwischen denen soll sich der Interviewpartner entscheiden (»Entscheidungsfrage«). Andere interessieren hier nicht. Auch eine ausweichende Sowohl-als-auch-Antwort soll vermieden werden. Das Interview wird *stärker geführt*, bestimmte Aspekte eines Themas werden angesteuert und andere ausgeklammert.
`Welche Fragen halten Sie für ergiebiger: offene oder geschlossene?`

Skala-Frage: Enthält mehrere Antwortvorgaben, soll den Befragten möglichst genau festlegen, z. B. um herauszufinden, mit welchem Nachdruck er etwas fordert oder ablehnt.
`Sollten Journalisten Fangfragen` (auch: verzerrte Fragen)
- `gar nicht,`
- `nur in bestimmten Fällen oder`
- `möglichst häufig benutzen?`

Gründe-Frage: Versucht das »Warum« zu klären, ist schnell gestellt und fast immer sinnvoll.

Suggestiv-Frage: Enthält nur eine Antwortvorgabe, die sie dem Befragten als die richtige sehr nahelegt, suggeriert:
`Sie sind doch bestimmt auch der Meinung, dass solche »Fangfragen« für einen verantwortungsvollen Journalisten nicht in Betracht kommen?`
Suggestivfragen sind unfair, wenn der Interview-Partner sie nicht durchschaut. Der Reporter setzt sich mit ihnen außerdem dem Verdacht aus, den Interview-Partner beeinflussen, ihm seine

eigene Meinung unterschieben zu wollen. Trotzdem machen sie in zwei Situationen Sinn:

- Die suggerierte Antwort deckt sich mit dem, was der Inter-view-Partner ohnehin denkt, aber aus irgendwelchen Gründen jetzt noch nicht oder nicht so eindeutig sagen will. Dann ist die Suggestivfrage ein Versuch, ihn aus der Reserve zu locken, ihn auf die Antwort »drauf zu heben«.

- Die suggerierte Antwort ist genau das Gegenteil von dem, was der Interview-Partner sagen will (»gegen den Strich ge-bürstet«): Dann wird er heftig widersprechen, vielleicht sogar emotional reagieren, seine gegenteilige Auffassung besonders deutlich formulieren. Das kann ein Hinhörer sein, ein packender Interviewseinstieg zum Beispiel. Allerdings braucht der Reporter mindestens eine zweite Frage zum »Nachlegen«. Sonst wird sich der Hörer fragen, wieso der Interviewer denn eine solche Frage überhaupt stellen konnte.

Unterstellungs-Frage: Setzt einen (nicht erwiesenen) Sachverhalt oder eine nicht geäußerte (oder vertretene) Meinung als gegeben voraus und baut darauf die anschließende Frage auf. Wer darauf antwortet, akzeptiert stillschweigend die Unterstellung als richtig.

Da Sie der Auffassung sind, dass Unterstellungsfragen als Fangfragen in jedem Fall unfair sind: Was wollen Sie in der Journalisten-Ausbildung tun, damit sie nicht trotzdem immer wieder gestellt werden?

Unterstellungsfragen sind unfair, wenn sie bewusst Falsches unterstellen. Sie können aber auch der Versuch sein, eine beim Interviewpartner vermutete Meinung sozusagen indirekt zur erfragen, weil er sie bei einer direkten Frage (z. B. aus takti-schen Gründen) nicht äußern würde. Ob das Erfolg hat, ist zweifelhaft. Sicher ist, dass der Interview-Partner sich nicht korrekt behandelt fühlt, wenn er diese rhetorischen Fallenstel-lerei erkennt.

»Geladene Frage«: Ist nicht neutral gestellt, hat Tendenz, z. B. eine Unterstellungsfrage.

Frage mit Balkon: kann jede Art von Frage sein, der eine kurze Information vorausgeht:

Der »Balkon« soll dem Hörer helfen, die anschließende Frage besser zu verstehen. Könnte der Interviewer diese erforderliche Information nicht auch mit in die Frage packen?

Dagegen spricht, dass die Frage dadurch zu lang und damit schwerer verständlich würde. Also nicht so:

Könnte der Interviewer diese erforderliche Information, die ja dem Hörer helfen soll, die anschließende Frage besser zu verstehen, nicht gleich mit in die Frage packen?

Ein Balkon hat außerdem den Vorteil, dass der Interviewpartner nur zu Punkten befragt wird, zu denen seine Auskünfte auch wirklich neu und wichtig sind. Die Routine-Vorarbeit leistet der Interviewer. Hier entfällt also die Frage

Welchen Sinn hat denn der sog. Balkon vor einer Frage?

weil der Interviewer sie im Balkon (kursiv gesetzt) gleich selbst beantwortet. Aber Vorsicht: Bei heiklen Fragen muss die Vorinformation besonders hieb- und stichfest sein. Bei einer Nachfrage des Interviewpartners sollte der Reporter die Quelle parat haben. Sonst fällt mit dem Balkon auch die sich inhaltlich daran anschließende Frage.

Feststellung als Frage:

Die erforderliche Vorinformation kann man ja auch mit in die Frage packen.

Von guten Interviewpartnern wird eine solche Feststellung sofort aufgegriffen. Das Interview wird dadurch formal abwechslungsreicher und flüssiger. Unsichere Befragte reagieren nicht immer auf diese Methode. Dann wird ein gegenteiliger Effekt erreicht – eine unangenehme Pause. Oder es muss noch eine Frage nachgeschoben werden.

Einwurf als Frage: Tatsächlich?
Ja, das geht tatsächlich. Manchmal reicht ein solcher Einwurf. Er verändert den Fragerhythmus und macht ein Interview damit sprachlich abwechslungsreicher.

Nachfrage: Damit wird »nachgehakt«, s. weiter unten.

Mehrfach-Frage: Bitte nicht stellen! Die gestellte Frage wird, meist aus Unsicherheit, mehrfach variiert.
Warum sollte man keine Mehrfach-Fragen stellen, also eine Frage nicht sprachlich variiert wiederholen, ich meine eine Frage in anderer Weise noch einmal stellen?
Das kostet unnötig Zeit, wirkt unkonzentriert und ist langweilig. Ungeübte Partner werden dadurch verwirrt, die Hörer genervt.

Doppel-Frage: Auch nicht stellen! Es wird in zwei (manchmal auch noch mehr) Fragen hintereinander Verschiedenes erfragt.
Warum sollte man keine Mehrfach-Fragen stellen? Und reichts es eigentlich auch, einfach einen Einwurf zu machen, statt eine Frage zu stellen?
Geübte Partner beantworten bei kontroversen Interviews nur die angenehmste Frage aus dem Bündel, ungeübte können sich nicht alle merken. Werden aber alle beantwortet und will der Reporter dann nachfragen, muss er im Balkon erst einmal klar machen, auf welche Aspekte der Sammel-Antwort er sich mit seiner Nachfrage bezieht. Das macht es unnötig kompliziert.

Wie viele Fragen brauche ich für ein Drei-Minuten-Interview? In Interview-Seminaren wird das häufig gefragt. Die Antwort heißt: So viele Sie benötigen, um die Informationen zu bekommen, die Sie erfragen wollen. Das befriedigt auf Anhieb nicht alle. Trotzdem ist es richtig: Bei einem wortkargen Interview-Partner braucht man mehr als bei einem redseligen, bei einem präzisen weniger als bei einem schwafelnden oder ausweichenden, den man öfter unterbrechen muss.

➜ Tipp: Versuchen Sie, in Informationsmengen zu denken, nicht in einzelnen Fragen. Wie viel Inhalt bekomme ich in drei Minuten (vgl. Beitrag »Interview«)? Wenn Sie im Zweifel sind: Bereiten Sie sich auf mehr vor.

Fragen nicht zählen oder einschleifen. Vermeiden Sie Vorbemerkungen wie

- `Zur ersten Frage.` Das weiß der Hörer selbst.
- `Meine erste Frage.` Wessen wohl sonst.
- `Die nächste Frage.` Das merkt der Hörer selbst.
- `Eine interessante Frage.` Das beurteilt er schon selbst.

Das gilt auch für `die letzte Frage,` zumal die dann oft doch nicht die letzte bleibt. Außerdem sagt manch Interviewpartner nach solch einer Ankündigung noch schnell alles, was er sich für das Interview vorgenommen hatte, bis dahin aber noch nicht losgeworden ist. Die Ankündigung `Meine letzte Frage` wird fast standardmäßig `mit der Bitte um eine kurze Antwort` ergänzt. Versuchen Sie stattdessen lieber, mit dem richtigen Fragetyp eine kurze Antwort zu bekommen, z. B. mit einer Entscheidungs-, Alternativ- oder Skalafrage.

Zwei Ausnahmen gibt es:

- Muss der Interview-Partner dringend weg, kann man ihn mit `Eine letzte Frage` vielleicht milde stimmen und noch etwas am Mikrofon halten.
- Will man eine sehr persönliche Frage stellen, kann eine einschleifende Bemerkung die Bereitschaft zu einer Antwort erhöhen: `Ich weiß, dass es für Sie nicht einfach ist, darüber zu reden. Trotzdem ...`

Den Antworten genau zuhören. Das klingt (und ist) selbstverständlich. Dennoch fällt es bei den ersten Interviews schwer, gleichzeitig zuzuhören, dabei die Antwort zu analysieren, den richtigen Schluss aus der Analyse zu ziehen und ihn sofort mit der nächsten (vernünftig formulierten) Frage umzusetzen. Es braucht Übung, bis sich die Verhaltensmuster eingespielt haben:

- Antwort ausreichend → nächste Frage
- Antwort besonders gut → zum Weiterreden ermuntern (z. B. mit Einwurf oder mit körpersprachlichen Signalen)
- Antwort unzureichend → vertiefen (z. B. Gründe-Frage), → ergänzen (z. B. offene Frage mit Aufforderungscharakter)
- Antwort ausweichend → nachhaken
- Antwort unklar → verdeutlichen (z. B. Sachverhalt selbst kurz zusammenfassen (Balkon) und eine Bestätigungsfrage anschließen)
- Antwort zu lang → unterbrechen
- Antwort zu lahm → selbst lebhafter/dynamischer sprechen, Fragen mehr »anspitzen«, körpersprachliche Signale geben.

Befriedigende Antworten will der Reporter mit seinen Fragen erzielen. Aber was ist »befriedigend«?

Angestrebt ist *eine* (noch deutlicher: *irgendeine)* klare Antwort zur Sache, eine verständliche Begründung, eine Festlegung auf eine klare Meinung. Angestrebt wird nicht eine *bestimmte* Antwort zur Sache, eine *bestimmte* Begründung, eine Festlegung auf eine *bestimmte* Meinung. Über den Inhalt der Aussage entscheidet der Befragte (deshalb befragt man ihn ja auch) und nicht der Frager (sonst könnte er sich seine Fragen ja auch gleich selbst beantworten).

Sich von Antworten distanzieren – auch das muss der Reporter gelegentlich aus juristischen Gründen (vgl. Beiträge »Medienrecht für Radio-Journalisten«, Äußerungen Dritter und »Trennung von Programm und Werbung, Ausloben von Preisen, Sponsoring«, Erschlichene Werbung).

Nachhaken – aber wie? Es gibt verschiedene Möglichkeiten:

- Dieselbe Frage noch einmal stellen, aber möglichst ohne die barsche Einleitung: `Sie haben meine Frage nicht beantwortet.` Eleganter und knapper: `Noch einmal ...` oder: `Bitte noch einmal ganz klar ...`
- Präziser fragen, genauer auf den Punkt.
- Ausweichende Antwort kurz wiederholen, erneut fragen: `Sie haben gesagt ... Ich hatte Sie aber gefragt, ob ...`
- Seinen Eindruck als Frage an sein Gegenüber formulieren: `Ich merke, dass Ihnen eine Antwort auf die Frage schwer fällt. Trotzdem: Sagen Sie doch, stimmt das?`
- Auch die Wiederholung von Frage und Antwort in Kurzform mit einer in Frageform gekleideten Bewertung ist eine mögliche rhetorische Technik (Meta-Ebene): `Ich habe das gefragt. Sie haben jenes geantwortet. Warum weichen Sie aus?`

Auf Nachfragen wird der Interviewpartner oft wieder ausweichend antworten. Das Ausweichen wird dem Hörer durch das Nachhaken aber vielleicht bewusster. Er wird sich dann auf das Ausweichen, Verschleiern, das Schwafeln und Drumherumreden des Interviewpartners selbst einen Vers machen. Hielt der Hörer die Antwort dagegen für ausreichend, wird er das bohrende Nachfragen des Reporters als unangemessen empfinden.

→ Tipp: Reporter und Befragter stehen miteinander in einem Kommunikationsprozess. Über beider Verhalten dabei bildet sich der Hörer ein Urteil. Daran zu denken ist für beide wichtig.

Unterbrechen ist besonders bei kontroversen Interviews häufig erforderlich, weil es eine gute Gegenstrategie des Interviewpartners gegen bohrende Nachfragen ist, selber lange zu reden (vgl. Beitrag »Auf Gegenstrategien des Interviewpartners richtig reagieren«). Aber auch bei harmlosen Interviews muss der Reporter Vielschwätzer und Wirrköpfe häufig mit einer Unterbrechung wieder einfangen.

Tipps fürs Unterbrechen:

- Nur im äußersten Notfall in einen Sinnzusammenhang hinein unterbrechen.
- Im Regelfall den Interviewpartner einen Gedankengang beenden lassen.
- Sprech- und Atempausen blitzschnell nutzen.
- Unterbrechungen vorher körpersprachlich signalisieren, z.b. Partner besonders direkt anschauen, Unruhe zeigen.
- Mit fester Stimme und beherzt unterbrechen.
- Mit kurzen Einwürfen unterbrechen, nicht mit langen Fragen.
- Zu Beginn der Unterbrechung den Interviewpartner mit Namen ansprechen.
- Sich beim Unterbrechen nicht gleich selbst vom Interviewpartner wieder rückunterbrechen lassen. Durchhalten.
- »Umlenkend« unterbrechen, d.h. an den Gedanken des Interviewpartners anknüpfend mit einer kurzen Zwischenfrage auf ein anderes Thema umlenken.
- »Vorantreibend« unterbrechen, überspringen; Erforderliches im Frage-Vorbau (Balkon) schnell selbst sagen, mit der anschließenden Frage erst später wieder einsteigen: ... Dann kam Ihre Ausbildung in Mainz und Trier, anschließend ihre ersten Bühnenjahre in Potsdam. Richtig bekannt geworden sind Sie aber erst durch das Engagement in ...
- Sich nicht durch eine misslungene Unterbrechung entmutigen lassen, dranbleiben.

Vorbeugen ist aber immer besser als Heilen – und hilft manchmal sogar. Also immer im Vorgespräch auf die knappe Zeit hinweisen und um Kürze bitten.

➜ Tipp: Ausschweifende Fragen laden zu ebensolchen Antworten ein. Also selbst auch *kurz* fragen.

Das »hm, hm« des Reporters, das je nach Tonfall Zustimmung, Ablehnung oder neutrales Interesse ausdrücken kann, wird von den Hörern häufig als störend empfunden. Der Reporter sollte averbale Kommunikation mit Lauten dieser Art vermeiden, zumindest sparsam damit umgehen oder, noch besser, stattdessen bewusst eingesetzte Körpersprache nutzen.

Die nonverbale Kommunikation ist ebenfalls ein wichtiger Bestandteil eines Interviews. Im Fernsehen sieht's auch der Zuschauer, im Hörfunk-Interview nehmen nur Interviewer und Interviewter wechselseitig die stummen Zeichen wahr.

Die körpersprachlichen Signale des Interview-Partners. Gesten, Gesichtsausdruck und Körperhaltung weisen den Reporter auf manches hin: Nervosität, Gereiztheit, Ungeduld, Betroffenheit – auch Zustimmung zu den Fragen, sich Wohlfühlen und Freude am Interview. Die richtige Analyse einer solchen nonverbalen Reaktion lässt den wunden Punkt beim Befragten manchmal auch dann ahnen, wenn dessen verbale Antwort ihn geschickt überspielt; sie hilft immer bei der Steuerung des Interviews.

| ■ Gereiztheit | → Reporter hat den wunden Punkt getroffen, muss jetzt mit Gegenstrategien des Interview-Partners (vgl. dort) rechnen, Interview lässt sich schwerer steuern | → So weiter fragen, besonders auf der Hut sein, im Tonfall freundlich bleiben |
| | → Interview-Partner hält Reporter-Fragen für unsachlich, zu persönlich | → Hat er vielleicht Recht, muss der Reporter sich korrigieren oder zurücknehmen? |

■ Nervosität, Ungeduld Unsicherheit	→ Interview-Partner ist in Zeitdruck oder hält Reporter(fragen) für zu umständlich, fühlt sich überfordert	→ Knapper werden, präziser fragen, einfacher fragen, zum Ende kommen oder Ende signalisieren
■ Betroffenheit	→ Reporter ist dem Interview-Partner persönlich sehr (zu?) nahe gekommen	→ Zurückhaltender fragen oder die nächsten sehr persönlichen Fragen »einschleifen«, also um Verständnis bitten; erklären, warum sie gestellt werden.

Die Körpersprache des Reporters kann bei der Steuerung des Interviews helfen:

■ der interessierte Blick, der zum Weiterreden ermuntert,
■ die in Falten gezogene Stirn oder der skeptische Gesichtsausdruck als Signale für Unzufriedenheit mit der Antwort,
■ die leicht gehobene Hand oder drängendes Nicken als Zeichen, mit dem um Kurzfassen gebeten wird,
■ das Luftholen oder eine angespanntere Körperhaltung, die besagt, dass der Reporter jetzt eine Frage stellen, sonst seinen Interviewpartner vielleicht gleich unterbrechen wird.

Fehler beim Fragen
■ Fragen sind zu lang.
■ Fragen sind zu kompliziert, nicht gleich zu verstehen.
■ Fragen sind zu eintönig, z.B. nur »W-Fragen«.
■ Fragen werden »eingeschleift« (erste Frage, letzte Frage, noch eine Frage usw.)
■ Fragen werden nicht einzeln, sondern als Doppelfragen gestellt.

- Fragen sind schlecht formuliert: Reporter sucht nach Formulierungen, häufige Selbstunterbrechungen, mehrfache Frage-Ansätze,
- Fragen kommen zu selten, d.h. der Interviewpartner redet zu lange an einem Stück.
- Fragen unterbrechen den Interviewpartner an falschen Stellen.
- Fragen klingen zu unbeteiligt, Tonfall und Diktion wecken kein Interesse.
- Fragen hören sich abgelesen an – und sind es dann meist auch.
- Fragen kommen zu spät. Die Reaktionszeit nach der Antwort ist zu groß.
- Fragen sind zu »samtpfötig«. Der Reporter traut sich nicht, hat zu viel Respekt.
- Fragen sind aggressiv (statt bohrend, genau, auf den Punkt). Der Reporter »fällt aus der Rolle«.

Wenn Interviews mal schief gehen, sind nicht immer die Interview-Partner schuld, auch wenn Antworten oft vage oder ausweichend, substanzlos oder zumindest dürftig sind. Vor der Kritik am Interviewpartner sollte stets die selbstkritische Frage stehen: Habe ich richtig gefragt, nachgefragt, bestimmt genug gefragt, *habe ich alle Chancen des Interviews konsequent genug genutzt?*

Wer Interviews in Radio und Fernsehen kritisch hört (am besten aufzeichnet und zweimal hört), der kann diese Liste sicherlich noch erweitern – und selbst hoffentlich dann die Fehler vermeiden.

Aber auch umgekehrt geht es: Schreiben Sie sich die Kriterien auf, warum Ihnen ein Interview besonders gut gefällt – und machen Sie's ebenso.

Reportage

...Von meinem Balkon im 35. Stock sehe ich in einer Entfernung von drei/vier Kilometern direkt auf das World Trade Center. Es brennt der rechte Turm des 110 Stockwerke hohen, größten Büroturms der Welt, die Flammen schlagen aus dem oberen Viertel, das ist etwa der 60./70. Stock. An der Fassade sind bereits zehn Stockwerke zerstört! Dichte Rauchwolken ziehen in Richtung East River, es sind auf allen Straßen Manhattans Martinshörner zu hören und Feuerwehren zu sehen!
Nur wenige Minuten, nachdem das erste Flugzeug in das World Trade Center gekracht war, meldet sich WDR-Reporter Thomas Nehls am 11. September 2001 um 14:55 Uhr von seinem Mobiltelefon aus.

Die Live-Reportage wird zeitgleich ausgestrahlt. Sie verlangt hohes journalistisches Können und ist, gut gemacht, die Krönung der Reporter-Arbeit. Der Hörer kann über die Schilderung des Reporters das Geschehen unmittelbar mitverfolgen; – nicht nur im Sport macht das einen großen Teil der Faszination dieser Darstellungsform aus.
Eine knappe Viertelstunde später meldet sich Thomas Nehls wieder:
Es ist fürchterlich, es ist die größte Katastrophe, die Manhattan je erlebt hat, es brennt seit gut zehn Minuten auch der zweite Turm des Welthandelszentrums. Es gilt als sicher, dass zwei Flugzeuge die Türme angesteuert haben. Das zweite Flugzeug soll den Turm regelrecht durchbrochen haben! Erste Vermutungen zielen eindeutig auf einen terroristischen Anschlag.
Es brennt aus allen Stockwerken im jeweils obersten Drittel der beiden Burotürme.
Auch wenn hier niemand über Verletzte und Tote spricht, es arbeiten 40 000 Menschen in diesem

Welthandelszentrum, es ist jetzt gerade »rush hour«, kurz nach neun am Morgen, und der Arbeitsbeginn liegt in den Büroetagen zwischen halb acht und halb zehn Uhr.

Inzwischen ist die ganze Stadt verstopft, Sie hören möglicherweise von meinem Balkon aus den Lärm der Polizeiwagen, der Feuerwehrautos und das Verkehrschaos. Alle Feuerwehrleute der Stadt dürften inzwischen auf dem Weg an die Südspitze Manhattans sein.

Von den Ursachen für diese Katastrophe ist bislang wenig bekannt, nur die Vermutung, dass Selbstmordpiloten sich in voller Absicht diese beiden Türme des Welthandelszentrums als Ziel auserkoren haben. Beide Türme brennen lichterloh, dichte schwarze Rauchwolken ziehen in Richtung East River.

Mittendrin statt nur dabei. Egal bei welchem Ereignis: Der Reporter muss mitten hinein tauchen. Das lateinische Verb ›reportare‹ heißt zurückbringen, zusammentragen. Also muss er beim Ereignis (gewesen) sein, sehen und schildern, was geschieht, ergänzende Informationen zusammentragen und damit den erforderlichen Hintergrund zum vordergründigen Geschehen liefern.

Horst Kläuser beobachtete für die ARD den Start der MIR-Weltraum-Mission und reportierte aus Kasachstan:

... Die kasachische Steppe ist schneebedeckt, es ist eisig kalt. Es weht, sobald man hier die geschützte Tribüne verlassen hat, ein eiskalter Wind. Alle sind erstarrt vor Kälte, alle haben rote Nasen und klamme Hände, können ihre Finger kaum bewegen ...

Wir verstehen sofort, fühlen uns an eigene Erfahrungen erinnert, bekommen beim Hören eine Gänsehaut. Als die Rakete nach fünf Minuten abhebt und in den strahlend blauen Himmel donnert, ermöglicht Kläuser uns einen Einblick in die enge Kabine:

Mit dem Drei- bis Sechsfachen ihres Körperge-
wichts werden die Kosmonauten jetzt in ihre Alu-
miniumsitze gepresst.
Wir fühlen diesen Druck, den die meisten von uns, wenn auch
deutlich schwächer, vom Start ihres Urlaubsflugzeugs kennen.
Nach etwa sechs Minuten ist es so weit, die Schwe-
relosigkeit der Astronauten setzt ruckartig ein,
Staub in der Kapsel wird aufwirbeln, das Zeichen
für die Astronauten, dass sie nun ihr Erdenge-
wicht losgelassen haben ...
Wir erleben als Zuhörer ein Gefühl mit. Der Reporter berichtet
nicht, dass die Situation spannend, abenteuerlich oder wahnsinnig sei, er beschreibt die Ereignisse so treffend, dass der Hörer sie so empfindet.

Ereignisse, Erlebnisse und Beobachtungen beschreibt die
Reportage. Sie ist eine farbige und emotionale Darstellungsform, die Fakten, Stimmungen und Hintergrund vermittelt. Sie
will, anders als der Bericht, nicht nur informieren, sondern auch
miterleben lassen – spricht nicht nur den Kopf, sondern auch
den Bauch der Zuhörer an. Wenn sie gut ist, geht die Reportage
unter die Haut!

Reportage-Themen. Die Reportage berichtet beispielsweise von
Sportereignissen (vgl. Beitrag »Sportreportage«) oder von Staatsbesuchen, von Katastrophen oder vom Karneval, von Freuden-
Festen oder Protest-Demonstrationen, von Straßen-Blockaden
oder Ausstellungseröffnungen, von Rekorden oder von Reisen.
Reportagen gibt es im Programm live, »quasi live« (zeitversetzt)
und »gebaut« (später produziert).

Die gebaute Reportage. Nur O-Töne, Geräusche und Atmo
nimmt der Reporter vor Ort auf (vgl. Beitrag »O-Ton, Atmo und
Geräusche«). Was er sieht, fühlt und empfindet, schreibt er danach auf – aus der Sicht des Beobachters, desjenigen, der dabei war (ist). Als Studio-Produktion entsteht dann aus Text und
Vor-Ort-Aufnahmen die gebaute Reportage (vgl. Beiträge »Mini-
Feature« und »Feature«).

Der Reporter als Betroffener, auch das kann der Grund dafür sein, die Erlebnisse im Studio zu erzählen. Wenn ich mich selbst ein paar Tage lang in den Rollstuhl gesetzt habe, um die Behindertenfreundlichkeit der Stadt zu testen, kann ich meine Erlebnisse anschließend im Studio (nach)erzählen. Mit O-Tönen und Atmo wird's eine gebaute Reportage. Vom Feature (vgl. dort) unterscheidet sie sich dadurch, dass sie sich faktenorientiert auf die Erlebnisse des Reporters konzentriert und nicht den Anspruch erhebt, das Thema »behindertengerechte Stadt« (umfassend) darstellen zu wollen.

Gründliche Recherche und Sachkenntnis sind eine wichtige Voraussetzung für gutes Reportieren. Beobachtungen, Bemerkungen, Wertungen können nur beliebig ausfallen, wenn sich der Reporter nicht vorab in der Sache kundig macht, nicht überlegt, was an seinem Thema das Besondere ist und wie sein Zugang dazu sein kann.

Hochachtung vor dem Mut eines Kollegen, der mit einem Fallschirm als Tandemsprung aus dem Flugzeug springt. Aber dass er diesen Sprung auch noch »reportieren« will, erscheint misslich, wenn ihm (im freien Fall verständlich) die Worte fehlen, und Fakten und Hintergrund-Wissen noch dazu. Wenn wir nur erfahren, dass er ins Leere fällt, dass er geschockt ist und wir gleich dreimal in knapp zwei Minuten Sendezeit den entzückten Schrei hören »Es ist der helle Wahnsinn«, dann hilft dies keinem Hörer, den Fallschirmsprung nachzuempfinden oder zu verstehen.

Ist es »der helle Wahnsinn«, dass der Reporter im freien Fall in Richtung Erde stürzt, dass der Schirm sich öffnet, oder sind es seine Empfindungen, wenn er wie ein Vogel sanft am Schirm gleitet? Wir erfahren es nicht.

Sicher im Thema muss der Reporter sein, so sicher dass ihm nicht nach wenigen Sekunden der Stoff ausgeht und er auf einen Gesprächspartner als Experten zurückgreifen muss. Aber der Experte für Raumfahrt, Kernspaltung oder Arbeitsrecht hat in aller Regel nicht gelernt, radiogerecht zu sprechen, anschaulich zu schildern, die Hörer etwas miterleben zu lassen. Was der Experte allerdings inhaltlich anzubieten hätte, sollte als ergänzende Information in die Schilderung des Reporters einfließen.

Die Struktur der Reportage muss klar sein, bevor wir zu reden beginnen. Wir überlegen uns

- *Einstieg*
- *Ziel* (und bauen zum Ereignis passend eine Dramaturgie auf)
- *Ende*

Damit steht der Ablauf. Natürlich darf uns der nicht davon abhalten, das Geschehen genau zu beobachten und ggf. die eigene vorausgedachte Dramaturgie zu verlassen. In den meisten Fällen ergibt sich allerdings aus der Entwicklung des Ereignisses eine klare zeitliche Abfolge und damit der *rote Faden*.

Der Anfang/Einstieg der Reportage besteht in der Regel aus Schilderung und nicht aus Hintergrund oder Einordnung. Er sollte gut geplant sein. Am Anfang nämlich entscheidet sich der Hörer, ob er weiterhört oder umschaltet.

Das Ende der Reportage bleibt nachhaltig im Kopf der Hörer, noch während die nächste Musik läuft. Deshalb sollte es kein ärgerliches doppeltes oder dreifaches Ende sein oder eins, das nur besagt, dass dem Reporter nun auch gar nichts mehr einfällt. So zerfranst dann auch eine gute Reportage.

Die räumliche Orientierung begann in Hörfunk-Reportagen üblicherweise mit `Ich stehe hier` ... Auf diesen Anfang verzichten wir besser. Es ist egal, ob der Reporter steht oder sitzt. Das interessiert keinen Hörer, es sei denn das Stehen ist sinnstützend für die Reportage, also:

`In der Kanalisation von München kann ich aufrecht stehen und neben mir ist noch Platz für ein kleines Auto ...`

Oder die Reporter-Position sagt etwas über den Blickwinkel und hilft so bei der räumlichen Orientierung:

`Vom Fenster im dritten Stock des Münchener Rathauses genieße ich die freie Sicht auf die Spie-`

ler des FC Bayern München. Sie stehen auf dem großen Rathausbalkon direkt unter mir und triumphieren, liegen sich wechselseitig in den Armen oder sie reißen sie hoch vor Glück. Der Einstieg in die Reportage mit einer Positionsangabe funktioniert also auch ohne die Floskel Ich stehe hier. Ansonsten streichen wir sämtliche Befindlichkeiten der eitlen Reporter und steigen gleich ins Thema ein.

Die notwendige Authentizität bekommt die Reportage durch die persönliche Anschauung, das unmittelbare Erleben des Reporters. Die deutschen Begriffe Echtheit/Glaubwürdigkeit übersetzen das griechische Fremdwort am besten.

Kameramann des Hörfunks ist der Reporter. Er bestimmt das Motiv und den Ausschnitt der Realität. Er wählt aus, was seine Hörer als »akustischen Film« zu hören bekommen. Er fährt ganz nah ran oder geht auf Distanz, entscheidet also zwischen Großeinstellung und Totale.

»Kino im Kopf« der Zuhörer lassen die Reporter mit kleinen Szenen, Vergleichen, Bildern entstehen. Und dafür müssen sie alle Sinnesorgane aktivieren: Augen, Ohren, Nase, Geschmacks- und Tastsinn, also sehen, hören, riechen, schmecken und fühlen, soweit es jeweils zum Thema passt.

Das Sehen fällt uns leicht, wir erkennen Formen, Positionen, Licht, Oberflächenbeschaffenheit, Farben. Wenn wir die Farben benennen, bitte nicht »bunt«. Denn bunt ist völlig abstrakt. Und auch gelb, grün, rot bleiben abstrakt, während quietschgelb, sonnenblumengelb, honiggelb, maisgelb, mattgelb, safrangelb, weizengelb **oder** lindgrün, zartgrün, giftgrün, flaschengrün, tiefgrün, grasgrün, olivengrün **oder** kaminrot, knallrot, blutrot, fleischfarben, erdbeerfarben, kupferrot, rosarot, tomatenfarben, tiefrot, kirschrot im Kopf den Reflex zum Kino auslösen, also eher vorstellbar sind.

Das Riechen und das Schmecken zu beschreiben, fällt uns schwer. Unser Geruchs- und Geschmackssinn ist weniger gut ausgeprägt. Um den Geruch oder Geschmack treffend zu beschreiben, orientieren wir uns – ebenso wie bei den Farben – an der Natur. Es duftet nach feuchtem Gras, nach Flieder, Jasmin, Nelken, Rosen, Veilchen, Räucherkerzen, Balsam, Bergamotte, Lavendel und so weiter. In der Münchener Kanalisation hilft auch die Natur, denn Übelgerüche wie Jauche, Abwasser, Kot finden wir auf Feldern. Beim Rauch werden wir – je nach Dichte – das Symptom beschreiben: Er beißt in der Nase, er lässt mich kaum noch atmen ...

Und wenn wir die Geschmacksnerven der Hörer ansprechen wollen, dann bitte nicht mit lecker. Lecker ist die Wertung des Reporters, beschreibt den Geschmack aber nicht. Die Hörer sollen erfahren, dass etwas süß schmeckt, sauer, scharf, salzig, bitter, schal, fade, abgestanden, langweilig wie nach dem dritten Aufguss, kraftlos, faulig, ranzig, verdorben oder auch nach Zahnarzt.

Plastische Sprache. Lassen wir uns von einem Stück »Kino im Kopf« anregen. Während der Sonnenfinsternis am 11. August 1999 reportiert Peter Springborn vom SR:

In diesem Augenblick haben wir Glück, die Wolkendecke schiebt sich wieder auf die Seite, ich sehe noch einen ganz schmalen Rest von Sonnensichel und in etwa einer Minute wird die totale Sonnenfinsternis über uns hereinbrechen. Es ist merklich kälter geworden in der letzten halben Stunde hier. Die meisten haben ihre Pullover und Jacken herausgekramt und übergezogen. In diesem Moment merke ich, wie es von Sekunde zu Sekunde immer dunkler wird. Nur so einen ganz schmalen Strahl von Sonne sehe ich noch da oben, wirklich nur noch ein klitzekleines Restchen an diesem ganzen Himmel. Und um mich herum bricht heftiger Tumult aus, weil alle begeistert hochschauen (laute Atmo der jubelnden Menge), und jetzt wird es urplötzlich stockdunkel. Fast wie mitten in der tiefen Nacht. In diesem Augenblick hat sich der Mond hier komplett vor die Sonne geschoben ... Es sind Wörter wie urplötzlich, klitzeklein oder stockdunkel, die uns in diese Reportage ziehen. Grundsätzlich sind es eher die starken Verben als die Substantive, die plastische Sprache kennzeichnen. So stand Alt-Bundeskanzler Helmut Kohl nicht vom Präsidiumstisch auf, sondern stemmte sich am Präsidiumstisch hoch. Und schon erkennen wir die große, mächtige Gestalt von Helmut Kohl.

Der aktive Wortschatz umfasst bei einfach gebildeten Menschen etwa 500, bei Absolventen von Hochschulen viermal so viel, nämlich ungefähr 2000 Wörter. Auf die Vielzahl der Wörter kommt es in der Reportage aber nicht an, sondern auf die Aussagekraft, Verständlichkeit und Schlichtheit. Auch ›normale Hörer‹ müssen uns verstehen können: Keine Fachausdrücke, und falls sie einmal nötig sind, dann müssen wir sie erklären.

Auf abstrakte Zahlen verzichten. Reporter orientieren die Hörer an bekannten Bezugsgrößen. Oft bietet sich der menschliche Körper an – mit knöcheltief, kniehoch, hüft- oder mannshoch.

Um die Enge eines Raums zu verdeutlichen:

Wenn ich beide Arme ausstrecke, dann stoße ich ganz schnell an die Grenzen meiner Bewegungsfreiheit.

Wenn die Räume größer werden, dann bieten sich Klassenzimmer, Turnhalle, Tennisplatz oder Fußballplatz als Vergleiche an, Vergleiche, die bei möglichst vielen Hörern bekannt sind, weil sie unserem Umfeld entsprechen.

Und wenn die Fläche noch größer als der häufig strapazierte Fußballplatz ist, dann den Raum »ergehen« oder »erfahren«, indem ich die zeitliche Orientierung zu Hilfe nehme, also:

Wenn ich fünf Minuten stramm gehe, bin ich am anderen Ende angelangt.

Oder:

```
Auf Inline-Skates braucht es nur zwei, drei Minu-
ten, bis ich die gesamte Fußgängerzone durchquert
habe.
```
Und schon weiß der Hörer, dass der Reporter von einer Klein-
stadt spricht oder einem ziemlich kleinen See:
```
Mit dem Fahrrad kann ich den gesamten See in zwan-
zig Minuten umfahren.
```

Subjektivität. Natürlich ist der Zugang des Reporters zum Thema höchst subjektiv. Mit seinem Reporter-Blick sieht und reportiert er die Realität, bzw. den für ihn besonderen und außergewöhnlichen Ausschnitt daraus. Bei manchen Themen müssen Reporter lange nachdenken und am Ort des Ereignisses genau hinsehen, um das Besondere im Vertrauten zu finden.

Eigene Gefühle helfen dabei, wie etwa die des jungen amerikanischen Reporters Herbert Morrison (WLS Chicago), der am 6. Mai 1937 fast zehn Minuten lang reportiert, wie das Luftschiff Hindenburg sich bei Lakehurst dem Boden nähert, bis eine gewaltige Explosion den Zeppelin zerreißt und ein hell loderndes Feuer wenige Meter über dem Boden an Bord ausbricht. Stammelnd, stockend, weinend reportiert er, wie die brennenden Teile der Hindenburg auf den Boden stürzen und die Menschen von Bord springen, sich am Boden wälzen, um die Flammen zu ersticken oder als lodernde Fackeln noch ein paar Meter übers Feld laufen. Und Morrison schluchzt:
```
This is one of the worst catastrophes in the world
- in all the humanity.
```
Auch Harro Zimmer vom RIAS kämpft hörbar mit den Tränen und schluckt, als er am 28. Januar 1986 in Cape Canaveral den Start der Challenger beobachtet. Er hat schon über eine Minute lang reportiert, da hält er plötzlich in seinem Redefluss inne und fährt stockend fort:
```
... die Challenger ist explodiert. Und wir wissen
nicht, was passiert ist, das Notrettungssystem
hat versagt. Wir stehen vermutlich vor der größ-
ten Katastrophe der bemannten Raumfahrt.
```

Das Hören besorgt das Mikrofon, wenn es vor allem die *Atmo* einfängt. Wir müssen den Hörern allerdings die Chance geben, Atmo wahrzunehmen, d. h.: Im Zweifel schon mal das Mikrofon in Richtung Geräuschquelle ausrichten, beim Ü-Wagen-Einsatz vorab mit den Technikern klären, welche Atmo zu hören ist, ggf. den Mikrofontyp wechseln (Kugel statt Niere, vgl. Beitrag »Mit Mikrofon und Recorder richtig aufnehmen«), bzw. ein eigenes Atmo-Mikrofon installieren lassen, das vom Ü-Wagen aus gesteuert wird.

In diesem Fall ist es besonders wichtig, einen Kopfhörer zu tragen, um zu wissen, was die Hörer an Atmo hören.

Klar erkennbare Signalgeräusche erkennen wir und die Hörer sofort, die brauchen wir nicht zu erklären.

Die Atmo-Text-Schere ist vergleichbar der Bild-Text-Schere im Fernsehen. Wenn das Geräusch nicht zum Text des Reporters passt, sind die Hörer abgelenkt: In einer Reportage von einem Erdbeben hämmert die Atmo plötzlich das markante Geräusch eines Pressluftbohrers in die Ohren der Hörer. Der Reporter spricht dennoch in unveränderter Stimmlage von einem zurückliegenden Ereignis:

Es ist vorgekommen, so erzählte mir ein amerikanischer Captain, dass ein ...

Wir merken: »Akustische Kulisse« und Reportertext klaffen auseinander. Da stimmt etwas nicht. Es fehlt die Authentizität.

Ein prägnanter O-Ton kann ebenfalls in einer Reportage auftauchen und natürlich auch eine Nachfrage dazu, aber bitte: *Keine Flucht ins Interview*, damit aus der Reportage nicht ein Frage-Antwort-Spiel mit einigen schildernden Sätzen des Reporters wird.

Genau wie die Reportage immer das Besondere aufzeigt, so muss auch der O-Ton darin besonders aussagekräftig oder emotional und kurz sein.

Die lineare Hörerführung ist ebenfalls wichtig für die räumliche Orientierung. Die Reportage-Richtung muss beibehalten werden, also eins nach dem anderen schildern und nicht springen, wie es dem Altmeister der Radio-Reportage, Alfred Braun, unterlaufen ist, als er am 6. Oktober 1929 die Beisetzung Stresemanns reportiert hat:

```
In langsamem Schritt zieht die Spitze des Zuges,
die hinter der berittenen Schutzpolizei und noch
vor dem Sarg herfolgt, an unserem Mikrofon vo-
rüber ...
```

Da wir mit der Spitze immer den Anfang verbinden, sind wir einen Augenblick lang irritiert. Wieso zieht die Spitze hinter etwas? Besser ist es also, von vorne nach hinten zu orientieren, etwa:

```
Ganz vorne die berittene Polizei, dahinter die
Gruppe prominenter Regierungsvertreter, dann der
Sarg ...
```

Reportagen werden normalerweise durchgesprochen (an einem Stück). Ein Orts- oder Zeitwechsel kann aber (bei zeitversetzt ausgestrahlten Reportagen) erfordern, dass zwischendurch abgesetzt (unterbrochen) wird. Wichtig ist dann, dass der Wechsel von Ort und Zeit den Zuhörern erklärt wird, z. B. so wie beim Besuch der Delegation einer französischen Partnerstadt:

```
... und bevor sich die Verhandlungsführer gleich
zu einem Vier-Augen-Gespräch zurückziehen, lä-
cheln sie jetzt noch einmal winkend in die Menge.
... Nach zweieinhalb Stunden öffnet sich die Tür
des Kulturinstituts, die beiden blicken sich
freundschaftlich an. ... Beide Politiker wirken
entspannt ...
```

Mit der Formulierung Nach zweieinhalb Stunden ist der Zeitsprung erklärt. Ein Ortswechsel wird manchmal sehr gut durch eine deutlich andere Atmo nachvollziehbar.

Der Standort: Bedauerlicherweise legen die Organisatoren bei vielen Großereignissen wie Parteitagen, Staatsbesuchen, Messen oder Festveranstaltungen meist auch den Standort des Ü-Wagens und den Reporterplatz fest. Deshalb ist die rechtzeitige Vorbesichtigung mit dem Team unerlässlich. Die Fernseh-Kollegen erhalten meist den günstigeren Standort. Also sollten wir uns gut mit ihnen verstehen, um, wenn wir weit vom Geschehen postiert sind, eventuell einen Monitor (mit)nutzen zu können. Ein Fernglas hilft zwar manchmal auch, die Mimik der Akteure zu erkennen, aber beim Sprechen hat man dafür keine Hand frei (eine am Mikrofon, die andere für die Unterlagen).

Beim Reportieren mit drahtlosen Einheiten (vgl. Beitrag »Im Studio und mit dem Ü-Wagen produzieren«) müssen wir diese vorab an jedem möglichen Standort ausprobieren. Denn bei viel Stahl, Beton oder Sprechfunk versagen sie schon mal. Der am schnellsten zu realisierende Übertragungsweg ist das Telefon (Handy, Satellitentelefon). Da die Reportage aber wesentlich von der Atmo am Ort des Geschehens lebt, taugen Handy und Satellitentelefon von der technischen Qualität her nur sehr bedingt. Bei ganz aktuellen Einsätzen ist das jedoch in Kauf zu nehmen. Viele Anlässe sind allerdings vorhersehbar (z. B. Straßenfeste, Karnevalszüge, Sportereignisse, die Einweihung von Autobahnen oder Brücken) und damit sind sie planbar: vom Inhalt der Reportage bis hin zum perfekten Einsatz der technischen Möglichkeiten (vgl. Beitrag »Mit Mikrofon und Recorder richtig aufnehmen«).

Die Live-Schalte zu mehreren Reportern an unterschiedlichen Standorten ist durch die Bundesligakonferenz bestens bekannt, kann aber auch bei anderen Anlässen eingesetzt werden. Zwei Beispiele: In der Schlussphase eines Landtagswahlkampfs eine SWR-Schaltkonferenz von außergewöhnlichen Wahlkampfveranstaltungen quer durchs Land. Der SR sendete eine Sonnenfinsternis-Schaltkonferenz mit Reportern im Saarland, in Frankreich und im Flugzeug. Das sind kreative und spielerische Möglichkeiten, die Reportage im schnellsten Medium zu kultivieren.

Ins Netz damit: Selbst wenn es die Eitelkeit von Radio-Journalisten kränkt – bei der *gebauten Reportage* eignet sich das Manuskript (ergänzt mit Fotos und ggf. Video- oder OT-Ausschnitten) besser fürs Online-Angebot als das Original-Audio.

Audiogalerien (auch unter dem Namen »Audio-Slideshow« oder »Soundslides« bekannt) bieten sich für die aufwendigere Visualisierung an – wenn nicht zufällig ein Kamerateam dabei war und Videomaterial gesammelt hat (oder der Radio-Journalist es selbst getan hat). Audiogalerien sind eine elegante Zwischenform zwischen Video und Audio: Zur Wiedergabe des Audios läuft eine Reihe von Standbildern ab, die aber durch Veränderung und Verschiebung des Bildausschnitts dynamisiert und dramatisiert werden – der sogenannte »Ken-Burns-Effekt« (benannt nach dem amerikanischen Dokumentarfilmer). Der Reiz daran: Hier kann das Radio seine Stärken ausspielen – starke Töne, emotionale Atmo – und doch mehr bieten als nur Gehörtes.

Bei Live-Reportagen mit dokumentarischem Charakter wird das Audio eingestellt: Die historische Reportage vom Mauerfall oder auch die Reportage vom Zieleinlauf beim Triathlon, bei dem sich der Überraschungssieger über die Ziellinie schleppt und dann weitertaumelt – das bedient das Gefühl: »Ich bin dabei gewesen«. 🖳 Hörbeispiel – Beispiele im Netz

Weiterführende Literatur:

Steffen Jenter, Alfred Braun – Radiopionier und Reporter in Berlin. Veröffentlichungen des Deutschen Rundfunkarchivs (Verlag für Berlin-Brandenburg, Potsdam 1998). Vermittelt einen guten Einblick in die Geschichte der Reportage mit auch heute noch lehrreichen Beispielen.

Sportreportage

Egal ob Fußball, Leichtathletik oder Motorsport: Ablauf und Ergebnis sportlicher Wettkämpfe sind nicht vorhersehbar. Das macht einen wesentlichen Teil ihrer Faszination aus. Deshalb verlangt der Sport – wie kein anderes Ressort – nach direkter Vermittlung. Also muss der Sportreporter besonderen Anforderungen gerecht werden. Zu den wesentlichen Merkmalen einer gelungenen Live-Reportage vorab ein Beispiel:

`Die Perlen des Sprints stehen unten auf der Bahn` beginnt Gerd Rubenbauer seine Hörfunkreportage vom 100-

Meter-Finale der Frauen bei der Leichtathletik-WM 1995 in Göteborg. Mit diesem Einstieg vermeidet er zu 99 % eine Textdublette mit der Anmoderation (vgl. Beitrag »Moderieren«), und er schafft ein erstes eigenes Sprachbild.

Danach stellt er die Favoritinnen vor, aber nicht mit dem oft zu hörenden »Zahlenfriedhof«, sondern auf jedermann ansprechende Art und Weise:

```
Merlene Ottey, die Diva aus Jamaika, majes-
tätisch; Carlette Guidry, die Amerikanerin,
kräftig, fast bullig; Gwen Torrence, auf den
letzten 25 Metern hinterließ sie zuletzt den
stärksten Eindruck; Irina Privalova - im Gegen-
satz zu Merlene Ottey, die picobello zu diesem
Finale erschienen ist, fast künstlerisch mit nach
vorne hängenden Strähnen; Melanie Paschke, die
deutsche Meisterin, fünfte oder sechste - das ist
ihr Ziel, mehr ist kaum drin.
```

Rechtzeitig vor dem Start kehrt Rubenbauer von den *Einzelaufnahmen* wieder zum *Gruppenbild* zurück:

Die Damen kauern unten und es ist mucksmäuschenstill … (zwei Schüsse sind zu hören) und dennoch fühlt sich eine Dame, nämlich Carlette Guidry gestört und damit alle nochmal aus den Blöcken!

Die Pause bis zum zweiten Start nutzt der Reporter erneut zum *Zoomen:*

```
Carlette Guidry, die Dame mit der dicken festen
Haarschleife, führt noch ein bisschen Aerobic
vor; Merlene Ottey, ich hab sie selten so gefasst
gesehen; Gwen Torrence streicht mit den Hand-
flächen noch einmal über die Unterschenkel, be-
vor sie in die Blöcke geht, die Hände nochmal an
der Sprinterhose abwischt und jetzt die Finger-
spitzen nach außen stellt.
```

Da der zweite Start noch ein wenig auf sich warten lässt, kommen noch zwei kurze Einschübe: `Die Kettchen um die Handgelenke blitzen bis zu uns nach oben.` Und wie zur Erinnerung die Namen der Favoritinnen: `Ottey oder Torrence oder Privalova, das ist normalerweise die Frage.`

Dann schweigt der Reporter zwei Sekunden, bis der Startschuss deutlich zu hören ist, verlängert die *kleine Zäsur* für den Aufschrei der Massen und *passt* dann schlagartig sein bis dahin ruhiges *Sprechtempo* dem *Renntempo an*, wobei er sich in der Laufschilderung wegen der Kürze der Zeit allein auf die Spitze konzentriert:
`Relativ schlechter Start von Merlene Ottey, diesmal gut gestartet Gwen Torrence, Torrence ist vorn, Torrence ist vorn, jetzt versucht Ottey, noch zu kommen, Torrence gewinnt vor Privalova!`
Wieder folgt eine kleine Pause – dem Spannungsabfall entsprechend. Dann analysiert der Reporter, die Stimme senkend, noch einmal ausführlich den Rennverlauf und trägt die deutsche Komponente nach: `Und wie wir es erwartet haben, ist Melanie Paschke Fünfte oder Sechste geworden.`

Im Nachrichtenstil folgen dann noch einmal die Namen der drei Medaillengewinnerinnen und das nötige Zahlenmaterial, erst in normalem Sprechtempo für die Halbinteressierten: `Alle drei unter elf Sekunden,` nachgeschoben im Eiltempo für die Experten die exakten Zeiten der Medaillengewinnerinnen: `10,85 - 10,94 - 10,96.`

Wie gehe ich's an? Welche *Richtlinien und Ratschläge* muss der Sportreporter berücksichtigen und beherzigen?

Die zwei Hauptaufgaben einer jeden (Sport-)Reportage sind
- beim Hörer Bilder des Ereignisses entstehen zu lassen. Dazu schildert er im Präsens das Ereignis parallel zum Geschehen (vgl. Beitrag »Reportage«).

- zusätzliche Fakten exakt berichtend zu übermitteln. Dies ist dann sinnvoll, wenn sich gerade gar nichts tut (z. B. Spiel- oder Kampfunterbrechung bzw. Safetycar-Phase im Motorsport).

Eine solche Situation bietet sich an zur

- Rekapitulation wesentlicher Geschehnisse »bis dahin«,
- Analyse des Ergebnisses bzw. des Ereignisverlaufs,
- Rahmenbestimmung (Wetter, Kulisse, Bedeutung, besondere Vorfälle, Hintergründe) und
- zur Prognose.

Stimmführung und Sprechtempo machen dabei deutlich, wann »nix los ist« und »wann's wieder los geht«. Seminare mit Berufseinsteigern beweisen immer wieder, dass gerade die *Vernetzung* von Schilderung und Zusatzinformationen, das *Reißverschlusssystem* (beide Bestandteile der Reportage greifen wie die Zähne eines Reißverschlusses ineinander*)*, Schwierigkeiten bereitet. Merke: Statistik beim Startschuss oder Personalia beim Penalty sind »Todsünden«!

Ein- und Ausstieg. Der Hörer will erst einmal mit einem originellen plakativen Opening (»*Hinhörer*«) gewonnen sein (Die Perlen des Sprints stehen unten auf der Bahn). Und am Ende soll die Reportage durch markante Schlussworte nicht gleich wieder in Vergessenheit geraten.

Wer mit ... Nach 72 Minuten steht es ... seinen Abruf (seine Reportage nach der Anmoderation durch den Moderator im Funkhaus) anfängt und mit Nach 74 Minuten steht es immer noch ... aufhört, zeigt sich einfallslos.

Nach einer unterhaltsamen und informativen Reportage mit plastischen Porträts und spannender Rennschilderung findet Rubenbauer im Gegensatz zum barocken, aber gelungenen Einstieg nicht den optimalen plakativen Ausstieg.

Und auf Rang sechs Melanie Paschke und damit zurück in die Funkhäuser.

Hier wäre ein einprägsames Schlussbild schöner gewesen. Beispielsweise hätte der Reporter das Eingangsbild von den Perlen des Sprints wieder aufnehmen und Gwen Torrence zur Perle des Tages machen können.

➜ Tipp: Ein paar zuvor notierte Stichworte können helfen, Ein- und Ausstieg zu optimieren.

Persönlichkeit, sprachliche Gewandtheit und Eloquenz sind vor allem in kritischen Situationen gefragt. Der Grat zur Geschwätzigkeit aber ist schmal, also nicht labern, niemanden imitieren, eigenen Stil pflegen.

Der aktive *Wortschatz* schlägt sich nicht in Wortgewalt, sondern in treffenden, *prägnanten eigenen Wortschöpfungen* oder lautmalerischen, starken Wörtern nieder (Die Damen kauern unten und es ist mucksmäuschenstill). Gerade die Sportberichterstattung ertrinkt in abgegriffenen Klischees und hässlichen, oft der Kriegsberichterstattung entlehnten Formulierungen, es hagelt Bomben und Granaten, Strafräume brennen lichterloh und Niederlagen werden zu Pleiten und Katastrophen.

Auch Fachbegriffe dürfen allgemein verständliche Bilder nicht erdrücken. Wenn sie mal nötig sind, am besten ab und an eine Interpretation dazu liefern (Topspin = Angriffsschlag mit Oberschnitt und Rotation des Balles).

Erlaubt ist, was gefällt. Penible Deutschlehrer sind gegenüber aufgeschlossenen Sportinteressierten in der Hörerminderheit. Dieser glückliche Umstand sollte den Sportreporter ermutigen, sich entsprechend den schnellen Abläufen und Überraschungsmomenten seines Metiers an gebotener Stelle und in verträglichem Maße plakativer Umgangssprache zu bedienen, um Aktionen, Situationen und Konstellationen deutlich zumachen: Torwart Müller schnarcht zwischen seinen Bettpfosten oder an einem brütend heißen Sommertag Die Abwehr nimmt sich beim Gegentor hitzefrei.

Verkürzungen und Verbindungen. Namen, Handlungen und Stimmungen aneinander gereiht, dokumentieren die Dynamik. Aktionstext statt Erzähltext belebt:

Harter Schlagabtausch, Frazier marschiert, aber blindlings, Ali steppt, fintiert und trifft. Links, rechts. Kopf, Körper, Frazier wankt, fällt …

Anakoluth (Satzbruch). Auch Aneinanderreihungen ohne Zusammenhang bis hin zum Satzbruch können angebracht sein:
Jetzt beherrschen die Deutschen … von wegen! Ballack, Ballverlust – Steilpass der Spanier …. Torres … keiner da, Lahm zu spät, Lehmann auch …. Tor!

Ellipse, d. h. Auslassung von für das Verständnis entbehrlichen Satzteilen:
Brown startet auf Bahn drei, White auf zwei, Chin Ling ganz außen, innen unser Mann …

Redundanz. Der Radiohörer hat, anders als der Fernseh-Zuschauer, keine Zeitlupe. Also ist es angezeigt, im Hörfunk mit Wiederholungen zu arbeiten, Überraschendes und Entscheidendes mit den gleichen oder anderen Worten »zweimal geschehen zu lassen«, damit in jedem Fall ankommt:
Frodeno kommt, kommt heran, kommt vorbei. Nein, er fliegt vorbei. Gold für den Saarbrücker Triathleten. Sensationell!

Zäsuren. Jede gewollte, gezielte Unterbrechung des Wortschwalls fördert die Hörbarkeit der Reportage. *Pausen* sind wie Punkte im geschriebenen Text sehr wichtig.

Sätze mit Ausrufezeichen wirken wie Zwischenrufe: Welch ein Klassespiel! **oder** Das ist die Goldmedaille! Manchmal sind sie auch Aufforderung und Anfeuerung: Flieg, Martin, flieg! **oder** Los, Junge, lauf!

Fragezeichen-Texte dienen ebenfalls als Strukturhilfen und willkommene Trennung zwischen Schilderung und Analyse: Wo

`bleibt Jan Ullrich?` oder ein andermal: `Wer soll Ull-`
`rich noch schlagen?`

Die Atmo trägt die Reportage. Den Startschuss, einen Schlagabtausch der Boxer oder den Sprung übers letzte Hindernis im
Parcours »frei stehen zu lassen«, d. h. nicht drüber zu quatschen
über wichtige Szenen, ist dramaturgisch erstrebenswert. Das
`Hören Sie mal den Jubel` dagegen ist überstrapaziert, hat
ausgedient!

Die Körperhaltung assistiert beim lebendigen Reportieren.
Kauern engt den Brustkorb (Resonanzboden) ein, enge Mikro-
fonumklammerung und Kopfhörer fest über beiden Ohren führen
zu Verkrampfung bzw. Abkapselung. Eine Hand sollte möglichst
immer frei sein, um wie auf der Theaterbühne oder am Stamm-
tisch das gesprochene Wort per Geste zu unterstützen, bei
hochdramatischen Geschehnissen wie Renn-Unfall, Elfmeter
oder Matchball empfiehlt es sich aufzustehen – nicht zuletzt, weil
Zuschauer das auch gern tun und dem im Sitz verharrenden Berichterstatter just im entscheidenden Moment die Sicht nehmen
könnten.

Emotionen brauchen Spielraum. Der Reporter, der bereits im
frühen und normalen Ereignisverlauf seiner Begeisterung freien
Lauf lässt und mit Lautstärke und Sprechgeschwindigkeit ans
Limit geht, raubt sich die Chance der Steigerung bei wirklichen
Höhepunkten und der Entscheidung. Wer das Ereignis höher
hängt als geboten und auf Spannung macht, wo (noch) keine ist,
der verfälscht die Gegebenheiten und wird unglaubwürdig.

Engagement, und zwar je nach Situation leidenschaftliches Mit-
gehen und Mitfiebern bis hin zu heftiger, mutiger Kritik, sind
Grundelemente jeder fesselnden Sportreportage. Das flehende
`Komm Boris, nur noch ein Pünktchen!` aus Wimbledon
belebt die Stadionbotschaft genauso wie der markige Reporter-
Ausruf bei der Euro 2000 `Was die spielen, grenzt an Ar-`
`beitsverweigerung!`

Der Spontaneität ist der Sportreporter *verpflichtet*, selbst wenn er sich ab und an korrigieren muss. Klassisches Beispiel: Schuss, Tor!! Nein, der Puck tanzt auf der Linie! Lieber die Unwägbarkeit hautnah am Geschehen temperamentvoll umsetzen – möglichst mit klarer Positionierung – als sich raushalten, drumrumreden und abwarten.

Wo Nähe, wann Distanz? Die Antwort gibt das Gewissen. Objektivität ist das entscheidende Kriterium bei dem Balanceakt, einerseits neutraler Beobachter zu sein und andererseits mit Herz zu reportieren. Bei internationalen Vergleichen sind Konzentration auf und sogar Sympathie für eigene Landsleute und Mannschaften durchaus angemessen (nationale Komponente), solange die Ebene des Fairplay nicht verlassen wird.

Wie bereite ich mich auf meinen (ersten) Einsatz vor? Sorgfältig, aber nicht so gründlich, dass der Blick fürs Wesentliche, nämlich das Live-Erlebnis verstellt wird. Wichtiger als die akribische Aufbereitung von Daten sind *persönliche Kontakte* zu Athleten, Trainern, Betreuern. Rechtzeitig alle Unterlagen »bündeln«, also mit System und übersichtlich aufschreiben, damit man sie während des Redens unmittelbar parat hat und *mit einem Blick verwerten* kann. *Üppige Nachschlagewerke sind fehl am Platz*, verleiten nur zur Verbreitung unpassenden Hintergrundwissens zu Lasten der Aktionsschilderung.

→ Tipp: Frühzeitiges Erscheinen am Ort schafft innere Ruhe und Zugang zu letzten Informationen.

Wie bekämpfe ich die Angst vor dem Aussetzer, dem *großen Loch?* Durch *Stichworte (mehr nicht),* auf die notfalls zurückgegriffen werden kann. Durch *Einsprechen, Warmsprechen* vor dem Einsatz, um »Kopf und Kiemen« zu präparieren.

Wie viel Dialekt ist erlaubt? Bei überregionaler Berichterstattung wenig, bei regionaler mehr. Einsteiger (und manchmal auch Fortgeschrittene) mit stärkerem Akzent sollten sich disziplinieren und trainieren, d. h. sich nicht erst am Mikrofon im Hochdeutschen versuchen, sondern *täglich an einer besseren (Aus-)Spra-che arbeiten*. Und generell gilt: *Zähne auseinander* und über die Lippen sprechen!

Die Sportreportage hat Zukunft?! Mit den Inforadios und In-ternet tun sich neue Chancen auf – auch als Trainingsplatz für die wenigen Großereignisse bzw. Großeinsätze, bei denen im Hör-funk noch lange Zeit live übertragen wird.

Ins Netz damit: Tabellen und Ergebnislisten lesen sich im Netz viel gefälliger, als sie sich im Radio anhören lassen. Fans der großen Vereine in der Region kann man gezielt mit Meldungen, Beiträgen, Bildergalerien und Videos zu ihrem Verein bedienen – und Foren und Chats zum Austausch bieten.
Live-Streams werden immer dann besonders häufig angeklickt, wenn Live-Reportagen zu hören sind: Dank Internet findet das Ni-schenprogramm Live-Sport seine Fans auch außerhalb des Sen-degebiets. Allerdings mögen internationale Rechte-Inhaber das oft gar nicht und setzen ein »Geoblocking« durch, eine Beschrän-kung des Internet-Angebots auf einzelne Staaten oder Regionen.

Weiterführende Literatur:
Michael Schaffrath (Hrsg.), Traumberuf Sportjournalismus. Ausbildungswege und An-forderungsprofile in der Sportmedienbranche (2. Auflage, Lit-Verlag, Münster 2007)

Kommentar

Als kritische Stellungnahme zu einem aktuellen Thema oder Er-eignis folgt der Kommentar auf die Nachricht oder den Bericht. Durch *vertiefende Unterrichtung* und durch Auslegung, d. h. hauptsächlich durch *Einordnung* verschiedener Nachrichten in Zusammenhänge, durch *Aufhellung von Hintergründen* sowie durch die *Abschätzung möglicher Folgen* eines Ereignisses soll es dem Hörer erleichtert werden, eine eigene Meinung zu bilden. Ein Kommentar kann nicht objektiv und in sich ausgewogen sein. Er gibt immer die *subjektive Sicht,* das subjektive Urteil des Verfassers wieder.

Alle Themen taugen für einen Kommentar. Zwar laufen sehr viel mehr Kommentare in Programmen der Rundfunkanstalten als bei Privatsendern, aber redaktionelle Meinungsbeiträge finden sich zu Recht auch in dem einen oder anderen Regional- oder Lokalradio. Schließlich kann je nachdem der Bebauungsplan für ein Einkaufszentrum die Hörer sogar heftiger erregen als ein Beschluss aus Berlin oder New York.

Beiträge von Auslandskorrespondenten zum Kommentarprogramm sind oft erläuternde Darstellungen, Mischformen zwischen Bericht und Kommentar. Das hat einleuchtende Gründe: Um dem Hörer die Beurteilung einer außenpolitischen Situation zu erleichtern, muss der Korrespondent innerhalb der häufigsten Kommentarzeit von drei bis vier Minuten (in Einschaltprogrammen, sonst kürzer) unvergleichlich mehr Tatsachen anführen als der Kommentator eines innenpolitischen Ereignisses, dessen Ablauf die Mehrzahl der Bürger meist selbst verfolgen kann. Hinzu kommt, dass der Korrespondent für die Region, aus der er berichtet und kommentiert, oft eine gewisse *Monopolstellung* innehat. Vergleichsmöglichkeiten durch Meinungsvielfalt sind bei der Kommentierung z. B. japanischer, indischer oder brasilianischer Politik kaum herzustellen. Vertiefende Information, Erläuterung durch behutsame Ordnung des unübersichtlichen Stoffes, Darstellung von Zusammenhängen, Analysen sind hier mehr gefragt als Subjektivität und Originalität (vgl. Beitrag »Korrespondentenbericht aus dem Ausland«).

Urteilskraft und Mut zur Entschiedenheit werden vom Kommentator umso mehr verlangt, je mehr er bei der Behandlung eines Themas beim Hörer eigene Kenntnisse und Meinungen voraussetzen kann. Er muss überzeugen durch sein Engagement, aber auch durch die Logik seiner Begründungen, durch sein Temperament wie auch durch erkennbare Distanz zum Stoff. Er muss bereit sein, seine Meinung in Frage zu stellen, Irrtümer einzugestehen und eigene Urteile daraufhin zu überprüfen, ob sie zu Vorurteilen geworden sind.

Abhängigkeit, z. B. von Parteizentralen, verstößt gegen die Berufsethik. Hauptvoraussetzungen eines guten Kommentars sind

- Unabhängigkeit des Denkens,
- umfassendes Wissen über den Gegenstand und
- Erfahrung in öffentlichen Angelegenheiten.

Auf den Aufbau seines Kommentars muss der Autor umso größere Sorgfalt verwenden, je kürzer die Kommentarzeit ist. Ein Beitrag darf nicht in der Mitte anfangen oder aufhören; ein wirkungsvoller *Anfang* und ein wirkungsvoller *Schluss* sind wichtig. Besonders Kurzkommentare müssen frei bleiben von Bildungsballast und Abschweifungen, müssen klar in der Gedankenführung sein. Kurze Sätze, u. U. auch die Wiederholung eines zentralen Gedankens sowie die Vermeidung von Fremdwörtern erleichtern die Verständlichkeit.

Der Autor als Sprecher – beim Kommentar ist das die Regel. Ein subjektiver Text, der engagiert vorgetragen sein will, verlangt danach, dass er vom Kommentator selbst gesprochen wird. Der Kommentar gewinnt dadurch an Überzeugungskraft.

Polemischer Eifer kann nicht mangelndes Wissen ersetzen. Ein Kommentar soll die *Vernunft* und den *Verstand* ansprechen und nicht Emotionen schüren. Doch gilt ebenso, dass sich der Kommentator niemals scheuen darf, leidenschaftlich Stellung zu beziehen für die Grundwerte der Demokratie und gegen jene, die sie in Frage stellen wollen.

Ins Netz damit: Kommentare nachlesbar und -hörbar machen? Unbedingt! Es lohnt, darüber nachzudenken, ob die Online-Nutzer ihrerseits die Möglichkeit bekommen sollen, zurück zu kommentieren – *das Netz ist keine Einbahnstraße.* Beispiel WDR-Mediathek: Dort können die Online-Nutzer alle eingestellten Beiträge bewerten und kommentieren. Und selbstverständlich sollte die Redaktion zeigen, dass sie die Kommentare liest – indem sie mitdiskutiert, wenn sie persönlich angesprochen ist. Als Kommentator muss man sich darauf einstellen, dass auf online nachlesbare Kommentare Rückmeldungen kommen – weil auch Pressestellen und Abgeordnetenbüros die Online-Veröffentlichung eines Kommentars häufiger wahrnehmen als die flüchtige Ausstrahlung im Radio.

🖥 Beispiele im Netz

Weiterführende Literatur:

Der Beitrag »Kommentar« von Norbert Klein im Lehrbuch »Fernseh-Journalismus« ergänzt diesen Aufsatz (7. Auflage, Econ Journalistische Praxis, Berlin 2006)

Werner Nowag/Edmund Schalkowski, Kommentar und Glosse (UVK, Konstanz 1998)

Glosse

»Die Glosse ist eine knappe Meinungsäußerung, ein Kurzkommentar kritischer, zugleich oft feuilletonistischer Art in Presse, Hörfunk und Fernsehen«. Das steht im Brockhaus. Die klassische Glosse ist geschriebene Prosa, unmissverständliche Prosa.

Verspotten, entlarven. Die Glosse ist der gut beobachtete Augenblick zwischen zwei Wimpernschlägen. So hat das sinngemäß einmal der Dominikanerpater Rochus Spiecker gesagt. Das heißt: Die Glosse sieht einem einzigen Schritt an, ob derjenige, der ihn tut, den aufrechten Gang pflegt oder ein Kriecher ist; die Glosse hört den falschen Zungenschlag und entlarvt die feierliche Rede; die Glosse erschnüffelt aus einem Rülpserchen die Schlemmereien einer ganzen Woche.

In einem Nachschlagewerk des Jahres 1897 findet sich folgender Hinweis: »In der Umgangssprache sind Glossen soviel wie spöttische, tadelnde Bemerkungen. Glossen machen«.

Glossen wurden Erläuterungen genannt, die am Rande von besonders unverständlichen Bibelstellen standen. Es ist nichts Unangemessenes an dem Gedanken, dass die Glosse unserer Tage auch eine Erläuterung besonders unverständlicher Berichte über politische Zusammenhänge sein kann. Da fast alle Zusammenhänge politisch, und die Berichte darüber oft unverständlich sind, kommt der Glosse eine große Bedeutung zu.

Die Glosse ist leidenschaftlich einseitig und ein erbitterter Feind der Ausgewogenheit.

Umgangssprache. Glossografische Werke waren einmal eine wichtige Quelle für die Kenntnis der Volkssprache, des sogenannten Vulgärlateins. Es ist sehr gut, wenn auch die zeitgenössische Glosse in diesem Sinne vulgär ist, wenn sie die *Sprache des Volkes* spricht. Mit der *tadelt und spottet sie.*

Mit dem Klang der Stimme glossieren. Dem Wort Glosse liegt das griechische Wort für »Zunge« zu Grunde. Das ist eine Verpflichtung. *Der Radio-Glossist hat eine schnelle und spitze Zunge.* Das schwerfällige Wiederkäuen von Kommentarbrocken ist ihm fremd. Wo der Glossenschreiber Worte braucht, reicht dem Radio-Glossisten manchmal die Stimme. Er kann z. B. aus der Rede eines Politikers zitieren, ohne ein kommentierendes Wort, aber dennoch die Rede verspotten mit dem glossierenden Klang seiner Stimme. Die Radio-Glosse wird vom Autor selbst gelesen.

Mit Geräuschen glossieren. Da das Radio ein akustisches Medium ist, können in die Glosse auch Geräusche eingebaut werden. Das muss allerdings vorsichtig gemacht werden, damit die Glosse, die eine entschiedene Meinung vertreten soll, nicht zur oberflächlichen Geräuschklamotte gerät.
Als wiederum klassisches Modell für die Geräuschglosse kann die Glosse mit nur einem Geräusch gelten: Der Glossist trägt z. B. mit Pathos hehre Ziele eines mächtigen Mannes vor und stellt das Ganze dadurch in Frage, dass er an bestimmten Stellen ein Geräusch einblendet: Schnarchen, müden Beifall eines Einzelnen oder Glockengedröhn deutscher Dome.

Mit O-Tönen glossieren, also mit Aussagen von Politikern oder Bürgern, die nicht erfunden, sondern in einer bestimmten Situation tatsächlich gemacht worden sind, verdichtet diese Aussagen auf den Aspekt, der dem Glossisten aufgefallen ist. Die Grenzen der Verdichtung und Verkürzung liegen da, wo die Unwahrheit beginnt. Und die Fakten müssen ebenfalls immer stimmen – auch in der Glosse (vgl. Beitrag »Medienrecht für Radio-Journalisten).

Kürze – Vorzug der Glosse. Höchstens zwei Minuten, länger sollte eine Glosse nicht sein.

Radiocomedy

Unter Comedy verstehen die Radiomacher heute eigentlich alles, was lustig ist im Programm. Mit »Radiocomedy« wurde der Humor im Radio nicht neu erfunden. Sketche, Parodien und Blackouts, gespielte Witze, Szenen, Telefonscherze, fiktive Typen und Stimmchargen gibt es schon lange im Radio. Aber das Tempo der Stücke zwischen wenigen Sekunden und zwei Minuten ist schneller, die Produktionsweise durch digitale Schnittechnik kleinteiliger geworden, vor allem sind *hörfunkspezifische Formen* hinzugekommen, die sich an *journalistische Beiträge* des Programms anlehnen.

»Getürkte« Interviews. Darin kann man mit erfundenen Gesprächspartnern in erfundenen Situationen die Wirklichkeit parodieren, grotesk verzerren, »eins draufsetzen«. Das sind oft szenische Satiren.

Die O-Ton-Collage (vgl. dort) bietet die Möglichkeit, Versatzstücke von realen Reden, Gesprächen und Diskussionsbeiträgen auf wirkungsvolle, sehr suggestive Weise neu anzuordnen. So lässt sich aus einer hitzigen Haushaltsdebatte im Bundestag durch Sampling, also schnelle Wiederholung, durch Schnitt und eine unterlegte Instrumentalmusik ein unterhaltsames Stück bauen. Dies ist eine genuine Hörfunkform irgendwo zwischen Sprechmotette, Rap oder Collage, die dazu noch die Möglichkeit bietet, durch Betonung, Wiederholung und Verstärkung das Geschehen zu kommentieren, zu glossieren oder ins Lächerliche zu ziehen (vgl. Beitrag »Glosse«).

Parodien. Man lehnt sich an die Originalform an, gibt ihr aber einen neuen Inhalt oder Ausdruck. Das geht mit einem wohlvertrauten Volkslied in Melodie und Text ebenso wie bei Gedichten von Klassikern (Goethes Erlkönig oder Schillers Glocke), bei Schlagertexten, Kinderliedern, Abzählversen oder Werbespots, Slogans und Claims. Das alles lässt sich sehr wirkungsvoll parodieren und variieren, weil die Vorbilder so vielen Hörern bekannt sind und die *überraschende Variation von Vertrautem* so viel Spaß macht. Manche Parodie auf eine besonders lästige, suggestive Werbung empfinden wir als geradezu befreiend, wenn uns die Spots durch ihre Häufigkeit und durch ihren appellativen Charakter auf die Nerven gehen. Allerdings sollte die formale Gestaltung solcher Comics, die auf eine Werbeparodie hinauslaufen, normalerweise nicht hinter der professionellen Qualität der Werbung zurückstehen.

Parodien von Stimmen sind ebenso zu einem ganz eigenen Gebiet der Radiounterhaltung geworden. Einen Promi so sprechen zu lassen, wie er klingt, ihm aber einen höchst überraschenden, anderen Text zu verpassen, der die Tagesaktualität auf kuriose Weise kommentiert, ihn aussprechen lässt, was er vermutlich denkt (aber nie sagen würde) oder die Kritik auf den Punkt bringt – das kann hohe Radiokunst sein.

Vollendeter wird sie noch, wenn die parodierten Prominenten nicht nur nachgeäfft werden, sondern zu ganz neuen Comic-Helden heranreifen. Klinsmään (Klinscämp, SWR3) oder Superschrödermään (SWF3, WDR) waren eigenständige Comic-Helden, deren Serien viele Monate oder Jahre liefen.

Blackouts, Oneliner, Punchlines und Sidekicks sind gerne gesendete Minicomics. »Blackout« kommt aus der Bühnensprache, hergeleitet aus der Technik, das Bühnenlicht nach der Pointe schlagartig zu löschen. Alle genannten Bezeichnungen meinen heute im Grunde kleine pointierte zweiteilige Konstruktionen, in denen

- der erste Teil den (realen oder erfundenen) Fakt, die Nachricht bringt,
- der zweite Teil den witzigen Kommentar dazu, den Weiterdreh, die überraschende Schlussfolgerung.

Beispiel: `Zu wütenden Protesten gegen die Auswei-`
`tung der Tempo-30-Zonen kam es heute in Baden-`
`Baden.`
`Die meisten Einwohner der von Rentnern und Pen-`
`sionären bewohnten Stadt wollen gar nicht so`
`schnell fahren ...`
Viele Morningshows bestreiten diese Gags mit eigenen Einfällen
oder aus Zulieferungen von nachtaktiven Pointenschreibern, die
sich den Stoff dafür im Internet aus den Online-Angeboten von
Zeitungen und Agenturen holen.

Der gespielte Witz gehört nicht zum schlechtesten Comedy-
Repertoire, obwohl er sicherlich die kleinste kreative Leistung
darstellt: Eine Witze-Sammlung, etwas Spielfreude und ein paar
Geräusche genügen als Zutaten für die Produktion. Der Witz
beim gespielten Witz liegt dann in der Art, wie er gebracht wird.
Gespielte Witze in Dialogform tauchen oft auch in Doppelmode-
rationen auf.

**In Comedys soll sich der Zeitgeist, die Realität widerspie-
geln.** Ihr Bezug zur Erlebniswelt muss aktuell sein und den Hörer
dort abholen, wo er sich im Alltag befindet. Die in ihnen handelnden Gestalten sollen einen nachvollziehbaren Erlebnishin-
tergrund haben. Am besten sind es Typen aus der Galerie des
Alltags, täglich gepflegt und aktualisiert von ihren Autoren. Zum
Beispiel: der schnöselige Chef, der handfeste Hausmeister, der
gewitzte Taxifahrer mit Migrationshintergrund. Ihnen lassen sich
ganze Themenfelder zuweisen, sie werden zu *Kultgestalten* von
Radioprogrammen, zu regelrechten *Identifikationsobjekten*. Gut
gezeichnete Charaktere und Typen haben eine *klare Biografie*,
sie bleiben sich treu, ihr Denken, ihr Sprechstil, ihre Argumenta-
tionsweise darf nicht täglich neu erfunden werden.

Jeder gute Comic erzählt eine Geschichte, und gute Geschichten haben Hand und Fuß. Sie bieten eine Orientierung, sagen klar,
was da von wem, wo, wie, wann und warum erlebt wird. Der Hörer muss gesagt kriegen, welche Tatsachen welche Entwicklungen

zur Folge haben. Die Wirkung verstärkt sich durch *standardisierte* Abläufe, *refrainartige* Wiederholungen. Sie werden zum vertrauten Hörerlebnis, ihre Versatzstücke tauchen in der Alltagssprache der Hörer auf, am Ende spricht man von »Kultcomics«, die ihre große Fangemeinde haben und, als CDs auf den Markt gebracht, in erstaunlichen Stückzahlen verkauft werden oder erstaunliche Downloads bringen (vgl. Beitrag »Programm-Promotion«).

Die Stimme: durchs Ohr direkt ins Gehirn. Jeder Hörer empfindet den Klang einer Stimme ganz individuell und entwickelt zu ihr eine Beziehung, hat seine persönliche Vorstellung von den handelnden Typen in einer Szene oder Serie im Radio. Einprägsame Stimmtypen sind fürs Radio ein Kapital. Das lässt sich noch vermehren, wenn man die Kunst beherrscht, diese Stimme zu variieren, zu chargieren, zu parodieren. Mancher Witz, manche Groteske, viele Comics wären nur halb so gut, wenn sie nicht in unverwechselbarer Weise gesprochen wären. Dies ist ein wichtiger Teil von Radiokunst. Nicht jeder ist ein begnadeter Parodist und hat jene ganz spezielle Musikalität, die dazu nötig ist, einen bestimmten Stimmklang, Sprach- und Sprechgestus zu imitieren, zu parodieren oder persiflieren – aber weitaus die meisten Autoren und Sprecher können in dieser Beziehung *dazulernen.*

Durch Geräusche werden beim Hörfunk-Comic grundlegende szenische Informationen geliefert. Ein alltäglicher Kunstgriff, dessen man sich immer wieder bewusst werden muss: Straßenatmo mit Martinshorn knipst sofort ein Bild im Kopf an, über das nichts gesagt zu werden braucht, ebenso Hühnergackern und Kühemuhen oder Bachgluckern und Vogelgezwitscher mit Waldesrauschen. In diese Hörszenerie hinein können wir handelnde Personen stellen und durch deren Sprechtexte in wenigen Sekunden klar machen, was abläuft. Wobei man die Realität wieder brechen und durch Verwendung von Comicsprache auf eine andere Ebene heben kann. Das Hörbild »Hühnerhof« lässt sich beispielsweise mit dem Text `Gacker, Gacker, Goook, Goook` und `Kikerikie` herstellen, wenn man den Originalton aus dem Archiv oder von der Geräusch-CD für zu realistisch hält

oder mit dem Stilmittel der phonetisch nachahmenden Comicsprache eine andere Wirkung beabsichtigt.

Ein auf den Inhalt bezogenes logisches Tempo müssen die
Szenen haben. Ist der Inhalt kurz, besteht er nur aus einem Ka-
lauer, einem Wortspiel, so darf die Szene auch nur einige Sekunden dauern. Jedes Hinausziehen muss vom Inhalt und vom
Verlauf her zu begründen sein.

Einen wirkungsvollen Schluss muss Comedy haben. In der
Regel ist das eine gute Pointe. Die stärkste aller Pointen im Verlauf des Stückes sollte am Schluss stehen. Beim Schreiben stellt
man gelegentlich fest, dass die beste Pointe, der wirksamste
Gag in einem Beitrag schon »verbraten« wurde – dann kann man
den Text noch umstellen. Der Hörer kennt ja nicht das Aus-
gangsmaterial, er weiß nicht, was der Autor weggelassen hat,
weil es weniger wirkungsvoll ist. Wenn der Text, die Szene durch
reifliches Nachdenken des Autors optimal zugespitzt wurde, ist
das Lachen über den richtigen Schluss, die richtige Pointe der
Lohn für die Mühe. Je überraschender und kurioser, umso wirkungsvoller.

Lachstoff ist leicht zu haben. Die täglichen politischen oder
gesellschaftlichen Ereignisse sind ergiebige Steinbrüche für
Lachstoff. Wie kommt der Kanzler/die Kanzlerin mit dem Koali-
tionspartner zurecht? Was passiert im Trainingscamp der Fuß-
ball-Nationalmannschaft?

Für den Sucher nach Lachstoff ist in den letzten Jahrzehnten
ein weiteres Erfolg versprechendes Fund- und Erkundungsge-
biet hinzugekommen: das Universum der Unterhaltung in sämt-
lichen Medien, vor allem aber das überquellende Angebot an
Fernsehunterhaltung. Aus TV-Sendungen sind Muster, Typen,
Darstellungsweisen so sattsam bekannt, dass sich mit ihnen erfolgreich spielen lässt, ihre Parodie oder Veralberung schon fast
zum Volksvergnügen wird. Dazu gehören Spielshows, Talkshows,
Sportübertragungen mit dem charakteristischen Sprechstil be-

stimmter Sportreporter, aber auch ganze Gattungen – wie der Actionfilm, der Fernsehkrimi, die Ärzte- oder Krankenhausserie, die Familien-Soap, die Casting-Show; sogar Diskussions- und Nachrichtensendungen sind als Fundstätten für Lachstoff nicht ausgeschlossen.

Auch Boulevardzeitungen bieten fast jeden Tag eine Fülle von Stoff, der sich unterhaltend variieren lässt.

Comedy muss schnell sein. Die glossierende, kommentierende oder parodierende Verarbeitung solcher Stoffe noch am Tage selbst (in oft weniger als einer Stunde für die folgende Sendung) ist eine ureigene Aufgabe des aktuellen und schnellen Mediums Radio geworden. Das ist eine Qualität, die dem Radio niemand streitig macht, aber auch schon fast eine Verpflichtung für Radio-Journalisten, die erkannt haben, dass dies zur Orientierung im Meldungsdickicht und zur Vervollständigung von Meinungsbildern nützlich ist.

Was ist komisch? Überraschende Wendungen, Brüche der Logik, Wortverdrehungen, Stilbrüche, Nonsenskonstruktionen können komisch sein. Komisch ist es auch, wenn bekannte Muster neu angeordnet werden, wenn eine Erwartungshaltung erzeugt wurde, die auf überraschende Weise enttäuscht oder bedient wird. (Reden ist Schweigen, Silber ist Gold).
Komisch ist der überraschende Bruch einer Serie, komisch ist die Übertragung von Bekanntem auf Unbekanntes, komisch sind skurrile, groteske, übertriebene, ungewöhnliche Situationen und Konstellationen. Komisch kann die pure Verlangsamung oder Beschleunigung einer Situation, eines Ablaufes sein. Komisch ist es manchmal, wenn uns ein Spiegel vorgehalten wird und wir mit den eigenen Ansichten, Reaktionsweisen und Verschrobenheiten konfrontiert werden.

Wie lange ist etwas komisch? Nicht lange. Alles hat seine Zeit. Das gilt auch für die Comedy. Was an ihr heute neu, aufregend und spannend wirkt, ist morgen gewohnt, weniger strahlend und möglicherweise sogar langweilig. Oft werden in einer Morning-show von drei Stunden drei verschiedene Episoden der gleichen Serie gesendet, die dann den Tag über auch noch wiederholt werden. Je öfter wir damit solch einem Element begegnen, umso vertrauter werden wir zwar mit ihm, das Erlebnis der Comic-Serie macht es aber nicht frischer. Durch den intensiven Einsatz aktueller Comedy-Serien tritt der Abnutzungs- und Gewöhnungseffekt heute sehr viel schneller ein.

Geschmackvoll oder geschmacklos? – Geschmacksfrage! Humor funktioniert sehr oft auf Kosten anderer. Und obwohl man seinen Humor beweisen soll, indem man trotzdem lacht – als Betroffenem bleibt einem das Lachen oft im Halse stecken, während die anderen sich vor Lachen biegen. Das ist menschlich.

In diesem Sinne sind wir sicher oft weit von christlicher Nächstenliebe entfernt, wenn wir lachen. Nur so kann aber zynischer Humor, schwarzer Humor funktionieren.

Wer gerade einen nahen Verwandten verloren hat, der wird einen Witz zum Thema Trauer, Tod und Sterben ganz anders erleben als einer, dessen Gefühlslage in dieser Beziehung augenblicklich neutral ist. Aber als Radiomacher kann man nicht wissen, in welcher Situation ein Hörer gerade ist. Deswegen erscheint da eine gewisse Zurückhaltung klug. Das gilt auch für Ausdrücke aus dem menschlichen Intimbereich. Radio für ein breites Publikum ist eben etwas anderes als Comedy im Saal, als eine Gagshow für zahlendes Publikum über einer bestimmten Mindestaltersgrenze.

Andererseits sind gerade solche Tabuzonen gute Biotope für jede Art von Gags, Pointen oder Witzen. Doch dies sind, wie gesagt, Geschmacksfragen, über die je nach Zeitgeist und Zuhörerkreis ganz unterschiedlich geurteilt wird.

Weiterführende Literatur:

Rainer Dachselt, Ingo Schwarz, Stefan Spang, Radio-Comedy (UVK, Konstanz 2003)

Sendungen

Nachrichten

Nachrichten sind knapp gefasste Informationen; sie enthalten nichts Überflüssiges. Nachrichten sind besonders glaubwürdig; sie unterscheiden sich grundsätzlich von meinungsbetonten journalistischen Beiträgen. Und Nachrichten sind relativ leicht verständlich; sie sind nach strengen formalen Regeln verfasst. Das gilt nicht nur für Radio-Nachrichten in klassischer Form, also für reine Textmeldungen, sondern auch für Meldungen mit O-Ton, d. h. Meldungen, in die Statements und Kurzberichte eingebaut sind (mehr dazu im Beitrag »Nachrichten-Präsentation«). Die oberste formale Regel für die Nachricht lautet:

Das Wichtigste steht am Anfang. Das Wichtigste – den Kern der Mitteilung – herauszuarbeiten und so knapp und genau wie möglich in Worte zu fassen, das ist die erste und größte Aufgabe des Nachrichtenredakteurs: nicht spektakulär, aber anspruchsvoll.

Ein einfaches Beispiel aus dem Alltag einer regionalen Nachrichtenredaktion soll das klar machen. Eine Pressemeldung der Kaiserslauterer Polizei hat folgenden Wortlaut:

Am Ostersamstag, gegen 16.40 Uhr, befuhr ein 23-jähriger Mann aus Kallstadt mit seinem Krad die B 48 von Hochspeyer kommend in Richtung Johanniskreuz. In einer Rechtskurve kam er vermutlich infolge unangepasster Geschwindigkeit auf die Gegenfahrbahn und kollidierte mit einem entgegenkommenden Pkw. Der Kradfahrer wurde mit schweren (nicht lebensgefährlichen) Verletzungen ins Westpfalzklinikum eingeliefert. Die 17-jährige Soziusfahrerin aus Freinsheim erlag noch am Unfallort ihren schweren Verletzungen. Es entstand Sachschaden in Höhe von knapp 13 000 Euro. Die B 48 war für ca. zwei Stunden voll gesperrt.

Keinem Nachrichtenredakteur wird es einfallen, diese Mitteilung wörtlich zu übernehmen.

Für das Radio wird der Redakteur vielleicht so formulieren:
Bei einem Verkehrsunfall auf der Bundesstraße 48 ist eine 17-Jährige ums Leben gekommen. Sie starb noch am Unfallort. Die Frau hatte als Soziusfahrerin auf einem Motorrad gesessen. Der Fahrer wurde bei dem Unfall schwer verletzt. Nach Angaben der Polizei war er vermutlich zu schnell gefahren und mit seinem Motorrad auf einen Personenwagen geprallt, der entgegenkam.

Diese Meldung ist einfacher, kürzer und klarer als die Polizeimitteilung. Was ist aber der größte Unterschied zwischen beiden Fassungen? Die Polizei hat *chronologisch* berichtet, der Nachrichtenredakteur teilt *zuerst das Wichtigste* mit: ... ist eine 17-Jährige ums Leben gekommen. Dieses Prinzip – das *Leadsatz-Prinzip* – ist im Hörfunk besonders ausgeprägt: Im ersten Satz nur das Wesentliche, nur das, was der Hörer behalten und – möglichst wörtlich – wiederholen kann. *Wer* hat *was* getan? *Wem* ist *was* geschehen? Das sind klassische Leadsätze:
- Bei einem Verkehrsunfall ist eine 17-Jährige ums Leben gekommen.
- In Frankreich streiken die Lokomotivführer.
- Der Bundestag hat die Steuerreform verabschiedet.

Je knapper, desto besser. Oft ist es zweckmäßig, die Aussage darüber, *wer was* getan hat, zurückzustellen und plakativ zuerst das *Ergebnis* zu nennen:
Das Surfen im Internet wird für viele Kunden billiger. T-Online, Arcor, 1&1 und und andere Anbieter haben angekündigt, dass sie ab März die Tarife senken.

Klare Leadsätze sollte der Nachrichtenredakteur auch dann schreiben, wenn der Nachrichtenstoff so schwierig ist, dass er sich beim besten Willen in einem einzigen pointierten Satz nicht ausdrücken lässt. In solchen Fällen bietet sich ein *Einleitungssatz* an, der zur Hauptsache hinführt:

Das Bundesverfassungsgericht hat die Rechte von Körperbehinderten gestärkt. Nach einem Urteil des Gerichts darf ein Mieter auf eigene Kosten einen Treppenlift in das Mietshaus einbauen, wenn er auf den Rollstuhl angewiesen ist. Der Hausbesitzer muss das dulden.

Die eigentliche Neuigkeit (Mieter darf Treppenlift einbauen) steht hier erst im zweiten Satz. Ohne Einleitung könnte diese Mitteilung die Aufnahmefähigkeit des Hörers überfordern.

Der einleitende, moderative Leadsatz ist vielfach auch bei *Meldungen mit O-Ton* angebracht. Die Neuigkeit selbst kommt dann erst zu Beginn des O-Tons:

Die Geiselnahme auf den Philippinen hat sich dramatisch zugespitzt. Vor einer halben Stunde fielen die ersten Schüsse. Aus Manila Armin Wertz: »Philippinische Soldaten haben das Lager der Entführer unter Feuer genommen ...«

Allerdings darf man mit dem einleitenden Leadsatz nicht gegen ein anderes wichtiges Nachrichtenprinzip verstoßen: die Trennung von Nachricht und Kommentar.

Nachrichten müssen kommentarfrei sein. Negativbeispiel:

Die Bundeswehr übernimmt in Afghanistan eine hoch gefährliche Aufgabe. Von heute an sollen 205 deutsche Soldaten als »Schnelle Eingreiftruppe« fungieren. Damit steigt für sie das Risiko, in Kämpfe mit den Taliban verwickelt zu werden ...

Der hier verwendete Leadsatz ist nach den klassischen Nachrichtengrundsätzen fragwürdig. Die Schlussfolgerung »hoch gefährlich« sollte der Nachrichtenredakteur den Hörern überlassen. Vielleicht beurteilen einzelne Hörer den Einsatz ja ganz anders und sagen: »Alles Routine« oder »Auch die anderen Aufgaben der Bundeswehr sind hoch gefährlich«.

Das größte Kapital der Nachrichten im Radio ist ihre *Glaubwürdigkeit,* die auf einer *sachlichen, fairen* und *unparteiischen* Darstellung beruht. An dieser Sachlichkeit darf auch und gerade im Leadsatz kein Zweifel aufkommen.

Warum Leadsatz-Prinzip? Traditionsgemäß heißt die Begründung: Weil man nur so die Nachricht bequem von unten her kürzen kann – notfalls so weit, bis nur noch ein einziger Satz, der Leadsatz, übrig bleibt. Wichtiger erscheint im Hörfunk ein anderer Grund, der mit der selektiven Wahrnehmung zusammenhängt. Der Hörer kann seine Aufmerksamkeit auf *die* Meldungen konzentrieren, die ihn wirklich interessieren. Das Wichtigste kommt ja immer am Anfang. Wenn ihn das nicht fesselt, darf er eine geistige Pause einlegen bis zum nächsten Thema.

Die Meldung hat eine feste Form. Das gilt nicht nur für den Anfangssatz, den »Lead«, sondern auch für die Folgesätze, den »Body«, also den »Körper«. In vielen Fällen sieht der Aufbau der Meldung so aus:

- im ersten Satz der *Kern,*
- im zweiten die *Quelle* (sofern es sich nicht um ein öffentliches, jedermann zugängliches Ereignis handelt, Näheres s. u.),
- dann *Einzelheiten,*
- schließlich der *Hintergrund,* d. h. *Vorgeschichte, Zusammenhang* und nahe liegende *Zusatzinformationen.*

In Vietnam ist vermutlich eine Vogelgrippe-Epidemie ausgebrochen **(Kern)**
Das hat die Weltgesundheitsorganisation WHO in Hanoi bekannt gegeben **(Quelle)**.
Nach ihren Angaben sind zehn Kinder und ein Erwachsener an der Vogelgrippe gestorben. Bei drei Opfern wurde dasselbe Virus nachgewiesen, an dem in den letzten Wochen in Vietnam 1,2 Millionen Hühner verendet sind **(Einzelheiten)**.
Eine Vogelgrippe grassiert zurzeit auch in Südkorea **(Zusammenhang)**.

Bereits vor sechs Jahren hatte eine ähnliche Epi-
demie in Hongkong gewütet. Damals waren sechs
Menschen gestorben. Der gesamte Hühnerbestand
Hongkongs wurde notgeschlachtet (Vorgeschichte).
Eine verwandte Virusinfektion ist die Lungen-
krankheit SARS, die angeblich von Schleichkatzen
übertragen wird (Zusatzinformation).

Nur durch die Wiederholung des Kerns kann sich die Information richtig einprägen. Deshalb muss man darauf achten,
dass im zweiten oder dritten Satz der Kern noch einmal aufgegriffen und weitergeführt wird: Vogelgrippe ... gestorben ... Vietnam. Dass bei diesem standardisierten Aufbau des
Nachrichten«körpers« die klassischen W-Fragen (Wer?, Was?,
Wann?, Wo?, Wie?) beantwortet werden, ist eine Selbstverständlichkeit. Auch über das »Warum?« können viele Meldungen
Auskunft geben. Sachliche Erläuterungen haben hier ebenfalls
ihren Platz – nach dem Motto: zuerst die *Fakten*, dann die *Fak-
tendimensionierung*. Solche Zusatzinformationen oder die Vorgeschichte ergeben vielfach einen idealen Abschluss der Nachricht.

Kern, Quelle, Einzelheiten, Hintergrund – das sind die Bausteine der Nachricht. Dabei steht der Kern, das Wichtigste, in jedem Fall an der Spitze.
Mit den übrigen Bausteinen ist es anders. Sie ordnet man nach
dem Prinzip an: Was stützt den Kern am besten? Es ist also gut
möglich, dass der Redakteur – um die Kerninformation hervor-
zuheben – zuerst den Hintergrund erklärt. Einzelheiten und
Quelle folgen dann weiter hinten[1].

Der Schluss der Meldung kann klar markiert sein, etwa:
- als Ausblick in die Zukunft:
In der nächsten Woche wird sich der Bundestag mit
dem Gesetzentwurf befassen
- als Schlenker weg vom Hauptthema:
Darüber hinaus forderte der Redner ...

- oder mit Worten, die ausdrücklich das Ende der Meldung kennzeichnen:

Abschließend heißt es in dem Kommuniqué, ...

Die Quelle nennen, immer wenn es nötig ist – das gehört zum handwerklichen Standard. Im Allgemeinen kann der Nachrichtenredakteur die Dinge, über die er in den Nachrichten berichtet, nicht selbst beobachten, anderweitig ermitteln oder überprüfen. Also muss er sagen, woher die Informationen stammen:

Der Preisanstieg in der Euro-Zone hat sich beschleunigt. Nach einer Schätzung des Statistikamtes der EU war die Lebenshaltung im Juni um vier Prozent teurer als vor einem Jahr.

Erst recht muss die Quelle genannt werden, wenn irgendwelche *Zweifel* am Wahrheitsgehalt einer Meldung bestehen:

Ähnlich wie die Siemens AG soll auch der französische Energiekonzern Alstom hohe Schmiergelder gezahlt haben, um Aufträge zu bekommen. Das berichtet der »Spiegel«. Er beruft sich dabei auf die Schweizer Justizbehörden.

Die exakte Quellenangabe trägt dazu bei, die Nachrichten transparent und damit glaubwürdig zu machen. Andererseits müssen Radionachrichten möglichst knapp gefasst sein. Der Redakteur kann deshalb die Quelle weglassen, wenn das Ereignis zwar nicht von ihm selbst, aber von anderen Journalisten beobachtet werden konnte, etwa wenn es sich um einen Sportwettkampf handelt.

Der Nachrichtenredakteur ist kein Briefträger. In vielen Fällen müssen die Meldungen der Agenturen schon aus rechtlichen Gründen (vgl. Beitrag »Medienrecht für Radio-Journalisten«) *überprüft* und *ergänzt* werden.

Der Oberbürgermeister von A. (Stadt im eigenen Sendegebiet), XY, soll beim Bau seines Privathauses unbezahltes Baumaterial erhalten haben. Das meldet der »Spiegel«. In dem Bericht heißt

es, das Baumaterial stamme von einer Firma, die
gleichzeitig für ein kommunales Projekt tätig gewesen sei. Die Staatsanwaltschaft wolle ein Ermittlungsverfahren einleiten.

Im »Spiegel« wird diese Meldung vielleicht nur wenig beachtet.
Zu einem großen Thema wird sie erst, wenn der regionale oder
lokale Sender sie ins Programm nimmt. Bevor der dienstha-
bende Nachrichtenredakteur das tut, sollte er sich also gegen
eine mögliche Klage wegen übler Nachrede oder Verleumdung
absichern. Er sollte sich bei der Staatsanwaltschaft erkundigen,
ob sie tatsächlich ein Ermittlungsverfahren plant, und eine Stellungnahme des Oberbürgermeisters einholen. Erst dann kann er
die Meldung senden – einschließlich seiner Rechercheergeb-
nisse, auch wenn diese nur lauten:

Die Staatsanwaltschaft hat es auf Anfrage abgelehnt, den Fall zu bestätigen. Oberbürgermeister
XY war bisher nicht zu erreichen.

Eigene Recherchen sind auch dann nötig, wenn in den vor-
handenen Meldungen der *regionale Aspekt* nicht beachtet wird.
Im Öffentlichen Dienst ist es zu ersten Warnstreiks gekommen. In Baden-Württemberg haben
vorübergehend die Beschäftigten von Straßenmeis-
tereien und Bauhöfen gestreikt. In Mecklenburg-
Vorpommern gaben 60 Lehrer zwei Stunden lang keinen Unterricht. Morgen will die Gewerkschaft
ver.di die Warnstreiks ausweiten.

Über andere Regionen berichten die Agenturen nichts. Dort
muss sich die Redaktion also die ergänzenden Informationen
selbst besorgen. Ein Telefonat dürfte genügen, um beim zuständigen ver.di-Bezirk zu erfahren, ob morgen vielleicht auch im eigenen Sendegebiet gestreikt wird.

Im regionalen Bereich besteht ohnehin ein Großteil der Arbeit
des Nachrichtenredakteurs in der Eigenrecherche. Jede Redaktion wird dafür ein eigenes System entwickeln, wie z. B. Routine-
Rundrufe zu festgelegten Zeiten bei Polizei und Feuerwehr.

Suchmaschinen im Internet oder klassische Lexika können beim Recherchieren helfen.

Der Gewaltverbrecher XY ist wegen vierfachen Mordes zu lebenslanger Haft verurteilt worden. Außerdem ordnete das Landgericht Koblenz Sicherungsverwahrung an. XY hatte in Remagen zwei Ehepaare ermordet.

Lebenslange Haft *und* Sicherungsverwahrung. Was heißt das? Das gedruckte Lexikon oder Wikipedia geben Auskunft, noch bevor auch die Agenturen die notwendige Ergänzung liefern:

Sicherungsverwahrung bedeutet im Wesentlichen, dass der Verurteilte wegen Gemeingefährlichkeit selbst in hohem Alter nicht aus dem Gefängnis entlassen wird.

Die Nachrichtensprache richtet sich nach dem Grundsatz: Verständlichkeit ist wichtiger als stilistische Schönheit. Alles, was im Beitrag »Fürs Hören schreiben« über das Radiodeutsch steht, gilt auch und ganz besonders für die Nachrichten. Im Radio braucht man verständliche Texte. Sie sollten so sein:

- *einfach* – d. h. nicht kompliziert,
- *knapp* – d. h. nicht weitschweifig,
- *ordentlich aufgebaut* – d. h. nicht chaotisch,
- wenn möglich mit ein wenig *sprachlicher Würze* – d. h. nicht langweilig.

Am wichtigsten ist der logische Aufbau. Das gilt für den einzelnen Satz und für den gesamten Text der Nachricht. Im *einzelnen Satz* heißt das: Man beginnt jeweils mit dem Bekannten und teilt erst dann das Neue mit. Im *gesamten Text* geht es nach dem gleichen Prinzip weiter: Man knüpft jeweils am soeben Gesagten an oder man erzählt das, was logisch am nächsten liegt.

Auf den Philippinen fordern die Entführer der 21 Touristen **(Vorgang ist bekannt)** ein Lösegeld von umgerechnet fünf Millionen Euro **(neue Aussage).**

Die Übergabe des Lösegeldes (direkte Anknüpfung) soll auf einer noch nicht genannten Insel stattfinden (neue Aussage).
Als Gegenleistung (logische Verknüpfung) wollen die Entführer zunächst zwei malaysische Moslems freilassen (neue Aussage).

Praktische Folge dieses Aufbaues ist, dass der Kern der Aussage jeweils im *hinteren* Teil des Satzes steht (... fünf Millionen Euro ... Insel ... Moslems freilassen). Das erleichtert bei der Präsentation die *richtige Betonung*, da der Sprechende (quasi in alter Gewohnheit) den Betonungsschwerpunkt ohnehin am Ende des Satzes sucht (vgl. Beitrag »Das Manuskript sprechen«).
Sprachwissenschaftlich nennt man das Ganze »*Thema-Rhema* –« oder »Topic-Comment-Prinzip«: Das Thema – das Bekannte – steht im »Vorfeld« des Satzes, das Rhema – das Neue – im »Nachfeld«.

Weitere positive Nebenwirkung: Die *Inversion*, also die Umkehr von Subjekt und Objekt, früher als Nachrichteneinstieg empfohlen, wird dadurch als unsinnig entlarvt. Sie ist nach diesem Schema nur noch im Ausnahmefall möglich, nämlich dann, wenn das Objekt und nicht das Subjekt an das bereits Gesagte andockt. Der nächste Satz könnte z. B. lauten:
Einen offiziellen Unterhändler (logische Anknüpfung, **aber Objekt**) hat die philippinische Regierung (**Subjekt**) noch nicht benannt.

Auch der sogenannte »Nachklapp« erledigt sich von selbst:
Wahrscheinlich befänden sich die Geiseln auf einer der Sulu-Inseln, sagte ein Sprecher des philippinischen Innenministeriums auf einer Pressekonferenz.
Einen solchen (schwer sprechbaren) Satz kann es nach dem Thema-Rhema-Muster gar nicht geben, denn hinten muss das Wichtige stehen und nicht so Unwesentliches wie Sprecher und Pressekonferenz.

Einer optimalen Verständlichkeit dienen auch folgende Sprachtipps:

Gelenkwörter benutzen, wo immer es logisch passt: aber, allerdings, dagegen, dennoch, trotzdem. Diese Wörter müssen freilich genau den Sachverhalt erfassen, denn auch hier ist die Grenze zum Kommentar leicht überschritten.

Keine großen Satzklammern, also nicht:
Der Bundesverkehrsminister hat den Beschluss der Deutschen Bahn, sich nicht an der Finanzierung des Transrapid zu beteiligen, kritisiert.
Zwischen Bundesverkehrsminister **und** kritisiert stehen viel zu viele Wörter. Hier hilft nur eines: *Ausklammern* und *nachstellen!* Also:
Der Bundesverkehrminister hat den Beschluss der Deutschen Bahn kritisiert, sich nicht an der Finanzierung ... zu beteiligen.

Keine Partizipialkonstruktionen, also nicht:
Der vor 16 Monaten unter Doping-Verdacht zurückgetretene Radprofi Jan Ullrich hat den Verbandspräsidenten Rudolf Scharping angegriffen. Ullrich sagte: »Solche Menschen hasse ich ...«
Sondern:
Der frühere Radprofi Jan Ullrich hat den Verbandspräsidenten Rudolf Scharping angegriffen. Er sagte: »Solche Menschen hasse ich«. Ullrich war vor 16 Monaten zurückgetreten, weil er im Verdacht steht, gedopt zu haben.

Keine Häufung von Substantiven, die durch Präpositional- und Genitivkonstruktionen miteinander verbunden sind, also nicht:
Trotz des Anstiegs der Steuereinnahmen aufgrund der Belebung der Konjunktur im vergangenen Jahr (fünf verkettete Substantive) bleiben Städte und Gemeinden hoch verschuldet.

Sondern:

Städte und Gemeinden in Deutschland bleiben hoch verschuldet, obwohl sie im vergangenen Jahr mehr Steuern eingenommen haben, weil sich die Konjunktur belebt hat.

Das Beispiel zeigt außerdem:

Verbalstil ist verständlicher als Substantivstil. Viele Ballungen von Substantiven lassen sich mit Hilfe von Verben auflösen:

Der Bundesaußenminister will in China Verbesserungen auf dem Gebiet der Menschenrechte erreichen.

Besser:

Der Bundesaußenminister will erreichen, dass sich die chinesische Regierung mehr als bisher an die Menschenrechte hält.

Keine lexikalische Varianz, vor allem keine journalistischen Uralt-Klischees, also nicht Mainmetropole für Frankfurt (es stört niemanden, wenn es zweimal Frankfurt heißt), nicht Urnengang für Wahl und nicht Zähler für Punkt.

Keine doppelte Verneinung, also nicht:

Der Ministerpräsident versicherte, er werde *nichts unversucht* lassen, um neue Betriebe anzusiedeln ...

sondern:

Der Ministerpräsident versicherte, er werde *alles* versuchen, um ...

Nicht zu viele Zahlen auf einmal, also nicht:

Die Zahl der Arbeitslosen ist im Juni um 123 000 auf 3 160 000 gesunken. Gegenüber dem Juni des vergangenen Jahres verringerte sich die Zahl sogar um 528 000. Die Arbeitslosenquote sank um 0,3 Punkte auf 7,5 Prozent. Vor einem Jahr hatte sie noch bei 8,8 Prozent gelegen.

Selbst bei konzentriertem Zuhören kann das niemand behalten. Einziger Ausweg: Einige Zahlen weglassen und mehr in Worten ausdrücken:

Die Arbeitslosigkeit ist im Juni weiter zurückgegangen. Ohne festen Job sind aber immer noch über 3,1 Millionen Menschen. Die Arbeitslosenquote sank von 7,8 auf 7,5 Prozent. Im vergangenen Jahr war die Quote deutlich höher: Damals lag sie im Juni bei 8,8 Prozent.

Unwichtige Personen weglassen, also nicht:

Wie der Pressesprecher des Ordnungsamtes der Stadt Hannover, Klaus Meyer, mitteilte, ...

sondern nur:

Wie das Ordnungsamt von Hannover mitteilte, ...

Orientierung an der gesprochenen Sprache – das hilft in vielen Fällen, verständlich und hörernah zu formulieren. So steht der Leadsatz immer im *Präsens* oder im *Perfekt*, also:

Die Bundeskanzlerin ist in Peking eingetroffen

und nicht

Die Bundeskanzlerin traf in Peking ein.

Denn auch im Alltag würde niemand für diese Mitteilung die Zeitform des Präteritums (Imperfekts) benutzen.

Vermeiden sollte man auch stilistische Eigenheiten, die es nur in der Schriftsprache gibt, z. B. den *vorangestellten Genitiv*. Also nicht: Niedersachsens Ministerpräsident **sondern** Der niedersächsische Ministerpräsident.

Sachliche Wortwahl. Nachrichten sind sachliche, kommentarfreie Mitteilungen. Deshalb dürfen die benutzten Wörter keinerlei Wertung enthalten. Wenn er seine Aufgabe richtig versteht, formuliert der Nachrichtenredakteur stets so, dass nicht der geringste Verdacht aufkommen kann, er ergreife in der einen oder anderen Richtung Partei:

Der Bundestag hat die Forschung mit embryonalen Stammzellen erleichtert. Danach dürfen deutsche

Wissenschaftler künftig auch solche Stammzellen verwenden, die vor dem 1. Mai 2007 im Ausland erzeugt wurden. Die Forschung ist umstritten, weil dafür die Embryonen getötet werden.

Ist *getötet* hier das richtige, wertneutrale Wort? Ist es nicht ein Ausdruck, der nur die Sichtweise der Gegner der Embryonenforschung wiedergibt, die in der befruchteten Eizelle schon einen schützenswerten Menschen sehen. Etwas weniger parteiisch könnte man von *zerstören* oder *verbrauchen* sprechen, obwohl auch diese Ausdrücke nicht ganz neutral sind. Sie passen eher in die Gedankenwelt derer, die den Embryo nur als Zellmaterial, also nur ansatzweise als Menschen betrachten.

Das treffende Wort benutzen – das gilt für die Nachrichten noch mehr als für andere journalistische Texte. Bei Strafprozessen darf es nicht heißen:

Der Angeklagte behauptete, er habe mit der Tat nichts zu tun.

Wenn wir sagen »behauptete«, heißt das: Wir nehmen an, dass er lügt.

Auch bei anderen Wörtern sollte man sich deren unterschiedliche Bedeutung vergegenwärtigen, ehe man sie verwendet. *festnehmen* und *verhaften* sind nicht das Gleiche, ebenso wenig *Grund* und *Ursache*, *Quote* und *Rate*, *Prozent* und *Prozentpunkt*. Und semantisch ist es ein feiner Unterschied, ob jemand *ums Leben kommt*, *getötet wird* oder (eines natürlichen Todes) *stirbt*.

Keine heimliche Propaganda. Regierungen, Parteien und Organisationen versuchen immer wieder, den allgemeinen Sprachgebrauch in ihrem Sinne zu prägen, möglichst ohne dass es die Öffentlichkeit überhaupt wahrnimmt. Ein Musterbeispiel war in den 80er Jahren das Wort *Nachrüstung*. Ein Begriff, der unausgesprochen voraussetzte, dass die östliche Seite *vor*gerüstet habe. Trotzdem wurde das Wort unreflektiert benutzt – selbst von radikalen *Nachrüstungs*gegnern.

Menschen, die für einen eigenen Staat eintreten, sind nur aus der

Perspektive der Zentralregierung Separatisten, aus ihrer eigenen Sicht vermutlich Freiheitskämpfer, neutral gesehen am ehesten Unabhängigkeitskämpfer. Und nur die Arbeitgeber – kleiner, aber feiner Unterschied – sprechen von Lohnzusatzkosten statt – wie die übrige Öffentlichkeit – von Lohnnebenkosten.

Beschönigungen sind ein Urphänomen der Sprache. Vorsicht ist geboten, wenn solche Euphemismen in der öffentlichen Sprache dazu dienen, die wirklichen Vorgänge zu verbrämen, und das teilweise auch noch in zynischer Weise. Beispiele:

Ethnische Säuberung für Völkermord/Vertreibung
Thermische Verwertung für Müllverbrennung
Friedenschaffende Maßnahmen für Kampfeinsätze
Bewegliche Ziele für Soldaten und ihre Fahrzeuge
Kollateralschäden für Opfer unter der Zivilbevölkerung
Flexibilisierung für den Abbau sozialer Schutzbestimmungen
Finaler Rettungsschuss für gezielte Tötung
Sonderbehandlung für die Ermordung eines KZ-Häftlings

Die Regeln des Konjunktivs muss der Nachrichtenredakteur ebenfalls beherrschen. Denn die meisten fremden Äußerungen werden in der *indirekten Rede* wiedergegeben – also im Konjunktiv I, im Konjunktiv des Präsens:

Der Oberbürgermeister sagte, er halte nichts von dem Vorschlag ...

und nicht etwa: er hielte nichts von dem Vorschlag ...
Nur in Ausnahmefällen wird in der indirekten Rede der Konjunktiv II, der Konjunktiv des Imperfekts benutzt – nämlich dann, wenn im Präsens der Unterschied nicht deutlich wird, weil Indikativ und Konjunktiv gleich klingen:

Die Tarifparteien haben versichert, sie kämen noch heute zum Abschluss.
Die Präsensform ... sie kommen ... ist da unbrauchbar.

Bei der Tatsachenaussage mit Quellenangabe ist es anders als bei der indirekten Rede. In diesem Fall steht das Prädikat im Indikativ und *nicht* im Konjunktiv, auch wenn es sich um eine unbewiesene Aussage handelt:

```
Nach den Angaben des Wetterdienstes ist zu er-
warten, dass der Dauerregen morgen aufhört.
```

Und keinesfalls:

```
Nach den Angaben des Wetterdienstes sei zu er-
warten ...
```

Immer auf Distanz bleiben. Besonders im Leadsatz lauert die Gefahr, dass man Äußerungen anderer in die eigene Diktion übernimmt:

```
Der Ministerpräsident ist davon überzeugt, bei
den Wahlen am Sonntag wieder die absolute Mehr-
heit zu erringen.
```

Eine naive Formulierung! Woher weiß der Redakteur, was der Ministerpräsident glaubt, denkt, hofft oder wovon er überzeugt ist? Wenn er's genau nimmt, kann er nur formulieren:

```
Der Ministerpräsident hat die Überzeugung ge-
äußert, er werde bei den Wahlen wieder die abso-
lute Mehrheit erringen.
```

Eine Möglichkeit der Distanzierung besteht manchmal darin, den unbestimmten statt des bestimmten Artikels zu benutzen:

```
Die FDP hat eine Überversorgung im öffentlichen
Dienst kritisiert.
```

Das heißt etwas anderes als:

```
Die FDP hat die Überversorgung im öffentlichen
Dienst kritisiert.
```

Auf den typischen Medienjargon sollte der Nachrichtenredakteur verzichten, weil im Alltag niemand so redet. Wer sagt im normalen Leben `Ausstand`, wenn er `Streik` meint? Wer spricht vom `Streifen`, wenn es um einen `Film` geht? Auch uralte Phrasen lassen sich vermeiden. Oder ist es vielleicht originell, wenn die Leute fast täglich `tiefer in die Tasche grei-fen` müssen? Zurückhaltung ist auch bei Standardverbindungen angebracht: Ein Gebäude wird vielleicht abgeriegelt, aber muss das immer hermetisch sein, die Fahndung der Polizei immer fieberhaft, das Suchen nach Arbeitskräften immer händeringend?

Und schließlich sollte man die unterschiedlichen Stilebenen beachten: Geschnappt wird der Verbrecher in der Umgangssprache. In den Nachrichten wird er festgenommen.

Nachrichten müssen sprechbar sein. Egal, ob man sie selber liest oder ob ein Kollege oder ein Profisprecher am Mikrofon sitzt – man sollte die Texte so abfassen, dass sie keine unnötigen atemtechnischen und artikulatorischen Schwierigkeiten machen. Zungenbrecher lassen sich vermeiden.

Auch für Schnellsprechwettbewerbe sind Nachrichten nicht geeignet. Eine Faustregel: Für eine Minute Sendezeit *nicht mehr als 13 Zeilen Text mit jeweils 60 Zeichen.* Weil die Meldungen rasch ihr Thema wechseln, dafür Pausen erfordern und überhaupt dem Hörer größere Konzentration abverlangen, bringt man in einer Minute Nachrichten weniger Text unter als bei anderen Sendungen, für die man 14 oder sogar 15 Zeilen pro Minute rechnet (vgl. Beiträge »Das Manuskript« und »Das Manuskript sprechen«).

Die Qual der Wahl. Jede Redaktion verfügt über mehr Informationen, als sie an ihre Hörer weitergeben kann. Agenturen, Korrespondenten, Pressestellen, Reporter liefern viel Stoff. Hinzu kommt die eigene Recherche. Die Redaktion muss also eine Auswahl treffen. Sie tut das vor allem nach dem Raster, das von dem Programmziel des Senders vorgegeben ist.

- Hat die große Politik den absoluten Vorrang?
- Wie sind Hardnews und Softnews gewichtet?
- Welchen Anteil sollen die regionalen Themen haben?
- Welche Rolle spielen Sport, Kultur und Sonstiges?

Solche Fragen müssen die Programmverantwortlichen vorher klären.

Infolge dieser Festlegungen sehen die Nachrichten des Deutschlandfunks dann anders aus als die von MDR 1 Sachsen-Anhalt und die von Eins Live anders als die von Radio Regenbogen.

Unterschiedliche Klassen von Meldungen. Wenn ein vollbesetzter ICE entgleist oder wenn der Bundesfinanzminister zurücktritt, kann keine Nachrichtenredaktion diese Ereignisse übergehen. Wenn der Finanzminister aber empfiehlt, unerwartete Mehreinnahmen zur Tilgung der Staatsschulden zu verwenden, wird der eine Sender das für wichtig und interessant genug halten, während der andere lieber meldet, dass in Italien die Tankwarte streiken oder dass eine populäre Fernsehmoderatorin drei Monate Babypause macht.

Es gibt also unterschiedliche Klassen von Nachrichten:

- Meldungen vom *Typ A*, an denen niemand vorbeikommt und die über mehrere Stunden hinweg im Programm bleiben,
- Meldungen vom *Typ B*, die trotz hoher Qualität meistens nur einmal laufen, und
- Meldungen vom *Typ C*, bei denen sich der Redakteur so oder so entscheiden kann.

  Im Bereich B und C wird der redaktionelle Ermessensspielraum nur vom jeweiligen Programmkonzept eingegrenzt.

Ob der Redakteur im Rahmen dieses Konzepts das Richtige auswählt – das ist mitentscheidend dafür, wie die Hörer die Nachrichten ihres Programms benoten.

Ein paar einfache Fragen können dem Redakteur bei der Auswahl weiterhelfen:

- Ist die Sache wirklich *wichtig* und *interessant?* So wichtig und interessant, dass die Menschen sogar in vier Wochen noch etwas davon wissen müssen?
- Ist es eine Nachricht, die dem Hörer einen Vorteil bringen oder ihn vor einem Nachteil schützen kann?
- Ist das eine Information, die man auch persönlich weitererzählen würde?
- Wird die Meldung eine *öffentliche Diskussion* anstoßen, wird sie Reaktionen auslösen?

- Wird irgendjemand diese Meldung *vermissen,* wenn sie in anderen Medien vorkommt, nicht aber in unseren Nachrichten?
- Passt die Meldung in unser Nachrichtenformat?

Bei kritischer Beurteilung des Nachrichtenangebotes kann vieles in den (virtuellen) Papierkorb:

- Meldungen, die nur ein Ritual zum Inhalt haben, z. B. das routinemäßige Zusammentreten eines Gremiums,
- Terminankündigungen (Der Bundesaußenminister reist Ende März nach Afrika),
- Protokollarische Vorgänge, z. B. Glückwünsche und Kondolenzen,
- inszenierte Ereignisse, die es nicht gäbe, wenn die Medien nicht da wären, z. B. die klassischen Greenpeace-Aktionen,
- banale Umfrageergebnisse (Männer lieben erotisches Knistern am Arbeitsplatz),
- banale Ratschläge (Beim Sonnenbaden vor allem die Mittagshitze meiden) und
- Peudo-Ereignisse (Internationaler Tag der Linkshänder)

Ob Meldungen über das Privatleben von Prominenten (Paris Hilton im Gefängnis) gesendet werden, ist eine Frage des Geschmacks und des Programmformats.

Der Redakteur muss schnell entscheiden. Nach der Sendung ist er meistens klüger. Medienwissenschaftler haben zahllose Nachrichtensendungen und Zeitungsseiten durchgecheckt und sozusagen hinterher herausgearbeitet, welche Kriterien offensichtlich den *Nachrichtenwert* ausmachen:

1. *inhaltliche* Kriterien wie Betroffenheit vieler Menschen, Folgenschwere, direkter oder indirekter Nutzen, geographische oder emotionale Nähe, Überraschung, Konfliktträchtigkeit, Dramatik, Kuriosität, Personalisierung und
2. *formale* Kriterien wie Kurzfristigkeit des Ereignisses, Eindeutigkeit des Ereignisses, Dauerbrenner-Charakter des Themas oder auch das genaue Gegenteil davon: thematische Abwechslung.

Für den Aufbau der Nachrichtensendung gilt der gleiche Grundsatz wie für den Aufbau der Einzelmeldung. Auch hier weiß der Hörer: Das Wichtigste steht am Anfang der Sendung und ist nicht am Ende versteckt. Seine Aufmerksamkeit darf folgerichtig etwas nachlassen, wenn schon die ersten Meldungen ihn nicht fesseln können. Allerdings sollte *Zusammengehörendes* zusammenbleiben, auch wenn es unterschiedlich wichtig ist; denn gerade das Sprunghafte an den Nachrichten kann das Verstehen erschweren.

Eine Nachrichtensendung hat also ihre eigene Dramaturgie. Vor allem wichtige Auslandsmeldungen rücken oft nach hinten und müssen mit der vierten oder fünften Stelle vorlieb nehmen. Längere Sendungen bestehen meistens aus mehreren Blöcken, etwa in der Reihenfolge: Inland – Ausland – Inland – Vermischtes. Mit entscheidend ist auch hier das Programmformat: Manche regional oder lokal orientierten Sender stellen die regionalen Ereignisse bewusst an die Spitze. Das Gleiche gilt für das »Vermischte« und den Sport. Sender im Boulevard-Format ziehen Meldungen aus diesen Bereichen gezielt nach vorn, andere bleiben bei der traditionellen Praxis.

Ins Netz damit: Was die Hörer im Radio suchen, erwarten sie erst recht beim Webangebot des Senders: Deshalb sollten die aktuellen Nachrichten dort nachlesbar sein, ergänzt mit Links zu dem, wofür in Radio-Nachrichten kein Platz ist, vor allem:

- statt des Zitats in einem Satz der ganze Interview-Wortlaut,
- statt eines kurzen Ausschnitts der gesamte Korrespondentenbericht,
- einen Hintergrund-Bericht zu einer wichtigen Meldung,
- Hinweise auf O-Töne zur Vorgeschichte einer Meldung.

Nachrichten im Netz zusätzlich sortiert anbieten, denn eine Stärke des Netzes ist es, Spezial- und Nischeninteressen zu bedienen. Also kann es attraktiv sein, die Radio-Nachrichten im Online-Auftritt in Rubriken zusammenzufassen, zum Beispiel:

- im *Überblick* für eilige Leser,
- *geografisch* sortiert für Heimat-Orientierte (Regionen, Stadt, Umkreis) und
- *thematisch* gebündelt für speziell Interessierte (Politik, Wirtschaft, Sport, Kultur, Musik, Boulevard).

Wenn der Sender für jede dieser Rubriken einen eigenen RSS-Feed anbietet, können sich Abonnenten kontinuierlich damit versorgen lassen. RSS-Feeds liefern einen Service, der einer Agentur vergleichbar ist: Man gibt einem Feedreader-Programm die entsprechende Adresse an, und das lädt sich dann automatisch die Schlagzeilen der neuesten Meldungen herunter. Über ihren PC, ihren PDA (kleinen tragbaren Kompakt-Computer) oder ihr (internetfähiges) Handy werden sie so in der gewählten Sparte jederzeit auf den aktuellsten Stand gebracht.

Wetter- und Verkehrsmeldungen kann man online viel regionaler oder lokaler zuschneiden als das in den meisten Radio-Programmen möglich ist. Der Nutzer schätzt Wetterprognosen für seine Heimatregion und Verkehrsmeldungen für seine Strecke besonders. Webcam-Bilder von Verkehrskameras an Knotenpunkten illustrieren die Verkehrslage.
Wetterdetails wie z. B. Temperaturen aus den Orten im Sendegebiet vermitteln Nähe – der Sender ist vor Ort. Unterstützen kann man das mit einem Hörerwetter: Gecastete Hörer können sich über eine spezielle Internet-Seite anmelden und dort ihre Beobachtungen und Messwerte eintragen. Früher wurde das über telefonische Rundrufe organisiert – verbunden allerdings mit viel mehr Zeit und Arbeit.

Im Newsroom crossmedial Nachrichten bearbeiten. Nachrichtenredakteure sind in immer mehr Sendern und Zeitungen gemeinsam in einer Großraum-Redaktion für die unterschiedlichen Medien tätig – in Rufweite voneinander und miteinander. In der Großraumredaktion des rbb-Inforadios in Berlin z. B. arbeiten nicht nur Hörfunk-, Online- und Teletext-Redakteure eng zusammen, unmittelbar daneben sind auch die Redaktion und das Studio für regionale Fernseh-Nachrichten platziert. Im Newsroom des Saarländischen Rundfunks wird das aktuelle Programm für Radio, Fernsehen, Online und Fernsehtext gemeinsam geplant und koordiniert. Im Idealfall ermöglichen einheitliche Redaktionssysteme einen Austausch von Texten und Materialien ohne Zeitverlust. Einmal recherchierte und geschriebene Nachrichten (generierter Content) können so in den unterschiedlichen Medien genutzt werden, nachdem sie kostengünstig mediengerecht überarbeitet (umformatiert) worden sind. Die Radio-Nachrichten sind so auch im Internet nachzulesen, werden im Fernsehtext (Videotext) verbreitet und können (könnten) z. B. auch für die Nutzung mit mobilen Geräten angeboten und als SMS-Service aufs Handy geschickt werden. Newsrooms haben verstärkt dafür gesorgt, dass die Nachrichtenredakteure sich zu multimedial denkenden und planenden (teilweise auch arbeitenden) Redakteuren entwickeln.

💻 Berufsalltag einer Nachrichtenredakteurin

[1] Dietz Schwiesau/Josef Ohler, Die Nachricht in Presse, Radio, Fernsehen, Nachrichtenagentur und Internet. Ein Handbuch für Ausbildung und Praxis (List Journalistische Praxis 2003)

Weiterführende Literatur:

Norbert Linke, Moderne Radio-Nachrichten. Redaktion, Produktion, Präsentation (Verlag Reinhard Fischer, München 2007)

Klaus Schönbach/Lutz Goertz, Radionachrichten: bunt und flüchtig (Vistas-Verlag, Berlin 1995)

Wolfgang Zehrt, Hörfunk-Nachrichten (2. Auflage,Verlag UVK, Konstanz 2005)

Peter Zschunke, Agenturjournalismus, Nachrichtenschreiben im Sekundentakt (2. Auflage, UVK, Konstanz 2000)

Nachrichten-Präsentation

Nachrichten müssen sich auf das Wesentliche konzentrieren und leicht verständlich und sachlich formuliert sein (vgl. Beitrag »Nachrichten«). Ob sie beim Hörer ankommen oder nicht, darüber entscheiden allerdings nicht nur Inhalt und Formulierung. Radio-Nachrichten müssen präsentiert werden, um zum Hörer zu gelangen. Dafür brauchen sie eine *Stimme*. Und sie brauchen ein *Layout*. Erst wenn redaktionelle Leistung und Präsentation perfekt zusammenpassen, werden Radionachrichten wirklich für die Hörer gemacht.

Nachrichten und Programmformat. Wenn die Nachrichten nicht in die Anmutung der Welle eingepasst sind, wirken sie wie ein Fremdkörper: Klassische Nachrichten im starren Fünf-Minuten-Format, mit traditionellen Ortsmarken und einem verlautbarenden Berufssprecher harmonieren nicht mit einem schnellen, frechen, jungen Programm. Ebenso ist eine Newsshow mit O-Tönen, Musikbett und jungem Redakteur am Mikrofon in der anheimelnden Volksmusik-Welle oder im Klassik-Programm am falschen Platz.

Wie gut die Einpassung der Nachrichten in das Programmformat gelingt oder inwieweit die Nachrichten selbst zum integralen Bestandteil des Programmformats werden, ist nicht zuletzt eine Frage der finanziellen und personellen Ressourcen. Kleine und mittlere Rundfunkanstalten sind manchmal darauf angewiesen, die Nachrichten ihrer einzelnen Wellen zumindest streckenweise so kompatibel zu gestalten, dass sie »durchgeschaltet« werden, also in mehreren Programmen laufen können. Privatsender kaufen vielfach bei einem zentralen Anbieter die Nachrichten, die möglichst gut zu ihrer Programmfarbe passen.

Ein Überblick über die Nachrichtenformate muss vereinfachen. Unterscheiden lassen sich als Grundformen vor allem die *klassischen* und die *O-Ton*-Nachrichten.

Erste Grundform: Klassische Nachrichten. Sie beschränken sich auf den reinen Text, es gibt keine Einspielungen. Größter Vorteil ist die Einheitlichkeit der Präsentation: Klassische Nachrichten sind in einem einheitlichen *Sprachstil* formuliert und sie werden von einem Sprecher in einem einheitlichen *Sprechstil* präsentiert. In der Regel haben diese Sendungen eine feste Zeitvorgabe. Als Trennelemente dienen vielfach *Orts-* oder *Themenmarken*. Auch die anderen Formelemente (z. B. Zeitansage) sind eher traditionell.

Die Ortsmarke, dem Leadsatz vorangestellt, schafft zwischen den einzelnen Meldungen eine klare Zäsur. Sie verhindert unscharfe und manchmal missverständliche Übergänge von einer Nachricht zur nächsten. Und sie führt den Hörer geografisch an das Thema heran. Wer Washington hört, weiß: Jetzt kommt vermutlich etwas Politisches aus den USA. Und bei der Ortsmarke Frankfurt kann man sich fast immer auf Wirtschaft, Banken, Börse einstellen.

In vielen Nachrichtenredaktionen werden Ortsmarken jedoch abgelehnt. Manchmal ist es schwierig, sich für einen Ort zu entscheiden, z. B.:

Die vor Somalia entführten Deutschen sind offenbar wieder frei. Sie sollen auf dem Weg zur deutschen Botschaft in Nairobi sein. Das berichtet die Deutsche Welle.

Welche Ortsmarke soll der Redakteur wählen? Mogadischu? Nairobi? Bonn? Oft führt diese Frage zu unglücklichen Doppel-Nennungen (Nairobi/Bonn). Außerdem wirkt die stereotype Wiederholung von Berlin bei bundespolitischen Themen ermüdend und langweilig. Schließlich gibt es häufig eine Schieflage bei Ortsmarken: Soll Osnabrück vor einer Meldung stehen, nur weil ein Politiker sich in der »Neuen Osnabrücker Zeitung« geäußert hat?

Die Themenmarke hat die gleiche Doppelfunktion wie die Ortsmarke: Zäsur und Orientierung. Um den Verdacht des Kommentierens von vornherein auszuschließen, benutzt man am besten reine Sachbegriffe, also:

Atom-Zwischenfall: Im südfranzösischen Atomkraftwerk Tricastin ist bei Wartungsarbeiten radioaktive Flüssigkeit ins Grundwasser gelangt.

Pilotenstreik: Kunden der Lufthansa müssen sich heute auf Behinderungen einstellen.

Die Schlagzeile führt den Hörer noch informativer an das Thema heran. Sie enthält bereits den Kern der Nachricht, dieser Kern muss aber im folgenden – vollständigen – Satz der Meldung unbedingt aufgegriffen und veranschaulicht werden, ohne dass es zu einer wörtlichen Wiederholung kommt. Also:

```
Neuer    Zwischenfall    in    südfranzösischem    Atom-
kraftwerk: In Tricastin ist bei Wartungsarbeiten
radioaktive Flüssigkeit ins Grundwasser gelangt.
```

Und:

```
Pilotenstreik bei der Lufthansa: Wegen des Streiks
müssen  sich  heute  Zehntausende  von  Passagieren
auf Behinderungen einstellen.
```

Als Strukturelement eignen sich Schlagzeilen besonders bei Kurznachrichten.

Kurznachrichten sind eine Sonderform der klassischen Nachrichten: knappe Meldungen in einer kurzen, also maximal zwei Minuten langen Sendung. Nach der Schlagzeile folgt in der Regel nur ein einziger Satz. Es kann aber auch sein, dass das Thema zumindest einen zweiten Satz erfordert.

Selbstverständlich kann sich eine Redaktion auch für *Kurznachrichten ohne einleitende Schlagzeile* entscheiden. Oder für *Meldungen in einem Satz*. Oder für *Schlagzeilen ohne Ergänzung*, z. B.:

```
Bei neuem Zwischenfall in südfranzösischem Atom-
kraftwerk  gelangt  radioaktive  Flüssigkeit  ins
Grundwasser.
Pilotenstreik bei der Lufthansa sorgt für Behin-
derungen.
```

Bedingung für solche Kurzformen ist allerdings, dass der Kern der Nachricht tatsächlich noch vermittelt wird und dass es gelingt, auch komplizierte Sachverhalte auf diese Weise zu erfassen.

Zweite Grundform: Die O-Ton-Nachrichten. Sie sind dadurch charakterisiert, dass in eine, in mehrere oder in alle Meldungen jeweils ein O-Ton eingeblendet ist. Dies können Primärtöne sein oder journalistische Aufsager von Reportern, Korrespondenten oder Redakteuren:

- *Statements* von Politikern, Managern, Sportlern, Polizeisprechern, Augenzeugen etc.
- *Ausschnitte* aus Reden, Pressekonferenzen, Interviews etc.

- nachrichtliche oder analysierende *Korrespondentenberichte* (vgl. Beitrag »Korrespondentenbericht aus dem Ausland«),
- *Zusammenfassungen* oder *Hintergrundschilderungen*, die von Redaktionskollegen geliefert werden (vgl. Beitrag »Aufsager/Nachrichten-Minute«).

Die O-Töne dienen der akustischen Bebilderung dessen, was sowieso in den Nachrichten kommen würde. Oder um es mit Walther von La Roche zu sagen:

- Statt im Text zu *zitieren*, was der Politiker gesagt hat, bringt man seine Sätze im Original.
- Statt im Text trocken zu *beschreiben*, wie es an der Unglücksstelle aussieht, fügt man dem Nachrichtenkern 30 Sekunden Reporterbericht oder einen Primärtön von Beteiligten vor Ort an.
- Statt im Text zu *erklären*, welche Punkte des neuen Gesetzes für die Bürger wichtig sind, überlässt man diese Aufgabe dem Erklärstück des Redaktionskollegen.

Größter Vorteil der O-Ton-Nachrichten: Sie sind abwechslungsreicher und wirken authentischer als die Nachrichten in klassischer Form. Meist werden sie mit einer Themenübersicht in Schlagzeilenform einschließlich Wetter eingeleitet. Präsentiert werden die O-Ton-Nachrichten in der Regel von Redakteuren, und nicht von Berufssprechern.

Wann die O-Ton-Nachrichten laufen, ob nur in der Frühschiene oder zu bestimmten Eckzeiten (zum Beispiel um 7, 12, 16, 18 und 22 Uhr), stündlich oder halbstündlich den ganzen Tag über, ist eine Frage des Programmformats.

News-Show, der Begriff wird nicht einheitlich verwendet. Er kann ein besonders temporeich und lebhaft präsentiertes Format bezeichnen. Die News-Show kann charakterisiert sein »durch den Einsatz einer breiten Palette journalistischer Formen (z. B. Sprechermeldung, Aufsager, Statement, Telefon-Interview) und Verpackungselemente« (Norbert Linke[1]). Als O-Ton-Nachrichtensendung besonderer Art »mit vielen (und meist längeren)

O-Tönen, bei der ein Präsentator nur noch moderative Zwischentexte spricht«, ergänzt und präzisiert Dietz Schwiesau[2] den Begriff News-Show.

Verpackungselemente sollen die Nachrichten in das Klangbild des Gesamtprogramms einbetten und für eine formatgemäße akustisch ansprechende Präsentation sorgen (vgl. Beitrag »Verpackungselemente«)

- Der *Opener* ist das akustische Signal für den Beginn der Sendung; er kann neben Musik und evtl. Geräuschen/Effekten auch Wort enthalten.
- Ein weiteres in Nachrichtensendungen verwendetes Layout-Element sind *Trenner*, kurze Töne/Effekte. Sie sind neben Orts- und Themenmarke das häufigste Mittel, um Meldungen von einander abzusetzen.
- Verbreitet sind auch *Musikbetten* (spezielle Instrumentalmusiken) über die die Nachrichten entweder insgesamt oder nur teilweise (z. B. nur die Schlagzeilen) gelesen werden.
- *Spezielle Jingles* (je nachdem Musik, Sprache, Geräusche/Effekte) dienen dazu, den *Service* (Wetter, Verkehr) anzukündigen und von den Nachrichten abzugrenzen. Service-Meldungen werden in der Regel über Musikbetten gelesen.
- Häufig werden die Verpackungselemente der Nachrichten benutzt, um die Senderkennung zu transportieren, beispielsweise beim Opener oder bei der An- und Absage von O-Tönen.

Ein unverwechselbares Profil der Nachrichten umfasst aber mehr als die Festlegung auf ein bestimmtes Nachrichtenformat. Dieses Profil sollte so eindeutig sein, dass der Hörer beim Einschalten sofort erkennt, dass er seinen Sender hört und nicht die Nachrichten oder die News-Show der Konkurrenz. Das Profil muss klar herauskommen – auch im Inhalt und im Sprachstil der Nachrichten, in Anmutung, Sprechstil und Form.

Inhalt: Nach welchen Gesichtspunkten werden die Nachrichten ausgewählt? Verschiedene Möglichkeiten sind im Beitrag »Nachrichten« in den Abschnitten »Die Qual der Wahl« und »Eine

Nachrichtensendung hat also ihre eigene Dramaturgie« dargestellt.
Dazu gehört auch die Überlegung, ob es in den Nachrichten *Tea-*
ser, gibt, also Appetitmacher beispielsweise auf ein Interview
zum selben Thema in der nachfolgenden Magazinsendung.

Sprachstil: Welche *Sprachebene* dient als Maßstab? Wird ein
Verbrecher `geschnappt` oder `festgenommen`? Gehen `Ar-`
`beitsplätze` verloren oder `Jobs`? Inwieweit werden *Fachaus-*
drücke in die Alltagssprache übersetzt? Welche Formulierungen
kommen auf die *Tabu*-Liste, welche sind erwünscht?

Anmutung und Sprechstil: Wer liest die Nachrichten, ein Berufssprecher oder der Redakteur? Wie ist die *Sprechhaltung*,
z. B.»Ich bin der öffentlich-rechtliche Nachrichtensprecher, sachlich und neutral« (Kulturprogramme) oder »Ich bin ein seriöser
Nachrichtenjournalist, aber ich habe einen Namen und eine Persönlichkeit« (Begleitprogramme mit journalistischem Anspruch)
oder »Hej, ich bin einer von Euch und sag' Euch jetzt mal, was
auf der Welt passiert ist« (junge Formate/Jugendwellen)?
Welche Anforderungen gelten für Stimme und sprecherische
Qualitäten wie Artikulation, Intonation, Sinnpausen, Sprech-
Gliederung, Tempo, Melodiebreite?
Gibt es vor oder nach den Nachrichten *on-air* Small-Talk-Ge-
spräche zwischen Nachrichtensprecher und Moderator?

Form: Haben die Nachrichtensendungen eine bestimmte Min-
destlänge oder richtet sich ihre Dauer nach der Nachrichten-
lage? Benutzt man Lead-Schlagzeilen oder ausformulierte Leadsätze? Werden Orts- oder Themenmarken verwendet? Werden
Trenner gesetzt? In welcher Form findet das Wetter statt? Wird
es vom Nachrichten-Präsentator gelesen, vom Wellenmodera-
tor oder vom Wettermann/der Wetterfrau?
Wie wird die Zeit angesagt? Wann wird die Zeit angesagt, nur zu
Beginn der Sendung oder auch am Ende?
Gibt es eine Begrüßung und die Nennung des Datums: `Guten`
`Morgen, heute ist Mittwoch, der vierte Oktober?`

Stellt sich der Nachrichten-Präsentator zu Beginn vor: `Am Mikrofon ist …` oder `Mein Name ist …` oder sollte er sagen `Ich bin …` Oder sollte er sich besser absagen: `Das waren die Nachrichten mit XY.`

Die richtigen Entscheidungen bei den genannten Fragen zu finden, ist eine schwierige Aufgabe für die Programm-Macher. Möglich sind alle genannten Alternativen. Welche man wählt, dafür sind drei Überlegungen entscheidend:

- An welche *Zielgruppe* wendet sich mein Programm (und damit auch die Nachrichten) und
- mit welchem *Format?*
- Welches *Profil* will ich meinem Programm innerhalb eines Formates geben?

Nur ein klares, nachvollziehbares, in das Format der Welle fugenlos eingepasstes Nachrichtenprofil kann dafür sorgen, dass die redaktionelle Leistung und die Präsentation der Sendung optimal zusammenpassen. Und erst dann können die Nachrichten beim Hörer ankommen.

[1] in seinem Buch »Radio-Lexikon« (List Journalistische Praxis, München 1997)

[2] im Kapitel »Die Radionachricht«; in: Dietz Schwiesau/Josef Ohler, Die Nachricht in Presse, Radio, Fernsehen, Nachrichtenagentur und Internet. Ein Handbuch für Ausbildung und Praxis (List Journalistische Praxis, München 2003))

Kompaktsendung/Umschau-Sendung

Unter diesem Sendungstyp (auch *Chronik-, Blocksendungen* oder *Journale* genannt) versteht man moderierte Sendungen ohne wesentliche Musikanteile als gestalterisches Mittel. Sie können jedoch kurze Musik-Brücken oder akustische Akzente enthalten. Der größere innere Zusammenhang unterscheidet sie von den Magazinen, und zwar sowohl vom *Aufbau* als auch von der *Moderation* her.

Diese Sendungsform findet sich vor allem in Einschaltprogrammen (vgl. Beitrag »Formate für Einschaltprogramme«) und dort im aktuellen Zeitgeschehen und in Fachredaktionen wie z. B. Politik, Wirtschaft und Aktuelle Kultur.

Inhaltsangaben wecken Interesse und orientieren. Der Hörer sollte zu Beginn das geplante Programm erfahren (zumindest das Wichtigste daraus), entweder in Form von Schlagzeilen oder etwas ausführlicher. Bei längeren Sendungen ist ein zweiter kurzer Hinweis auf das restliche Programm, etwa zur Halbzeit, sinnvoll.

Kompaktsendungen können *Nachrichten* enthalten. Als Zwischenform sind die vom Moderator »*erzählten*« *Meldungen* möglich.

Bei Nachrichten in der üblichen Form – von einem Nachrichtenredakteur zusammengestellt und gelesen – ergibt sich das Problem der Integration in die Sendung. Ein *Nachrichtenblock am Beginn* z. B. darf durch seine Länge nicht den Aufbau der Gesamtsendung sprengen. Nur enge Zusammenarbeit zwischen Moderator und Nachrichtenredaktion kann verhindern, dass Widersprüche zwischen *Meldungen* und *Beiträgen* auftauchen.

Ein Nachrichtenblock im Inneren einer Umschau-Sendung ist bei kürzeren Sendungen durchaus möglich, verlangt aber zur Vermeidung von Dubletten noch engere interredaktionelle Zusammenarbeit. In manchen Sendungen werden die Nachrichten als Zwischen-Informationen zwischen die Beiträge verteilt.

Für alle Darstellungsformen sind Umschau-Sendungen offen. Sie kennen keine Einschränkung bei den Beitragstypen. Im Regelfall herrschen Kommentare und Berichte mit und ohne O-Ton vor, sowie Interviews (vgl. Beitrag »Moderatoren-, Reporter- und Hörer-Gespräch«), aber die Reportage darf ebenso wenig ausgeschlossen sein wie das Mini-Feature oder das Gespräch des Moderators mit einem Partner, entweder live im Studio oder über Leitung.

Formale Abwechslung kann stark zur Belebung der Sendung beitragen. Wenn keine inhaltlichen Einwände vorliegen, ist es besser, *unterschiedlich* gestaltete Beiträge aneinander zu reihen und nicht Kommentar an Kommentar oder Interview an Interview. Solche Gesichtspunkte sollten bereits im redaktionellen Planungsstadium einer Sendung berücksichtigt werden.

Auch die Länge der einzelnen Beiträge beeinflusst die Gesamtwirkung einer Umschau-Sendung. Je kürzer die Umschau-Sendung insgesamt, desto kürzer in der Regel auch die in ihr enthaltenen Einzelbeiträge.
Die Normallänge von etwa zwei bis zu höchstens vier Minuten sollte nur ausnahmsweise überschritten werden (etwa bei Live-Interviews), muss aber in kürzeren Sendungen auch unterschritten werden.

Der Moderator der Umschau-Sendung hat eine andere Aufgabe als der Magazin-Moderator. Er ist Vermittler der Beiträge *anderer*, gleichzeitig aber in besonderem Maß auch Vermittler von Informationen, die *in den Beiträgen nicht enthalten* oder zum Verständnis eines Beitrags notwendig sind. Nur durch genaue Abstimmung der Moderation auf den *Beitrag* kann der Moderator verhindern, dass es zu *Wiederholungen* kommt (vgl. Beiträge »Moderieren« und »Moderationen schreiben«).

Wie lang eine bestimmte Moderation sein soll, hängt davon ab, wie viel Information für einen Beitrag notwendig ist. Der »Goldene Schnitt« für die Gesamtsendung: ein Anteil der Moderation von ca. 10 bis 15 Prozent.

Wenn mehrere Beiträge thematisch zusammenhängen, werden sie hintereinander platziert und vom Moderator in Beziehung zu einander gebracht. Durch *pointierte Absagen*, etwa durch Kürzestzusammenfassung eines Beitrags in einem Satz, kann der Moderator deutliche Akzente setzen. Seine Aufgabe in der An- oder Absage ist aber *nicht das Kommentieren von Kommentaren*.
Zeit- und/oder Stationsansagen – vor allem in den Sendungen am Morgen ein wichtiger Service – können klare Zäsuren zwischen thematisch nicht zusammenhängende Blöcke schieben.
Moderatoren- und Reporter-Gespräche sollen sich dem Stil der Sendung anpassen. Sie werden in der Regel formal knapper (betont sachbezogen) ausfallen als Moderatoren-Gespräche in einer Magazinsendung.

Der Umschau-Moderator ist knapp, präzise und vor allem informativ. Seine *Texte* schreibt er sich deshalb in aller Regel auf – Stichworte reichen selbst für den Könner nur im Ausnahmefall. Dennoch darf auch eine Umschau-Moderation nicht abgelesen klingen, sondern muss (wenn auch zurückhaltender als bei der Magazin-Moderation) persönlich gehaltene Präsentation sein.

Magazin

Das Hörfunk-Magazin verbindet Musik mit kurzen Wortbeiträgen, die von einem Moderator präsentiert werden. Es ist eine Informationssendung, die zugleich unterhält.

Das »klassische« aktuelle Magazin ist ein geeignetes Sendungsformat für informationsorientierte Begleitprogramme. Begonnen hatte der Siegeszug der Magazine in den deutschen Funkhäusern am 16. Oktober 1961 beim Rias-Berlin, zwei Monate nach dem Bau der Berliner Mauer am 13. August. Der Saarländische Rundfunk folgte 1964 mit dem Abendmagazin »Zwischen heute und morgen«. Dann kam das »Mittagsmagazin« auf WDR 2, die älteste (heute noch ausgestrahlte) Sendung dieses Typs, für den charakteristische Merkmale sind:

- Tagesaktuelle Informationen mit dem Schwerpunkt Politik, Wirtschaft und Zeitgeschehen,
- Ein Mix aller geeigneten Darstellungsformen wie vor allem: Moderatoren- und Reporter-Gespräche, O-Ton-Berichte, Reportagen und Korrespondentenberichte (vgl. jeweils dort),
- Wortanteil, der deutlich über dem ansonsten format-üblichen liegt,
- Präsentation durch journalistische Moderatoren/innen, die als Moderatoren-Persönlichkeiten ein wesentlicher Erfolgsfaktor sein sollen,
- Live-Prinzip, das jedenfalls für die Moderation, aber auch für möglichst viele andere Inhalte gilt,
- Musik, die dem Format des jeweiligen Programms entspricht.

Die Themen plant die Redaktion in mehreren Schritten:

- *Langfristig* werden alle feststehenden besonders wichtigen Termine besetzt, wie z. B. Parteitage, Wahlen, Festspiele.
- *Mittel- und kurzfristig* kommen weitere Termine hinzu, die sich aus dem aktuellen Geschehen ergeben, wie z. B. Pressekonferenzen, Bundestags- und Landtagssitzungen, Film- und Theaterpremieren, Sport.
- *Das Aktuellste* wird am Sendetag selbst verabredet, notfalls erst während der Sendung.

Nach diesem Prinzip »läuft die Sendung langsam voll«. Wer Großereignisse zu spät plant, kann leicht Probleme bekommen, weil Leitungen, Studios, Ü-Wagen oder Arbeitsplätze für Reporter ausgebucht sind. Wer zu viel im Voraus fest verabredet, kann gezwungen sein, manches aus aktuellem Anlass kippen zu müssen. Die Themen werden fortlaufend in einen digitalen Sendungsfahrplan eingetragen, fertige Beiträge ins Sendungsplanungssystem eingestellt. Der aktuelle Stand ist jederzeit für alle Beteiligten verfügbar.

→ Tipp: Wer als Reporter für ein Magazin arbeiten will, darf sich nicht wundern, dass angebotene Themen gelegentlich nicht fest »eingekauft« werden. Die Redaktion will sich dann einen Planungsspielraum erhalten und sagt erst sehr kurzfristig zu oder ab.

Eigene Themen setzen: Redaktionen, die über die aktuellen Muss-Themen hinaus noch Platz für weitere Beiträge in der Sendung haben, profilieren sich dadurch, dass sie selbst Themen »setzen«, unabhängig von den Terminvorschauen der Agenturen und Einladungen zu Pressekonferenzen.

→ Tipp: Magazin-Redaktionen entwickeln bei der Themenwahl ihren eigenen Stil, haben Vorlieben und Schwerpunkte (in Bezug auf Inhalt und Machart). Wer sich darauf einstellt, hat mehr Chancen mit seinen Angeboten.

Live ist für Magazine eine Notwendigkeit, die sich aus dem aktuellen Anspruch ergibt: Noch in letzter Minute muss das Programm geändert und mit anderen Beiträgen auf das aktuelle Geschehen reagiert werden können.

→ Tipp: Wer als Reporter für Magazine arbeiten will, muss unbedingt live-sicher sein. Berichte (meist mit O-Ton oder Interviews), Reportergespräche und auch Reportagen sind gefragte Darstellungsformen.

Die Moderation von tagesaktuellen Magazinen ist für viele Hörfunkjournalisten eine besonders erstrebenswerte Aufgabe. Wer ihr gerecht werden will, muss alle Fähigkeiten eines guten Moderators haben oder zumindest schnell vervollkommnen (vgl. Beitrag »Moderieren«). Besonders wichtig sind:

- hohe Allgemeinbildung und besondere politische und wirtschaftliche Kenntnisse,
- Kompliziertes verständlich mit Niveau aufbereiten können,
- Interesse wecken können für Themen, die wichtig, aber nicht populär sind,
- die eigene Meinung zurückhalten können, weil ein Moderator kein Kommentator ist,
- Ernsthaftes und (gelegentlich auch) Buntes gleichermaßen gut präsentieren können,
- ein »Aushängeschild« für die Sendung sein, und trotzdem ein Teamarbeiter ohne Allüren bleiben.

Moderatoren und Redaktion. Es gibt für die Zusammenarbeit von Moderatoren und Redaktion zwei Modelle:

- In manchen Redaktionen ist der Moderator auch Redakteur und arbeitet an der Vorbereitung der/seiner Sendung mit.
- In anderen »verkauft« der Moderator nur das Programm, das die Redaktion vorbereitet hat.

Beide Modelle haben Vor- und Nachteile. *Der moderierende Redakteur* ist oft in der Sache besser vorbereitet und in die redaktionellen Abläufe stärker eingebunden. Es kann aber zu Spannungen/Eifersüchteleien kommen, weil nicht alle Redakteure wirklich so gut sind, dass sie ans Mikrofon dürfen. *Der Nur-Moderator* schafft keine Zwei-Klassen-Gesellschaft unter den Redakteuren, und »Spitzen-Verkäufer« sind möglicherweise einfacher zu finden, wenn nicht zusätzlich auch noch gute redaktionelle Fähigkeiten verlangt werden. Dafür sind solche Moderatoren manchmal in der Sache nicht so gut (vorbereitet). Auch kann es leicht zu wechselseitiger Schuldzuweisung mit der Redaktion kommen: »Aus dem, was ihr da vorbereitet habt, kann man ja nichts machen« – und umgekehrt.

→ Tipp: Moderierenden Redakteuren bleibt, wenn sie mal als Moderatoren nicht mehr gefragt sind, immer noch die Redakteurstätigkeit.

Im geplanten Musikprogramm müssen in Magazinen gelegentlich vorgesehene Titel durch andere ersetzt werden, damit

- bei Schlager-Formaten die deutschsprachigen Texte nicht als »Kommentar« zum vorangegangenen Wortbeitrag missverstanden werden können
- und damit auf Beiträge mit traurig/betroffen machenden Inhalten keine fröhlichen Titel folgen.

Musik-Titel werden in der Regel nicht angesagt.

Fach- oder Spartenmagazine werden (bis auf die Sport-Magazinsendungen) vor allem in den Kulturprogrammen (vgl. Beitrag »Formate für Einschaltprogramme«) ausgestrahlt. Auch sie mischen Wort und Musik, beschränken sich dabei aber auf Wortbeiträge aus einem Fachgebiet. Sei es die Kultur oder der Kinderfunk, der Kirchenfunk oder die Bergsteiger-Redaktion – sie alle haben das Magazin für sich entdeckt. Diese Fachmagazine unterscheiden sich in der Regel von den aktuellen Misch-Magazinen:

- Das Live-Prinzip gilt nur eingeschränkt.
- Der Wort-Anteil ist oft höher.
- Die einzelnen Beiträge sind häufig länger.
- Die Vielfalt der Darstellungsformen ist meist geringer.
- Die Moderatoren sind in der Regel die Redakteure.

Merksätze für Magazinmacher, die auch ansonsten gelten. Sie sind dem Beitrag des Moderators, Magazin-Redakteurs und späteren WDR-Chefredakteurs Dieter Thoma entnommen, den er für Vorauflagen von »Radio-Journalismus« geschrieben hat.

- Keinen Boulevard-Journalismus machen, der sich ausschließlich am vermuteten Hörerinteresse orientiert. Bei der Themen-Auswahl immer zuerst von der Wichtigkeit des Themas ausgehen. Mit dem Versuch, dieses interessant zu machen.
- Die Frage nach dem richtigen Gesprächspartner wird oft eher nach Prominenz als nach Sachwissen entschieden. Häufig aber wäre es besser, den Kundigsten auszuwählen und nicht den Bekanntesten.
- Die Redaktion sollte sich kritisch fragen, wie viele Nebeninteressen ein Gesprächspartner womöglich einbringt, was er »verkaufen« will. Frage: Wem dient der Beitrag außer dem Ziel, den Hörer zu unterrichten?
- Hintergrund gehört dazu. Aktuelle Information bedeutet nicht nur die Schilderung dessen, was gerade passiert. Aktualität ist auch das, was man wissen muss, um das Geschehene zu verstehen.
- Auf die großen Ereignisse kommen alle Redaktionen leicht, die Qualität einer Redaktion erweist sich erst an den Beiträgen, die nicht aus dem Terminkalender stammen.
- Stolz kann ein Moderator dann sein, wenn es ihm gelingt, gegen gängige Vorurteile anzugehen und die, die daran glauben, zu verunsichern. Das ist sehr viel besser und zufriedenstellender als eigene Vorurteile einzubringen.
- Berufskrankheit der Rundfunkjournalisten ist die Eitelkeit. Wer das Privileg, zu vielen Hörern reden zu dürfen, als eine Chance betrachtet, die ihm auch Angst macht, ist bestimmt besser als einer, der mit dem Gefühl vor das Mikrofon geht, dass alle jetzt auf ihn warten.
- Die Erfahrung lehrt: Wer anfängt, sich selbst für gut zu halten, hat schon den ersten Schritt zum Niedergang hinter sich.

Feature

Nehmen wir an, ein Autor möchte eine Sendung über Lebens-
längliche in den Vollzugsanstalten machen: Er wird also erst einmal Gesprächspartner diesseits und jenseits der Gefängnis-
mauern aufsuchen, Betroffene, Verantwortliche, Beobachter,
und dann zu Hause die aufgenommenen Statements und Gespräche – den O-Ton – durch Zwischentexte verbinden, kommentieren und mit eigenen Beobachtungen ergänzen. Die für
das Thema zuständige Redaktion, vielleicht die Sozialpolitik,
wird dann das Ganze als Feature oder Dokumentation (vgl. dort)
ins Programm setzen.

Dabei könnten wir es eigentlich bewenden lassen, wenn es nicht
im selben Funkhaus eine Bürotür gäbe, auf der »Hörbild/Fea-
ture« steht, eine Bezeichnung also, die sich offensichtlich nicht
auf ein Ressort bezieht, sondern auf eine bestimmte Sendungsform; ähnlich wie beim Hörspiel, das ja in der Wahl seiner Themen auch nicht gebunden ist (vgl. Beiträge »Mini-Feature« und
»O-Ton-Collage«).

Unterschied Feature – Dokumentation: Im Feature soll der O-
Ton nicht pures Dokument, Beweisstück sein (vgl. Beitrag »Dokumentation«), sondern »*Material*«, Stoff für eine Geschichte,
Stoff, wie ihn auch Sachbuch-, mitunter sogar Romanautoren
sammeln, um dann daraus »ihr« Buch zu machen. Das Feature
präsentiert also nicht nur O-Ton, es *verarbeitet* ihn, lässt ihn auf-
gehen in einer Geschichte.

Aber diese Geschichte ist eben kein Hörspiel; der Autor kann sich
deshalb auch nicht auf den sogenannten Kunstvorbehalt (Art. 5
Abs. 3 S. 1 Grundgesetz) berufen; seine Geschichte muss stimmen. Wenn er über Personen oder Sachverhalte Unwahres berichtet, können ihn die Betroffenen verklagen. Er kann nicht sagen, die falsche Information sei eine rein künstlerische Variante.

Es gibt auch Features, die ganz ohne O-Ton auskommen, in
denen der Autor auf sehr subjektive, literarische Weise etwa Rei-
seeindrücke oder Begegnungen schildert, und seine Erzählung

mit fiktiven Gesprächen, geschriebenen Szenen, szenisch ge-
stalteten Anekdoten belebt, die das Hörbild/Feature auf diesem
Wege wieder ganz in die Nähe des Hörspiels rücken. Im journalistischen Bereich allerdings ist diese Form selten.

Die Formenvielfalt ist groß. Feature kann sein:
- ein Sprechertext mit O-Tönen,
- eine reine O-Ton-Montage,
- eine Collage aus historischen Dokumenten,
- ein Klangbild,
- eine Erzählung aus geschriebenen Texten,
- eine gestaltete Reportage
- oder auch eine Mischform aus diesen und anderen Gestal-
tungselementen.

Auch aus einem Gespräch kann ein Feature werden. Nennen
wir es »Personality-Feature«: Der Autor hat das Glück, einen Menschen zu kennen oder zu finden, der etwas Besonderes erlebt
oder beobachtet hat und dies auch erzählen kann. Dann besteht
das Feature aus einem ausführlichen, intensiven Gespräch mit
ihm, und der Autor kann das Ganze mit kurzen Musikeinspielun-
gen, mit passenden Zitaten aus Büchern oder auch aus anderen
Radio-Dokumenten *ergänzen* und vor allem auch *gliedern*; denn
die erzählte Geschichte soll ja kein Bandwurm werden. Diese einfache Form des O-Ton-Features kommt mit relativ wenig Produktionszeit aus und sie ist auch sonst noch sparsam: weniger Rei-
sekosten, weniger technischer Aufwand bei den Aufnahmen.

Die kompliziertere Form des O-Ton-Features ist die übliche.
Sie ermöglicht mit unterschiedlichen akustischen Materialien,
die erst in mehreren Arbeitsgängen zusammengefügt werden
müssen, am ehesten auch eine unterhaltsame Präsentation des
Themas durch entsprechende Mischung der akustischen Bestandteile. Aber es gibt einen entscheidenden Nachteil, und das
sind die hohen Gestehungskosten. Damit wären wir wieder bei
unserer Lebenslänglichen-Geschichte vom Anfang. Ließe sich
daraus auch formal ein »richtiges« Feature machen?

Das Thema Gefängnis besteht ja nicht notwendigerweise nur aus verbalen Stellungnahmen, es besteht auch aus der Atmosphäre in einem Gefängnis: den hallenden Gängen, den dumpfen Zellen, der Freizeit im Hof und im Gemeinschaftsraum, dem Umgangston. Für den Feature-Autor ist diese *Atmo* ein wichtiger Bestandteil der Geschichte, sie ist Material wie die Gespräche und Interviews (vgl. Beitrag »O-Ton, Atmo und Geräusche«).

Zum Einfangen von Atmosphäre kann er sich nicht verabreden wie für ein Interview. Nicht jeder Hofgang im Knast bietet Atmosphäre, die sich dem Hörer auf Anhieb mitteilt. Der Feature-Autor muss warten können – auf typische Situationen, auf akustisch besonders einprägsame Begebenheiten. Meistens wartet der Feature-Autor mit laufendem Recorder, denn sonst verpasst er etwas, was vielleicht nicht wiederholbar ist, was man auch nicht noch einmal anfordern kann: »Ach würden Sie sich bitte noch einmal mit Frau X streiten, ich habe den Anfang nicht richtig drauf« (vgl. Beitrag »Mit Mikrofon und Recorder richtig aufnehmen«). Oft werden die Gesprächspartner mitteilsamer, privater, wenn sie den Autor immer wieder herumstehen sehen, und er kann dann noch einmal bei ihnen »nachfassen«. Eine der wesentlichen Fähigkeiten des Feature-Autors muss darin bestehen, seinen Gesprächspartner die Aufnahmesituation vergessen zu lassen.

Die gesammelten unterschiedlichen Materialien kann man nach einem bestimmten dramaturgischen Kalkül, auf bestimmte Wirkungen hin auch *akustisch zueinander in Beziehung setzen*. Also etwa: Wenn der Gefängnisdirektor vom freundlichen Personal spricht, das einen humanen Umgangston mit den Einsitzenden pflege, dann könnte man im Hintergrund auch die schnarrende Stimme eines Wachhabenden hören, als Kontrast. Man könnte auch die persönlichen Bekenntnisse eines Lebenslänglichen akustisch in Beziehung setzen zum rauen Gesang aus Männerkehlen beim Gefängnisgottesdienst.

Der Phantasie sind eigentlich nur durch Geschmack, Fairness und das gesetzliche Verbot heimlicher Aufnahmen Grenzen gesetzt.

Akustischer Film. Durch die Mischung, die Zuordnung von Atmosphäre, Gespräch und Berichterstattung, erlebt der Feature-Hörer Information als eine Art akustischen Film, er *sieht* gewissermaßen *mit den Ohren,* wird durch sie »ins Bild« gesetzt. Die Akustik, die Atmosphäre und ihre Mischung ist also nicht mehr zufällige Beigabe, sie ist Teil der Information, als vom Autor organisierte ästhetische Wahrnehmung.

O-Ton abschreiben. Was der Feature-Autor an Aufnahmen zurückbringt, ist fast immer beträchtlich, ebenso dementsprechend die Schreibtischarbeit nach den Aufnahmen. Er kann ja mit seinen 30 Stunden Material nicht einfach in den Schneideraum marschieren! Zunächst bleibt ihm nichts anderes übrig, als *alles zu Hause abzuhören* und sich dabei anhand des Zählwerks am Recorder oder durch Setzen von Markierungen Notizen zum Inhalt zu machen.

In einem zweiten Durchgang muss er dann die als interessant markierten Stellen noch einmal heraussuchen und abschreiben. Der O-Ton im Feature ist ja Bestandteil des Textes, er muss im Manuskript wörtlich nachzulesen sein (vgl. Beitrag »Das Manuskript«).

Ohne vorher abgeschriebenen O-Ton könnte der Autor beim Verfassen des Manuskripts auch gar nicht feststellen, wie sich die einzelnen O-Töne miteinander und mit seinem Text verbinden lassen, in welche Atmosphäre der oder die Sprecher später bei den Aufnahmen im Studio gemischt werden sollen, und ob die Länge des geschriebenen Textes in etwa mit der Länge der Atmosphäre übereinstimmt (ggf. Atmo verlängern).

Lange Produktionszeit. Das Mischen der unterschiedlichen akustischen Materialien erfordert viel Zeit, auch im Studio. Das Feature braucht deshalb oft Produktionstermine wie ein Hörspiel. Diese hohen Produktionskosten, die nicht selten aufwendigen Reisen – das alles führt dazu, dass das Feature in einigen Funkhäusern ein bisschen als Luxus behandelt wird. Ein Luxus, der nur dadurch finanziert werden kann, dass sich bei teueren Produktionen sehr oft mehrere Anstalten die Kosten in einer *Koproduktion* teilen.

Weiterführende Literatur:

Udo Zindel, Wolfgang Rein (Hrsg.), Das Radio-Feature (2. Auflage, UVK, Konstanz 2007)

Dokumentation

Vor fünf Jahren eröffnete ..., vor zehn Jahren starb ..., vor 2150 Jahren ersann ... Solch ein Datum mit dem daran geknüpften Thema ist Ausgangspunkt für Dokumentationen, wie sie z. B. die WDR-Reihe »ZeitZeichen« seit 1972 ausstrahlt. Darum herum erzählen Autoren ihre Geschichte, mit historischen und neuen O-Tönen, mit Zitaten, Musik, Geräuschen, mit ihrer und mit anderen Stimmen. Sie machen alte, neue und neueste *Geschichte erfahrbar*, *fördern Geschichtsbewusstsein* und *schärfen Gegenwartsbewusstsein.*

Thema können Staatsgründungen, Lebensdaten großer Frauen und Männer, Gesetzeswerke, Wendepunkte der Menschheitsgeschichte, politische Weichenstellungen, Friedensverträge oder Katastrophen sein, aber auch geflügelte Worte, Film- und Theaterpremieren, wichtige Momente der Kultur- und Zivilisationsgeschichte. Vom Westfälischen Frieden bis zur Erfindung des selbstklebenden Wundpflasters reicht die Palette. Auch Gegenwartsthemen wie das Waldsterben, die Bodenerosion, der »Lauschangriff« oder die Reform des Zeugnisverweigerungsrechts eignen sich für eine Dokumentation.

Die Grenzen zwischen Dokumentation und Feature sind fließend, eindeutige Definitionen fehlen (vgl. Beitrag »Feature«), die Macharten und Arbeitsweisen ähneln einander. Die Dokumentation sollte den Stand der Diskussion zu ihrem Thema möglichst bündig und zugleich farbig wiedergeben. In den letzten Jahren hat die Vielfalt der Formen zugenommen. Neben dem klassischen Feature gibt es Hörspielformen, Hörbilder und Collagen. Es wurden auch schon Themen in Form eines Telefongesprächs, eines Stadtrundganges (s. u.) oder einer Talkrunde umgesetzt.

Am Anfang steht die O-Ton-Recherche. Nehmen wir an, Thema sei die erste Sendung des britischen Soldatensenders BFN (British Forces Network) – ein ausgesprochen radiophones Thema. Wie bei jeder historischen Dokumentation startet der Autor mit der O-Ton-Recherche. Die *Schallarchive und auch die Fernseharchive* der Rundfunkanstalten bieten einen reichen Bestand an Originalton-Dokumenten und das Deutsche Rundfunkarchiv (DRA, Wiesbaden/Potsdam) beherbergt einen großen Schatz an Originaltönen. Manchmal vermitteln hilfsbereite Korrespondenten einen heiß begehrten O-Ton aus dem Archiv einer ausländischen Rundfunkanstalt (vgl. Beitrag »Archive«). Rechtefreies Audiomaterial aus dem Internet oder aus Filmen wird in den letzten Jahren immer mehr genutzt.

Die Literaturrecherche und die Internetrecherche sind neben der Suche nach O-Tönen unerlässlich. Das Thema muss sorgfältig ergründet, das Wissen für die Gestaltung erweitert und vertieft werden. Akribisches Bibliographieren (Erstellen eines Literaturverzeichnisses) hilft überdies, mögliche Gesprächspartner ausfindig zu machen.

Im angenommenen Fall handelt es sich um eine Institution, gegründet nach dem Zweiten Weltkrieg, die auch heute noch, jedoch unter anderem Namen (BFBS), existiert. Es gilt zu klären: Wie ist der Sender entstanden, wie lautete sein Auftrag, wie erfüllte er ihn, welche Funktion bzw. Wirkung hatte er in der deutschen Gesellschaft, welche Bedeutung hat er heute in einer veränderten politischen Landschaft und in einem anderen Medienumfeld (Programm für Angehörige der Nato-Truppen), welche Spuren hat er im Gedächtnis seines Publikums hinterlassen?

Die Fragestellung, unter welcher der Autor sein Thema abhandeln will, schält sich aus der Lektüre und der Beschäftigung mit den akustischen Dokumenten heraus. Was aus *heutiger* Sicht interessiert, ist seine Leitlinie; das Radiopublikum soll ja einen leichten Zugang zum Thema finden.

Die Auswahl möglicher Gesprächspartner beginnt nun. Interviews mit Zeitzeugen und/oder Beteiligten aus der Frühzeit erschließen zusätzliche Informationen und vermitteln Zeitkolorit, Experten können Kommentare beisteuern, falls der Autor Bewertungen und Einordnungen nicht selber vornehmen will oder kann. Limitierte Reiseetats und die Zeitökonomie setzen dem Wünschbaren immer wieder Grenzen, vor allem wenn Gesprächspartner im Ausland leben. Oft wird das persönlich geführte Interview durch eine Schaltung zwischen zwei Studios ersetzt. Im Notfall wird die schriftliche Aussage des Befragten von einem Sprecher zitiert.

Als weitere Zutaten besorgt sich der Autor Sendeausschnitte; denn was könnte besser Auskunft geben über den besonderen Sound von BFN als *akustische Zitate.* Doch, anders als erwartet, ist ausgerechnet diese Recherche außerordentlich mühselig, weil es so gut wie keine alten Sendemitschnitte mehr gibt. Zum Glück existiert eine Sendung aus dem Jahre 1965, in der BFN auf seine Geschichte zurückblickt.

Wenn Themen nicht radiophon sind – was dann? Wie lassen sie sich ohne historische Ton-Dokumente akustisch abwechslungsreich vermitteln? In jedem Fall stellen sie an Fantasie und Findigkeit der Autoren besondere Anforderungen, was häufig zu sehr originellen Ansätzen und Formen führt.
Das zeigt das Beispiel über Sébastien Vauban, den Festungsbaumeister Ludwigs XIV. Er hinterließ Bauwerke, jedoch keine O-Töne. Der Autor begnügt sich nicht mit Zitaten aus militär- und sozialgeschichtlichen Studien über den Baumeister, sein Wirken und seine Bedeutung. Er sucht und findet eine nach dessen Plänen erbaute und erhaltene Stadt, besucht sie und lässt sich von

einem Führer die Befestigung erklären und erläutern, welche Strategien von Angriff und Verteidigung dem Bauplan zugrunde liegen.

Ein vermeintlich visuelles Thema wird ins Akustische transponiert, die Erklärungen des Stadtführers bilden den roten Faden für die Sendung. Kollege Zufall beschert dem Autor noch *Musik* zu seinem Thema: das Lied eines Gefangenen, der in einer Vauban-Festung schmachtet und derbe Flüche über deren Erbauer ausstößt.

Der rote Faden für ein sprödes Thema wie die Reform des Zeugnisverweigerungsrechts kann eine *exemplarische Fallgeschichte* sein. Sie gilt es zu finden (hier bei Gewerkschaft bzw. Berufsverband), um ein demokratiepolitisch relevantes, dem Publikum aber eher fernes und dröge wirkendes Thema durch *Personalisierung* nahe zu bringen und es *plastischer* zu machen. Denn *am Einzelfall* lassen sich *prinzipielle Sachverhalte* verdeutlichen, auf ihn bezogen und durch ihn konkretisiert, werden auch rechtspolitische Äußerungen aus dem Parlament und Stellungnahmen von Justizpolitikern verständlicher.

Mit dem Schreiben erst beginnen, wenn alle Materialien ausgewertet und geordnet sind. Das heißt im Einzelnen:

- Die ausgewerteten O-Töne abschreiben, weniger wichtige Passagen inhaltlich zusammenfassen, jedoch mit genauem Zeitprotokoll. Die markanten Stellen, die Eingang in die Sendung finden sollen, unbedingt im Wortlaut aufschreiben (vgl. Beitrag »Manuskript«).
- Atmosphärische O-Töne, Geräusche und Atmo wie Sprachaufnahmen auswählen und ordnen.
- Textzitate zusammenstellen, Fundstellen für die Quellenangaben notieren und in die richtige Reihenfolge bringen.
- Musik auswählen und Ausschnitte per Zeitprotokoll notieren.

Der dramaturgische Aufbau und die Anordnung des gesamten akustischen Materials sind abhängig vom Thema und vom verfügbaren Material. Danach entscheidet der Autor z. B.

- ob die Geschichte der *Chronologie* folgt oder das Mittel der *Rückblende* zum Einsatz kommt,
- ob die Geschichte von ihrem *Ende* her aufgerollt wird oder mit einer *Überraschung* beginnt.

Keineswegs schlecht beraten ist, wer *verschiedene Einstiege probiert*. In jedem Fall aber eignet sich ein *roter Faden* fürs Schreiben wie fürs Hören gleichermaßen. Und wenn das Thema ihn nicht aufzwingt, lohnt es sich, einen zu suchen (s. o.).

→ Tipp: Sogenannte Plotbesprechungen (Plot = Handlung/Aufbau) zwischen Autor(in) und Redakteur(in) sind dabei hilfreich.

Die Redaktion liest das fertige Manuskript, fragt, zweifelt, korrigiert wenn nötig, liest es erneut und gibt es schließlich zur Produktion frei. Wer zum ersten Mal für eine Redaktion arbeitet oder Probleme mit seinem Thema hat, sollte *zwischendurch* ein Feedback oder einen guten Rat der Redaktion einholen. So lässt sich unnötige Arbeit oder Enttäuschung bei der Manuskript-Abnahme vermeiden.

Die Produktion besteht aus *O-Ton-Bearbeitung* und Aufnahme des *Autorentextes* mit *Mischung*. Oft werden auch Sprecher für Zitate und Schauspieler für Spielszenen eingesetzt.

O-Ton-Bearbeitung: Viele Autoren besitzen mittlerweile ein *digitales Schnittsystem* (vgl. Beitrag »An der Audio-Workstation schneiden und produzieren«) und bearbeiten ihr akustisches Material selbst, ausgenommen Analogbänder aus dem Archiv. Der Anteil dieser Vor-Produktionen durch die Autoren/innen und auch kompletter Eigenproduktionen ist in den letzten Jahren deutlich gestiegen.

Sonst werden im Studio zur Vorbereitung der Produktion die Einblendungen kopiert, bearbeitet und in die richtige Reihenfolge gebracht.

Dafür hat sich der Autor zu Hause gewissenhaft vorbereitet: Anhand des fertigen Manuskripts, der Interview-Abschriften *(s. o.)* und der Zeitprotokolle für Musik und Geräusche müssen die Einblendungen schnell aus dem Rohmaterial ausgewählt werden können. Ein schwerer handwerklicher Fehler ist es, wenn man sich in seinem eigenen Material nicht zurechtfindet, dadurch die Produktion aufhält und die Techniker nervt.

Hörerservice: Nach der Produktion und der Abnahme des Beitrags durch den Redakteur(in) liefert der Autor der Redaktion noch das endgültige Sendemanuskript und ggf. eine Musikliste, Literaturtipps und Internet-Links.

Auch wenn sich die Dokumentation häufig mit Themen aus der Vergangenheit beschäftigt, sollten Umsetzung und Hörerservice in der Gegenwart angekommen sein.

Diskussion

Diskussionen sind eine Sonderform des Gesprächs, ein Streitgespräch. Sie sollen das relevante Meinungsspektrum zu einem wichtigen Thema dadurch aufzeigen, dass kompetente Vertreter der einzelnen Standpunkte diese in Konkurrenz zueinander vortragen, begründen und gegen Kritik verteidigen. Diskussionen haben das journalistische Ziel, zur Meinungsbildung der Hörer beizutragen, immer über das *Diskussionsthema* und meist auch über die *Diskutanten* selbst.

Radio-Diskussionen gibt es in vielfältiger Form, als:

- Studio-Diskussion,
- Studio-Diskussion über Konferenzleitung (die Teilnehmer sind nur über Leitung miteinander verbunden),
- Studio-Diskussion mit Publikum,
- Studio-Diskussion mit Beteiligung der Hörer über Telefon oder E-Mail,
- Telefon-Diskussion nur der Hörer untereinander,
- Vor-Ort-Diskussion (meist mit Publikum).

Die *klassische* Form ist die Studio-Diskussion, bei der mehrere Diskussionsteilnehmer unter Leitung eines Moderators/Diskussionsleiters miteinander diskutieren. Sie wird noch in Kultur-Radios (vgl. Beitrag »Formate für Einschaltprogramme«) gepflegt.

Das Diskussionsthema muss kontrovers sein. Nur wenn unterschiedliche Meinungen zu einem Thema dargestellt werden (sollen), ist eine Diskussion legitim. Gäste, deren Auffassungen zum Thema im Wesentlichen übereinstimmen, können sich nur gegenseitig bestätigen und ergänzen. Sie können ein (meist langweiliges) Gespräch miteinander führen, aber kein Streitgespräch.

Zusammenstellung der Diskussionsrunde. Es kommt bei der Besetzung einer Diskussionsrunde also darauf an, Diskussionspartner zu finden, die die wichtigsten unterschiedlichen Standpunkte zu einem Thema abdecken. Wenn man einen Standpunkt doppelt besetzt, dann sollte er möglichst mit unterschiedlichen (sich ergänzenden) Argumenten vertreten werden. Besonders bei politischen Themen muss man selbst auf eine ausgewogene Besetzung achten, den vorgesehenen Teilnehmern steht ein Mitspracherecht dabei nicht zu.

Die Diskussionspartner. Nicht nur, dass alle relevanten Meinungen zu einem Thema dargestellt werden, ist für das Gelingen einer Diskussion wichtig. Entscheidend ist auch, *wie* das geschieht – ob in einem spannenden Schlagabtausch oder in langatmigem Geschwafel. Gefragt sind Diskussionspartner, die

- Klartext reden,
- mit Witz und Schlagfertigkeit ihre Meinung verteidigen,
- auch mal austeilen können und
- möglichst prominent (oder zumindest bekannt) sind.
- → Tipp: Diese Anforderungen gelten natürlich auch für Journalisten, wenn sie selbst Diskussionsteilnehmer (und nicht Moderatoren) sind. Denken Sie daran.

Die Vorbesprechung – keine Vorweg-Diskussion. Es ist wichtig, dass der Diskussionsleiter mit den Teilnehmern kurz vor Beginn das Thema und seine Eingrenzung noch einmal bespricht, um sicherzustellen, dass die Runde nicht in Gebiete abschweift, die die Diskussion unergiebig machen.

Dabei muss er aber vermeiden, dass in einer solchen Vorbesprechung die eigentliche Diskussion vorweggenommen wird. Sonst geht mit Sicherheit der Elan und die Spontaneität verloren, die ja die Diskussion auszeichnen sollen. Die Vorbesprechung nutzt der Diskussionsleiter außerdem dazu,

- die Teilnehmer miteinander *bekannt zu machen* (wenn erforderlich),
- zu klären, (wenn noch nicht bei der Verabredung geschehen), ob mit *Anfangsstatements* begonnen wird oder nicht,
- die einzelnen *Themen-Blöcke* vorzustellen, in die er die Diskussion gliedern will,
- die *Zeiteinteilung* insgesamt zu besprechen und auch seine Wunschvorstellung für die Länge einzelner Diskussionsbeiträge,
- zu klären, ob es eine *Schlussrunde* gibt und
- ganz allgemein ein *gutes Klima* für die Diskussion zu schaffen.

Der Diskussionsleiter ist während der Diskussion ständig gefordert. Ihm obliegt es, die Diskussion zu lenken; das heißt, er muss

- alle wichtigen Aspekte ansprechen,
- die Diskussionsteilnehmer veranlassen, die wesentlichen Fragen auch zu beantworten,
- darauf achten, dass das Thema nicht verlassen wird,
- dort nachhaken, wo ausgewichen wird und
- die Verständlichkeit dann herstellen, wenn einzelne Teilnehmer allzu sehr fachsimpeln.

Wichtig ist zudem, dass aus einer Diskussion keine schlichte Befragung wird. Der Moderator hat also dafür zu sorgen, dass die Teilnehmer *miteinander* diskutieren, er darf sie nicht etwa nur nacheinander befragen.

Die Uhr stets im Blick muss der Diskussionsleiter haben und versuchen, die Diskussion in ihrem zeitlichen Ablauf so zu lenken, dass am Ende der Sendezeit die wichtigsten Fragen tatsächlich diskutiert worden sind.

Er wird auch darauf achten, dass die Gesprächspartner zeitlich und inhaltlich angemessen zu Wort kommen.

→ Tipp: Drückt ein Interviewpartner sich zu kompliziert aus, ist es oft besser, dies selbst schnell verständlich nachzubessern (... Sie meinen, dass ...), als zeitaufwendig nachzufragen.

Zwischenresümees des Diskussionsleiters sind nützlich, wenn ein bestimmter Komplex der Diskussion abgeschlossen erscheint. Ein Resümee ganz am *Ende* ist meist eine delikate Sache, weil es bei einer kontrovers geführten Diskussion sehr schwierig ist, alle vertretenen Meinungen in wenigen Sätzen zusammenzufassen. Deshalb ist ein kurzes *Schlusswort für jeden Teilnehmer* in der Regel die bessere Lösung.

Natürlich sollen alle Interventionen des Moderators – so weit sie überhaupt notwendig sind – verbindlich, unaufdringlich und unprätentiös sein. Auf jeden Fall müssen sie wirken, das heißt, der Diskussionsleiter muss das Gespräch in der Hand behalten und sich notfalls durchsetzen.

Der Diskussionsleiter ist nicht Diskussionsteilnehmer. Keinesfalls darf er seine eigene Meinung zum Gegenstand der Diskussion machen. Er ist im Unterschied zu dem für seinen Standpunkt engagierten Diskutanten kein *Meinungsträger*, sondern der *neutrale Lenker*.

Wenn der Journalist seine eigene Meinung zur Geltung bringen möchte, darf er nicht die Leitung einer Diskussion übernehmen.

Transparenz der Diskussion. Natürlich muss der Moderator auch eine Reihe von formalen Punkten berücksichtigen, die dazu dienen, die Diskussion allgemein verständlich zu halten:

■ Es beginnt mit der *Vorstellung der Teilnehmer,* mit Namen, Funktion, unter Umständen Titeln und dem Hinweis, warum sie zur Teilnahme an der Diskussion eingeladen worden sind.

- Während des Gesprächs muss er die einzelnen *Partner häufiger mit dem Namen ansprechen*, damit sich beim Hörer die *Stimme* mit dem *Namen* verbinden kann. In Fernsehdiskussionen sind das Bild und das eingeblendete Namensinsert hilfreich. Im Hörfunk müssen stattdessen immer wieder die Namen gesagt werden.
→ Tipp: Gut ist auch, wenn sich die Diskutanten gegenseitig häufig mit Namen ansprechen. Darum sollte sie der Moderator in der Vorbesprechung bitten.

Klarheit durch Beschränkung. Studio-Diskussionen von 30 Minuten Länge sollten mit drei, höchstens vier Partnern geführt werden. An einer einstündigen Diskussion können fünf (maximal sechs) Personen teilnehmen. Wird die Zahl der Diskussionsteilnehmer zu groß, leidet mit Sicherheit die Verständlichkeit.

Hörer-Beteiligung

Sendungen mit Hörer-Beteiligung sind ein wichtiger Bestandteil aller Radio-Programme. Das Ziel:
- Radio soll nicht nur Einbahnstraße vom Sender zum Hörer sein.
- Radio soll hörernah sein.
- Die Hörer-Sender-Bindung soll verstärkt werden.
- Hörerbeiträge sollen das Programm bereichern und interessanter machen.

Hörer-Beteiligung ist auch ein Risiko. Ein Programm wird nicht zwangsläufig attraktiver, wenn Hörer daran mitwirken – gelegentlich ist das Gegenteil der Fall. Zum Beispiel, wenn sich *Hörer-Fragen* wiederholen, zu speziell und abwegig sind oder *Hörer-Meinungen* völlig abstrus sind. Hörer sollten nicht pöbeln, Dialekt nur so stark sprechen, dass man sie auch verstehen kann. Eloquenz darf nicht zur verbalen Sender-Besetzung werden, Unsicherheit und Schüchternheit nicht zu Langeweile, zu überlangen Pausen und Gestotter führen.

Gegen solche Risiken wollen sich die Redakteure in streng formatierten Begleitprogrammen absichern und senden Hörer-Anrufe kaum noch live (vgl. Beitrag »Formate für Begleitprogramme«).

Mit Hörern reden ist etwas ganz anderes als von den Hörern reden. Die anonyme Masse (»die Hörer«) löst sich dabei auf in einzelne Menschen (vgl. »Beitrag Moderatoren-, Reporter- und Hörer-Gespräch«).
Die sind manchmal unsicher, drücken sich unbeholfen aus. Dann muss der Moderator ihnen etwas Hilfestellung geben, aber nicht wie ein Oberlehrer (»Der meint wohl, er hat die Intelligenz für sich gepachtet ...«). Andere Hörer sind die geborenen Volksredner. Die muss man unterbrechen. Aber nicht unhöflich (»Wenn man am Radio auch noch zensiert wird ...«).
Wieder andere Hörer sind unfreiwillig komisch. Auf deren Kosten darf man keinen Spaß treiben (»Der macht sich über seine Hörer lustig ...«).
Es soll auch ganz engagierte Hörer geben mit ganz anderen Meinungen als ganz engagierte Moderatoren. Die darf man nicht vom Gegenteil überzeugen wollen (»Die vom Radio sind die reinsten Wortverdreher ...«). Hörer können auch schon mal pampig werden. Sogar zu Radio-Leuten. Die müssen auch dann korrekt und höflich bleiben. Aber auch wiederum nicht zu höflich (»Der schmeißt sich ran ...«).
Falls in diesem Abschnitt übrigens etwas Ironie mit im Spiel gewesen sein sollte: *Ironie* kommt im Interview mit Hörern nicht an, hoffentlich bei Lesern.

Wer gegen solche Regeln verstößt, wird schnell merken: Hörer reagieren solidarisch. Behandelt man einen von ihnen schlecht, fühlen sich viele ebenfalls betroffen.
In jungen Programmen allerdings gehört der ruppige Umgang mit Hörern am Telefon in »*Call-Ins*« (auch »*Phone-Ins*«, Anrufsendungen) manchmal zum Format. Die Anrufer reizt vielleicht der sportliche Ehrgeiz, es mit einem schlagfertig-frechen Moderator aufzunehmen. Für die Zuhörer wird zum Höranreiz, wer sich durchsetzt – oder die Schadenfreude.

Für die telefonische Mitwirkung der Hörer am Programm
gibt es unterschiedliche Möglichkeiten:
- Hörer können aktuelle Themen *diskutieren*; miteinander, mit dem Moderator oder mit einem Studiogast.
- Hörer können an Prominente oder Fachleute *Fragen stellen*.
- Hörer können zur *Reaktion auf Beiträge* im Programm aufgefordert werden.
- Hörer können *Musikwünsche* erfüllt bekommen, manchmal dabei auch Grüße durchsagen.
- Hörer können an *Radio-Spielen* und *Radio-Aktionen* teilnehmen (vgl. jeweils dort).

Manche dieser Beteiligungsformen stellen auf Information ab, andere auf Unterhaltung; gelegentlich geht beides ineinander über. Aber:

Immer, wenn Hörer per Telefon ins Programm einbezogen werden, sind sie damit Bestandteil des Programmangebots und werden folgerichtig von den übrigen Hörern entsprechend bewertet: interessant oder uninteressant, verständlich oder unverständlich, zu lang oder zu kurz.

Hörer-Diskussionen per Telefon haben gegenüber den Vor-Ort- und Studio-Diskussionen den Vorteil, dass sie schnell und kostengünstig zu realisieren sind. So kann man die Hörer unmittelbar auf aktuelle Ereignisse reagieren oder Experten/Prominente von den Hörern dazu befragen lassen. In fast allen Begleitprogrammen ist dies üblich. Seltener gibt es feste Sendeplätze dafür.

Solche Hörer-Diskussionen per Telefon werden unterschiedlich organisatorisch/technisch gestaltet:

Anrufe aufzeichnen und versetzt senden, das ist ein Weg, der jedes Risiko ausschließt. So können unter allen Anrufen die geeignetsten ausgesucht und in gewünschter Abfolge/Länge ausgestrahlt werden. Dafür fehlt der Live-Charakter. Sendestudios sind so ausgerüstet, dass der Moderator selbst während in der

Sendung Musik läuft, Telefongespräche aufnehmen, bearbeiten und wenig später zeitversetzt senden kann (vgl. Beitrag »Sendung fahren«).

Ausgewählte Anrufe live senden – so kann man versuchen, Risiken zu verringern und trotzdem weitgehend Spontaneität zu erhalten. Rechtzeitig vor der geplanten Live-Telefon-Aktion werden die Hörer eingeladen, sich zu melden, wenn sie mitmachen wollen.

Redaktionelle Mitarbeiter sprechen mit den Anrufern, treffen eine Auswahl, rufen zurück und verbinden dann ins Sendestudio. Auf diese Weise kann es gelingen, Wiederholungen und offensichtlich Wirres zu vermeiden. Anrufer mit Fragen und Meinungen, die für viele Hörer interessant sind, können bevorzugt werden, ebenso Anrufer von weither. Aber nicht immer ist dann ein Hörer auch live so gut, wie er im Vorgespräch war.

Viel Einfühlungsvermögen bei den Vor-Gesprächen mit Hörern ist bei dieser Auswahl-Methode geboten, besonders, wenn sich Daueranrufer beschweren, warum gerade sie ihre Ansicht schon wieder nicht über den Sender verkünden durften.

Screening-Anlagen in der Senderegie unterstützen das Auswählen der Anrufer. Telefonleitungen und PC sind dafür miteinander verbunden. Assistenten/innen nehmen die Anrufe entgegen, sprechen mit den Hörern, tragen Namen, Ort des Anrufs, Telefonnummer und Wunsch/Inhalt der Äußerung auf dem PC in ein Formular ein. Der Moderator im Studio kann alles auf seinem/n Bildschirm/en mitlesen und dann selbst entscheiden, welchen Anrufer er in die Sendung nehmen will. Dabei helfen ihm bewertende Bemerkungen, die der vorcheckende Assistent eingetragen hat.

Die Screening-Anlage kann auch Hörer automatisch zurückrufen, Anrufstatistiken führen und Namen und Telefonnummer eines Anrufers mit einer gespeicherten Viel-Anrufer-Liste vergleichen, um »Stammkunden« nicht zu häufig im Programm erscheinen zu lassen.

Anrufe direkt und ohne Vorauswahl senden – das verhindern die meist rigiden Formatvorgaben. Dennoch ist diese Methode am reizvollsten, ein journalistischer Drahtseilakt, dessen Prickeln sich nicht selten auf die Zuhörer überträgt.

Auch Hörer-Diskussionen vor Ort und im Studio sind eine Möglichkeit, Mitmachkonzepte umzusetzen. Diese Art des Einbeziehens von Hörern in die Programmgestaltung gibt es in verschiedenen Varianten. Eine der ältesten und bekanntesten ist die WDR-Sendung »Hallo Ü-Wagen«, bei der Hörer überall in Nordrhein-Westfalen vor Ort öffentlich allgemein interessierende Themen miteinander und mit Experten und Prominenten diskutieren. Mit diesem Konzept ist der Name der Publizistin, Journalistin und langjährigen Hallo Ü-Wagen-Redakteurin und Moderatorin Carmen Thomas verbunden. Engagiert plädiert sie in Vorauflagen von »Radio-Journalismus« für Publikumsbeteiligung im Radio:

»Das Publikum hat die Wirklichkeit, …die wir in den Medien zu sehr aussparen … Der Gewinn durch Mitmachkonzepte liegt (also) auf der Hand: … Sie entsprechen mehr der Realität. Sie haben eine ganz eigene Qualität durch ihre Sprache, ihre Lebendigkeit, ihre Authentizität und die Identifizierungsmöglichkeiten, die sie anbieten. Sie schaffen Begegnung und Konfrontation: … Verantwortliche stoßen auf Betroffene, Fans auf ihre Stars, Besserverdienende auf Ärmere, Mächtigere auf Machtlosere. Dadurch entsteht Spannung und Unterhaltsamkeit.«

Ins Netz damit: Traditionell lassen Sender nicht jeden einfach reden – auch weil sie fürchten, für beleidigende, rassistische oder schlicht falsche Aussagen in die Pflicht genommen zu werden. Im Internet sind die Hürden für Nutzer-Kommentare drastisch gesenkt.

Radio-Programm und Online-Auftritt verschmelzen auch über diese Hörer-Beteiligung:
- Das Radio-Programm löst Feedback (Reaktionen) im Online-Auftritt aus.

- Diese Reaktionen können im Radio-Programm aufgegriffen werden und
- erneut Reaktionen im Online-Auftritt zur Folge haben.

Die Möglichkeiten für Hörerbeteiligung im Webauftritt des Senders sind vielfältig:

- *Nutzer-Gemeinden* bringen die Hörer (und auch die Macher) zueinander. Schon während der Sendung können Redakteure und Moderatoren aktiv am Chat (läuft in Echtzeit) sowie an Diskussionen (zeitversetzt) teilnehmen.
- *Offene Kommentarseiten* sind besser als ein Webformular für E-Mails an die Redaktion. Für die, die mit dem Internet aufgewachsen sind, ist E-Mail ohnehin ein Medium von gestern – viel zu langsam.
- *Online Gesagtes hörbar machen – und umgekehrt.* Hörer, die sich über E-Mail oder im Forum an einer Umfrage oder einer Diskussion beteiligen, kann die Redaktion vorsortieren und zurückrufen. Wichtig: den Call-in später ins Netz stellen. Und: Wer sich online beteiligt hat, möchte gerne auch die Ergebnisse online finden!
- *Kommentare, Diskussionen und Bewertungen* geben den Hörern Gelegenheit, sich zu äußern. Die Macher sollten diese Möglichkeit nutzen – und die Kommentare wahr- und ernst nehmen.
- *Von Hörern eingestellte (nutzergenerierte) Videos* (z. B. mit dem selbst vorgesungenen Lieblingslied), Fotos (Bildergalerien, z. B. Urlaubsfoto-Wettbewerb) und Töne auf der Webseite machen das Online-Programm authentischer – und können im Radio-Programm Material sein für Aktionen, Diskussionen und Berichterstattung.
- *Web-Votings (Online-Abstimmungen)* zu aktuellen Themen können Trends wiedergeben. Sie haben den TED (Abstimmung über Telefonanrufe) weitgehend abgelöst.

Hörer-Reaktionen als Korrektiv. Im Online-Auftritt verbreiten Hörer nicht nur ihre Ansichten, oft weisen sie gleichzeitig auf Fehler und Lücken in der Berichterstattung hin – zumin-

dest indirekt. Sie helfen, Stimmungen und Trends zu erspü-
ren.

Aktuelle *Statistiken* über die Klick-Häufigkeit von Beiträgen können eine wichtige Hilfe bei der Gestaltung des Radio-Programms
sein: Welche Themen sind besonders gefragt?

Diskussionen in Foren, in Kommentaren oder im Chat, die im
eigenen Online-Auftritt unabhängig von Radio-Beiträgen laufen, können Anregung sein, das Thema auch im Radio zu diskutieren.

Klage aller Onliner:»Ihr Radioleute glaubt immer, man hört
euer Programm und das bringt dann viele Leute dazu, die
Webseite anzuklicken. Dabei ist es häufig genau umgekehrt.«

Myspace neu erfinden? Die einfachsten Werkzeuge, um seine
Nutzergemeinde zu pflegen, sind die Kommentarfunktionen
gängiger Online-Redaktionssysteme und Blogs. Aufwendiger ist
eine nach den Bedürfnissen des Senders maßgeschneiderte
Umgebung für die Nutzer, auf der sie sich vorstellen und miteinander Kontakt aufnehmen können – ein soziales Netzwerk.
Sender wie R.SH oder Antenne Bayern erreichen darüber mehrere zehntausend Nutzer (vgl. dazu *»Ins Netz damit«* zum Beitrag
»Formate für Begleitprogramme«). Einfacher und billiger ist es,
wenn Sender auch Myspace oder andere etablierte soziale Netzwerke nutzen, um ihre Hörer zu verbinden. Wo das Webangebot
eigene Foren hat, sollte es möglichst offen sein, beispielsweise
Trackbacks aus Blogs zulassen.

Mit Standard-Blog-Software wie *Wordpress* geht per entsprechender Einstellung jeder Nutzerkommentar sofort online. Auch
gegen *Trackbacks* kann (und sollte) man sich nicht wehren: Wenn
ein anderer Blog-Autor in seinem Blog einen Link zu unserem
Artikel setzt, erscheint ein Ausschnitt seines Textes als Kommentar auf unserer Seite – ganz automatisch. Über diesen Me-
chanismus vernetzen sich Blogs miteinander. Wenn es Radio-

macher schaffen, dass ihre Online-Angebote so verlinkt werden, vergrößern sie ihre Reichweite gehörig, sollten aber nachlesen, wohin diese Trackback-Kommentare verweisen und was dort über sie gesagt wird (vgl. Beitrag »Medienrecht für Radio-Journalisten«).

Foren-Pflege. Wer seine Hörergemeinde pflegt, braucht dafür *Community Manager* – ein Job, den bei vielen Redaktionen Redakteure nebenher übernehmen müssen. Community-Manager *moderieren* Foren und Kommentare – lesen sie also und reagieren darauf. Im Extremfall heißt das, dass sie beleidigende oder gesetzeswidrige Kommentare tilgen und – wichtig – ihre Gründe dafür im Forum selbst erläutern. Sie reagieren auf Anfragen und Anregungen, stoßen Diskussionen an und lenken sie, tragen Impulse und Strömungen aus der Community zurück ins Programm. 🖥 Beispiele im Netz

Radio-Aktionen

Nackte Hamburger rasen durch die Fußgängerzone, sparsame Berliner verursachen ein Verkehrschaos und eine viertel Million Baden-Württemberger nimmt zusammen eine Million Kilo ab. Drei Aufsehen erregende Ereignisse, die es nur gab, weil Radiosender ihre Hörer mit Aktionen zu solch ungewöhnlichen Taten angestiftet haben: Der Berliner Rundfunk 91,4 lockte an 40 Tankstellen mit kostenlosen Tankfüllungen und SWR 1 initiierte mit der »Pfundskur« eine der größten Diätaktionen der deutschen Geschichte. Das Publikum wird durch Radio aktiv, dies ist das zentrale Merkmal einer jeden Radio-Aktion.

Solche Radioaktionen haben mindestens fünf Wirkungen, wenn sie gut organisiert sind: Erstens sind sie »ein Hinhörer« im eigenen Programm, zweitens berichten oft andere Medien wie Zeitungen und TV-Sender darüber. Beides sorgt drittens dafür, dass Aktion und »anstiftender« Radiosender *beim Publikum positiv im Gespräch* sind (»Donnerwetter, die tun was«, etwa für die

Umwelt oder gegen schläfrige Beamte). Viertens und fünftens können Radio-Aktionen für bessere Profilierung des Programms gegenüber Konkurrenten und eine längere Hördauer sorgen.

Aggressive Action und penetranter Aktionismus sind Auswüchse bei einigen Sendern, die ihre Hörer beispielsweise dazu aufgefordert haben, das eigene Badezimmer mit einer Axt zu zertrümmern oder lustvoll am Telefon um die Wette zu stöhnen und als Preis zwei Striptease-Tänzer in die betriebliche Mittagspause schicken.

Oft genug sind als Preise sechsstellige Summen im Spiel. Redaktionelle Inhalte sind dabei nebensächlich, denn geplant werden solche Aktionen oft von Marketingabteilungen mit nur einem einzigen Ziel: für Schlagzeilen zu sorgen und den Sender ins Gespräch zu bringen, meist während der Reichweiten-Erhebung der Arbeitsgemeinschaft Media-Analyse.

Aktionen als Markt der Möglichkeiten. Richtig verstanden, sollte eine Aktion das Radio nicht zum Rummelplatz machen, sondern eher zu einer Art Messe rund um ein Thema werden, das der Sender aus redaktionellen Gründen für eine bestimmte Zeit ins Bewusstsein der Hörer bringen möchte. Solche inhaltlich geprägten Radioaktionen lassen sich grob in folgende Kategorien unterteilen:

Spenden- und Hilfsaktionen sind immer dann am erfolgreichsten, wenn es einen *aktuellen Anlass*, also eine Notlage gibt. So z. B. nach dem Tsunami im Indischen Ozean 2004 oder als 1997 die Hochwasserdämme brachen – erst an der Oder, dann auf den Spendenkonten von Banken und Sparkassen. Radiosender haben bei solchen »aktuellen« Spenden- und Hilfsaktionen alle Trümpfe für einen Erfolg in der Hand:
- Sie sind glaubhafte Nachrichtenvermittler und machen deshalb erstens überzeugend klar, wofür Spenden benötigt werden.
- Sie sammeln diese zweitens gleich selbst ein und
- sie berichten drittens hinterher darüber, wofür das Geld ausgegeben wird.

Aber auch ohne akute, lebensbedrohliche Notlagen können Spenden- und Hilfsaktionen erfolgreich sein. Bei der MDR-Aktion Sachsen helfen Sachsen »kaufen« Hörer Wunschtitel, mit dem Geld hilft der Sender in Not geratenen Landsleuten. Eine Methode, mit der auch andere Sender besonders vor Weihnachten arbeiten.

Wenn *Hilfsorganisationen* bei Radiosendern um Unterstützung für ihre Spendenaktionen bitten, empfiehlt sich ein Anruf beim »Deutschen Zentralinstitut für soziale Fragen« (DZI), einer Art »Spenden-TÜV«, um deren Seriosität zu erfragen.

Service- und Beratungsaktionen sind in den vergangenen Jahren zum Zauberwort der Programmgestalter geworden. *Hörer erwarten Ratschläge* von ihrem Sender und viele Radiomacher geben sie in Form von Serviceaktionen.

Motivation für die gute Sache ist ebenfalls wichtig: Für eine saubere Umwelt engagieren sich jährlich mehrere Sender, organisieren in ihren Bundesländern eine Art Großreinemachen und säubern jeweils einen Tag lang Städte und Gemeinden vom Wohlstandsmüll. SR 1 Europawelle trimmte die Saarländer jahrelang zum Erwerb des Sportabzeichens.

Im Bereich der Freizeit- und Spaßaktionen sind vor allem die von Radiosendern initiierten Wandertage und Radtouren (z. B. SWR 4-Tour de Ländle, BR-Radl-Tour, HR 1-Tour) zu nennen. Sie stellen besonders das Gemeinschaftserlebnis in den Vordergrund. Etwa, wenn die Hörer von NDR 1 Radio MV dem Reporter Andreas Dietz helfen, während einer 14tägigen Winterwanderung die schier unmöglichen Aufgaben seiner heimtückischen Kollegen zu lösen – ohne Geld und Auto, dafür aber mit einem nutzlosen Staubsauger im Schlepptau.

Den Gemeinsinn fördern mit Aktionen rund um vorbildliche Mitbürger. Radiosender haben die ehrenamtlichen Helfer z. B. in Sportvereinen und Selbsthilfegruppen und überhaupt freundliche und hilfsbereite Menschen zunehmend entdeckt und sorgen dafür, dass sie öffentlich Anerkennung bekommen. Ein Beispiel ist die Aktion »Leute mit Klasse – Klasse-Leute« (Antenne Brandenburg).

Durchplanen, durchziehen. Folgendes gilt dabei fast immer:
- Aktionen *auf der gesamten Klaviatur der Radioformen* spielen. Vom O-Ton über Jingles, Trailer, Bericht, Live-Reportagen, Interviews, Mail- und Anrufaktionen ist on air alles möglich.
- Aktionen müssen auch *off air* präsent sein: Da wirken neben der Redaktion auch die Pressestelle, Öffentlichkeitsarbeiter, Werbetöchter und Marketingabteilungen mit.

Vor der Planung einer Aktion ist ein Besuch beim Medienforscher zu empfehlen (vgl. Beitrag »Medienforschung für den Hörfunk«). Denn er kann Informationen liefern, bei welchen Themen oder in welchen Regionen des Sendegebiets das Programm Imagepflege betreiben sollte.

Bereits in einem Team sollte man Ideen für Radioaktionen entwickeln. Das *Aktionsteam* muss dann eine Art »mobile Eingreiftruppe« sein, mit drei bis vier motivierten Mitarbeitern, die das Wort Feierabend nur vom Hörensagen kennen und nicht schon zahlreiche andere Aufträge im Programm haben.
→ Tipp: In einem solchen Aktionsteam können sich *Radioneulinge* schnell ihre ersten Sporen durch engagierte Mitarbeit verdienen.

Konzepte müssen kurz und klar sein, denn Programmchefs haben meist wenig Zeit (und Lust), sich durch dicke Papierberge zu kämpfen. Auch ein griffiger, einprägsamer *Name* ist Pflicht.

Ein Aktions-Exposé muss vor allem folgende Fragen beantworten:
- Welcher *Programm-Nutzen ist angestrebt, welche Zielgruppe soll vor allem erreicht werden?*

- Wie soll die Aktion *ablaufen, wer realisiert sie* und *wie wird sie bezahlt?*
- Gibt es *externe Partner?*

Wenn es Partner bei der Aktion gibt, sollte zunächst ihnen das Konzept vorgestellt werden, damit man gleich weiß, mit welcher Unterstützung zu rechnen ist. Man unterscheidet *ideelle Partner* (Bürgermeister, Minister etc. mit »Schirmherrenfunktion«), *kompetente Partner* (Experten aller Art wie ADAC, Verbraucherschützer, Mediziner), *spendable Partner* (Banken, Firmen) und *Medienpartner* (TV-Sender, Zeitungen etc). Entscheidend ist, dass der gewählte Partner von seinem Image her zum Programm und zur Aktion passt.

Für Medienpartner müssen Aktionsmacher selbst mitdenken und überlegen, wie die Aktion sinnvoll in der Regionalzeitung oder im Programm eines TV-Senders untergebracht werden kann. Feste Ansprechpartner dort müssen ständig auf dem Laufenden gehalten werden. Nicht vergessen: Besonders Programmzeitschriften und Beilagen von Tageszeitungen haben lange Vorlaufzeiten. Von allem, was gesendet oder gedruckt wird, sollten Aktionsmacher *Belegexemplare* für die *Abschlussdokumentation* organisieren.

Kommunizieren und kontrollieren sind die wichtigsten Aufgaben, wenn die Aktion beschlossen ist und der Countdown läuft. Damit die Aktion für den Hörer im Programm sofort und eindeutig erkennbar ist, muss ein akustisches *Verpackungspaket* produziert werden. Es sollte bereits im Vorfeld eingesetzt werden, wenn der nahende Start der Aktion im Programm angekündigt wird.

Ein präziser *Ablaufplan* muss transparent für alle im Aktionsteam an der Wand hängen. Alle anderen beteiligten Bereiche im Sender müssen ständig eingebunden und auf dem neuesten Stand sein, aber auch in die Pflicht genommen werden, ihre Aufgaben pünktlich zu erledigen.

Ganz wichtig: Selbst wenn extra *Hotlines* eingerichtet sind, muss auch die Telefonzentrale des Senders genau Bescheid wissen, denn viele Hörer rufen trotzdem zuerst dort an.

Kontinuität ist das Wichtigste. Auch beim Einsatz von Radioaktionen als Programmform ist einmal gleich keinmal.

Ins Netz damit: Was für die Radio-Spiele gilt (vgl. dort), trifft im Wesentlichen auch hier zu. Wenn Radio-Aktionen auch öffentlich vor Ort stattfinden (z. B. Großreinemachen), ist die multimediale Dokumentation im Netz besonders wichtig: Wenigstens Fotos müssen eingestellt werden, besser Bilder-Galerien oder Videos (von Hörern und eigenen Mitarbeitern). Geht es darum, beispielhafte Persönlichkeiten zu küren (z. B. Ehrenamtler), bietet sich auch Web-Voting an.
🖳 Beispiele im Netz

Radio-Spiele

Radio-Spiele sind nicht von ungefähr bei Programm-Machern beliebt. Gut gemacht, können sie viele Vorteile haben:

Der Unterhaltungswert. Er muss so hoch sein, dass das Programm dadurch attraktiver wird. Die weitaus überwiegende Zahl der Hörer beteiligt sich nicht an den Radio-Spielen, sollte aber dennoch mit Spaß und Spannung zuhören.

Wissen und Allgemeinbildung kann quasi nebenbei – spielerisch vermittelt werden, z. B. in einem Quiz mit Fragen und Titel-Ausschnitten zur Pop-Geschichte oder mit kurzen O-Ton-Dokumenten zur deutschen Zeitgeschichte.

Hördauer verlängern. Wer z. B. nur gewinnen kann, wenn er ein bestimmtes Geräusch im Programm hört (und dann sofort anruft) oder herausfinden soll, wann drei vorher genannte Musiktitel in einer bestimmten Reihenfolge hintereinander laufen, der muss lange Radio hören. Machen das viele, wird es für die nächste MA (vgl. Beitrag »Medienforschung für den Hörfunk«) positiv sein.

Zusätzliche Hörer gewinnen, das gelingt, wenn aus dem Unterhaltungswert Gesprächswert wird: Hörer reden mit anderen Hörern und Noch-Nicht-Hörern über die Spiele, über den attraktiven Gewinn. So können Spiele zum Hör-Anreiz für neue Hörer werden oder aus dem zufälligen, den treuen Hörer werden lassen.

Spiele bringen Geld in die Radio-Kasse über sog. »Mehrwert-Telefon-Nummern«, bei denen der Hörer bei seinem Mitmach-Anruf einen Aufschlag auf die reinen Telefonkosten bezahlt. Davon werden zwar vom Sender die (meist sehr hohen) Gewinne der Hörer finanziert und häufig auch die Dienstleistungsfirma, die für den Sender das Spiel technisch abwickelt, aber die Summen, die netto in den Senderkassen verbleiben, sind dennoch erheblich. Radio-Spiele sind dadurch für viele Privatsender neben Werbung und Sponsoring zu einer wichtigen Einnahmequelle geworden.

Nachdem immer wieder mal der Verdacht entstand, dass beim Ausspielen der häufig sehr hohen Gewinne nicht immer alles mit rechten Dingen zuging, befassen sich die Landesmedienanstalten als zuständige Kontroll-Organe mit den Regeln und Praktiken.

➔ Tipp: In einer »Gewinn-Spiel-Satzung« haben die Landesmedienanstalten Regeln zusammengefasst, an die sich die privaten Radio-Sender demnächst halten müssen.

Standard-Radio-Spiele tauchen immer wieder auf, wie z. B.

- Geräusche-Raten,
- Auto-Aufkleber-Spiel (Es gibt etwas zu gewinnen, wenn Autos mit Sender-Aufkleber aus dem Verkehr gewunken werden oder wenn deren Nummern über den Sender durchgesagt werden und der Besitzer sich meldet),
- Titel-Suche im Programm (Wenn z. B. drei Musik-Titel in einer bestimmten Reihenfolge im Programm gespielt werden, soll man anrufen),

273

- Schatz-Suche im Land (Einen vom Sender versteckten Schatz sollen die Hörer irgendwo im Sendegebiet vor Ort finden),
- Geldschein-Spiel (Es gewinnt, wer z. B. einen Zehn-Euro-Schein mit der über den Sender genannten Nummer hat und innerhalb einer festgelegten Zeit anruft),
- Adventskalender (Hörer können mit der richtigen Lösung auf eine Frage pro Tag ein Türchen öffnen und etwas gewinnen).

Von kreativen Redaktionen werden aber immer wieder neue Spiel-Ideen entwickelt oder zumindest alte variiert.

Kriterien für Radio-Spiele-Ideen helfen dabei, die Programmtauglichkeit zu überprüfen:

- Unterhaltungswert: Macht das Zuhören Spaß, ist es spannend?
- Promotionwert: Wird dadurch mehr über das Programm gesprochen? Wird der Programm-Name bekannter? Werden einzelne Programmstrecken dadurch aufgewertet?
- Hördauer: Werden die Hörer animiert, länger zuzuhören?
- Image: Passt das Spiel zum Programm? Ist es vielleicht zu niveaulos oder zu abgehoben?
- Kooperation: Lässt sich die Wirkung des Spiels durch Partner (FS, Presse, Sportvereine, Kommunen) noch steigern?
- Preise: Bestehen die Gewinnmöglichkeiten im Konkurrenzumfeld?
- Kosten: Ist das Spiel zu bezahlen? Wer hilft dabei?
- Umsetzbarkeit: Ist der organisatorische und personelle Aufwand zu bewältigen und vertretbar?

Einen Anlass für ein Radio-Spiel braucht es nicht, wenn sich das Redaktionsteam von einer Idee hat überzeugen lassen. Versucht aber z. B. ein konkurrierender Radiosender durch verschiedene Aktivitäten auf sich aufmerksam zu machen, kann dies der Anlass sein, eine *Gegenkampagne* zu starten, um die Hörer »bei der Stange zu halten«.

Ein guter Aufhänger kann einem Spiel zu mehr Akzeptanz verhelfen, z. B.:

- Urlaubsgeld vom Sender: zu Beginn der Ferienzeit
- Extra-Monatsgehalt vom Sender: im Januar, wenn alle Rechnungen kommen
- Wir kommen zum Putzen: im frühen Frühjahr
- Der Eismann kommt: wenn alle unter der Hitze stöhnen
- Tank-Geld vom Sender: wenn alle mal wieder über die hohen Benzinpreise jammern

Telefonspiele sind die meisten Radio-Spiele. Sie haben den *Vorteil*, dass der Hörer unmittelbar beteiligt ist und selbst zum »Programmgestalter« wird. Zudem sind Telefonspiele aktuell und schnell und bieten dem Hörer eine direkte Gewinnmöglichkeit. Ihr *Nachteil* liegt in der beschränkten Teilnahmemöglichkeit; längst nicht jeder kommt durch.

Spiele mit Beteiligung vor Ort haben den Vorteil, einen unmittelbaren Kontakt zwischen Hörer und Sender herzustellen. Ihr *Nachteil:* Nur wenige können sich beteiligen.
Solche Spiele sorgen oft für Aufmerksamkeit in der Öffentlichkeit, z. B. wenn es für findige Mitrater an Tankstellen Benzin umsonst gibt und die Polizei das durch Warteschlangen entstehende Verkehrschaos nur mühsam in den Griff bekommt. Dadurch nehmen auch Nicht-Hörer Notiz vom Sender (hoffentlich positiv). Zumindest kommt der Sender-Name einmal wieder ins öffentliche Bewusstsein und möglicherweise sogar in die Zeitung.

Für Zeitpunkt und Dauer von Radio-Spielen bieten sich an:
- ein fester Sendetermin als verlässliches Programmelement,
- für den Hörer scheinbar unvermittelt wechselnde Zeiten,
- nur ein Tag aus einem bestimmten Anlass, wie z. B. Ende der Sommerferien,
- ein längerer Zeitraum, innerhalb einer MA-Erhebungsperiode (major promotion),
- ein längerer Zeitraum wie z. B. Weihnachts- oder Ferienzeit.

Die Finanzierung von Radio-Spielen übernimmt der Sender, wenn er dafür nicht einen Kooperationspartner findet (vgl. Beitrag »Trennung von Programm und Werbung, Ausloben von Preisen, Sponsoring«).

Werbung im Vorfeld des Spiels ist in jedem Fall notwendig. Nur so kann beim Hörer die gewünschte Erwartungshaltung aufgebaut und Neugier geweckt werden. Die Vorankündigungen im eigenen Programm können auch durch Zeitungsmeldungen oder Anzeigen in den Printmedien unterstützt werden.

Tipps für die Planung von Radio-Spielen (vgl. Beitrag »Radio-Aktionen«):
- *Einfache Spielregeln* genau festlegen.
- Gut verständliche und eindeutige *Erklärungen für den Hörer* erstellen (Online-Unterstützung).
- *Geldpreise* schätzen die Hörer besonders. Auch schöne Reisen und Autos gewinnen sie gern.
- *Vorsicht vor Preisen wie aus dem Kramladen*, da kann das Sender-Image Schaden nehmen.
- Moderatoren, Telefonzentrale und Technik detailliert einweisen, am besten anhand eines *Ablaufplanes.*
- *Werbende Hinweise* im Programm (Trailer) nicht vergessen.
- Einen *Spielleiter* bestimmen, der die Durchführung und die Nachbereitung (Verschicken der Preise, Briefverkehr etc.) betreut.

Keine Spiele-Inflation. Da Spiele im Radio eine imageprägende Funktion haben, müssen sie gezielt und geplant eingesetzt werden. Abzuraten ist von einer zu großen Häufung und einer zu schnellen Folge von Gewinnspielen:»Sie brauchen eine Waschmaschine? – Rufen Sie Radio xy an; die haben doch immer irgendwelche Gewinnspiele.« Das sollte den Gesprächswert eines Senders nicht ausmachen.

Ins Netz damit: Radio-Spiele müssen online präsent sein (vgl. »*Ins Netz damit:*« zum Beitrag »Hörer-Beteiligung«). Das bedeutet:

- *Spiele online vorbereiten:* Das Spiel im Netz ankündigen, Interesse wecken und die Regeln und Bedingungen nachlesbar machen. Das funktioniert in beide Richtungen: Hörer, die einen Werbetrailer für das Spiel gehört haben, wollen noch einmal nachlesen. Online-Besucher werden auf die Ausstrahlung im Radio aufmerksam gemacht.

- *Spiele begleiten:* Wenn möglich, Zwischenergebnisse anbieten, Gewinner vorstellen und ihre Ideen in Text, Ton und Bild präsentieren. Und wenn z. B. Hörer im Radio ihren schönsten Badewannensong vorsingen oder sich beim Hören fotografiert haben: Warum nicht per Web-Votum einen Publikumspreis vergeben?

→ Tipp: Der Online-Teaser auf den Artikel zum Spiel im Webangebot sollte, während das Spiel läuft, weit oben stehen – die Hörer sollen ihn nicht suchen müssen.

- *Am Ende des Spiels* die Online-Nutzer nicht vergessen: Jetzt können noch einmal alle Gewinner, interessante Hörer-Reaktionen und auch sonstiges öffentliches Feedback zusammenfassend präsentiert werden.

🖥 Beispiele im Netz

Programme

Formate für Begleitprogramme

Die Vokabel »Format« – von den Radiomachern heute wie selbstverständlich im Munde geführt – bezeichnet den Typ eines *durchgestylten Hörfunkprogramms*, der bestimmt wird von

- seiner musikalischen Farbe,
- der Wort-Musik-Mischung,
- den Informationsanteilen und
- der Art der Präsentation.

Bei diesen Inhalten folgen die Formate strengen Regeln, überlassen nichts dem Zufall, um mit dem Programm möglichst genau dem Geschmack der angestrebten Zielgruppe zu entsprechen und es so »durchhörbar« zu machen. Das private wie das öffentlich-rechtliche Begleit-Radio ist weitestgehend formatiert, seitdem sich Ende der 80er Jahre die Erkenntnis durchgesetzt hat, dass sich im Wettbewerb die Programme besser behaupten, die so konzipiert sind.

Begleitprogramme sind auf der Grundlage der Erkenntnis konzipiert, dass die allermeisten Hörer Radio begleitend nutzen – also parallel zu Tätigkeiten in ihrem normalen Tagesablauf: vom Wachwerden morgens bis zum Einschlafen abends, bei der Arbeit und in der Freizeit, zu Hause und unterwegs.

Die wichtigsten Musik-Formate sollte der Radiojournalist kennen, weil sie zur Basis des Handwerks gehören. In Deutschland dominieren AC, CHR und Melodie, garniert von mehreren Nischenformaten:

AC (»Adult Contemporary«). Dieses Format ist das mit Abstand erfolgreichste der Welt. Es richtet sich an die für die Werbewirtschaft lukrativste Zielgruppe: v. a. die 20- bis 49-Jährigen. Ihnen wird zumeist Mainstream-Pop ohne Ecken und Kanten angeboten, der in den Ohren dieses Alterssegments aktuell und den-

noch vertraut klingt. Die meisten großen deutschen Radioprogramme haben dieses Format gewählt, das heute überwiegend
die »Hits der 90er und das Beste von heute« umfasst. Große Hits
der 80er Jahre werden beigemischt.

CHR (»Contemporary Hit Radio«): CHR-Stationen senden ge-
treu dem alten Top-40-Rezept jeweils nur die wenigen Hits, die
gerade am besten ankommen. Ihre Zielgruppe besteht vor allem
aus den 14–29-Jährigen. CHR-Radio ist laut und fröhlich. »Ver-
rückte« DJs und schrille Aktionen (vgl. Beitrag »Radio-Aktionen«)
sind die Regel. Unter allem liegt Musik, Stille auf der Welle ist verpönt. Nachrichten werden gern auf Schlagzeilen eingedampft
und dem Tempo des Formats angemessen präsentiert (vgl. Beitrag »Nachrichten-Präsentation«). CHR bildet in Deutschland
zumeist die Grundlage für sog. Jugendradios öffentlich-rechtlicher (z. B. N-Joy des NDR) wie privater Sender (z. B. bigFM, radio TOP 40 in Thüringen). Mit CHR hauptsächlich in den Metropolen vertreten ist die europaweit operierende französische
»Energy«-Kette.

Das Dance-Format ist eine ganz junge, modische Abart des
CHR-Formats. Es erreicht wegen seiner diskothekenorientierten
Trend-Musik (Rave, Techno, Dance, Hiphop usw.) fast aus-
schließlich Hörer unter 20.
Ebenfalls den CHR-Spielarten werden »New Rock«-Stationen
zugeordnet wie z. B. »delta radio« in Kiel.

UC (»Urban Contemporary«) oder »Black« fußt auf dem musika-
lischen Geschmack der schwarzen und spanischen Bevölke-
rung Amerikas, zieht aber auch weißes Publikum an. Tanzbare
Rhythmen sind gefragt – Latin, Reggae, Rhythm and Blues, Light
Jazz. Zielgruppe: 18 bis ca. 35. In Deutschland hat »Jam FM«
Kultstatus bei bescheidenem Reichweitenerfolg erreicht.

Melodie (auch DOM genannt = deutsch orientiert, melodiös): Ein
deutsches, musikalisch konservatives Format für die Zielgruppe
ab 50 aufwärts. Hier werden hauptsächlich Schlager und ge-

mäßigte englische Oldies gespielt, deren Anteil aber stängig steigt, weil auch viele aus dieser Zielgruppe mit englischsprachigen Hits aufgewachsen sind. Das Format ist in seiner Präsentation langsamer und gemütlicher, mit mehr herkömmlichen Wortanteilen. Im Prinzip hat noch immer nahezu jede öffentlich-rechtliche Anstalt ein solches Programm (z. B. WDR 4, NDR 1 Niedersachsen, SWR 4 Baden-Württemberg/SWR4 Rheinland-Pfalz). Im Bereich der Privatradios verlor dieses Format nach einer kurzen Blüte alsbald seine Bedeutung, da das weitgehende Desinteresse der Werbewirtschaft an Hörern über 50 die Werbefinanzierung des Melodie-Formats zur Zeit kaum möglich macht.

Das Oldie-Format mit Popmusik der 60er bis 80er Jahre konnte sich in den 90er Jahren als privates Alternativangebot für die über 40jährigen etablieren, so z. B. in Sachsen, Hamburg, Berlin und Schleswig-Holstein und im Südwesten der Republik. Nach der Jahrtausendwende zeigte sich, dass auch dieses Format von den Werbekunden als »alt« abgelehnt wurde. So öffneten sich die Oldiesender auch für aktuellere Hits (oldie-based AC).

Rock. Das in den USA verbreitete »Rock«- oder »Classic Rock«-Format hat in Deutschland einige wenige Nachahmer wie »Rockland« in Rheinland-Pfalz und Sachsen-Anhalt oder »Star FM« in Berlin und Nürnberg, und zuletzt »RADIO BOB!« In Hessen gefunden.

Jazz ist ein besonders schwierig zu etablierendes Format, da die Anhängerschaft zahlenmäßig gering ist. Entsprechende Versuche in deutschen Großstädten waren bisher nicht dauerhaft von Erfolg gekrönt.

Klassik. Das »Classical«-Format mit E- statt U-Musik ist in Amerika ein kommerzielles Format mit kleinen, aber stabilen Reichweiten. In Deutschland gilt es dagegen als typisch öffentlich-rechtlich und hat hier in Form der sogenannten Kulturprogramme eine sehr lange Tradition. Einzige private Ausnahmen: das über Kabel, Satellit und auch relativ viele UKW-Frequenzen bundesweit verbreitete »Klassik Radio« sowie »radio apollo« in Sachsen.

»News« als reines Wort-Format. Nachrichtenformate sind eine öffentlich-rechtliche Domäne (z. B. B 5 aktuell, Inforadio Berlin-Brandenburg, NDR Info, MDR info). Sie bringen in wiederkehrenden festen Zeitabständen (15- oder 20-Minuten-Turnus) allgemeine aktuelle Nachrichten sowie Wirtschafts-, Sport- und Kulturinformationen. Manche senden zwischendrin auch ergänzende Hintergrund-Berichte oder längere Sportübertragungen, die meisten tun dies am Wochenende. »All News«-Stationen sind in den USA in großen Metropolen wirtschaftlich erfolgreich. In Deutschland steht der Beweis der kommerziellen Finanzierungsfähigkeit noch aus.

Ohne Musik geht nichts im populären Radio. Das gilt für die Vielzahl der heutigen Begleitprogramme – ob öffentlich-rechtlich oder privat. Und der Radio-Journalist muss das wissen.

Musikanteil: Zwischen zwei Dritteln und vier Fünfteln Musik und einem Drittel bis einem Fünftel Wort (inklusive Werbung) – dieser Faustregel folgen die meisten erfolgreichen Begleitprogramme. Mit der Zunahme der Konkurrenz im Äther wuchs auch der Musikanteil im Programm.

Welche Musik spielen wir? Im Radio gilt heute: Der Kunde ist König. Der regelmäßige Music Research ist Voraussetzung für ein erfolgreiches Musik-Programm. Die Methoden der Musik-Forschung sind im Beitrag »Medienforschung für den Hörfunk« ausführlich dargestellt.

Die Beobachtung der Verkaufshitparaden ist neben der Forschung noch immer eine verlässliche, dennoch preiswerte und einfache Methode, über derzeitige und zukünftige Trends auf dem Laufenden zu bleiben. Daneben verfolgen die Musikredakteure anhand der sogenannten *Airplay Charts*, welche Titel bei der Konkurrenz »gepowert« werden.

Playlisten (die Auflistung aller Titel, die in einem Programm gespielt werden) umfassen im Privatfunk selten mehr als 200 bis 500 Titel, in den öffentlich-rechtlichen Programmen bis zu 3000 und mehr Titel.

Die Mischung macht's. Die Aneinanderreihung von Musik wird zum Programm durch ein möglichst optimales *Mischungsrezept*. Die Werbeslogans erfolgreicher Programme (»Der beste Mix« oder »Mehr Abwechslung«) weisen darauf hin, welch hoher Stellenwert der »richtigen Mischung« zugebilligt wird. Auch wenn sich in manchen Formaten die Titel absichtlich häufig wiederholen, gilt: so viel Abwechslung innerhalb des Repertoires wie möglich. Der »Ständig-Dasselbe-Eindruck« schadet dem Programm.

Abwechslung ist auf den verschiedensten Ebenen möglich, z. B.
- beim Tempo,
- bei der Musikrichtung, soweit das Format dieses zulässt,
- zwischen männlichen und weiblichen Interpreten,
- zwischen Musikgruppen und Instrumentalaufnahmen,
- bei der Sprache, in der gesungen wird,
- beim Alter der Titel.

Die »Heavy Rotation« (Rotation = Einsatzplan für die Titel) mit ihren ständigen Wiederholungen der Chart-Titel gilt in den jungen Hitformaten als Erfolgsrezept. Aktuelle Superhits alle drei bis fünf Stunden und zunehmend in noch kürzeren Abständen werden dort durchaus akzeptiert. Die Erkenntnis aber, dass der Hörer auch im Äther lieber öfter guten alten Bekannten begegnet als ständig auf Unbekannte zu treffen, gilt für alle Programmformate.

Durchhörbarkeit ist eine Hauptanforderung an ein Begleitprogramm: Wenn schon nicht gezielt eingeschaltet wird, dann muss der Hörer im Prinzip zu jeder Zeit einsteigen können, ohne in seinen Erwartungen enttäuscht zu werden oder das Gefühl zu bekommen, er habe etwas versäumt. Die einzelne Sendung darf keine in sich so abgeschlossene Einheit sein, dass zur nächsten eine fühlbare Zäsur entsteht. Das konsequente Programm von heute ist eher durch die Moderatorenschichten strukturiert (geplant nachTagesabschnitten/Dayparts).

Viel Musik und wenig Wort in einem fort – so werden die Begleitprogramme geplant. Im Prinzip bleiben bei strenger Formatierung Mischungsverhältnis und Platzierung der Wortplätze über den Tag hinweg gleich (vgl. Programm-Uhr im Beitrag »Medienforschung für den Hörfunk«). Es gibt aber Ausnahmen, vor allem:

- In den Frühsendungen ist der Wortanteil generell höher, weil morgens ein höherer Informationsbedarf bei den Hörern besteht und die (muntermachenden) *Morning-Shows* wortintensiver sind.
- Hauptsächlich bei den öffentlich-rechtlichen Sendern außerdem in den Hauptinformationszeiten mittags und am Spätnachmittag, wo dann Magazine (vgl. Beitrag »Magazin«) platziert werden oder jedenfalls der Wortanteil erhöht wird.
- Wenn große Radio-Spiele oder Radio-Aktionen (vgl. entsprechende Beiträge) laufen. Sie beanspruchen erst einmal die ohnehin vorgesehenen Wort-Plätze, meist brauchen sie aber noch zusätzliche.
- Reine Musik-Sendungen, wie z. B. Chart-Sendungen.

Wort ist nicht gleich Wort. Auch bei ähnlicher Musik/Wort-Mischung gibt es zwischen den Wortinhalten deutliche Unterschiede. Grundsätzlich gilt dabei: Politische und allgemeine aktuelle Themen haben in den Hauptinformationszeiten ihren Platz, Service eher am Vormittag, Unterhaltendes am Nachmittag. Dabei spielen Niveau und Zielgruppe aber eine wichtige Rolle: In manchen Programmen findet sich außerhalb der Nachrichten fast ausschließlich unterhaltendes Wort.

Grundsätzliche Abweichungen von der strengen Gesetzmäßigkeit des Formats unterbleiben zumindest so lange, wie die

Tagesreichweite beträchtlich ist. Wenn dann ab etwa 18 Uhr die Mehrheit der Bevölkerung zum Fernsehen abwandert, wächst der Handlungsspielraum für die Programmplaner: *Speziellere Zielgruppen* anzusprechen ist am Abend denkbar. Auch anspruchsvollere Sendungen mit mehr Wort und größerer journalistischer Tiefe können jetzt ihren Platz finden. Das ist auch im Privatfunk so, da die kommerzielle Bedeutung der Sendezeit angesichts der sowieso relativ geringen Gesamtreichweite abnimmt. Sender, die auch am Abend streng am Format festhalten, befürchten durch solche Abweichungen Irritationen beim Stammpublikum.

Die große Freiheit im Nachtprogramm, die sich in den 90er Jahren mancher Privatsender leistete und etwa für wortintensive Call-In-Shows nutzte, ist in wirtschaftlich schwierigeren Zeiten einer nüchternen Versorgung der Nachthörer v. a. mit Musik gewichen. Manche Stationen verzichten inzwischen in den Nachtstunden auf Live-Nachrichten oder übernehmen diese von einem zentralen Anbieter. Falls nachts noch Moderation stattfindet, ist diese oft vorproduziert (vgl. Beitrag »Moderieren«, Voice Tracking).
Viele ARD-Programme schließen sich ebenfalls aus Kostengründen traditionell zu gemeinsamer, dem jeweiligen Programmtyp gerecht werdender, »Nachtversorgung« zusammen.

Nachrichten: Weltweit ist es verbreitete Tradition, Nachrichten »every hour on the hour« auszustrahlen. Mit gutem Grund folgen auch die meisten deutschen Sender dieser Regel: Sie fügen sich damit festen Hörgewohnheiten. Manche Stationen wählen dagegen einen bewusst alternativen Zeitpunkt, um sich damit zu profilieren. Beliebteste Alternativ-Zeit ist hierfür in Deutschland der Nachrichtenplatz »*5 vor*«, mit dem sich einst der erste erfolgreiche deutsche Privatsender, R. SH, vom Sendestart (1986) an ein Markenzeichen verschaffte (vgl. Beiträge »Nachrichten« und »Nachrichten-Präsentation« und s. Programm-Uhr im Beitrag »Medienforschung für den Hörfunk«).

Die Stundenfolge für Nachrichtensendungen ist in Deutschland unbestrittene Regel, ebenso die (mindestens) halbstündliche Folge am frühen Morgen. Begründung: Zu dieser Zeit schlage sich die Hörerschaft auf dem Weg zur Arbeit schneller um, habe aber gleichzeitig einen höheren Informationsbedarf.

Welche Rolle spielt der Moderator? Der Trend im populären Radio ging über viele Jahre ganz allgemein zu »weniger Wort, mehr Musik«. Auch wenn es in den letzten Jahren eine leichte Trendwende gibt: Von den Moderatoren wird jedenfalls erwartet, nicht »opulent« zu plaudern und dennoch Charme, Witz, Zuwendung und eigene Persönlichkeit »rüberzubringen« (vgl. Beiträge »Moderieren« und »Musik-Moderation«). Grundsätzlich bestehen auch hier zwei Philosophien:

Personality Radio: Der Moderator trägt mit seiner Persönlichkeit die Sendung, die durch ihn unverwechselbar und wiedererkennbar wird. Mit der Erkenntnis, dass zwischen 6 und 10 Uhr morgens der Tageserfolg eines Senders entschieden wird, setzen die meisten Stationen in ihren »Morning Shows« auf die Wirkung von Personality – und nehmen auch wieder mehr Wort in Kauf.

Format-Radio: Das durchgehende Programmkonzept (mit weniger Rücksicht auf Personality) macht den Sender insgesamt attraktiv und jederzeit auf die gleiche Weise wiedererkennbar. Der Hörer ist bei der erwünschten Sympathiebindung weniger von dem Einzelmoderator abhängig. Diese Regel gilt überwiegend nach der »Morning Show« für den Rest des Tages.

Eigenwerbung: Mit dem Konkurrenzdruck ist der Anteil der *Pflichtmoderationen* für den Moderator gewachsen. Kaum ein Sender, der nicht bei (fast) jeder Ansage die Nennung seines Namens (»*Station Identification*«, *ID*), der *Frequenz* sowie des *Claims (Slogans)* verlangt. Letzterer ist die prägnantestmögliche Umschreibung des wichtigsten Produktvorteils eines Begleitprogramms, in aller Regel musikalischer Art: »Top Hits,

Classic Hits, alle Hits« oder »Die größten Hits für Baden-Württemberg« sind typische Claims von AC-Sendern (vgl. Beitrag »Programm-Promotion«).

Das eigene, unverwechselbare Profil bestimmt die *Unterschiede* zu anderen Programmen, während das Format definiert, worin ein Sender anderen ähnelt. Das Profil wird wesentlich davon beeinflusst, welche guten Ideen in die Programm-Details investiert worden sind. Der Bedarf an Ideen ist unendlich (vgl. Beitrag »Dem Programm Profil geben«).

Die schlagkräftigsten Ideen sind für die sog. »Major Promotions« gefragt – die möglichst Aufsehen erregenden Aktionen während der Befragungswellen der Media Analyse (vgl. Beitrag »Medienforschung für den Hörfunk«), wenn sich alle Sender von ihrer besten Seite zeigen wollen (vgl. Beiträge »Radio-Aktionen«, »Radio-Spiele« und »Programm-Promotion«).

Research-Firmen. Mit zunehmender Härte des Wettbewerbs wurde in den letzten Jahren bei immer mehr Privat-Sendern das eigene unverwechselbare Profil durch vorgefertigte Rezepte ersetzt. Deren Anwendung wird von sog. Research-Firmen – meist amerikanischer Herkunft – nach umfangreichen Marktanalysen empfohlen und auch exekutiert. Wo man inzwischen befürchtet, im Einheits-Sound sein eigenes Marken-Profil zu verlieren, wird inzwischen wieder gegengesteuert (vgl. Beiträge »Das Programm als Markenartikel« und »Radio und Internet«).

Die Werbung im Begleitprogramm wird bei allen deutschen Stationen an zwei bis drei festgelegten Stellen des Stundenrasters in Spot-Abfolgen von je drei bis vier Minuten zusammengefasst, manchmal noch durch teure allein stehende »Single-Spots« ergänzt. Die Gesetze erlauben kommerziellen Programmen 12 Minuten Werbung pro Stunde (bei öffentlich-rechtlichen ist dies unterschiedlich geregelt bis hin zur vollständigen Werbefreiheit). Kaum ein Sender wagt es aber, durch deren Ausschöpfung die Akzeptanz bei den Hörern zu gefährden (vgl. Beiträge »Praxis der Hörfunk-Werbung« und »Trennung von Programm und Werbung, Ausloben von Preisen und Sponsoring«).

Ins Netz damit: Die Musik im Radio wird (besonders intensiv in den Begleitprogrammen) vom Online-Auftritt begleitet, promotet, mit Informationen ergänzt und auch vorgetestet:

- Die Titel des jeweils gespielten Songs sind in Echtzeit im Netz mitzulesen. Hintergrundinformationen werden geliefert: mehr über den Künstler, Konzerttermine, Interviews und Fotos, das Cover. Privatradios können Kooperationen mit Online-Händlern abschließen und einen Link anbieten, über den man den Titel direkt kaufen oder Konzertkarten bestellen kann.
- Neue Titel können, ehe sie on-air gehen, im Netz vorgestellt und per Web-Voting vorgecheckt werden.
- Eine aktuelle Chart-Liste begleitet die laufende Chart-Sendung, alte Chart-Listen werden zum Nachlesen eingestellt.

Musiktrends entwickeln sich wie früher oft per Mundpropaganda – nur, dass sie heute über soziale Netzwerke wie MySpace schnellere und weitere Kreise zieht. Diese Netze können Musikredakteure nutzen – oder sich gar ihre eigenen bauen lassen. Die Jugendsender MDR Sputnik, Fritz (rbb) und youfm (HR) haben gemeinsam eine eigene *Community* um das Thema Musik herum entwickelt. Sie heben Inhalte aus der Community gezielt ins Programm. So sind z. B. bereits mehrere Titel über die »myYOU-FM«-Community in die Rotation des Senders gelangt. Ein Schülerband-Wettbewerb machte Newcomer populär.

Musik-Spartenprogramme im Netz. Radio zielt auf den Mainstream, Internet ist individuell. Ein Kompromiss sind die *Channels:* Live-Streams im Internet-Angebot eines Radio-Senders, die Musik nur einer Sparte bieten.

Musik-Communities wie last.fm bieten ein noch weit höheres Maß an Individualität. Damit kann Radio kaum konkurrieren: Diese Angebote kennen die Lieblingslieder des Hörers, stellen ihm automatisch ein passendes individuelles Programm zusammen, führen ihn zu neuer Musik und neuen Freunden nach seinem Geschmack. Und sie liefern zu jedem Titel, der gerade läuft, ausführliche Hintergrundinformationen – wenigstens daran können sich so manche Radioseiten im Netz ein Beispiel nehmen, wenn sie mehr bieten wollen als nur die Liste der gerade gespielten Musiktitel in Echtzeit.

Radio auf dem Handy? Das Mobiltelefon hat bei vielen Jugendlichen das Radio ersetzt. Sie nutzen es als mobile Musikmaschine. Radio-Macher, die sie noch erreichen wollen, müssen mobile Angebote vorbereiten. Je verbreiteter nämlich mobiles Internet wird, desto mehr könnten die Empfangsgeräte dafür analoge Radios ablösen. Services wie *Spodtronic* ermöglichen es schon heute, ein UMTS-Telefon in ein Netzradio umzuwandeln – ein Netzradio, das sich zunehmend zeitsouverän und individualisiert nutzen lässt.
⌨ Beispiele im Netz

Weiterführende Literatur:
Hermann Stümpert, Ist das Radio noch zu retten? Überlebenstraining für ein vernachlässigtes Medium (uni-edition, Berlin 2005)

Formate für Einschaltprogramme

Ein Einschaltprogramm will wegen seiner speziellen Inhalte *gezielt eingeschaltet* werden, nimmt damit auch in Kauf, mit dem Wechsel seiner Angebote von einem Teil seiner Hörer zwischendurch mal ausgeschaltet zu werden. Ein Einschaltprogramm ist also keine »Dauer-Welle« – im Gegensatz zu den Begleitprogrammen. Allerdings haben Reformen/Relaunches fast aller Einschaltformate das Magazin (vgl. dort) in den Primetimes als Sendungsform gewählt, um eine bessere Durchhörbarkeit zu erreichen.

Viel Inhalt, spezielle Inhalte. Die Sendegefäße der Einschaltprogramme enthalten nach wie vor ganz unterschiedliche Ingredienzien – vom Kinderfunk bis zu Foren für Neue Musik, vom Umweltmagazin bis zur Klassik für Kenner. Einschaltprogramme wollen also nicht immer von möglichst allen Hörern ihrer Zielgruppe eingeschaltet werden. Aber wer es tut, der ist als *aufmerksamer Zuhörer* gefordert. Einschaltprogramme geben sich nicht wie die Begleitprogramme mit dem *Nebenbeihörer* zufrieden.

Kulturprogramme und Informationsprogramme sind es, die mit »Einschaltprogramm« charakterisiert werden. Der Terminus beschreibt die Art der Nutzung der früheren »Kästchenprogramme«, auch wenn immer mehr fachspezifische Kästchen abgeschafft und die Themen in größere Flächen integriert wurden. So ist auch Musik z. B. in politischen Informationssendungen kein Tabu mehr. Vielfach gehört sie als Binde- oder Überbrückungselement heutzutage zum festen Bestandteil von Einschaltprogrammen, z. B. in den aktuellen Sendungen (»radio-Welt«) von Bayern 2 oder in den aktuellen Programmen von WDR 5 oder Deutschlandradio Kultur. Außerdem bemühen sich die Programmmacher mittlerweile verstärkt um inhaltliche Verzahnung und sogenannte Cross-Promotion innerhalb ihres Angebots (z. B. durch Moderations-Teaser oder produzierte Promos). Dem Diktat der Einschaltquote können sich also selbst diese anspruchsvollen und weitgehend kommerzfreien Programme in Zeiten von Kostendruck und Daseinsberechtigung nicht ganz entziehen.

Wort-Kultur-Programm oder Musik-Kultur-Programm: Beide Formen von Einschaltprogrammen gibt es. Die einen setzen auf die *aktuelle Information mit Hintergrund und Kommentar* und weisen einen Wortanteil von bis zu 80 Prozent aus; der Deutschlandfunk ist ein Beispiel dafür. Politik und Wirtschaft stehen im Mittelpunkt.

Die anderen definieren sich mehr über ihre *Musik,* die ausführlich an- und abmoderiert wird, und über *kulturelle Informationen.* Das Deutschlandradio Kultur in Berlin beispielsweise hat rund 50 Prozent Wort und 50 Prozent Musik und setzt einen Schwerpunkt in der Kultur.

In *Begleitprogrammen* mit viel Wort liegt das Wort-Musik-Verhältnis bei maximal 30 Prozent Wort zu 70 Prozent Musik (vgl. Beitrag »Formate für Begleitprogramme«). In Einschaltprogrammen kann es genau umgekehrt sein.

Diese Quoten beziehen sich bei den Begleitprogrammen im Prinzip auf *jede Sendestunde*, bei den Einschaltwellen auf *einen Sendetag*, weil bei ihnen längere Wort- oder Musikstrecken einander abwechseln.

Nahezu alle öffentlich-rechtlichen Rundfunkanstalten bieten jeweils eine Informations- und eine Kulturwelle in ihrem Sendegebiet an. Rund 20 Einschaltprogramme gibt es in der ARD.

Das Wochenende unterscheidet sich von den alltäglichen Sendestrukturen und berücksichtigt zumeist auch Sendungen des Kirchenfunks und des Kinderfunks. Vor allem am Wochenende finden alle langen Formen ihren Platz – von der nicht in einzelne Sätze zerlegten Sinfonie bis zu Hörspiel und Feature.

Das Wortangebot läuft auf zwei Schienen: Information und Kultur. Für die Information stehen vor allem die aktuellen Kompaktsendungen oder Magazine (vgl. jeweils dort) morgens, mittags und spätnachmittags oder abends. Sie bieten längere Korrespondentenberichte und *Hintergrund* an. Natürlich gehören hierzu ebenfalls die *Kulturmagazine*, die bei den meisten Einschaltprogrammen auch einen *starken regionalen Bezug* haben.

Typisch sind zudem die Formen des künstlerischen Wortes: das *Hörspiel*, das *Feature*, die *Lesung*. Das *Essay* und der *Vortrag*, *Gespräche* (auch mit den Hörern) und *Dokumentationen* finden hier ebenfalls ihren Sendeplatz.

Das Themenspektrum ist sehr weit gefasst, jedoch sind die Schwerpunkte der Servicewellen schwach vertreten: Reise, Gesundheit, Hobby und Sport werden, wenn überhaupt, oft unter kulturellen Aspekten behandelt.

Das Musikangebot lässt sich unterscheiden in Formate, die ausschließlich E-Musik senden und andere, die das E-Musikangebot mit Jazz, Chansons, Liedern, Deutsch-Pop, Balladen, Weltmusik (Ethno) und Evergreens ergänzen. Solche Misch-Musikprogramme werden meist in Magazinflächen angeboten. Für Anhänger der einzelnen Genres gibt es aber auch Musik-Schwerpunktsendungen, sie sind oft ein besonderer Einschaltimpuls. Die Anmutung des jeweiligen Programms definiert sich (wie bei Begleitprogrammen) über die Musikfarbe, allerdings auch über die Sprache und Spreche der Moderatoren.

Moderation. Das Sprechtempo ist deutlich *ruhiger* als bei den Begleitprogrammen. Häufiger als in anderen Formaten werden *ausgebildete Sprecher* als Moderatoren eingesetzt. Auf vielen Sendeplätzen allerdings lässt man die Programm-Macher wegen der höheren Authentizität ihre Sendungen *selbst* moderieren. Weniger Moderatoren sollen eine höhere Wiedererkennbarkeit gewährleisten. Sie werden zunehmend gecastet, also nach Probemoderationen sorgfältig ausgewählt.

Der Moderationsstil ist manchmal noch angelehnt an die Schriftsprache: gehobene Ausdrucksweise, ein »intellektueller«, manchmal (unerwünscht) dozierender Duktus. Typisch ist aber auch die Lust an kommentierenden, ironisierenden oder bewertenden Moderationen.

Moderatoren wird in Einschaltprogrammen *viel Spielraum* gelassen. Moderations- oder Zeitvorgaben als strenge Formatvorgaben spielen aber eine immer größere Rolle.

Interessante und anspruchsvolle Arbeitsmöglichkeiten für Radio-Journalisten bieten diese wortgeprägten Einschaltprogramme. Wer längere Berichte, Features, Dokumentationen, Diskussionssendungen oder ausführliche Kommentare (vgl. jeweils dort) zu seinem Arbeitsgebiet machen möchte, der wird in solchen Kulturprogrammen die Sendeplätze dafür finden.

Wer sich als *Fachjournalist* überwiegend bestimmten Themengebieten (egal ob z. B. Politik, Wirtschaft oder Wissenschaft, Umweltschutz, Kirchenfragen oder Kinderthemen) widmen möchte, hat vor allem dort eine Chance.

Die Reichweiten einzelner Einschaltprogramme geraten immer wieder in die Kritik – ein bis rund sechs Prozent tägliche Hörer in den jeweiligen Sendegebieten gelten im Verhältnis zu den hohen Kosten dieser Programme als wenig, manchen als zu wenig. Das Durchschnittsalter der Hörer liegt bei 55 Jahren. Die Reformen/ Relaunches sind ein deutliches Zeichen für den Wunsch, jüngere Zielgruppen zu gewinnen und die Gesamtakzeptanz zu erhöhen. Fast 5 Millionen Menschen in Deutschland schalten wochentags die rund 20 ARD-Kultur- und Informationsprogramme ein. Das entspricht einer Reichweite von sieben Prozent.

Der öffentlich-rechtliche Auftrag wird in diesen Programmen auch als *kulturschaffender* Faktor verstanden: Rundfunk-Sinfonie-Orchester und ihre *Konzerte, Festivals* (auch für moderne Musik) und *Foren* für bildende Künstler finden sich im Programmangebot wieder. *Junge Schriftsteller* und *Theatergruppen* aus der Region bekommen in den Einschaltprogrammen ihre Sendeplätze. Multiplikatoren wie Lehrer oder Bibliothekare arbeiten mit den Informationen dieser Wellen. Das sind *Beiträge zum kulturellen Leben*, die mit Einschaltquoten nicht zu messen sind. Hörbücher als *Zweitverwertungen*, wie CDs mit Hörspielen oder Lesungen und Bücher zu Sendungen, sind außerordentlich erfolgreich.

Die weitere Entwicklung gibt den Einschaltprogrammen gute Chancen: In der immer stärker werdenden Informationsflut geben sie Orientierung und bieten eine ambitionierte Alternative zu formatierten Begleitprogrammen, die (wie ihre Kritiker sagen) in immer größerer Zahl immer das Gleiche bieten.

Der Bekanntheitsgrad der Einschaltprogramme und ihrer Zusatzleistungen muss allerdings durch gezieltes Marketing, durch eine Kommunikation über das Programm hinaus, weiter gesteigert werden. Denn hohe Kosten bei geringen Einschaltquoten (Marktanteile) sind angesichts des zunehmenden Sparzwanges keine Zukunftsgarantie, und als öffentlich-rechtliches Feigenblatt ist die programmliche Leistung verschenkt.

http://radioprogramm.ard.de/unter dieser Adresse findet sich der Service von »Mein radio.ARD.de«, der auch für die Radio-Ausbildung hervorragende Hörbeispiele zu vielen Sendungsformen bietet. Einmal registriert, lassen sich Radiosendungen in allen Wellen der ARD recherchieren, kann man Vorlieben für bestimmte Sendeformate und Themen angeben, und wird dann per E-Mail über kommende Sendungen informiert. Nebenan in der »ARD-Mediathek« kann man die im Netz nachhörbaren sowie die als Podcasts abonnierbaren Sendungen recherchieren (vgl. Beitrag »Podcasts und Webradios«). Eigene *Programmzeitschriften* und *Hörer-Clubs* ergänzen das Angebot. Sie sind auch eine gute Vorbereitung für ein Praktikum oder die Ausbildungsstation in solchen Wellen.

Ins Netz damit: Für die Einschaltprogramme scheint das Internet erfunden worden zu sein: Sie können es sich leisten, mit ihren anspruchvollen Sparten-Angeboten nach Nischen-Publikum zu schielen und sind damit wesentlich näher an den individuellen Angeboten des Internets (vgl. Beitrag »Radio und Internet«). Also sollten Einschaltprogramme so viel wie möglich online stellen.

Dafür müssen die Sendungen sauber und sinnvoll verschlagwortet werden. Je besser die Inhalts- und Schlagwort-Angabe, desto leichter finden Nutzer, was sie suchen: Die Schlagworte Feminismus, Politik, Gesellschaft, Literatur, Porträt, Alice Schwarzer, Emma sind besser als nur Feature, Kultur.

Eine Sendung in ihre einzelnen Beiträge zerlegen (wenn es der verwendete Player erlaubt): Damit gibt man den Online-Hörern die Möglichkeit, mit einem Klick das zu erreichen, was sie besonders interessiert. Der Lohn: Einschaltprogramme wie die hr-Hintergrundsendung »Der Tag« erreichen inzwischen online bis zu einem Fünftel ihrer Gesamthörerschaft, bei anderen liegt die Online-Quote noch höher. Wenn der Podcast (vgl. Beitrag »Podcasts und Webradios«) gut genutzt wird, ist das ein Zeichen dafür, dass die Sendung eine Fangemeinde hat: Vielleicht will sie weiter diskutieren und mitreden (vgl. »*Ins Netz damit*« zum Beitrag »Hörerbeteiligung«)?

E-Mail-Newsletters sind (nicht nur für Einschaltprogramme, aber da wohl besonders) eine bewährte Methode der Hörerbindung über eine (meist) wöchentliche Rundmail: Sie weisen hin auf besondere Programm-Highlights, Aktionen, Konzerte und Angebote aus dem Fanshop. Links führen die darin angerissenen Themen online weiter. *Personalisierte Newsletters* machen den Hörer automatisch auf Themen und Sendungen aufmerksam, die er als besonders interessant für sich angegeben hat. 🖥 Beispiele im Netz

Weiterführende Literatur:

Ruth Blaes/Arndt Richter/Michael Schmidt (Hrsg.), Zukunftsmusik für Kulturwellen. Neue Perspektiven der Kulturvermittlung im Hörfunk (Vistas, Berlin 2002)

Winfried Göpfert/Stephan Ruß-Mohl (Hrsg.), Wissenschaftsjournalismus. Ein Handbuch für Ausbildung und Praxis (5. Auflage, Econ Journalistische Praxis, Berlin 2005)

Musik-Programme mit dem Computer erstellen

In dem Beitrag »Formate für Begleitprogramme« ist dargelegt, nach welchen Kriterien die Musik für Begleitprogramme zusammengestellt wird. Diese Kriterien werden unter dem wachsenden Konkurrenzdruck im Rahmen der einzelnen Formate immer subtiler. Schließlich ist »die richtige Musik« ganz entscheidend (vgl. Beitrag »Medienforschung für den Hörfunk«) für den Erfolg eines Begleit- oder gar eines Musik-Spartenprogramms. Im Rahmen einer einheitlichen Musikfarbe muss für die richtige Mischung mit möglichst viel Abwechslung gesorgt werden.

Ohne die Hilfe einer Musik-Planungssoftware sind die hohen Anforderungen an die Musik-Zusammenstellung kaum zu verwirklichen. Deshalb werden im privaten wie im öffentlich-rechtlichen Rundfunk dafür sog. Musikcomputer eingesetzt.

In den Begleitprogrammen und bei Musik-Spartenprogrammen ist das die Regel, zunehmend ebenfalls bei Einschaltprogrammen mit einem hohen Anteil an klassischer Musik.

Der Computer ist aber kein Redakteur, er hilft lediglich dabei, redaktionelle Überlegungen konsequent zu verwirklichen. Auch wenn von Laien immer wieder anderes behauptet wird: Der Computer ist nie Schuld daran, dass, wie es oft heißt, »immer wieder dieselben Titel kommen« oder »immer nur englische«. Wenn es so ist, dann wollen es die Musikredakteure so – oder haben dem Computer die falschen Regeln eingegeben.

Der Musikredakteur entscheidet
- über die Titel, die überhaupt eingesetzt werden (Repertoire/Playlist),
- darüber, wie oft sie gespielt werden (Rotation),
- wie die ausgewählten Titel erfasst (codiert) werden und
- wie der Computer sie mischen soll, also nach welchen Regeln sie in jeder einzelnen Programmstunde laufen sollen.

Die inhaltliche Erfassung ist die Voraussetzung dafür, dass der Computer später bei der Zusammenstellung der Programme auch die »richtigen« Titel findet, sie in der vorgesehenen Abfolge einsetzt und daraus dann ein Musikprogramm mit dem gewünschten Klang entsteht. Der erfassende Musikredakteur muss also neben einer großen Repertoirekenntnis auch ein sicheres zielgruppengerechtes »Musikfeeling« haben. Hinzu kommt die verwaltungstechnische Erfassung, hauptsächlich für die Gema-Abrechnung.

Alle inhaltlichen Erfassungsmerkmale zusammen ergeben eine möglichst genaue Typisierung und Charakterisierung eines Titels. Sie sind – bei allen Programmen ähnlich – in sogenannte Kategorien, Gruppen, Untergruppen und Unter-Untergruppen aufgeteilt, abhängig von Zielgruppe und Format. So kann ein einzelner Titel leicht zwölf und mehr Merkmale bekommen.

Die Einteilung nach Kategorien ist z. B. am *Alter* der Titel ausgerichtet und könnte etwa so aussehen:

- Kategorie A = aktuelle Hits,
- Kategorie B = Recurrents (Hits, die seit kurzem »durch« sind),
- Kategorie C = 90er usw.

Jeder Titel jeder Kategorie könnte dann einer *Gruppe* zugeteilt werden, die sich nach dem Erfolg der Titel bestimmt:

- Gruppe 1 = große Hits, hoher Wiedererkennungswert,
- Gruppe 2 = Hits, ohne Irritation,
- Gruppe 3 = Titel teilweise irritierend und polarisierend, vorsichtig einsetzen usw.

In weitere Untergruppen wird dann jeder Titel jeder Kategorie, genau codiert, eingeordnet:

- Untergruppe 1 = Geschlecht des Interpreten (oder ob die dominierende Stimme männlich oder weiblich klingt),
- Untergruppe 2 = Stimmung, die der Titel vermittelt (happy, balladenartig, traurig …),
- Untergruppe 3 = Sprache.

Tempo, Klangfülle, Intensität und z. B. das Ende eines Titels (abrupt = »cold end« oder ausgeblendet = »fade«) – all dies sind Kategorisierungsmerkmale. Auch ob ein Titel zu bestimmten Tages- oder Jahreszeiten (Wintertitel im Sommer) nicht laufen darf, ob er zur Eröffnung einer Programmstunde geeignet ist (»Opener«), kann dem Computer ebenso eingegeben werden wie *thematischer Bezug (z. B.* Weihnachts- oder Karnevalstitel*)*, die Länge des *Intros (oder* »Ramp« = Instrumentalvorspiel*)*, das Jahr der besten *Hitparadenplatzierung* und Zusatzinformationen als *Moderationshilfen*. Um eine Playlist von ca. 600 Titeln so zu erfassen, muss ein Musikredakteur mindestens einen Monat arbeiten.

Die Musikuhr erstellen, ist dann der nächste Arbeitsschritt. Für jede Stunde an jedem Tag der Woche muss dabei festgelegt werden, welche (über ihre Merkmale definierten)Titel in welcher Reihenfolge gespielt werden sollen. Für einen Montag, 9–10 Uhr, könnte z. B. festgelegt werden, dass der 1. Titel folgende Kriterien erfüllen muss:

Kategorie B   = Recurrent
Gruppe 1   = großer Hit, hoher Wiedererkennungswert
Untergruppe 4 = Musikrichtung Pop
und weiter:
Opener-Qualität
Stimmung happy
Englisch gesungen
Weiblich usw.

Entsprechend werden die Anforderungen an den zweiten Titel dieser Stunde, den dritten und überhaupt an jeden Titel jeder Stunde festgelegt.

Auch sogenannte »Platzhalter« für Werbung und Wortbeiträge werden dabei eingeplant, um die darauf folgenden Musiktitel passend auszuwählen. So sollte nach einem Wortbeitrag kein lahmer Titel kommen und, wenn möglich, auch kein deutschsprachiger, damit zwischen dem Inhalt des Beitrags und dem Text des Titels von den Hörern kein (ungewünschter) Bezug hergestellt wird.

Rotation – wie oft und wann ein Titel laufen darf. Der Computer muss außerdem darauf programmiert werden, die Titel nach bestimmten Vorgaben erneut einzusetzen. Das kann z. B. heißen, dass ein Titel der Kategorie D frühestens nach 18 Tagen wieder im Programm erscheinen darf. Bevor er allerdings wieder in derselben Programmstunde laufen darf, muss er erst in jeweils zwei Programmstunden von drei anderen Tagesabschnitten (Dayparts) eingesetzt gewesen sein. Zusätzlich wird dann noch die Position in der Stunde verändert, z. B. von 1 auf 5.

Programme

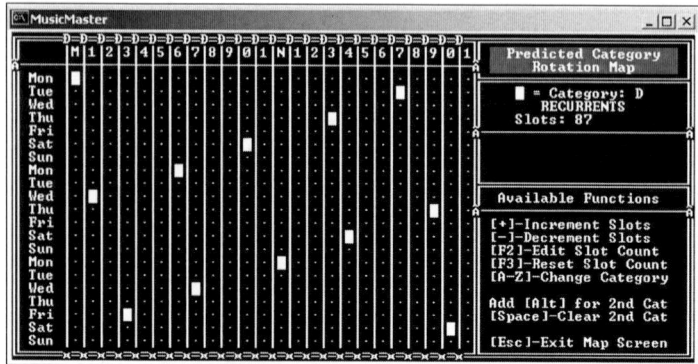

Musiktitel »rotieren« nach einem vom Musikredakteur festgelegten Plan. Der Screenshot (Oberfläche des verbreiteten Musik-Computerprogramms »MusicMaster«) zeigt die Rotation eines Titels in einem Zeitraum von drei Wochen. Links untereinander sind fortlaufend die Wochentage angegeben, oben die Zeiten. Dabei bedeutet »M« midnight/Mitternacht und »N« noon/mittags 12 Uhr. Der Titel läuft vier Mal in der ersten Woche: am ersten Montag (Markierung oben links) also zwischen Mitternacht und ein Uhr nachts, Dienstag zwischen 19 und 20 Uhr, Mittwoch gar nicht. Am Donnerstag geht's dann weiter zwischen 15 und 16 Uhr, am Freitag ist er wieder nicht im Programm, am Samstag zwischen 10 und 11 und am Sonntag wieder gar nicht.

Der Titel gehört zur Kategorie »D« (oben rechts). So sind in diesem Programm die »Recurrents« bezeichnet, also die »gerade gewesenen Hits«.

Unten rechts sind Befehle angegeben, mit denen der Musikredakteur in diesem Programm arbeiten, also z. B. die Einsatzhäufigkeit des Titels erhöhen (Increment slots) oder verringern (Decrement slots) kann, je nachdem wie sich seine Beliebtheit entwickelt.

Aktuelle Hits werden häufiger wiederholt, aber auch nicht so, dass der Hörer das Gefühl bekommt, es werde immer dasselbe gespielt. Deshalb kann man z. B. die Regel eingeben, dass ein Titel/Interpret nicht an einem Tag morgens und abends in der Hauptverkehrszeit gespielt werden darf; der Hörer soll ihn nicht morgens auf dem Weg zur Arbeit und nachmittags auf dem Heimweg wieder hören.

Neuerscheinungen müssen bekannt gespielt werden, denn um zu gefallen muss ein Titel jedenfalls erst einmal bekannt sein. Deshalb haben neue Titel mit großem »Hitpotenzial« eine höhere Tagesrotation.

Regelgruppen: Um nicht den ganzen Tag über ein Musikprogramm nach identischen Regeln zu haben, werden die Regeln in unterschiedlichen Tageszeiten (Dayparts) unterschiedlich gewichtet und jeweils in einer Regelgruppe (*Policy*) zusammengefasst. So können die Frühsendung, der Vormittag, das Abend- und Nachtprogramm) und die Wochenendsendungen eine eigene »Policy« bekommen.

Musikcomputer-Programme werden geleast. In der Bundesrepublik sind vor allem die Systeme »MusicMaster« und »Selector« auf dem Markt (als amerikanische Lizenz). Um ein 24-Stunden-Programm zu erstellen, braucht MusicMaster im Normalfall zwei bis drei Minuten.

Dem Musikcomputer nicht blind vertrauen. Alle vom Computer angebotenen Programme müssen vor dem Ausdruck durchgesehen werden. Das bedeutet etwa zwei Stunden Arbeit für ein Tagesprogramm. Es kann z. B. passieren, dass der Computer »Lieblingstitel« entwickelt. Das sind Titel, die vielen oft verlangten Merkmalen entsprechen und deshalb häufiger als gewünscht eingesetzt werden. Zeitweilige Sperrung oder minimale Um-Codierung schafft da Abhilfe.
Auch mit Cover- und Originalversionen und mit Interpreten, die sowohl in einer Gruppe als auch solistisch auftreten, kann der Computer Probleme bekommen (sie etwa hintereinander einsetzen), wenn das bei der Titelerfassung (mit einem sog. »Keyword«) nicht bedacht wurde.

Zu dieser Nachbearbeitung durch den/die Musikredakteur/in gehört auch das Auswählen und Einsetzen der richtigen Transitions, wenn sie nicht gleich von einer Ergänzungssoftware mitgeplant werden (zur Funktion von Transitions vgl. Beitrag »Verpackungselemente«).
Nachdem ein Programm gesendet wurde, muss der Musikredakteur die (z. B. aus Zeitmangel) ausgefallenen Musiktitel aus dem Fahrplan löschen und sie so für die Rotation wieder ab sofort freigeben.

Die Übersicht im Musikprogramm zu behalten, auch dabei hilft der Musikcomputer mit diversen Statistiken. So kann sich der Musikredakteur jederzeit anzeigen lassen, wie oft (und an welchen Tagen in welchen Stunden) ein bestimmter Titel gelaufen ist. Er kann sich z. B. auch in Form einer Kurve darstellen lassen, wie der Tempo-Verlauf der Musiktitel in einer bestimmten Stunde ist, und auch, zu welchem Prozentsatz der Computer ein Tagesprogramm entsprechend den eingegebenen Regeln zusammenstellen konnte.

Wenn der Computer für eine Position keinen regelgerechten Titel findet, zeigt er das im Musiklaufplan an und macht gleich Vorschläge dafür, welche *Ersatztitel* er anbieten kann, die den gewünschten Kriterien am nächsten kommen. Sollte dies öfter geschehen, müssen Regeln und/oder Stundenuhren korrigiert werden. Der Redakteur kann jederzeit aber auch »von Hand« eingreifen und selbst einen Titel eingeben.

Musiklaufplan wird Sendeablaufplan. Der vom Musikredakteur überprüfte und freigegebene Musiklaufplan eines Tages wird dann zum Gerüst des Sendeablaufplans, in den die übrigen Bestandteile des Programms (Beiträge, Werbung, Promos, Trailer usw.) eingefügt werden. Die Musiktitel sind meist auf Festplatte gespeichert und werden während der Sendung in der vorgegebenen Reihenfolge abgerufen, automatisch oder (live assist) vom Moderator mit Mausklick (vgl. Beitrag »Sendung fahren«).

🖥 Fünf Fragen an einen Musikredakteur

Weiterführende Links:

Zwei (auch) in Deutschland weit verbreitete Musik-Planungssysteme sind: MusikMaster (www.onair.de/produkte.html, s. Grafik in diesem Beitrag) und Selector (www.rcseurope.de).

Verpackungselemente

Ein Radioprogramm setzt sich aus vielen Bestandteilen zusammen wie Musik, Moderation, Nachrichten, Beiträgen und Werbung. Die Sender versuchen, ihren Hörern diese Teile schön verpackt wie ein Geschenk zu präsentieren. Dazu benutzen sie Verpackungselemente: das sind

- *Jingles* (ein Oberbegriff für viele Unterformen),
- *Drop-Ins,*
- *Musikbetten* oder
- *Sound Effekte.*

Die Funktion von Verpackungselementen. Sie kündigen Sender, Sendungen und Rubriken an, trennen und verbinden Programmteile, bewerben Frequenzen oder Moderatoren und transportieren Image-Slogans (Claims). Verpackungselemente sollen das Programm gefälliger und wie aus einem Guss klingen lassen. Viele dienen aber auch der Programm-Promotion (vgl. dort). Es gibt eine Vielzahl von Kategorien und Bezeichnungen, von Sender zu Sender gelegentlich unterschiedlich. Hier eine Auswahl von Verpackungselementen in alphabetischer Reihenfolge:

Backtimer: Instrumentals mit einem komponierten musikalischen Abschluss, die die Zeit zwischen dem letzten Musiktitel einer Sendestunde und dem folgenden Werbe- bzw. Nachrichtenblock überbrücken. Sie sollen einen angenehmen Übergang schaffen und werden »auf Zeit abgefahren« (gestartet), damit sie, ohne ausgeblendet werden zu müssen, genau vor dem folgenden Programm-Element beendet sind. Musikalisch attraktiver ist es allerdings, eine Sendestunde genau mit dem Ende eines Titels abzuschließen (vgl. Beitrag »Sendung fahren«).

Bumper (Stoßstange): Kündigt als Opener (vgl. weiter unten »Show-Opener«) einen festen Programmbestandteil an. Moderation und O-Töne folgen meist auf einem Musikbett, das bei Textende als Abbinder mit einem »Stinger« (vgl. weiter unten) abgeschlossen werden kann.
Beispiel: `Das Sporttelegramm` (kurzes Text/Musik-Element als Bumper), direkt anschließend das Musikbett, über das die Sportmeldungen live gelesen werden, unmittelbar nach der letzten Meldung als kurzes Text/Musik-Abschluss-Element der Stinger `Sport immer aktuell auf Radio XY`.

Bridge/Brückenjingle: s. Transition

Donut: ein fertig produziertes Element mit Bumper, Musikbett und Stinger. Der Sprecher muss seine Moderation exakt auf die Länge des vorgegebenen Musikbetts timen, was sehr viel Übung und Konzentration erfordert. Beispiel: Kurzwetter vor den Schlagzeilen.

Drop-In: ein sehr kurzes produziertes Wortelement. Die Stimme ist trocken oder mit einem Soundeffekt (Geräusch) kombiniert. Ein Drop-In wird auf das instrumentale Intro oder Outro eines Musiktitels eingespielt. Ohne Musikhintergrund darf es nicht verwendet werden. Manche Sender achten wegen der besseren akustischen Unterscheidbarkeit darauf, dass das Geschlecht der Drop-In-Stimme und das Geschlecht des Moderators verschieden sind. Möglich sind:

- Senderkennungen. `Guten Morgen wünscht Radio XY`
- Hinweise auf Sendungen und/oder Moderator. `Die Hitparade mit Peter Schönmann`
- Gags. `Treffen sich zwei Blondinen ...`
- VIPs. `Hier spricht Franz Müller, der Oberbürgermeister von Beispielstadt. Ich wünsche den Hörern von Radio XY ein gutes neues Jahr.`
- Interpreten. `Hier ist Marius Müller-Westernhagen. Sie hören meine neue Single ...`
- Hörer-Testimonial, manchmal Kinder. `Hallo, hier ist Sabine Muster aus Kleinstadt. Ich höre Radio XY am liebsten wegen der tollen Musik.`

Drop-Ins können auch mehrstimmig sein. Bei den mehrstimmigen Drop-Ins (meist Stationskennungen, Sendungs- oder Moderatorennamen) unterscheidet man

- *Shout:* von mehreren Stimmen chorartig gerufen
- *Soft Shout:* weniger intensive Form des Shout
- *Whisper:* von mehreren Stimmen geflüstert

Jingles sind sehr kurze, meist zwischen fünf und zehn Sekunden lange Elemente, die aus Musik, Gesang und/oder Sprache bestehen. Manche sind komplett vorproduziert, andere müssen live vom Moderator ergänzt werden.

Jingles, die vom Moderator ergänzt werden, indem er über bestimmte Musik-Passagen des Jingles spricht. Zwei verschiedene Formen sind dafür üblich:

- *Ramp-*(oder *Intro-)Jingle*: Hier kann zu Beginn moderiert werden. Der Abschluß, zum Beispiel das Senderlogo, ist vorgegeben. Beispiel: Anfang: nur Musik (über die teilweise moderiert wird), Ende: Radio XY (gesungen).
- *Tag-(Outro-)Jingle*: Beginnt mit dem Senderlogo. Die Moderation (ggf. auch: der Einsatz von Drop-Ins) erfolgt auf das anschließende Musikbett. Beispiel: Anfang: `Radio XY` (gesungen), direkt anschließend Musik-Bett, über das moderiert wird `Am Mikrofon ist Maria Parma`, zum Ende noch über die Musik ein Drop-In: `immer gut informiert` (mehrstimmig gesprochen).

Jingles, die nur gesungen sind (also ohne Musik), heißen *A-cappella-Jingles*. Sie sind bei der Mehrspurproduktion leicht herzustellen. Der Tontechniker mischt die Musik unter dem Gesang weg bzw. schaltet den entsprechenden Regler aus (»muten«).

Jingles können in verschiedene Kategorien nach Intensität und Tempo unterteilt werden. Zum Beispiel:

	Intensität	Tempo
1	intensiv/hot	schnell/fast
2	mittel/medium	mittel/medium
3	leicht/easy	langsam/slow

Musikbett (oder kurz »Bett«): Ein instrumentales Musikstück, das im Hintergrund läuft, während der Moderator spricht. Musikbetten unterscheiden sich nach

- Stil (fröhlich, neutral, gedämpft),
- Tempo und
- Intensität.

Es gibt Musikbetten, die im gesamten Programm eingesetzt werden können, und solche, die sendungs-, tagesteil- oder sogar wochentagsspezifisch sind.

In manchen Sendern werden Musikbetten auch *Overtalk* genannt. Ursprünglich wurde mit diesem Begriff die Tätigkeit des Moderierens auf einem Musikbett bezeichnet. In einigen Stationen ist auch *Sounder* als Bezeichnung gebräuchlich, besonders häufig in der Verbindung mit Wetter und Service.

Promo: Werbung für Programmsegmente, Sondersendungen, Musikformat, Präsentationen oder Höreraktionen in Form vorproduzierter Spots. Oft auch als *Trailer* bezeichnet. Die Länge beträgt bis zu 60 Sekunden. Beispiel: Werbung für ein Konzert, das vom Sender veranstaltet wird.

Showopener: ein Jingle, der eine Sendestunde eröffnet. Hier gibt es eine Vielzahl von Möglichkeiten:

- Jingle mit Stationskennung und Sendungsname,
- Drop-In mit Sendungsname auf das Intro des ersten Musiktitels,
- Drop-In mit Moderatorenname,
- Musikbett, auf dem der Moderator begrüßt,
- individuell für jede Sendestunde produzierte Opener mit wenige Sekunden langen Ausschnitten aus den folgenden Titeln, sog. Musikhooks, und den besten O-Tönen der folgenden Sendestunde.

Sound Effekte steigern die Dynamik im Programm. Dazu zählen Naturgeräusche wie Regen, menschliche Geräusche wie Lachen, akustische Gewonnen-/Verloren-Symbole für Gewinnspiele und (meist bei Jugendformaten) elektronische Effekte.

Sounder: ein akustisches Signal, das zur Kennzeichnung wiederkehrender Programmelemente verwendet wird. Ein Sounder wirkt durch seinen Klang, nicht durch den Text. Beispiele: Verkehrssignal, Werbetrenner (s. auch Musikbett).

Station-ID (oder kurz: ID): das akustische Logo eines Senders (die Stationsansage, der Sendername als produziertes Kurzelement). Vergleichbar einem Logo im Printbereich steht es für die akustische Corporate Identity der Station. Die Grundmelodie bleibt gleich, das Tempo, der Rhythmus oder die Intensität können unterschiedlich sein, der Tageszeit oder Sendung angepasst, für die sie bestimmt sind. Häufig werden Station-IDs und andere Verpackungselemente eines Senders immer vom selben Sprecher gesprochen, der sogenannten *Station-Voice*.

Stinger (Stachel): ein Jingle, der am Ende einer mit Musikbett unterlegten Rubrik steht und diese musikalisch abschließt. Auf dem Abschlusstakt kann die Aussage der Rubrik verbal verstärkt und für den Sender geworben werden. Beispiel: Veranstaltungshinweise; am Ende der Rubrik ertönt musikalisch passend `Veranstaltungshinweise bei Radio XY, täglich um 8 Uhr 30 und 14 Uhr 30`.

Titelparodien (auch Sing-along): Dazu werden bekannte Musiktitel mit einem neuen, witzigen Text versehen, der den Sender, Moderator oder bestimmte Ereignisse verulkt. Die Produktion ist meist sehr aufwendig. Für den Musikhintergrund schneidet man Instrumentalpassagen des betreffenden Titels zusammen. Manchmal gibt es auch Instrumentalversionen auf Maxi-CDs, die sich mit wenigen Schnitten umbauen lassen. Akustisch meist nicht ganz sauber klingt es, wenn die Originalstimmen durch Phasenverschiebung elektronisch entfernt werden.

Transition (auch Bridge oder Brückenjingle): ein Jingle als Intensitäts- oder Tempoverbindung zwischen zwei Musikstücken. Damit wird der Fluss in der Sendung erhöht. Beispiel: Ein Musikstück endet langsam, das folgende beginnt schnell. Um eine angenehme Verbindung herzustellen, setzt der Moderator einen Jingle als »Brücke« ein, der von »slow to fast« geht (vgl. Beitrag »Musik-Moderation«). Stellt man die möglichen Übergänge grafisch dar, erkennt man schnell die große Zahl von Jingles allein in dieser Kategorie:

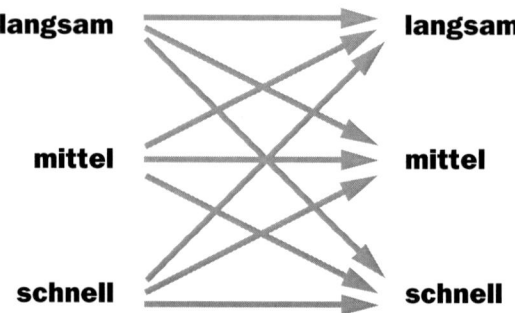

Allein für diese Verbindungen sind neun Jingles notwendig.
Variiert man nun die *verbale* Aussage des Jingles dreimal mit `Radio XY - mehr Musik`, `Radio XY - mehr Information` und `Radio XY - das Lokalradio` ist man bereits bei 27 verschiedenen Transitions.
Berücksichtigt man dann noch die unterschiedliche *Intensität* von Musikstücken, kommt man schnell auf 50, 100 oder mehr Transitions.

Einsatz von Jingles. Ein Teil der Einsatzmöglichkeiten von Verpackungselementen, zum Beispiel von Drop-Ins und Musikbetten, wurde bereits in der alphabetischen Darstellung beschrieben. Hier noch vier grundsätzliche Möglichkeiten für den Einsatz von Jingles:

Jingle nach Wort:

Wort	Jingle	Musiktitel

Jingle zwischen zwei Musiktiteln:

Musiktitel	Jingle	Musiktitel

Moderation auf das Outro eines Musiktitels. Danach folgen ein Jingle und ein weiterer Musiktitel:

Musiktitel/ Moderation auf Outro	Jingle	Musiktitel

Ein Jingle folgt direkt nach einem Musiktitel. Nun kann auf das Intro des folgenden Musiktitels moderiert werden. Eine trockene Moderation ist nicht erlaubt, da der Jingle eine musikalische Spannung aufbaut, die durch reine Sprache ohne Musikunterlegung zusammenbrechen würde.

Musiktitel	Jingle	Musiktitel/ Moderation auf Intro

Unüblich ist der Einsatz eines Jingles zwischen zwei Wortelementen (außer bei reinen Nachrichten-/Wortformaten).

Wie häufig und wann welche Verpackungselemente eingesetzt werden, hängt vom Format und von der Philosophie des Senders ab. Ein Schlager-Radio, das sich an überwiegend ältere Hörer wendet, kommt mit weniger Verpackung aus als ein Hit-Radio für 14- bis 29-Jährige. Ein Teil der Einsätze ist verbindlich vorgegeben, zum Beispiel in den Musiklaufplänen. Ein anderer Teil kann vom Moderator frei gewählt werden (vgl. Beitrag »Sendung fahren«).

Produktion von Verpackungselementen. Es gibt im Wesentlichen zwei verschiedene Möglichkeiten, qualitativ hochwertige Verpackungselemente herzustellen:

- *Jingle-Pakete neu produzieren:* Es finden sich in Deutschland und dem benachbarten Ausland kreative und qualitativ anspruchsvolle Komponisten, Produzenten und Tonstudios, die individuell auf einen Sender zugeschnittene Jingle-Pakete produzieren.

- *Vorhandene Jingle-Pakete neu einsingen:* Syndicators (Produktionsfirmen, manche in den USA) liefern nur die Musik-Fassung eines Jingle-Pakets. Jeder Sender ergänzt das Paket dann mit seinen eigenen gesprochenen oder gesungenen Texten.

Anforderungen an ein Jingle-Paket. Ein Grundpaket enthält rund 20 verschiedene Jingles, sogenannte *Cuts*, die musikalisch verschieden sind, zum Beispiel »Nachrichten«, »Wetter«, unterschiedliche Transitions und einige Musikbetten. Im Preis inbegriffen sind in der Regel verschiedene Sub-Cuts wie A-cappella-Versionen, Ramp-Jingles, Tag-Jingles. Alle gesprochenen Jingles bekommt der Sender auch trocken geliefert. Besonders die großen Sender haben heute eigene Produktionsstudios, in denen tagtäglich neue Variationen aus diesen Grundelementen produziert werden (sogenannte »Post-Production«).

Durch die Digitalisierung der Hörfunkstudios kann der Moderator heute bequem eine Vielzahl von unterschiedlichen Verpackungselementen in der Sendung kombinieren. Suchfunktionen ermöglichen es ihm, auch aus über 10 000 Elementen in kürzester Zeit die geeigneten herauszufinden. Den Klang des Elements kann er off air testen, ehe er es einsetzt.
🖳 Hörbeispiele

Archive

In allen Rundfunkanstalten wird sowohl das Hörfunk- als auch das Fernseh-Programmvermögen archiviert und zur Wiederverwendung zugänglich gemacht. Nahezu alle öffentlich-rechtlichen Sender haben außerdem Pressearchive, Bibliotheken, historische Archive und Bildarchive.

Im Hörfunkarchiv – häufig gegliedert in *Schallarchiv, Wortdokumentation* und *Musikdokumentation* – finden sich u. a.

- O-Töne bekannter Persönlichkeiten für Porträts,
- Statements von Politikern für Dokumentationen,
- Interviewausschnitte für Nachrufe,
- aktuelle Musik für die Programmgestaltung,
- alte Musikaufnahmen für Rückblicke,
- historisches Material für Jahrestage,
- Ton-Dokumente von gestern für neue Sendeformate,
- auf jeden Fall: eine Fülle von Material, das uns die Vergangenheit akustisch nacherleben lässt.

An den meisten Redaktionsarbeitsplätzen gibt es elektronische Zugänge zu den Archivbeständen des Hauses. Journalisten/innen können mit der entsprechenden *Suchsprache* oder mit *Laien-Recherche-Masken* in den Datenbeständen online recherchieren. Das recherchierte Material wird dann vom Archiv bereitgestellt und kann dort entliehen werden. Digitale Archivspeicher können Tonaufnahmen an jedem Arbeitsplatz verfügbar machen.

Über das Intranet (senderinterne Vernetzung) können Journalisten selbst in Zeitungen, Zeitungsartikeln und Agenturmeldungen recherchieren und Relevantes ausdrucken. Auch Biografien von Personen des öffentlichen Interesses, Länderprofile, Buchkataloge und Zugänge zu der Hörfunk- und Fernsehdatenbank stehen hier direkt zur Verfügung und entlasten so die Kollegen der Archive bei den Rechercheanfragen.

Im Pressearchiv werden per Mail, Telefon oder persönlich die Recherchewünsche abgegeben. In der *Pressedokumentation* wird dann von den Archivmitarbeitern für die Journalisten in der hauseigenen *Pressedatenbank*, wenn nötig im papierenen Altbestand oder in *externen Datenbanken* kommerzieller Informationsanbieter, recherchiert.

Auch im *Internet* oder über *CD-Rom* suchen die Dokumentare professionell Informationen zum gewünschten Thema.

Aus der Bibliothek können ergänzend vorhandene Bücher entliehen werden, weitere beschafft sie. Hier ist auch die richtige Quelle für Zitate, Aphorismen oder Gedichte, um den Beitrag aufzulockern.

In den Hörfunk-Datenbanken wird nach relevanten *O-Tönen*, *Geräuschen* oder *Musikstücken* recherchiert. Die meisten Sender verfügen über Geräuscharchive.
O-Töne, Statements oder Passagen aus Interviews, finden sich *in passenden Beiträgen*, natürlich auch Musik zur Untermalung. Wie sich die Fernsehjournalisten der Hörfunk-Aufnahmen bedienen, können sich auch Radio-Journalisten in der *Fernseharchiv-*Datenbank kundig machen, ob es schon einmal einen FS-Beitrag gab, der Informationen oder Ton-Dokumente liefern kann.

Die Recherche- und Archivstellen einiger Rundfunkanstalten reagieren auf das immer engere Zusammenwachsen der Medienbereiche mit der Einrichtung von *mehrmedialen Infodesks*. Sie sind die zentrale Anlaufstelle sowohl für die Bitte um Hörfunk-, Fernseh-, Presse- und Buchrecherchen, wie für das Bestellen und Abholen von Material (z. B. Tonträgern und Büchern). Infos also aus einer Hand an einem Ort.

Das Archiv als Partner. Sollten Journalisten einmal nicht selbst recherchieren können oder dabei Unterstützung brauchen, finden sie in den Dokumentations- und Archivbereichen kompetente Informationsprofis. Hier wird geholfen, wenn sie z. B. suchen:

- eine Hintergrundmusik,
- einen Artikel aus den »Buffalo News«,
- Experten, die sich eloquent äußern können,
- Töne zum Phänomen der Sonnenfinsternis oder
- Promis, die geizig sind,
- Zeitzeugen, die im Zweiten Weltkrieg Flakhelfer waren,
- Ereignisse, die über die Jahrhunderte am 9. November stattfanden,
- Stimmen für ein Hörspiel und vieles mehr.

Konkrete Vorstellungen beschleunigen das Rechercheergebnis. Aber auch wenn Wünsche noch recht vage sind, helfen die Informationsspezialisten/innen in den Archiven weiter. Dabei nutzen sie, dass die Tondokumente immer im Hinblick auf die Wiederverwertbarkeit erschlossen werden. So werden z. B. bei Musikstücken *Ausdrucks-* und *Assoziationsdeskriptoren* vergeben, die die Musik als »ruhig«, »soft«, »unheimlich«, »gehetzt« oder mit der Assoziation »Landschaft«, »Tod«, »Schweben«, »Verfolgung«, »Flucht« usw. beschreiben.

Über Cross-Recherchen in den Hörfunk- und Fernseharchiven anderer öffentlich-rechtlicher Sendeanstalten können die DokumentarInnen recherchieren, wenn sie in den eigenen Beständen keine passenden Beiträge finden, die sie dann über den Programmaustausch besorgen.

Im Internet lassen sich durch *Suchmaschinen* in Sekundenschnelle Informationen eruieren, Musikbeiträge herunterladen, nationale und internationale Zeitungen recherchieren, Wirtschaftsinformationen abrufen oder Bücher bestellen. Spezielle Internet-Adressen wie z. B. *www.journalismus.de* bieten uns Hilfsmittel für unsere Arbeit an. Allerdings:

- Manche Internet-Recherche kann kostenpflichtig sein, z. B. bei Zeitungen oder kommerziellen Anbietern.
- Auf Informationen können Rechte liegen, die wir über das Internet nicht immer erwerben können.
- Interessante Informationen aus dem Internet sind nicht immer seriös, z. B. finden sich heute die angeblichen Fakten, morgen schon kann der Server oder die Adresse als Quelle nicht mehr auffindbar sein.

Die Archivierung in den kleineren Radiostationen unterscheidet sich im Grundsatz kaum von der in den größeren Funkhäusern – nur die für die Archivierung zur Verfügung stehenden Mittel sind geringer.
Das *Internet* bietet viele Recherche-Möglichkeiten, die gerade in kleineren Sendern problemlos genutzt werden können.

→ Tipp: Volontäre werden in die Zusammenarbeit mit dem Archiv systematisch eingeführt. Für Praktikanten und freie Mitarbeiter/innen gibt es oft Informationsblätter oder gelegentliche Einführungskurse. Es empfiehlt sich sehr, dies zu nutzen.

Weiterführende Literatur:

Michael Klems, Finden, was man sucht! Strategien und Werkzeuge für die Internet-Recherche (Medienakademie Köln, Ratgeber Neue Medien Band 1, Köln 2003) kostenloser download: www.lfm-nrw.de (Publikationen).

Medienforschung für den Hörfunk

Der Hörfunk kann in Deutschland imposante Zahlen aufweisen:

■ Knapp vier von fünf (78 %) aller Deutschen (ab zehn Jahren) und EU-Ausländer (die in Deutschland leben) hören an einem durchschnittlichen Wochentag von Montag bis Sonntag Radio (Reichweite). Im Durchschnitt tun sie das rund drei Stunden und zehn Minuten lang (Hördauer).

Das hat die Medienforschung herausgefunden (Basis: Media Analyse/MA 2008 II – wie immer im Folgenden, wenn nichts anderes angegeben ist).

Die Medienforschung ist ein wichtiger Partner für Programmmacher. Medienforschung liefert Daten sowohl für die *Programmplanung* wie auch für die *Programmsteuerung* und *-optimierung*. Der Radio-Journalist muss die wichtigsten Fachbegriffe verstehen, wenn er davon profitieren will.

Die Hördauer z. B. besagt, wie lange alle Bundesbürger bzw. EU-Ausländer im *Durchschnitt* Radio hören (egal ob der Einzelne überhaupt Radio gehört hat oder nicht). Wer mindestens *einmal in einer Viertelstunde* gehört hat, wird dabei als Hörer an einem Tag gezählt (Tagesreichweite). Alle Viertelstunden werden addiert und durch die Zahl der Befragten geteilt (Hördauer).

Auch wo gehört wurde, wird abgefragt: Von den insgesamt täglich ca. 190 Minuten Hördauer entfielen etwas mehr als 98 Minuten auf »zu Hause« und etwas mehr als 90 Minuten auf »außer Haus« (z. B. am Arbeitsplatz oder im Auto).

Die Verweildauer gibt an, wie lange die tatsächlichen Radiohörer (Tagesreichweite) an einem Tag durchschnittlich gehört haben. Sie liegt bei 243 Minuten oder rund vier Stunden pro Tag. Greift man einzelne Bevölkerungsgruppen heraus, ist die Verweildauer mal länger, mal kürzer. Dieser Wert wird (ebenso wie die Hördauer) natürlich auch für jedes einzelne Programm ausgewiesen. Er kann dann etwas darüber besagen, wie lange ein Programm die Hörer an sich bindet, wie *durchhörbar* es ist.

Die Tagesreichweite – eines Programms ist für die Macher der wichtigste Wert in der quantitativen Hörerforschung. Er gibt an, wie viel Prozent der möglichen Hörer (insgesamt oder in einer Zielgruppe) ein Radioprogramm erreicht oder wie viele es in absoluten Zahlen sind.

Radionutzung 2008						
	Gesamt	**Frauen**	**Männer**	**10–29 Jahre**	**30–49 Jahre**	**50 Jahre und älter**
Hörer gestern in %	78,1	76,8	79,5	68,9	83,0	79,5
Hördauer in Minuten	190	178	202	136	228	191
Verweildauer in Minuten	243	232	254	197	274	241

Quelle: MA 2008 II; Basis: Radio gesamt, Montag-Sonntag, BRD gesamt.

Der weiteste Hörerkreis (WHK) gibt Aufschluss darüber, wie viele Hörer ein Programm innerhalb von 14 Tagen erreicht. Das sind im Vergleich mit dem Wert »Tagesreichweite« wesentlich mehr, weil dann viele hinzukommen, *die ein Programm nur gelegentlich hören.* Solche Gelegenheitshörer sind entweder dabei, ein anderes Programm vorzuziehen, wandern also gerade ab. Dann gilt es, sie zurück zu gewinnen. Oder sie haben das Programm neu entdeckt oder hören es nur aus einem bestimmten Grund oder bei bestimmten Gelegenheiten. Dann kann ein Sender versuchen, sie zu Stammhörern zu machen.

Quantitative Daten, wie die oben erläuterten, sind wichtig für die *Programmplanung*, die *Marktanalyse* und die *Werbung*. Sie liefern ebenso wie die qualitativen Daten (vgl. weiter unten) zentrale Erkenntnisse über den Umgang der Menschen mit dem Radio. Nach welcher Methode werden diese Daten erhoben und wie zuverlässig sind sie?

Die Media Analyse (MA) ist seit vielen Jahren die nationale »Reichweitenwährung« für die Radionutzung. Sie wird von der »ag.ma«, der *Arbeitsgemeinschaft Media-Analyse* getragen, in der sich die Programmanbieter, die Printverlage und die Werbetreibenden zusammengeschlossen haben. An der Feldarbeit (Interviews) und der Auswertung sind *große Meinungsforschungsinstitute* in Deutschland beteiligt.

Die Ergebnisse einer MA basieren auf Zehntausenden (66 417 bei der MA 2008 II) von Telefon-Interviews mit zufällig ausgewählten Personen. Die Untersuchung ist damit repräsentativ für die deutsche und EU-ausländische Wohnbevölkerung ab 10 Jahren in Deutschland in Privathaushalten mit Telefonbesitz (= eine Grundgesamtheit von 69,828 Millionen Personen).

Länder, Regionen und unterschiedliche Zielgruppen werden dadurch jeweils repräsentativ abgebildet. Deshalb ist die scheinbar riesige Interviewzahl notwendig. Insgesamt wird die Radionutzung nahezu aller terrestrisch empfangbarer Programme erfragt (345 Sender).

In zwei Wellen über acht Monate im Jahr finden die Interviews zur Radionutzung insgesamt statt. Die Pause liegt zwischen Mai und August und trennt die Erhebungszeiträume: Die erste Welle (Frühjahrswelle) dauert von Januar bis April, die zweite (Herbstwelle) von September bis Dezember; ausgespart bleibt auch die Weihnachtszeit. In diese Erhebungszeiträume werden die großen Radio-Gewinnspiele (vgl. Beitrag »Radio-Spiele«) gelegt, um als sog. *major promotion* gezielt die Hörerzahlen zu steigern (oder dies zumindest zu versuchen).

Die Befragungsmethode. Jeder Interviewte wird bei der MA Viertelstunde für Viertelstunde danach gefragt, welches Programm er gestern im Tagesablauf gehört hat. Dabei geht man davon aus, dass sich jeder Befragte noch recht gut darin erinnert, was er am Vortag getan und gehört hat. Vieles andere wird außerdem erfragt, beispielsweise Tätigkeiten, bei denen Radio gehört wurde, denn Radio wird oft nebenbei genutzt. Die Interviews werden so über die Wochentage verteilt, dass für jeden Wochentag ein möglichst repräsentatives Abbild der Radio-Nutzung entsteht. Das ist die Voraussetzung dafür, beispielsweise Werktage (Montag bis Freitag) und Wochenendtage getrennt ausweisen zu können.

Die MA ist geltende Währung, obwohl zum Zeitpunkt der Veröffentlichung der MA-Daten die Interviews schon zwischen drei und zehn Monate zurückliegen. Sie sind aber im Rahmen der Fehlertoleranzen *exakt erhoben*. Eine »gute« oder »schlechte MA« entscheidet über die Höhe der Werbeeinnahmen und ist allgemein *Maßstab für die Akzeptanz* eines Programms, also den Erfolg bei den Hörern (vgl. Beitrag »Praxis der Hörfunkwerbung«).

Zusätzliche eigene Studien der Programmveranstalter liefern zwischen den MA-Wellen *aktuellere Reichweitenzahlen* und darüber hinaus notwendige *qualitative Daten*. Realisiert wird dies in der Regel durch von Programmanbietern selbst in Auftrag gegebene Telefonstudien (*Trends*), in deren Rahmen Fragen zur Programmnutzung mit vielfältigen Fragestellungen für direkte Programmberatungszwecke verbunden werden (s. unten »Resonanz- und Akzeptanzuntersuchungen«).
Solche Bewertungsfragen oder Fragen nach den Hörer-Erwartungen sind in der MA nicht enthalten, weil die Reichweitendaten der MA möglichst unbeeinflusst von denkbaren Neben-Effekten ermittelt werden sollen.

Wie viele unterschiedliche Programme die Hörer einschalten: In 14 Tagen (WHK) hört ein Deutscher im Schnitt 4,4 Programme, pro Tag (Tagesreichweite) sind es im Mittel 1,5 Programme. Die Hörer sind also »ihren« Programmen *viel treuer* als etwa Fernsehzuschauer einem Sender. Das liegt u. a. daran, dass Radioprogramme wesentlich stärker formatiert (also auf bestimmte Hörergruppen ausgerichtet) sind als das bei Fernsehprogrammen der Fall ist. Außerdem existiert im Hörfunk kein dem TV-Zapping vergleichbares Verhalten.

Die Hörer eines Programms kann man auch in *Meisthörer* und *Zweitmeisthörer* unterteilen.

Die Zweitmeisthörer nutzen ein Programm nur mit zweiter Priorität.

Je nach Wochentag differiert die Radionutzung. Dies gilt sowohl für die Tagesreichweite, die Nutzungsdauer wie auch für die Radionutzung im Tagesverlauf. Die höchste Reichweite und die längste Zuwendungszeit entfallen auf die Werktage von Montag bis Freitag, dann folgt der Samstag, das Schlusslicht ist der Sonntag.

Radionutzung 2008 Wochentage				
	Montag bis Sonntag	**Montag bis Freitag**	**Samstag**	**Sonntag**
Hörer gestern in %	75,6	78,1	72,0	66,5
Hördauer in Minuten	176	190	155	127
Verweildauer in Minuten	233	243	215	191

Quelle: MA 2008 Radio II; Basis: BRD Gesamt; Montag-Sonntag, D+EU 10+.

Die Radionutzung im Tagesverlauf ist sehr unterschiedlich. Trotz kleiner Unterschiede lassen sich die *Werktage* von Montag bis Freitag zusammenfassen: Ein *Radionutzungsschwerpunkt* an diesen Tagen liegt *am Morgen* zwischen 7 und 9 Uhr. Hier erreicht der Anteil der Radionutzer an der bundesdeutschen Bevölkerung ab 10 Jahren pro Viertelstunde knapp 30 Prozent. Dann hält sich die Radionutzung über den Tag hinweg kontinuierlich auf relativ hohem Niveau bis ca. 14 Uhr, danach fällt sie zunächst unter 20 Prozent, hält sich bis 18 Uhr dann über 15 Prozent und fällt dann nach 20 Uhr auf unter 5 Prozent.

An *Samstagen* weist der Vormittag (statt des Morgens) eine stärkere Radionutzung auf, an *Sonntagen* verschiebt sich die Radionutzung noch etwas weiter in den Vormittag hinein (weil viele HörerInnen später aufstehen) und erreicht zu keiner Tageszeit das Niveau der Werktagsradionutzung.

Zuwendungsmuster im Tagesverlauf. Nach wie vor gibt es den »klassischen« Radionutzungsverlauf mit dem Radiohören am Morgen beim Aufstehen, beim Frühstück und bei der Autofahrt zur Arbeit und dann – viel später – das Wiedereinschalten auf der Rückfahrt. Das ist typisch z. B. für Berufstätige dann, wenn sie am Arbeitsplatz keine Gelegenheit zum Radiohören haben. Ältere pensionierte Hörerinnen und Hörer schalten typischerweise das Radio etwas später ein und hören anschließend viele Stunden bis nach dem Mittagessen. Insgesamt gibt es so zwischen den unterschiedlichen Hörergruppen (Männer, Frauen, Jüngere, Ältere usw.) deutlich unterschiedliche Tagesverläufe.

Radionutzung im Tagesverlauf:
Montag bis Freitag/Samstag/Sonntag
– Reichweite in Prozent –
Ab 10 Jahre, BRD gesamt

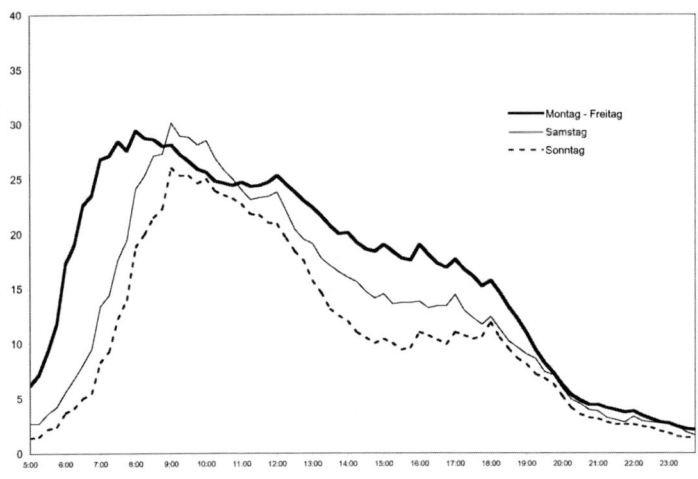

Quelle: MA 2008 II, Basis: BRD Gesamt; D+EU 10+.

Musik, Information und Unterhaltungswert sind bei der Programmauswahl für Hörerinnen und Hörer besonders wichtig. Dieses Bild vermitteln alle Untersuchungen zum Thema Programmerwartungen der Radionutzer. Im Zusammenhang mit der Information sind auch die Serviceelemente wichtig: *Verkehrshinweise* und *Wetter*. Beim Unterhaltungswert eines Programms spielt die *Moderation* eine qualitativ wichtige Rolle.

Unterschiedliche Zielgruppen haben unterschiedliche Programmerwartungen. Als Beispiel jugendliche Zuhörerinnen und Zuhörer: Bei ihnen spielt der Informationsaspekt des Hörfunks eine deutlich geringere Rolle als bei Älteren. Sie legen besonderen Wert auf die richtige Musikfarbe, generell den richtigen Sound, witzige und für sie authentische Moderation und auf das Image »ihres« Programms. Das Image eines Programms muss bei programmbezogener Forschung stets als ein wichtiger Faktor mit einbezogen werden.

Ein erfolgreiches Radioprogramm ist deutlich *mehr als die Addition seiner einzelnen Programmbestandteile.* Zusätzlich sind

Wichtigkeit von Programmbestandteilen im Radio
[sehr wichtig/wichtig]
– Angaben in Prozent –

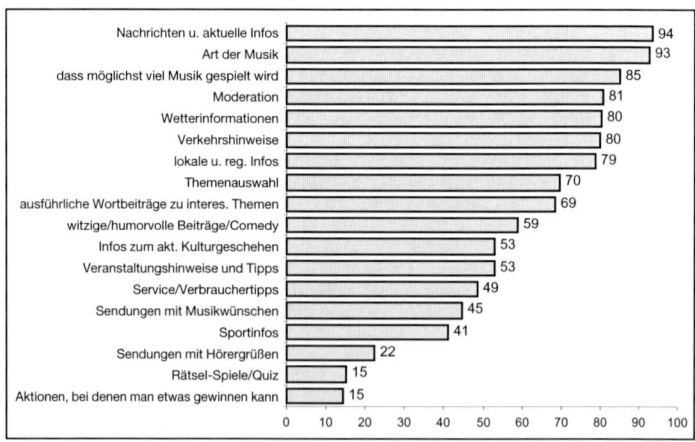

Quelle: SWR Trend, Sept./Okt. 2007)

entscheidend: die Integration dieser Einzel-Elemente, ihre Verpackung (vgl. Beitrag »Verpackungselemente«), der Sound, die *Durchhörbarkeit*, das *Image* und die *Bewerbung* (vgl. Beitrag »Programm-Promotion«). PR und Marketing kommt eine immer stärkere Rolle in der Konkurrenz zwischen den Programmen zu.

Die Musikforschung liefert wichtige Informationen für die Gestaltung des Musikprogramms. Musik ist – wie beschrieben – ein zentraler Faktor für Programmzufriedenheit, für die grundsätzliche Positionierung (vgl. Beitrag »Formate für Begleitprogramme«) und für den Zugang von Hörerinnen und Hörern zum Programm (sieht man einmal beispielsweise von Infoprogrammen und Kulturprogrammen ab). Programmoptimierung oder -positionierung stellt damit in aller Regel sofort die Frage nach der richtigen Musikfarbe in den Mittelpunkt.

Die grundsätzliche Musikpositionierung wird von den Sendern mit mehr oder minder aufwendiger Forschung betrieben. Gängige Verfahren im Markt sind *Telefonbefragungen, mündliche Befragungen zu Hause* oder sogenannte *Auditorien-Tests* in der angestrebten Zielgruppe. Bei allen Verfahren werden oft mehrere hundert Musiktitel in Form sogenannter *Hooks* (zwischen 8- und 20-sekündigen möglichst typischen Ausschnitten aus den Musiktiteln) vorgespielt. Die Hooks sollen bei den Befragten positive oder negative Assoziationen, Gefallen oder Nichtgefallen eines Titels abrufen. Die Musik-Titel-Bewertung funktioniert mit diesen Verfahren bei bekannten Titeln relativ zuverlässig. So kann auch festgestellt werden, welche Titel *Cross-over-Titel* sind, also in verschiedenen Zielgruppen gut ankommen.

Die Musikdaten werden dann zu einem Gesamtbild über den Musikgeschmack der angestrebten Zielgruppe in Datenbanken zusammengefasst und können so auch einen Grundbestand an Titeln für die Playlist ergeben, den Musikpool.

Programmsteuerung durch aktuelle Musikforschung. Mittlerweile sind vor allem in den stark chartorientierten Radioprogrammen (in denen Spitzentitel bis zu siebenmal am Tag eingesetzt werden) Methoden weit verbreitet, mit denen z. B. regelmäßig der »*Burn out*« von Musiktiteln getestet wird. Hintergrund dieser Form von Musiktitel-Tests ist die Erfahrung, dass der häufige Einsatz bekannter, gerade aktueller Musiktitel in hitorientierten Programmformaten einerseits die Popularität des Programms stützen kann, andererseits diese Titel aber – durch den häufigen Einsatz – auch einem langsamen »Ausbrennen« (Burn out) in der Popularität unterliegen. Solange diese Titel populär sind, sollen sie (möglichst oft) im Programm bleiben. Wenn sie aber »burnen« (aus der Popularität kippen), müssen sie möglichst rasch zurück- oder ganz herausgenommen werden.

Call-outs/Hook-Tests werden, um dies festzustellen, in der Regel telefonisch realisiert. So lässt sich ebenfalls schnell herausfinden, wie neue Titel in der Zielgruppe ankommen, ob sie also in die Rotation aufgenommen werden sollen, d. h. als Bestandteil der Playlist/des Pools oder Repertoires in einer bestimmten Einsatzfrequenz laufen, »rotieren« sollen (vgl. Beitrag »Musikprogramme mit dem Computer erstellen«).

Resonanz- und Akzeptanzuntersuchungen werden auch zu anderen Programm-Bestandteilen gemacht. Die Medienforschung nutzt dabei alle qualitativen Verfahren, vor allem Telefonchecks, Gruppendiskussionen und Einzelinterviews. So kann z. B. herausgefunden werden, wie gut Moderatoren ankommen, wie das Wort/Musik-Verhältnis beurteilt wird und was die Hörer zum Beispiel von Musikbetten unter Nachrichten halten oder wie oft sie morgens Zeitansagen wünschen und /oder akzeptieren.
Studien in dieser Form werden auch für die immer wichtiger werdenden Bereiche der *On-Air-* und der *Off-Air-Promotion* durchgeführt (wo, wie oder ob überhaupt die Werbung für das Programm wahrgenommen wird (vgl. Beitrag »Programm-Promotion«).

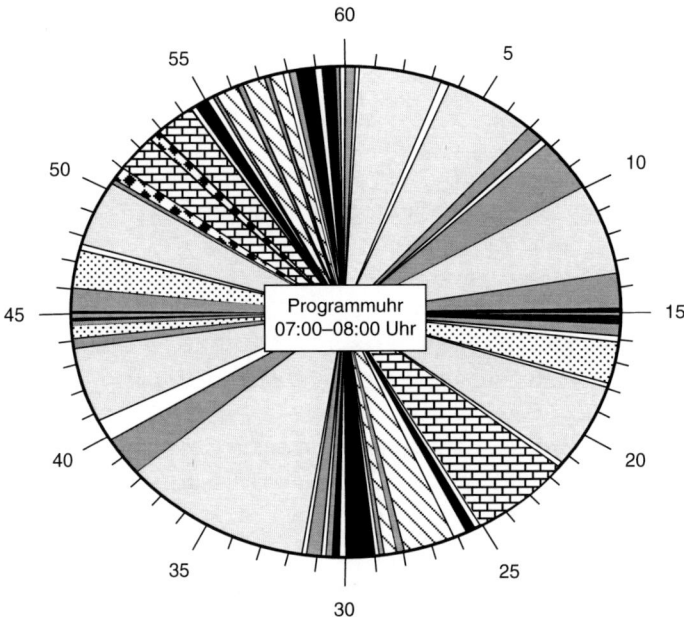

Eine Programmuhr als Beispiel für die Stunde von 7.00 bis 8.00 Uhr morgens.
Der Sender bringt die Nachrichten vor der vollen und der halben Stunde.

		Dauer	Anteil
⧄	Nachrichten	00:04:30	7,5 %
■	Service/Dienste	00:03:59	6,6 %
▦	Moderation	00:10:41	17,8 %
⬚	Unterhaltung	00:03:43	6,2 %
▢	Musik	00:25:50	43,1 %
☐	Jingles	00:03:41	6,1 %
▦	Trailer	00:00:56	1,6 %
▤	Werbung	00:06:40	11,1 %
		01:00:00	**100,0 %**

Länge und Anteile (in Prozent) der einzelnen Programmelemente in dieser Stunde.

Programmanalysen dienen der besseren Programmplanung und der Marktbeobachtung. Die zunehmende Zahl von Radioprogrammen macht nicht nur eine präzise Definition des *Programmformats* und der (anvisierten) Zielgruppe notwendig, sondern auch eine präzise Analyse der *Marktsituation*, in der man sich als Anbieter bewegt (vgl. Beitrag »Das Programm als Markenartikel«). Hier, und auch für hausinterne Stärken-/Schwächen-Analysen, setzt das Instrument *Hörfunk-Programmanalyse* an. Es gibt sie als Inhalts- und als Strukturanalysen.

Inhaltsanalyse meint, dass die in Programmen gesendeten Einzelelemente – von Nachrichten über Moderationstexte, von Musiktiteln bis hin zu im Programm eingesetzter On-Air-Promotion – differenziert ausgewertet werden.

Strukturanalyse heißt, dass der grundsätzliche Aufbau von Programmstunden und Programmtagen erfasst wird.

Einen Vergleich mit der Konkurrenz erlauben diese Informationen – von Musik bis Wort. Damit wird für einen Veranstalter der Markt transparenter als dies das reine (und wichtige, manchmal aber mehr oder minder zufällige) Anhören leisten könnte. Auch für die Einschätzung der Angaben der Hörerinnen und Hörer über Stärken und Schwächen von Radioprogrammen sind Analysen wichtige Instrumentarien. Mit einem solchen Vergleich zwischen *objektiver Programmrealität* und *subjektiver Programm-Einschätzung* der Hörerinnen und Hörer (auch der Macher) ist leichter zu beurteilen, ob die Stärken eines Konkurrenten auf dem realen Programmangebot basieren oder auf einer erfolgreichen PR-Strategie.

Typologien/Milieu-Studien. Für alle Forschungen, Musikuntersuchungen oder Mappingstudien (Studien, die die Akzeptanz verschiedener Musikstile/-richtungen erheben und der musikalischen Positionierung von Radioprogrammen im Markt dienen) zur Positionierung der Radioprogramme spielt die exakte Beschreibung von erreichbaren und errreichten Zielgruppen eine wichtige Rolle. Mittlerweile haben dabei längst sogenannte Milieu-, Lifestyle-Studien bzw. typologische Ansätze (vor allem: *MedienNutzerTypologie – MNT –* oder *Sinus-Milieus*) einfache soziodemographische Modelle (wie Alter und Geschlecht) ergänzt bzw. abgelöst.

Damit ist die Charakterisierung einer Personengruppe über Personenmerkmale gemeint wie gemeinsame Werte und Bedürfnisse, gemeinsame Geschmackskulturen und Lebenswelten. Sie sind viel entscheidender für die Planung eines Hörfunkprogramms als nur die Beschreibung über das formale Alter. Für die Arbeit bei einem Oldie-Musikformat ist z. B. von Interesse, welche Wünsche und Vorlieben die *»Freunde und Fans von internationalen Oldies«* haben, egal ob diese »Fans« 40, 50 oder 60 Jahre alt sind.

Dabei können die Daten sowohl extern ermittelt (z. B. Media-Analyse) oder vom Programmveranstalter selbst in Auftrag gegeben werden. Zum Teil sind auch – vor allem bei Privatradios – externe *Berater-/Forschungsfirmen* direkt bei Sendern tätig. Bei öffentlich-rechtlichen Rundfunkanstalten gewährleisten in der Regel eigene Medienforschungsbereiche die Kontinuität in der Programmberatung. Ein hausinterner Bereich Medienforschung ermöglicht kurze Wege zwischen Machern einerseits und Forschung und Beratung andererseits.

Medienforschung nutzen. Wer sich im Radio-Markt auskennen und mit neuen Entwicklungen Schritt halten will, der muss sich laufend über die Erkenntnisse der Medienforschung informieren und sie berücksichtigen. *Entscheidungen* kann die Medienforschung den Programm-Machern allerdings *nicht abnehmen*. Trotz vieler Daten und Erkenntnisse über Hörer-Wünsche und Hörer-Ärger bleibt ein gerüttelt Maß an Feeling, Erfahrung und eigener Einschätzung erforderlich.

Kontakte zur Medienforschung kann man evtl. schon im Rahmen eines Studentenjobs knüpfen. Meist gibt es dort auch Praktikumsplätze, jedenfalls die Möglichkeit für eine Ausbildungsstation während des Volontariats.

Der Hörfunk kann sich nach wie vor in der multimedialen Welt behaupten, und zwar in einer relativ starken Marktposition (vgl. Beiträge »Die Radio-Landschaft« und »Radio und Internet«). Das Internet ist für das Medium Radio einerseits eine *Kon-*

kurrenz um die Zeit und die Aufmerksamkeit des Publikums. Andererseits ist es auch ein *Verbreitungsweg* (Live-Stream, Podcast, Audio-on-Demand) und eine *ergänzende Plattform* für zusätzliche Inhalte und Kommunikation – insbesondere in jüngere Zielgruppen hinein. So gut wie alle Radioprogramme verfügen über eigene – zum Teil sehr erfolgreiche – Websites, die das Radio ins Internet verlängern bzw. dort erlebbar machen.

Die Nutzung des Radio-Auftritts im Internet. Auch hier erlauben quantitative und qualitative Forschungsinstrumente eine Überprüfung von Akzeptanz und Zuwendung. Die Nutzung des Gesamtangebots wird in der Regel mit Hilfe sogenannter »Zählpixel« gemessen.

Internetangebote können sich in Deutschland durch die IVW bzw. INFOnline GmbH nach einem einheitlichen Standard messen lassen, so dass die Nutzungsdaten der Anbieter im großen Ganzen vergleichbar sind. Interne Zählsysteme erlauben darüber hinaus die Abrufmessung von Podcast- oder Audio-on-Demand-Angeboten. Aus diesen Daten lässt sich zum Beispiel ableiten, dass Wissenssendungen in ARD-Hörfunkporgrammen hohe Nutzungszahlen aufweisen. Qualitative Studien, die je nach Fragestellung auf unterschiedliche Methoden zurückgreifen (z. B. Telefonbefragungen, (Online-)Gruppendiskussion, Pop-Up-Befragungen, Einzelinterviews), runden die Erkenntnisse der Macher über die Nutzung ihres Radio-Auftritts im Internet ab.

Produktion

Mit Mikrofon und Recorder richtig aufnehmen

Welches Mikrofon nimmt der Reporter für welchen Anlass? Prinzipiell gibt es zwei Arten von Mikrofonen. Sie werden nach der Art und Weise unterschieden, wie sie den Schall aufnehmen:

- Die »Kugel« und
- die »Niere«.

Die Kugel »hört« in jede Richtung ziemlich gut – etwas besser nach vorne, etwas weniger gut nach links und rechts. Von hinten sollte man eigentlich nie ein Mikro besprechen, denn dann fehlen Höhen und Tiefen, auch wenn die Aufnahme vielleicht noch verständlich ist. Der Abstand beim Sprechen sollte bei der Kugel rund 20 Zentimeter betragen. In den meisten gängigen digitalen *Flashrecordern* sind Kugelmikrofone eingebaut.

Das Kugelmikrofon

Wie das Kugelmikrofon eingesetzt wird. Im Prinzip kann es für alle »normalen« Aufnahmen verwendet werden, egal ob Interview, Reportage oder Umfrage. Allerdings sollten die *Hintergrundgeräusche nicht zu laut* sein. Manchmal benutzt der Reporter die Kugel ganz bewusst, wenn er zum Beispiel eine bestimmte Atmo ständig im Hintergrund haben möchte, etwa bei einer Reportage von einem Volksfest. Dazu sollte man allerdings etwas Aufnahmeerfahrung haben, weil sonst leicht die Atmo die eigentliche Sprache übertönen könnte.

→ Tipp: Näher mit dem Mikro an den Mund gehen und entsprechend etwas weniger hoch aussteuern. Die Stimme wird so präsenter, die Atmo tritt etwas in den Hintergrund.

Die Niere ist das gebräuchlichste vom Typ der gerichteten Mikrofone. Sie ist etwas »wählerischer« als die Kugel und nimmt vor allem den Schall auf, der nierenförmig von vorne kommt. Von den Seiten bekommt sie schon wesentlich weniger mit, von hinten fast gar nichts mehr. Wenn in einem Recorder ein Kugelmikro eingebaut ist, kann man oft über die USB-Schnittstelle ein externes Nieren-Mikrofon anschließen

Als Faustregel gilt: Je länger und dünner ein Mikrofon aussieht, desto stärker ist es ausgerichtet. Und je stärker seine Richtwirkung ausgeprägt ist, desto weniger Hintergrundgeräusche – wie Stimmengewirr oder andere Atmo – nimmt es auf (vgl. Beitrag »O-Ton, Atmo und Geräusche«).

→ Tipp: Aufpassen, ob es ein Mono- oder ein Stereomikrofon ist. Dementsprechend muss nämlich das Menü eingestellt werden. Denn erkennt der Recorder bei der Stereoeinstellung kein zweites Mikro, kann es sein, dass er das interne Mikrofon einfach dazuschaltet. Das Resultat ist unter Umständen eine unbrauchbare Aufnahme. Der Normalfall aber ist, dass wir Mono aufnehmen.

Wie das Nierenmikrofon eingesetzt wird. Es ist besonders gut geeignet für Aufnahmen in sehr lauter Umgebung, z. B. Reportagen im Fußballstadion oder im Bierzelt. Die Reporterstimme kann sich besser durchsetzen, weil die Niere einen großen Teil der Schallwellen ausklammert, besonders solche, die von hinten auf das Mikrofon treffen. Deshalb empfiehlt sich die Niere auch für Umfragen unter Passanten (vgl. Beitrag »Umfrage/Vox Pop«), wo laute Straßengeräusche oft nervender Lärm sind und kein erwünschter illustrierender Hintergrund. Abstand beim Besprechen der Niere: ebenfalls rund 20 Zentimeter.

→ Tipp: Geht man näher heran, wird die Reporterstimme noch präsenter, Nebengeräusche treten noch mehr in den Hintergrund.

Die Niere muss von vorne besprochen werden, verlangt also eine saubere Mikrofonführung. Das ist ihr Nachteil.

→ Tipp: Wenn der Reporter sich zum Beispiel so hinstellt, dass das störende Geräusch von hinten auf das Mikro trifft, ist es auf der Aufnahme viel leiser, manchmal sogar kaum zu hören.

Außerdem ist die Niere wesentlich *handempfindlicher* als die integrierte Kugel. Beim Bewegen können hässliche Knackser auf die Aufnahme kommen.

Mikrofonführung beim Interview (vgl. Beitrag »Interview«). Den Abstand von etwa 15–20 Zentimetern zum Mikro muss der Reporter bei sich und dem Interview-Partner konstant einhalten. Das Mikrofon muss immer auf den Sprechenden gerichtet sein. Anfänger vergessen das leicht.

→ Tipp: Richten Sie (auch das Kugel-)Mikrofon selbst beim Einholen von O-Tönen immer auf den Sprechenden aus. Dann vergessen Sie es auch im Interview nicht.

Mikrofonführung beim Interview: Das Mikro immer auf den Sprechenden richten

Also: Warten, bis der Interviewte zu Ende gesprochen hat und erst dann das Mikrofon auf sich selbst richten. Und das auch bei einer kurzen Zwischenfrage nicht vergessen. Dazu möglichst nicht den ganzen Arm schwenken, sondern nur mit einer Drehung des Handgelenks die Richtung des Mikrofons verändern. Dazu darf der Gesprächspartner allerdings nicht zu weit weg sitzen. Sitzt er z. B. auf der anderen Seite des Tisches, ist es praktisch unmöglich, ihn ohne Verrenkung zu erreichen. Außerdem: Was mache ich, wenn er sich zurücklehnt? Also vor Gesprächsbeginn die *richtige Position wählen.*

→ Tipp: An einem Tisch setzt man sich am besten über Eck. Das hat neben dem kurzen Mikrofonweg den Vorteil, dass man den Arm, der das Mikrofon hält, aufstützen kann.

Besprechungsrichtung des Mikrofons nur mit einer Drehung des Handgelenks verändern

Einen Windschutz sollte man auf jeden Fall benutzen, egal ob bei der Niere oder bei der Kugel. Zum einen ist er durch das aufgedruckte *Senderlogo* natürlich weithin sichtbare Werbung für das Radioprogramm und kann sogar juristisch von Bedeutung werden (vgl. Beitrag »Medienrecht für Radio-Journalisten«). Zum anderen hat er den Vorteil, dass er hässliches »Ploppen« vermeidet, das beim Sprechen harter Konsonanten wie »p« und »t« entstehen kann. Und zum Dritten tut der Windschutz dann auch noch das, was sein Name sagt: Er schützt bis zu einem gewissen Grad vor Wind, der sich sonst sehr deutlich als Knistern hörbar auf unserer dadurch unbrauchbaren Aufnahme wiederfindet.

Griffgeräusche vermeiden und Ringe und Armreifen abnehmen. Die könnten nämlich gegen das Mikro oder den Tisch schlagen, auf dem das Gerät liegt. Das kleine Klacken eines Ringes an das Gehäuse des Mikrofons klingt auf der Aufnahme manchmal laut wie ein Hammerschlag. Auch das Kabel kann knacksen und knistern, vor allem wenn es dort bewegt wird, wo es am Mikrofon und am Gerät angeschlossen ist. Zunächst das Kabel glatt streifen und dann eine nicht zu große Kabelschlaufe machen. Sie verhindert, dass sich das Kabel während der Aufnahme unkontrolliert bewegt und dabei unangenehme Geräusche fabriziert.

Handys auschalten, sowohl das eigene, wie auch das des Gesprächspartners! Sie können Brummtöne verursachen und auch ansonsten natürlich die Aufnahme stören.

Den Aufnahmeort richtig wählen: In einem Raum sollte man sich nicht unter eine Leuchtstoffröhre, neben eine Klimaanlage oder einen Computer setzen. Denn das Mikrofon hört auch Töne, die für Menschen unhörbar sind. Als Pfeif- oder Brummton machen sie unsere Aufnahme unbrauchbar.
Im Freien gibt es ebenfalls Plätze, die man meiden sollte, weil sonst ein Brumm- oder Pfeifton die Aufnahme verschandelt. Halogenscheinwerfer von Schaufenstern können solche Töne hervorrufen, oder Diebstahlmelder an den Türen von Geschäften.
→ Tipp: Wann immer möglich, mit dem *Kopfhörer* direkt bei der *Aufnahme kontrollieren*, was aufgezeichnet wird.

Ist der Aufnahmeort vorgegeben, dann ist der Körper der einzige Schutzschild, lästige Geräusche wenigstens zu mildern. Also: versuchen, mit dem Körper störende Lärmquellen abzudecken. Und daran denken, dass das Mikro immer von der Hauptgeräuschkulisse wegschauen sollte.

→ Tipp: In halligen Räumen kann man die Reflexionen etwas abmildern, indem man sich nahe zu einer Wand oder noch besser zu einem Vorhang stellt und das Mikrofon näher an den Mund nimmt.

Was vor der Aufnahme oft vergessen wird:

- Die Batterien oder Akkus überprüfen. Bei längeren Interviews immer ein Ersatz-Set dabei haben. Achtung: Manchmal funktioniert der Piepston, der vor einem demnächst leeren Akku warnt, nur über Kopfhörer.
- Akkus und Batterien haben eine andere Spannung. Man muss deshalb im Menü anwählen, womit man arbeitet!
- Bei Pressekonferenzen dürfen die Reporter oft nicht selber aufnehmen, sondern müssen sich an die Lautsprecher-Anlage anstöpseln. Dazu brauchen sie ein externes Kabel. Außerdem muss man meistens eine Dämpfung im Menü anwählen, die die Verstärkung durch die Anlage ausgleichen kann.

Beim »Ansprechen« spricht jedenfalls der Interviewpartner (sollen die Fragen ebenfalls aufgezeichnet werden, auch der Reporter) zur Probe etwas ins Mikrofon. Dabei stellt der Reporter den richtigen Aufnahme-Pegel ein. So wird richtig angesprochen:

- Das Mikrofon genau in dem Abstand halten, wie er dann hinterher beim Interview/der O-Ton-Aufnahme sein wird.
- Die Lautstärke, in der man das Mikrofon anspricht, sollte beim Aussteuern nicht größer oder geringer sein als nachher während der Aufnahme.

→ Tipp: Falls Interviewpartner und Reporter unterschiedlich laut sprechen, kann man das durch den Abstand zwischen Mund und Mikrofon zumindest teilweise ausgleichen.

Holt man sich nur O-Töne für einen gebauten Beitrag, auf jeden Fall nach der Stimme des Interviewpartners auspegeln.

Und schließlich: Bei jedem Standortwechsel neu aussteuern.

Richtiges Aussteuern bedeutet: Die digitale Anzeige im Aussteuerungsfenster sollte nicht oder nur für einen kurzen Moment in den roten Bereich gehen. Viele Geräte haben einen Limiter, vor dessen Einsatz aber viele Techniker im Moment noch warnen. Ihr Tipp: Richtig aussteuern, im Zweifel nicht an die Obergrenze gehen. *Zu hohes Aussteuern* ist besonders gefährlich, denn die Folge können Aussetzer sein.

Zu niedriges Aussteuern kann man zwar korrigieren indem man die Aufnahme hinterher noch mal hochzieht, aber dadurch werden natürlich auch die Hintergrundgeräusche lauter.

Während der Aufnahme gilt die Konzentration ganz dem Inhalt, nur im Notfall noch nachsteuern (vgl. Beitrag »Regeln fürs Schneiden«).

Nach der Aufnahme: Unbedingt kurz hineinhören, ob alles aufgenommen ist.

Das richtige Aufnehmen üben. Machen Sie einige Probeaufnahmen und probieren Sie dabei unterschiedliche Mikros, unterschiedliche Sprechabstände und wechselnde Atmos aus. Am besten, Sie verwenden dazu während der Aufnahmen einen Kopfhörer. Es lohnt sich!

Wenn man diese Sprechproben aufnehmen will, den jeweiligen Mikrofontyp, den Sprechabstand und die Rahmenbedingungen mit aufsprechen:

Ich spreche jetzt mitten in einem großen Saal, Mikroabstand 20 cm ... jetzt gehe ich dicht an eine Wand, Mikroabstand jetzt nur noch 10cm ...

Zur Kontrolle müssen die Aufnahmen aber über einen großen Lautsprecher abgehört werden, weil sich die Aufnahmequalität über die Recorder-Lautsprecher oft nicht ausreichend beurteilen lässt.

Die gängigsten Aufnahmegeräte sind zurzeit digitale *Flashcard-Recorder*. In manchen ARD-Anstalten gibt es aber auch noch häufig die alten analogen *Kassetten-Recorder* (vgl. weiter unten). Die *Mini-Disc-Geräte* werden dagegen immer seltener.

Sie haben sich für den Reporter-Einsatz als zu anfällig erwiesen mit ihren filigranen Schaltern, Buchsen und Steckern.

Der Flash-Recorder hat große Vorteile: Klein, kompakt, alles drin. Meistens schaut er aus wie ein etwas dickliches Mikrofon. Und ein (Kugel-)Mikrofon ist auch wirklich integriert. Aber auch ein digitales Aufnahmesystem, die Speicherkarte, die gesamte Tastatur, Batterien/Akkus, ein kleiner Lautsprecher zum Abhören. Von Reportern wird hoch geschätzt:

- Über die USB-Schnittstelle kann alles ganz flott in den Computer kopiert und dort schnell bearbeitet werden.
- Oft kann man sowohl beim Aufnehmen als auch beim Abhören Markierungen setzen. Das hilft bei der späteren Bearbeitung.
- Und es gibt Geräte mit einer »Pre-Recording«- Funktion. Das heißt, dass das Gerät bis zu 30 Sekunden vor den tatsächlichen Aufnahmezeitpunkt zurückspringt. Wenn ich also merke: Upps, da sagt er gerade was Tolles, drücke ich auf den Aufnahmeknopf und habe nichts verpasst, weil die letzten 30 Sekunden auch noch drauf sind.

→ Tipp: O-Töne unbedingt in den *Database Manager* (und nicht in den Editor) kopieren und dann schneiden. Wenn man direkt in den *Editor* kopiert, dort schneidet und dann erst das USB-Kabel zum Recorder entfernt, ist alles weg, wenn man es speichern will.

Beim Überspielen der O-Töne in die Audio-Workstation (vgl. Beitrag »An der Audio-Workstation schneiden und produzieren«) sollte man immer auf den Zustand der Batterien/Akkus achten! Wenn die Spannung zu schnell zusammenbricht, kann Material verloren gehen. Im besten Fall ist nur der letzte Take weg, im schlimmsten die ganze Aufnahme.

Profi-Kassettengeräte werden in vielen Funkhäusern immer noch benutzt. Sie nehmen analog auf und sind insofern technisch überholt. Sie haben aber einen großen Vorteil: Sie sind robust! Außerdem verfügen sie über große, übersichtliche Aus-

steuerungsinstrumente und genormte Stecker für das Mikrofon-
kabel – und sie sind, wichtig für Anfänger, in der Bedienung fast
idiotensicher.

Ein Nachteil ist natürlich, dass die Kassetten wegen der analogen Aufnahme-Technik ein Grundrauschen haben. Im aktuellen
Betrieb spielt das allerdings keine Rolle, da die Analog-Auf-
nahme trotzdem gute Qualität hat. Weitere Nachteile: Sie sind
schwer und das Hin- und Herspulen der Kassette dauert ziemlich lange.

→ Tipp: Vorsicht am Kassettenanfang: Dort ist ein kurzes Vor-
spannband, auf dem der Ton nicht aufgezeichnet wird. Also
die Kassette erst mal ein paar Sekunden vorlaufen lassen.

Ein eigenes Aufnahmegerät empfiehlt sich, auch wenn man
von den meisten Sendern kostenlos Geräte ausleihen kann, besonders dann, wenn man häufig als Reporter arbeitet.

→ Tipp: Wer sich ein Aufnahmegerät kaufen will, sollte die zuständigen Techniker im Sender fragen. Sie beraten gern.
Manchmal kennen sie auch günstige Bezugsquellen.

Regeln fürs Schneiden

Radio-Journalisten müssen selbst schneiden können. Im Beitrag »An der Audio-Workstation schneiden und produzieren«
sind die technischen Arbeitsabläufe beim digitalen Schneiden
dargestellt. Hier geht es zunächst um die journalistische und die
akustisch-handwerkliche Seite.

Der Schnitt beginnt bei der O-Ton-Aufnahme. Wer diesem
Leitsatz folgt, der wird, während er noch Worte und Geräusche
einfängt, Ohren- und Augenmerk bereits auf die spätere Bear-
beitung richten. Der geübte Autor oder Reporter hat Zeitgefühl.
Er weiß, wann die ihm für sein Interview zur Verfügung stehende
Zeit verstrichen ist. Er merkt sich, welche Passagen zu welchen
Zeiten der O-Ton-Aufnahme er bei der Bearbeitung verwenden
will. Wer dieses Zeitgefühl, die daraus folgende Übersicht (noch)

nicht hat, behilft sich bei der Aufnahme mit Stoppuhr und Notiz-block. Sonst ist die Gefahr groß, dass er im Rohmaterial ertrinkt.

Auf die Hintergrundgeräusche achten. Sie können in ungüns-tigen Fällen ganze Beiträge verderben:

- Die Tonschwankungen, die entstehen, wenn die *Automatik-Tas-te* am Aufnahmegerät gedrückt ist, sind oft auch durch Schnitt nicht mehr zu beheben. Bei Sprechpausen schlagen die Hin-tergrundgeräusche bei der Automatik-Einstellung voll durch, sind also laut zu hören und können auch nicht herausge-schnitten werden. Es ist dann besser, die Aufnahme ohne die scheinbar bequeme Automatik leidlich von Hand auszusteuern (vgl. Beitrag »Mit Mikrofon und Recorder richtig aufnehmen«).

- Auch eine während der Aufnahme ständig *wechselnde Hal-tung des Mikrofons* ergibt Misstöne, die den Schnitt unge-mein erschweren; denn durch die Schwankungen in der Lautstärke können nach dem Schnitt störende Tonsprünge entstehen, die dann mühsam einzeln nachträglich ausgegli-chen werden müssen.

- Ebenso störend können bei Sprachaufnahmen eindeutig er-kennbare *Hintergrundgeräusche* wie Musik und Flug- oder Verkehrslärm empfunden werden. Wer hier ohne Rücksicht auf Terz und Takt an seinem Text schneiden will, erleidet akus-tischen Schiffbruch. Gleichbleibende und leise Geräusche wie etwa Wasserplätschern, entfernte Verkehrsgeräusche und gedämpfte Restaurant-Atmo sind dagegen meist nicht störend – oft sogar illustrierend.

Halbsätze wiederholen. Versprecher oder unsauber gespro-chene Wörter können herausgeschnitten werden. Vorausset-zung ist, dass man sie bei der Aufnahme gleich korrekt wieder-holt hat.

→ Tipp: Nie einzelne Wörter, immer eine kurze Passage (einen Halbsatz etwa) wiederholen. Das hat zwei Gründe. Erstens kommt man besser wieder in den ursprünglichen Sprach-fluss und Tonfall. Zweitens stehen dann mehrere Schnitt-möglichkeiten zur Wahl.

Kürzen, säubern oder umstellen. Das will der Radio-Journalist mit dem Schneiden (auch Cutten) erreichen. Selbstverständlich ist die Gestaltung durch den Schnitt eine Form von Wirklichkeitsveränderung, von Manipulation. »Regelgerecht schneiden« muss deshalb immer heißen: dem Sinn und Informationsgehalt des jeweiligen Redebeitrags entsprechend.

Sinn- und Satzkomplexe herausschneiden oder aneinanderfügen und nicht nur Einzelschnipsel (keine »Wortpuzzle«), das ist eine der Grundregeln des sinnvollen Schneidens. Dafür gibt es drei Gründe:

- Erstens ist so am besten sichergestellt, dass die Aussage nicht verfälscht wird (vgl. Beitrag »Medienrecht für Radioleute«).
- Zweitens ist auch der Zeitaufwand viel zu groß, wenn man mal hier und mal da einige Wörter oder Halbsätze herausschneidet und wieder neu zusammensetzt.
- Drittens ergibt solche Stückelarbeit keinen Sprachfluss, wirkt also unnatürlich.

Das heißt jedoch nicht, dass nicht in Einzelfällen sehr kurze und unverzichtbare Passagen so geschnitten werden können, wenn es partout nicht anders geht.

Atmer und Pausen nicht zum Kürzen benutzen (missbrauchen). Erstens spart man damit kaum Zeit ein, zweitens – und das vor allen Dingen – wird der natürliche Redefluss völlig zerstört.

Zu viele »Ähs« und unzumutbare Pausen herausschneiden sollte man dagegen, um den O-Ton besser anhörbar zu machen, also im Interesse des Hörers (vgl. Beitrag »O-Ton, Atmo und Geräusche«). Dasselbe gilt für ein doppeltes oder falsches Wort und unnötige Wiederholungen von Satzteilen, wenn solche sprachlichen Unzulänglichkeiten störend wirken oder unnötig Zeit kosten.

Ein Schnitt darf beim Hören nicht auffallen, dann ist er handwerklich gut. Der Schnitt fällt z. B. dann auf, wenn

- nach einem (herausgeschnittenen) Versprecher der folgende Satzteil hastig klingt (weil er so wiederholt wurde) und damit vom ruhigeren Sprachfluss des Vorhergehenden abweicht,
- wenn dem Sprechenden durch den Schnitt gewissermaßen die Rede abgeschnitten wird, er also nicht (wie am eigentlichen, weggeschnittenen Ende) mit der Stimme abfällt, sondern »oben« ist.

Wenn die Stimme »oben« ist an einem Satzende, hilft ein »und«, mit dem der nachfolgende Satz beginnt oder das Einfügen eines mehr oder weniger kräftigen Atemzuges, den man an anderer Stelle herausnimmt oder kopiert. Beim Kürzen von Interviews und Diskussionen hilft man sich auch dadurch weiter, dass man den jeweils folgenden Sprecher sehr dicht heranschneidet, wenn die Passage davor mit »Stimme oben« endet. Dies klingt dann zwar so, als ob ein Sprecher dem anderen ins Wort fällt. Als »Schnitt« wird es aber nicht mehr bemerkt.

Die digitalen Schnittprogramme bieten darüber hinaus noch die Möglichkeit, harte Schnitte durch kleine Blenden (»Fade in« oder »Fade out«) »weicher« und damit so gut wie unhörbar zu machen.

Vor dem Wort schneiden – ist die wichtigste Regel. Durch diese Technik bleibt grundsätzlich die Pause nach dem letzten verbleibenden Wort/Atmer erhalten, die anzufügende Passage beginnt »hart« (also ohne Pause) mit dem Wort. Auf diese Weise wird der Sprach-Rhythmus am besten gewahrt.

Ein Beispiel. Der folgende Text soll sinnvoll geschnitten werden:
`Der Bundeskanzler und die Bundesregierung und die Bundesländer`
Nach dem Schnitt soll der Text lauten:
`Der Bundeskanzler und die Bundesländer`
Herausgeschnitten werden soll also die Passage:
`... die Bundesregierung und ...`
Nach der Regel »Immer vor dem Wort schneiden« werden die beiden Schnitte so gemacht:

1. Schnitt

Der Bundeskanzler und ↓ |die Bundesregierung

Diese Pause bleibt, der Text danach entfällt

2. Schnitt

und ↓ |die Bundesländer

Diese Pause und der Text davor bis zum 1. Schnitt entfallen

In unserem Beispiel folgen nach dem Schnitt also wieder *gleich klingende Konsonanten* aufeinander, das d von und und das d von die (... und die ...). Falls erforderlich, könnte man noch ein d von den beiden entfernen. Das würde dann den Sprachfluss erhöhen. Das Gleiche gilt beim Aufeinandertreffen von d/t, oft bei b/p, v/w und ähnlichen Konsonantenpaaren. Ein Hilfsmittel, um Schnitte unhörbar zu machen.

Zu Beginn einer Aufnahme wird der An-Atmer, das Luftholen also, weggeschnitten und hart mit dem ersten Wort begonnen, ansonsten bleiben in der Regel die An-Atmer erhalten, weil sie Teil des Sprechduktus sind. *Am Ende* nicht hart nach dem Wort schneiden, Nachklang oder Nachhall dürfen nicht abreißen.

Schneiden lernen. Die Aufgaben stellt man sich dabei selbst: erst lange Passagen, dann einzelne Wörter, schließlich »ähs«, Räusperer und einzelne Buchstaben herausschneiden. Ergebnis einem/r erfahrenen Kollegen/in zur Begutachtung vorspielen.

»Bitte schneiden!« Von den Anfängen des Rundfunks bis zum Ende der 60er Jahre leitete ein Hörfunkreporter nahezu jede Aufnahme mit dem für die Kollegen Techniker bestimmten Kommando »Bitte schneiden!« ein.

Diese Formulierung stammt aus Zeiten, als eine Schnittmöglichkeit in der Praxis gar nicht bestand, weil der Ton in Wachsplatten »hineingeschnitten« wurde. Bei diesen Aufnahmen arbeitete der Reporter also unter denselben Bedingungen wie bei einer Direktsendung. Erst Erfindung und Einführung des Magnettonbandes ermöglichten durch Schnitt gestaltete Reportagen, Hörfolgen oder Interviews.

(Ton-)Band schneiden wurde im Verlauf der 90er Jahre des vergangenen Jahrhunderts vom digitalen Schnitt abgelöst. Weil sich auch heute noch hier und da in Funkhäusern eine Tonbandmaschine findet, hier kurz die Technik des mechanischen Schnitts: Die Schichtseite des Tonbandes (die magnetisierte) wird durch Drehen der Bandteller (oder Spulen) mit den Händen langsam am Wiedergabe-Tonkopf der Bandmaschine vorbeibewegt. Auf diese Weise sucht man die gewünschte Schnittstelle. Dabei hilft oft auch ein *ruckartiges Bewegen* des Bandes. Das Band wird dann an dieser Schnittstelle mit der eingebauten Tonkopfschere oder der entmagnetisierten Cutschere geschnitten.

Beim manuellen Schnitt soll der Schnittwinkel 30 bis 45 Grad betragen. Die beiden Enden werden auf einer Klebeschiene mit der Band-Rückseite nach oben aneinandergelegt und durch ein längs darüber geklebtes Klebeband miteinander verbunden.

Die eigene Audio-Workstation

Das Arbeiten an der Workstation ist komfortabel: Wer einmal die wichtigsten Abläufe und Regeln für die Anwendung verstanden hat, kann schnell, professionell und unabhängig von Techniker-Teams und Produktionszeiten sendefertige Beiträge produzieren – und zwar nicht nur in den Radiosendern, sondern auch zu Hause. Zum Einstieg reichen gute Computerkenntnisse und das grundlegende Verständnis, wie Aufnahme- und Abspielfunktionen, z. B. bei der eigenen Stereoanlage, funktionieren. Darauf lässt sich gut aufbauen.

Die Workstation, auch *Audio-Workstation (AWS)* genannt, ist ein Arbeitsplatz für Hörfunkjournalisten sowohl für die *technische Bearbeitung von Beiträgen* als auch für die *Textverarbeitung*. Sie besteht im Wesentlichen aus folgenden Komponenten:

- Computer mit CD-Brenner, Monitor,
- Software für die Audio-Bearbeitung,
- Mini-Mischpult (zum Mischen verschiedener Tonquellen),
- Headset (Kopfhörer mit Mikrofon),
- Einspiel-Geräte (um O-Töne oder Musik zur Bearbeitung in das System einzuspielen) wie z. B. digitale Rekorder mit Speicherchips, Minidisk-Rekorder, DAT-Rekorder, CD-Spieler o. ä.,
- Ausspiel-/Übertragungswege (Internet-Anschluss; Software für den Filetransfer), um den fertigen Beitrag innerhalb des Senders oder von zu Hause/dem Journalistenbüro zum Sender zu übermitteln (zu den Einzelheiten vgl. Beitrag »Im Studio und mit dem Ü-Wagen produzieren«).

»Audio-Workstation« in der ems, Electronic Media School, Potsdam-Babelsberg. Links der Geräteturm mit TV (von dem gerade ein O-Ton in die AWS übernommen wird), CD/DVD-Spieler, Minidisk-Deck, Computer. Auf dem Tisch: Mischpult, Bildschirm, Maus, Computertastatur. Die Ein- und Ausgänge des Mischpults sind auch jeder anderen Audioquelle, z. B. einem DAT-Recorder, zuzuordnen.

Die Text- oder O-Ton-Dienste von Nachrichtenagenturen werden in den Radio-Stationen häufig ebenfalls in die Workstations eingespielt. Aktuelle O-Töne liefern gelegentlich auch Fernsehprogramme. Deswegen sind in den Sendern die Workstations meist auch mit einem Fernsehgerät verbunden.

Der Computer, auf dem das digitale Bearbeitungs-Programm läuft, sollte ein leistungsfähiges Modell sein. Die folgenden Eckdaten sind beispielhaft für die Empfehlungen der meisten Software-Hersteller:

- Betriebssysteme Windows 2000/Windows XP/Vista (Home oder Professional)
- Prozessorgeschwindigkeit ab 1 Ghz
- Arbeitsspeicher mind. 256 Megabyte (besser: 512 MB)
- Festplatte mind. 80 Gigabyte (auch hier: je mehr desto besser)
- gute Soundkarte
- gute Grafikkarte

Somit erfüllen alle heute erhältlichen Computer (sowohl Desktops als auch Notebooks) die technischen Voraussetzungen für den reibungslosen Betrieb eines Audio-Bearbeitungsprogramms.

Beiträge daheim zu produzieren, ist also sehr gut möglich. Allerdings sollte in eine vernünftige technische Ausrüstung investiert werden. Wer am falschen Ende spart, ärgert sich möglicherweise später über schlechte Tonqualität oder quälend langsame Datenverarbeitung. Je größer die Rechnerleistung, je besser das Mikrofon und Mischpult – desto erfreulicher sind die Ergebnisse.

Aufnahme-Bedingungen zu Hause/im Journalistenbüro: Anders als in den professionellen Sendestudios hapert es im privaten Produktionsbüro oft an guter Schallisolierung. Um unerwünschte Hall-Effekte oder störende Nebengeräusche zu vermeiden, ist es wichtig, sich zum Einsprechen des Textes einen relativ kleinen Raum mit Teppich zu suchen. Akustische Dämmplatten oder Schaumstoff an den Wänden helfen ebenfalls.

➜ Tipp: Achtung vor brummenden Computerlüftungen. Sie können jede Aufnahme ruinieren. Ein schallisoliertes Spezial-Gehäuse hilft.

Digitale Schnittprogramme gibt es viele. Im ARD-Hörfunk wird vorwiegend mit *DigAS* gearbeitet. Der Name steht für »Digitaler Aktualitätenspeicher«, die Software ist eine Entwicklung der Firma DAVID Systems. Teilweise ist auch das Schnitt- und Bearbeitungsprogramm *CUTmaster* im Gebrauch, vor allem im Privatfunk. Freie Journalisten, die zu Hause oder in Bürogemeinschaften arbeiten, nutzen oft deutlich billigere, aber ebenfalls leistungsfähige Programme wie z. B. *Wavelab, CoolEDIT oder Audacity.*

➜ Tipp: Manchmal werden auch kostenlose Probeversionen angeboten. Eine Recherche im Internet lohnt. Die Zeitschrift »Cut« informiert regelmäßig über technische Neuerungen.

Die wichtigsten Funktionen aller Audio-Schnittprogramme im Überblick:

- Aufnahme (digitale und analoge Signale)
- Schneiden und Speichern von O-Tönen
- Bearbeitung (z. B. Lautstärke, Klang, Effekte)
- Abspielen

Mehrspurprogramme bieten auch die Möglichkeit zum Abmischen verschiedener Takes (z. B. Reportertext, Atmo und Musik, vgl. Beitrag »An der Audio-Workstation schneiden und produzieren«).

Zur Programm-Bedienung: Die handelsüblichen Schnitt-Programme ähneln in ihrem Aufbau jeder anderen windowsgestützten Software, d. h. es gibt in der Regel:

- eine Menüleiste (»Datei«, »Bearbeiten«, »Extras« etc.)
- eine Werkzeugleiste mit Befehls-Buttons (kleine Piktogramme: z. B. das Bild einer Diskette für den Speicherbefehl)
- Kontextmenü mit rechtem Mausklick
- eine Steuerleiste zum Abspielen, Stoppen, Aufnehmen einer Tonspur
- ein Hauptfenster mit Abbild der Tonspur(en).

An der Audio-Workstation schneiden und produzieren

Wie das *Einspielen und Bearbeiten* von O-Tönen sowie das Produzieren eines fertigen Radiobeitrags funktioniert, wird im Folgenden beispielhaft anhand der DigAS-Software[1] beschrieben. Es geht um Arbeitsabläufe, die im Grundsatz auch für andere Programme gelten.

DigAS bietet drei große Bearbeitungs-Programme:

- SingleTrack Editor mit einer Tonspur
- EasyTrack Editor mit drei Tonspuren
- MultiTrack Editor mit beliebig vielen Tonspuren

Andere Audio-Bearbeitungsprogramme bieten in der Regel ebenfalls eine Mehrspur-Funktion, oft als sogenanntes Plug-in (Programmmodul zur Erweiterung der Basis-Software).

Das Arbeiten mit einer Tonspur (wie beim SingleTrack Editor) reicht, wenn der Reporter seinen Text nur mit einzelnen O-Tönen versetzen will, also:

Text | O-Ton | Text | O-Ton | Text

Abgesehen von der reinen O-Ton-Nachrichten-Produktion arbeitet heute aber kaum noch jemand mit einem Einspur-Programm. Deshalb soll im Folgenden das Produzieren mit dem dreispurigen EasyTrack Editor erklärt werden.

Ein Dreispursystem (wie EasyTrack) empfiehlt sich für etwas aufwendigere Produktionen auf jeden Fall. Denn damit lassen sich O-Töne mischen, Beiträge mit Musikbett unterlegen usw. Musik, O-Töne, Text und Atmo liegen dann jeweils in einer Spur:

Spur 1:	Musik1		Musik2	Musik3
Spur 2:	O-Ton	O-Ton		O-Ton
Spur 3:		Text	Text	Text
Spur 4:		Atmo1	Atmo2	

Mit einem Multitrack-System (wie dem MultiTrack Editor) funktioniert die Arbeit ganz ähnlich – es stehen lediglich noch mehr Spuren zur Verfügung und außerdem zusätzliche Funktionen, die bei der Produktion sehr aufwendiger Beiträge nützlich sein können (Effekte u. ä. – siehe weiter unten).

Eine Reportage-Situation als Beispiel: Die Berliner Bäckerei-Fachangestellte Doreen Schmidt hat den Lotto-Jackpot geknackt und ist schlagartig um zehn Millionen Euro reicher. Sie (die Reporterin/der Reporter) können sich zumindest eine kleinere Euro-Summe mit einem Radiobeitrag über die glückliche Gewinnerin verdienen und bekommen auch sofort ein Interview mit ihr. Die Ausbeute: 60 Minuten O-Ton-Material!

O-Töne aufnehmen und auswählen. Was dabei zu beachten ist, wird in den Beiträgen »O-Ton, Atmo und Geräusche«, »O-Ton-Bericht« und »Mit Mikrofon und Recorder richtig aufnehmen« (vgl. jeweils dort) ausführlich dargestellt. Hier nur kurz zur Erinnerung:

- Sie haben schon bei der Aufnahme auf den richtigen Pegel geachtet, weil sich hinterher nicht mehr alles ausbügeln lässt.
- Sie haben Atmo-Clips gesondert aufgenommen. Die können Sie später dezent unter den sauberen, d. h. ohne Hintergrundgeräusch aufgenommenen Gesprächs-O-Ton blenden.
- Sie wählen die wichtigsten Interview-Passagen vor dem Einspielen / vor der Datenübertragung in die Work-Station aus. Das ist vor allem wichtig, weil Sie viel (zu viel) O-Ton-Material von Ihrem Termin mitgebracht haben.
- Sie schreiben sich eine O-Ton-Liste mit den wichtigsten Angaben zu jedem O-Ton.

Einspielen / Datenübertragung in die Audio-Workstation. Die Arbeitsschritte sind:

- Bei mobilen digitalen Recordern (z. B. mit Flashkarte / SD-Karte): das Gerät per USB-Kabel mit dem Computer verbinden. Im offenen Explorer-Fenster sind sämtliche aufgenommenen Audiodateien (in der Regel wav oder mp3) zu sehen. Diese lassen sich per Drag-and-drop ins jeweilige Audio-Bearbeitungsprogramm ziehen.

- Bei anderen Aufnahmegeräten das entsprechende Aufnah-
memedium, z. B. Minidisk oder DAT-Kassette, in das Ab-
spielgerät einlegen, Mischpultregler aufziehen und im Com-
puter-Programm die Aufnahme starten.

Auch vom Minidisc-/DAT-Recorder lassen sich O-Töne direkt
ins Computersystem einspielen. In diesem Fall ein Verbindungs-
kabel benutzen: Der eine Kabelstecker kommt in den Audio-Aus-
gang des Rekorders – der andere Stecker in die Einspielbuchse
des Computers. Allerdings ist ein dazwischengeschaltetes Mischpult immer zu empfehlen, um bei Bedarf nachpegeln zu können.

Dabei unbedingt auf den Einspiel-Pegel achten. Es gilt die
Faustformel: Sobald der Pegel in den roten Bereich hoch-
schnellt, muss heruntergesteuert werden. Sonst sind Ihre Aufnahmen verzerrt. Schon während des Einspielens können Sie
auf dem Bildschirm Markierungen setzen – dann erkennen Sie
diese O-Ton-Sequenzen beim Bearbeiten sofort wieder.

Alle ausgewählten O-Töne der Lotto-Millionärin sind jetzt in die
Workstation übernommen und liegen nebeneinander auf der Tonspur. Diese zusammenhängende Aufnahme wird als ein »*Take*«
bezeichnet. Um Passagen schnell wieder zu finden, können *Markierungen*, sogenannte Schnittmarken, gesetzt werden. Mit der
Maus lässt sich der virtuelle Tonkopf hin- und herschieben, also
gezielt zu den gewünschten O-Ton-Abschnitten lenken.

Die Hüllkurve zeigt als grafische Darstellung jeden Ton als Ausschlag nach oben. Je lauter das Audio-Signal, desto höher der
Ausschlag. Im nächsten Produktionsschritt müssen die O-Töne
getrennt werden (in einzelne »*Clips*«), um sie später zwischen die
gesprochenen Textpassagen einfügen zu können.

Anlegen einer Clip-Liste: Beim EasyTrack liegt die Clip-Liste
auf der rechten Bildschirmseite. Hier lassen sich einzelne O-
Töne wie in einem Schubladensystem ablegen und benennen.
Bei anderen Audio-Programmen werden Einzelclips in einem

Datei-Ordner (ähnlich wie z. B. im Word-Programm) gespeichert. Nehmen wir an, aus dem insgesamt 60-minütigen Interview mit der Lotto-Millionärin haben Sie fünf O-Töne für Ihren Beitrag ausgewählt. Jeder der fünf Einzel-O-Töne aus dem gesamten Take soll als einzelner Clip abgelegt werden.

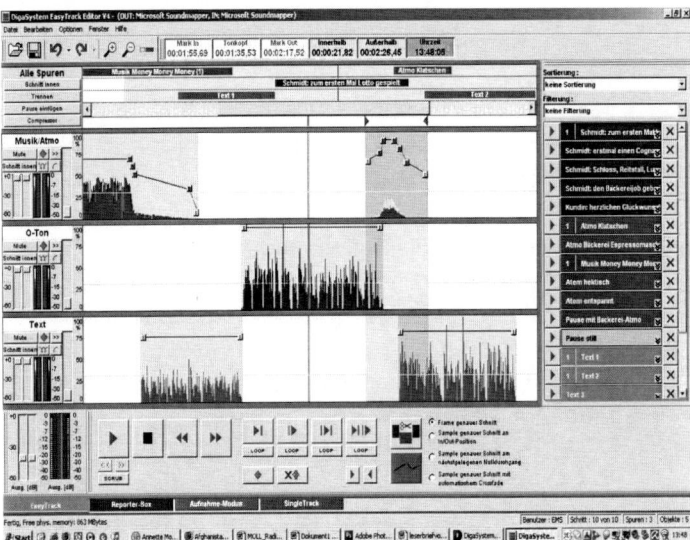

Screenshot des dreispurigen *EasyTrack Editor:* Im oberen Bildschirmbereich »Alle Spuren« lassen sich die Namen der aneinander gereihten Clips im Überblick erkennen.

Darunter auf den Tonspuren »Musik/Atmo«, »O-Ton« und »Text« sind die Hüllkurven gut zu sehen.

Ganz unten rechts befinden sich zwei Befehls-Buttons: Die Schere steht für den Schnittmodus – die gepunktete Linie für den Lautstärkemodus, in dem wir uns in diesem Beispiel befinden. In diesem Modus lassen sich per rechtem Mausklick die kleinen quadratischen Markierungspunkte setzen, mithilfe derer die Lautstärke (repräsentiert durch die dünne Linie, die »Wäscheleine«) reguliert sowie O-Töne ein- und ausgeblendet werden können. Gut zu sehen ist dies an den Clips auf der Musik/Atmo-Spur, die sanft ein- und ausgeblendet werden.

Rechts im Bild die Clipliste, von der die Clips per Drag-and-drop auf die Tonspuren gezogen werden.

Grobschnitt: Mit linker (Clip-Anfang) und rechter Maustaste (Clip-Ende) lässt sich in der Bearbeitungsspur der gewünschte Einzelton markieren – automatisch verändert sich dabei die Hintergrundfarbe. Ein Klick auf den Befehlsbutton zum Clip-Erzeugen, und es erscheint die Aufforderung, dem Clip einen Namen zu geben. In unserem Beispiel ist die Bearbeitungsspur der »SingleTrack«, ein Modul innerhalb des EasyTrack-Programms (s. Abbildung weiter unten).

Als Projekt speichern: Sobald die Clips fertig sind, sollten sie in einem Paket (»Projekt«; in anderen Programmen heißt es z. B. »Session«) gesichert werden. So lassen sich noch lange nach der Produktion die einzelnen Bauteile aufwendiger Beiträge und Features sofort wieder finden.

Grundregel für die Clip-Benennung: Einfach und strukturiert vorgehen! Wenn Sie zum Beispiel jeden O-Ton `Lottomillionärin` nennen, finden Sie im Produktionsstress nichts wieder. Auch die Clip-Namen `Doreen Schmidt 1`, `Doreen Schmidt 2` etc. würden im Ernstfall nicht weiterhelfen. Stattdessen lieber inhaltliche Highlights benennen, zum Beispiel so:

`D. Schmidt: zum ersten Mal Lotto gespielt`
`D. Schmidt: erstmal einen Cognac getrunken`
`D. Schmidt: Schloss, Reitstall, Luxusjacht`
`D. Schmidt: den Bäckereijob gebe ich auf`
`Kundin: Herzlichen Glückwunsch!`

Falls diese Clip-Namen zu lang für die zur Verfügung stehenden Platzhalter sind: Abkürzen. Zum Beispiel so:

`Schmidt Lotto`
`Schmidt Cognac`
`Kundin Glückwunsch` usw.

Erfahrungsgemäß entwickelt jeder mit der Zeit sein eigenes System – aber die Devise »einfach und strukturiert« gilt immer.

Atmo-, Geräusch- und Musikclips genauso sortieren:
`Atmo Klatschen`
`Atmo Bäckerei Espressomaschine`
`Musik Money, Money, Money`
`Atem hektisch`
`Atem entspannt`

`Pause mit Bäckerei-Atmo`
`Pause still`
➔ Tipp: Kleine Atem- und Pausen-Versatzstücke können hilfreich für elegante Blenden sein.

Feinschnitt: Oft müssen die O-Töne nachbearbeitet werden. Um beim Beispiel der Lotto-Millionärin zu bleiben: Die Frau macht eine knackige Aussage (`Von dem Gewinn kaufe ich mir ein Schloss in der Toskana, einen Reitstall und eine Luxusjacht`), hustet aber mitten im Satz und putzt sich geräuschvoll die Nase. Solche störenden – und nicht Sinn tragenden! – Töne lassen sich leicht wegschneiden: Den bereits abgelegten Clip ins Bearbeitungsfeld (SingleTrack) ziehen und die Passage Husten/Nase putzen mit der Schnittfunktion entfernen.

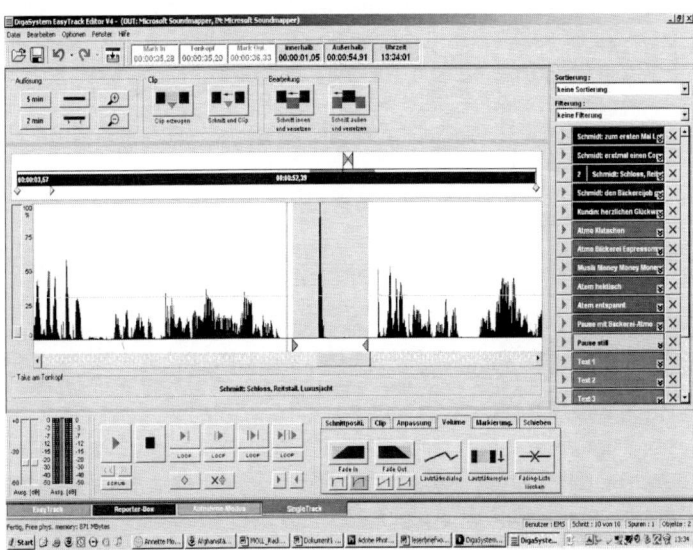

Screenshot der Einzelspur/Bearbeitungsspur (SingleTrack): Hier können die Clips gut im Detail bearbeitet werden. In diesem Beispiel ist der Clip »Schmidt: Schloss, Reitstall, Luxusjacht« zu sehen. Wie oben unter »Feinschnitt« erwähnt, hustet die Frau mitten im Satz. Der Huster ist auch optisch zu erkennen, weil er lauter als der Rest des O-Tons ist (Hüllkurve schlägt nach oben aus). Er wird mit zwei Mausklicks markiert (Hintergrund verfärbt sich) und lässt sich dann sauber wegschneiden (Befehl »Schnitt innen und versetzen).

347

Schlechte Schnitte verschönern. Nach dieser »kosmetischen Behandung« knallen aber möglicherweise zwei Wortpassagen direkt aufeinander, sodass die natürliche Satzmelodie unterbrochen ist. Mit einem O-Ton-Versatzstück (Atem oder Pause) lässt sich das meist wieder ausgleichen. Allerdings ist diese Methode kein Allheilmittel. Falls die Lottomillionärin nach dem Hustenanfall in ganz anderer Stimmlage ansetzt, klingt ein Zusammenschnitt holprig. In diesem Fall überlegen, ob Sie doch eine kurze Hustenpassage mitnehmen – oder den Ton komplett trennen.

Es gibt zwei Grund-Schnittarten: Mit der Funktion »*Schnitt innen und versetzen*« lässt sich eine markierte Passage wegschneiden – der Rest der Aufnahme bleibt erhalten. Die Funktion »*Schnitt außen und versetzen*« schneidet dagegen alles weg, was sich außerhalb der markierten Passage befindet.

///////////////////	»*Schnitt innen und versetzen*«	///////////////////

Die mittlere Passage wird weggeschnitten, die beiden schraffiert markierten aneinandergefügt.

»*Schnitt außen und versetzen*«	///////////////////	»*Schnitt außen und versetzen*«

Die schraffiert markierte Passage bleibt erhalten, die beiden äußeren werden weggeschnitten.

Um die richtige Stelle für die Markierung, also den Schnitt zu finden, hat man zwei Orientierungshilfen: Man hört den Ton und man sieht die Hüllkurve (vgl. Abbildung ganz oben) mit den mehr oder weniger hohen Ausschlägen für die einzelnen Töne. Nach einiger Übung entwickelt man ein Gefühl dafür, welcher Ausschlag zu welchem Ton gehört. Jeder Schnitt lässt sich zur Probe vorhören und auch beliebig oft wiederholen. Die ursprüngliche Aufnahme bleibt immer erhalten.

Lautstärke verändern/Blenden. Eine zusätzliche professionelle O-Ton-Bearbeitung ermöglichen die vielen verschiedenen

Funktionen der Audio-Bearbeitungsprogramme. So lässt sich nachträglich die Lautstärke regeln und O-Töne können ein- und ausgeblendet werden. Das ist vor allem dann wichtig, wenn die O-Töne laute (und in der Aufnahmesituation unvermeidbare) Hintergrundgeräusche aufweisen, etwa bei Aufnahmen aus einem Festzelt. In einem solchen Fall sollten vor und nach dem eigentlichen O-Ton (z. B. Interviewpartner) kleine Atmo-Passagen belassen werden. Diese lassen sich dann sanft unter den folgenden Reporter-Text blenden – ansonsten krachen sie im wahrsten Sinne des Wortes in die ruhigen Studio-Textaufnahmen hinein (vgl. Abbildung ganz oben, Musik/Atmo-Spur).

Blenden per Mausklick: Dabei setzt man auf der Tonspur kleine Markierungspunkte für die Lautstärke (siehe Abbildung ganz oben, Spur »Musik/Atmo«). Diese Punkte sind auf dem Bildschirm durch Linien verbunden – vergleichbar mit einer Wäscheleine, die an unterschiedlich hohen Punkten aufgehängt ist. Diese »Leine« lässt sich an den Markierungspunkten hin und her, hoch und runter ziehen. Je höher die Markierung sitzt, desto lauter der O-Ton – je tiefer, desto leiser. So lässt sich z. B. Musik langsam unter eine Textpassage ziehen.

Allerdings erfordert das Zusammenmischen verschiedener Spuren einige Übung. Bei den ersten Versuchen entsteht schnell ein Klang-Inferno konkurrierender O-Töne.

→ Tipp: Vor dem Abmischen das Gesamtwerk über die Lautsprecher (und nicht nur über Kopfhörer) anhören! Dann kann man schnell feststellen, ob die Musik doch zu laut ist und den Text übertönt oder ob der Atmo-Clip akustisch im O-Ton untergeht.

Klangeffekte, Klangfilter (z. B. zur Rauschunterdrückung) und Equalizer (zur Klangbearbeitung) gehören ebenfalls zu den Funktionen, die die meisten Programme bieten. Außerdem gibt es die Möglichkeit, ganze Passagen in schnellerem Tempo anzuhören – das klingt dann zwar meistens wie Mickey Maus, spart aber Zeit bei der Suche nach der richtigen O-Ton-Passage.

Produktion

Wo schreibe ich den Text? Manche Systeme bieten eine eigene Textfunktion wie z. B. Text-Editor oder die Reporter Box (vgl. Abb. ganz oben, untere Leiste) innerhalb des Audio-Bearbeitungsprogramms. Natürlich geht's auch anders: einfach ein Word-Dokument schreiben, den Text ausdrucken und vom Blatt ablesen.

Den Text aufnehmen – das geschieht an der Workstation entweder mit einem normalen Mikrofon oder über das Headset. Beim Headset werden die Textpassagen in das kleine Mikrofon gesprochen, das mit einem Bügel am Kopfhörer befestigt ist. In der Regel nimmt ein solches Headset-Mikrofon nur die räumlich nächste Tonquelle auf – das heißt in diesem Fall die Reporterstimme.

→ Tipp: Allzu laute Kollegen während der Aufnahme freundlich hinauskomplimentieren oder zur Ruhe auffordern, sonst sind sie später auch im Beitrag zu hören.

Egal, wie lang der Beitrag werden soll: den gesamten *Text in einem Stück sprechen*. Dort, wo ein O-Ton folgen soll, eine kleine Kunstpause einlegen – schon rein optisch ist diese Stelle später besser wieder zu finden (vgl. Beitrag »Das Manuskript sprechen«).

Der Gesamttext wird dann als eigener Take gespeichert und anschließend in einzelne Clips zerteilt. Zum Beispiel:
Text 1
Text 2
Text 3
Wie für die O-Töne gilt auch hier: Versprecher, Räuspern etc. herausschneiden.

Text und O-Töne zusammenbauen: Im *einspurigen* System können die Textpassagen und O-Töne nur hintereinander gesetzt werden. Für das Beispiel »Lottomillionärin« würde das bedeuten: Im Beitrag erklingen abwechselnd Sprecher-Stimme und O-Töne. Das dezente Ein- und Ausblenden der O-Töne (siehe oben) hilft dabei, einen vernünftigen Klangeindruck zu erzeugen.

| Text | O-Ton | Text | O-Ton | Text | O-Ton | usw. |

Text lesen und dabei gleich mit den O-Tönen zusammenbauen, mit der Reporter-Box geht auch das. Während der Text-Aufnahme kann die Reporterin/der Reporter den Text vom Bildschirm ablesen und mit einem Extra-Befehl gleichzeitig die O-Töne zuspielen.

Schöner und weit professioneller klingt das fertige Stück allerdings, wenn es in einem *Mehrspur/Multitrack*-System produziert worden ist. Denn dann können auch Atmo (etwa Jubel der Kollegen und Kunden, das Rumoren der Rührmaschine etc.) oder Musik unter Textpassagen oder O-Töne gelegt werden. Der große Vorteil eines Mehrspursystems liegt darin, dass die Einzelclips per Drag-and-drop auf verschiedene Tonspuren gezogen und dort nach Belieben hin- und hergeschoben werden können. Ein Musikbett lässt sich damit genauso leicht schaffen wie ein sogenanntes »Overvoice«, also die Übersetzerstimme zu einem fremdsprachigen O-Ton (s. oben »Ein Dreispursystem« und Abbildung ganz oben, oberer Bildschirmbereich »Alle Spuren«).

Der fertige Beitrag besteht aus allen zusammengesetzten O-Tönen, Textpassagen, Atmo-Blöcken und Musik-Stücken. Er liegt auf mehreren Tonspuren und wird mit dem Speicherbefehl zusammengemischt.
Von der Workstation zu Hause oder im Journalistenbüro muss er nun ins Funkhaus übermittelt werden. Wie das geht, ist im Beitrag »Im Studio und mit dem Ü-Wagen produzieren« ausführlich dargestellt. Viele Sender bieten auch die Möglichkeit, sich auf einer speziellen Website einzuloggen und die Beitragsdatei dort direkt hochzuladen. Natürlich kann man den Beitrag auch auf eine CD brennen und per Post an den Sender schicken.

Ins Netz damit: Häufig veröffentlichen Sender Radiobeiträge als Audio auf ihren Webseiten. Als Autor sollte man daran denken, seine Beiträge dafür vollständig und korrekt zu beschriften – weil diese Metadaten oft automatisch ausgewertet und ausgespielt werden.

Wer sein Audio gedankenlos `Blödes Politikerinterview` nennt, könnte so ungewollt seine Gesprächspartner gegen sich aufbringen, die diese Worte plötzlich im Netz lesen. Auch *Online-Archive* hängen von einer möglichst präzisen und vollständigen Beschriftung des Audios ab. Also als Titel: `Bürgermeister Heinz Weber zur Umgehungsstraße`, als Typ des Audios: `Interview`, als Autor den Interviewer, als Kommentar eine kurze Beschreibung des Inhalts (je nach Standard der Redaktion): `Weber plädiert für Bau der Umgehungsstraße`. Und die Eigenheiten der verwendeten Technik bedenken: Wenn das benutzte System etwa bei der automatischen Datenübernahme die deutschen Umlaute verunstaltet, `ue` schreiben statt `ü`.

---

[1] DigAS (= Digitaler Aktualitätenspeicher) ist eine Software der Fa. DAVID Systems (München), die sehr weit verbreitet ist, im öffentlich-rechtlichen Rundfunk und darüber hinaus. Sie ist Teil einer Produktpalette für Produktion, Planung, Sendesteuerung und der Radio-Dateneinspeisung in andere Verteilwege.

Im Studio und mit dem Ü-Wagen produzieren

Der Standardarbeitsplatz im Funkhaus ist die digitale *Workstation,* also das kompakte rechnergestützte und vernetzte Aufzeichnungs- und Bearbeitungssystem (vgl. Beitrag »An der Workstation schneiden und produzieren«). Damit sind einfache Produktionen sowohl in Technikräumen als auch in Redaktionen möglich. An den Workstations und in vielen Sendestudios ist der Radio-Journalist in der Regel (im Privatfunk immer) auch sein eigener Techniker. Besonders bei aufwendigeren Produktionen werden aber Tontechniker/Producer eingesetzt. Dabei gilt: Radio-Journalisten sind für den Inhalt verantwortlich, die Technik-Kollegen für die technische Umsetzung.

→ Tipp: Dennoch sollten (nicht nur) Anfänger durchaus die Ratschläge erfahrener Techniker auch bei inhaltlichen Fragen in ihre Entscheidung einbeziehen. Die Techniker/innen sind die ersten Hörer.

Mit den Kollegen/innen von der Technik zusammenarbeiten ist einfacher, wenn man einige Ratschläge beherzigt:

- als Neuling, sich mit Namen und Redaktion, für die man arbeitet, vorstellen; pünktlich zum Produktionstermin erscheinen,
- eigenen Stress nicht auf die Technik-Kollegen abladen, die haben selbst genug davon,
- immer wissen, was man will: z.B. auch, wo im Rohmaterial die Stellen zu finden sind, die man als O-Ton-Takes braucht. Wer da lange herumsucht, kommt leicht in den Verdacht, schlecht vorbereitet zu sein,
- klar, verständlich und freundlich sagen, was man vom/von der Technik-Kollegen/in möchte; zuerst, was man überhaupt produzieren will und dann jeden gewünschten Arbeitsschritt nennen, falls das nicht ohnehin klar ist,
- das Urteil erfahrener Technik-Kollegen ohne falsche Eitelkeit beachten, z.B. bei der Frage, ob sich ein Einstieg, Ausstieg oder Schnitt (technisch) gut anhört oder nicht,
- daran denken, dass im Produktionsstudio nicht geraucht werden darf und offene Getränke aus der Nähe von technischen Geräten verbannt sind (laufen sie aus, ist der Schaden erheblich)
- und schließlich ein »Dankeschön« nicht vergessen.

Sendestudios. Für jedes vom Sender ausgestrahlte Programm gibt es davon meist zwei baugleiche, eins dient als Ausweich-(Havarie-)Studio (vgl. Beitrag »Sendung fahren«). Bei kleineren Privatradios wird meist das Ausweich-Sende-Studio als Produktionsstudio für die Produktion von Verpackungselementen, Comedy und manchmal auch Werbung genutzt. Größere haben dafür (ein) Extra-Studio(s).

In den Produktionsstudios werden im öffentlich-rechtlichen Rundfunk zum Teil (noch) aktuelle Beiträge, meist aber nur die technisch und dramaturgisch aufwendigeren Produktionen von Technikern erstellt. Zahl und technische Ausstattung dieser Produktionsstudios ist von Sender zu Sender sehr unterschiedlich, auch die Besetzung mit technischem Personal.

→ Tipp: Wer neu in einem Funkhaus ist, tut gut daran, sich erst einmal diese Produktionsstudios von Kollegen aus Redaktion oder Technik zeigen und erklären zu lassen. Wissen muss man auch, für welche Art von Produktionen diese Studios zur Verfügung stehen, ob man sie »buchen« muss (wenn ja, wie), oder ob es »Standard-Termine« gibt, die der Redaktion immer zur Verfügung stehen.

Das kleine Produktionsstudio besteht aus einem Sprecherraum und einem Technikraum. Der Sprecherraum verfügt über Mikrofone, Kopfhörer, Abhörlautsprecher und eine Kommandoverbindung zum Produktionstechniker. Der Technikraum ist mit einem Mischpult, CD-Player, Leitungsverbindungen zum Schaltraum, digitalen Aufzeichnungs- und Schnittsystemen, einem Telefon-Hybrid (einer technischen Überleiteinrichtung zum Aufzeichnen von Telefongesprächen) und mit einer internen und einer externen Kommandoverbindung (zum zentralen Schaltraum) ausgestattet.

Der große Studiokomplex für Hörspiel- und Feature-Produktionen verfügt meistens über mehrere Räume mit voneinander abweichender Akustik. Zur Einrichtung gehören verschiedene Türen, Fenster und Treppen mit Holz-, Stein- und Metallstufen sowie unterschiedliche Bodenbeläge.

Jeder Hörspielkomplex besitzt einen reflexionsarmen Raum, der wenig diffusen Schall von den Wänden ins Mikrofon zurückwirft. In ihm werden die Sprecher zunächst »trocken« aufgenommen und anschließend mit elektronischen Effektgeräten (Raumsimulatoren, Hallgeräten) gezielt in die gewünschte akustische Umgebung versetzt.

Im großen Studiokomplex stehen dem Toningenieur ein Mischpult mit vielen Eingangskanälen sowie verschiedene Effektgeräte (Raumsimulatoren, Synthesizer, Filter, Sampler, Harmonizer, Kompressoren) zur Erzeugung und Bearbeitung von Audiosignalen zur Verfügung. Zur Aufzeichnung und zur Schnittbearbeitung werden bei Hörspiel- und Feature-Produktionen digitale Mehrspursysteme eingesetzt (z. B. Sequoia, Fairlight, ProTools, DigAs Multitrack, vgl. Beitrag »An der Workstation schneiden und produzieren«).

Multimediastudios. Multimedialität (Audio, Video, Online) ist heute eine wichtige Forderung bei der Realisierung moderner Studios:

- WebCams (einfache Internet-Kamera) übertragen die Aktivitäten der meisten Sendestudios live ins Internet.
- Fest eingerichtete professionelle Kameras (ohne Kameraleute) und eine automatische Lichtregie ermöglichen (bisher noch) in Einzelfällen die gleichzeitige Ausstrahlung einer Sendung sowohl im Hörfunk als auch im Fernsehen (»Multimediastudios«).
- Online-Anwendungen (z. B. die Mail ins Studio oder der »Live-Chat« mit Studiogästen) steigern die Attraktivität des Programms durch die Interaktionsmöglichkeit zwischen Hörern und Radiomachern.

Ü-Wagen werden bei Außenveranstaltungen oder Reportagen vor Ort als mobile Produktionsstudios benutzt. Das Ü-Wagen-Spektrum reicht dabei von sehr kompakten Reportagewagen (»SAT-Smart«), über Fahrzeuge in der Größe eines Transporters, bis hin zu vollständig digitalen Ü-Wagen auf der Basis eines LKW-Chassis, die für komplexe Musikproduktionen eingesetzt werden. Die Mini-Reportage-Wagen werden häufig von den Journalisten selbst bedient, die größeren und technisch aufwendigeren nur von Technik-Kollegen.

Die Minimalausstattung eines Ü-Wagens besteht aus einem Mischpult, Geräten zur Tonaufzeichnung und -bearbeitung, einem/mehreren (z. T. drahtlosen) Mikrofon(en) und einem System zur Übertragung des aktuellen Live-Beitrags in die laufende Sendung, oder zur Überspielung ins Funkhaus (s. unten).

Der Smart-Satelliten-Reportagewagen des Saarländischen Rundfunks mit auf-geklappter Satellitenschüssel. Er wird von den Reportern selbst gefahren und bedient. Die Sende- und Aufnahmetechnik ist über die geöffnete Heck-Klappe zu erreichen.

Reportagesender (Funkverbindungen) werden bei fehlenden Leitungsverbindungen oder aus Kostengründen genutzt, um Live-Reportagen oder Beiträge vom Ü-Wagen zum Funkhaus zu übermitteln. Es handelt sich dabei in der Regel um Sender mit kleiner Leistung, die nur in einem begrenzten Radius (5–30 km) zu empfangen sind. Zur Verbesserung der Reichweite ist auf dem Reportagewagen eine ausfahrbare Drehantenne installiert.

Bei satellitengestützten Reportagewagen (SNG-Fahrzeugen, SNG=**S**atellite **N**ews **G**athering) ist im Gegensatz zu den terrestrischen Reportagesendern keine Einschränkung in der technischen Reichweite gegeben. Eine länderübergreifende aktuelle Berichterstattung ist aus allen Regionen Europas möglich, sofern die (Sicht-)Verbindung zwischen SNG-Fahrzeug und Satellit nicht (z. B. durch Berge oder hohe Gebäude) behindert wird. Der einzige Nachteil für dieses qualitativ hochwertige und universelle Übertragungsverfahren sind die hohen Kosten, die für die Nutzung eines Satellitenübertragungskanals anfallen.

Zur Planung einer größeren Außenproduktion gehört oft auch ein Besichtigungstermin vor Ort, bei dem die räumlichen Gegebenheiten und die technische Infrastruktur (Anschlüsse für Strom, Telefon, Ton-Ü-Leitung usw.) geprüft werden. Für den gewünschten Aufstellungsort des Ü-Wagens muss gelegentlich eine Sondergenehmigung eingeholt werden.

➜ Tipp: Der Einsatz eines Ü-Wagens ist in der Regel mit hohen Kosten verbunden. Deshalb müssen Ü-Wagen-Produktionen gründlich vorbereitet und vom Reporter mit der Technik-Disposition genau vorbesprochen werden.

Ein sorgfältig ausgearbeiteter Produktionsablaufplan für Aufbau, Probe, Sendung/Mitschnitt und Abbau muss bei größeren Produktionen rechtzeitig mit der Technik erstellt werden. Bei Veranstaltungen mit Publikum ist zu klären, ob zum Mithören des Programms vor Ort eine entsprechende Beschallung gebraucht wird.

➜ Tipp: Bei der Einbeziehung von Publikum sind auch Sicherheitsfragen (die sich vor allem aus der Versammlungsstätten-Verordnung ergeben) zu beachten. Darüber informiert die Produktion(sabteilung).

Für die Übermittlung von Beiträgen, egal, ob live oder vorproduziert, steht eine große Palette von Übertragungswegen und Telekommunikationsgeräten zur Verfügung, die auch der Journalist kennen muss:

■ *Analoges Telefon*: fast überall verfügbar, zuverlässig und kostengünstig. Die analoge Technik beschränkt allerdings die Qualität. In der Tonregie im Funkhaus (oder in einer »Workstation«) wird der Anruf mit dem sog. Telefonhybrid entgegengenommen.

■ *Standard-ISDN-Telefon* (**I**ntegrated **S**ervices **D**igital **N**etwork). Klangeindruck wie bei einem analogen Telefon. Dank der Digitaltechnik aber schneller Verbindungsaufbau, gleichbleibende Qualität, weitgehend ohne Leitungsrauschen, Lautstärkeschwankungen und Knackgeräusche. Bemerkenswerte Steigerung der Übertragungsqualität durch spezielle Endgeräte: *ISDN-Audio-Codecs*. Dadurch wird ISDN auch als kostengünstiger Ersatz für hochwertige Tonübertragungsleitungen immer häufiger genutzt.

- *ISDN-Audio-Codecs* wandeln die Tonsignale nach einem festgelegten Schema (Codierung) in einen digitalen Datenstrom um. Am anderen Ende der ISDN-Leitung wird der Datenstrom wieder in das ursprüngliche Tonsignal zurückgewandelt (Decodierung). So erklärt sich auch das Wort Codec (**Co**der und **Dec**oder). Damit der Verbindungsaufbau und die Signalübertragung störungsfrei funktionieren, müssen die beiden Geräte (Coder und Decoder) nach demselben Wandlungsschema arbeiten. Viele moderne ISDN-Audio-Codecs lassen sich durch einfachen Tastendruck auf mehrere unterschiedliche Codierungsarten einstellen (z. B. »Opticodec (MusicTAXI)« und »CDQprima«).

- *Codecs für PC oder Laptop* basieren auf einer Software und sind nicht mehr speziell für diese Aufgabe konzipierte Geräte (Hardware). Unter dem Produktnamen »Audio TX Communicator« wird z. B. die Software-Variante eines Audio-Codecs angeboten, die von einem normalen PC oder Laptop (Live-) Übertragungen mit diversen auswählbaren Codierformaten ermöglicht.

- *Transportable Codecs* für den mobilen Einsatz. Diese Geräte sind nicht auf einen ISDN-Anschluss angewiesen, sie haben häufig auch Schnittstellen für alternative Übertragungswege. Beim »Flashman« der Firma »MAYAH« beispielsweise lassen sich Übertragungen über UMTS, WLAN und Ethernet (kabelgebundene Netztechnik) abwickeln. Außerdem verfügt das Gerät über einen integrierten Editor, mit dem Aufnahmen gemacht und bearbeitet (z. B. geschnitten) werden können.

- *Mobiltelefone*. Die weltweite Verbreitung der Handys nach dem GSM-Standard (*Global System for Mobile Communication*) und der fortschreitende Ausbau der Netze ermöglichen Live-Reportagen und die Übermittlung von Beiträgen unabhängig von Festanschlüssen. Der aktuelle UMTS-Standard (*Universal Mobile Telecommunication System*) für Mobiltelefone eröffnet durch hohe Datenraten ganz neue Nutzungsmöglichkeiten, vor allem für die schnelle Übertragung von Daten (Audiofiletransfer, Internet-Zugang, Multimedia).

Von zu Hause, aus dem Journalistenbüro oder von unterwegs lassen sich so vom Journalisten Beiträge ins Funkhaus übertragen. Das können fertig produzierte Stücke sein oder Live-Berichte mit oder ohne O-Ton. In der Praxis kann es dabei zu Problemen kommen, wenn die Codecs »sich nicht verstehen«.

→ Tipp: Vor der Anschaffung eines Codecs ist enger Kontakt mit der Technik der Radiostationen zu empfehlen, mit denen der Journalist am engsten zusammenarbeitet.

Der Audiofiletransfer. Beim Filetransfer muss der Beitrag vor der Übertragung bereits in digitalisierter Form auf der Festplatte eines PCs oder Laptops vorliegen. Mit Hilfe einer Software, die den Transport der Daten von einem Rechner zum anderen steuert und überwacht, lässt sich durch dieses Verfahren am anderen Ende einer digitalen Datenverbindung (z. B. einer ISDN-Leitung) eine Kopie dieses Audiofiles herstellen. Auch begleitende Textinformationen, z. B. ein Vorschlag für die Anmoderation, werden so übermittelt.

Große Datentrassen erlauben sogar eine Transferzeit, die geringer ist als die eigentliche Dauer des Beitrags. Sie kann bei kurzen Beiträgen nur wenige Sekunden beanspruchen. Per Audiofiletransfer werden die aktuellen Beiträge zwischen den ARD-Sendern ausgetauscht und die Berichte der Auslandskorrespondenten übermittelt.

Zu einer transportablen Reportageeinheit wird auf diese Weise ein Laptop, ausgestattet mit einer ISDN- und einer Soundkarte und mit Aufnahme- und Schnittsoftware. Exemplarisch sei hier die Software DigaTrans der Firma DAVID erwähnt, mit der Audiofiles und zusätzliche Textinformationen über einen ISDN-Anschluss übertragen werden.

Auch das Internet wird als weltweites Datennetzwerk verstärkt für den Transfer von digitalen Audiosignalen genutzt. Hier werden Audiofiles (meist im MP3-Format, d. h. MPEG layer 3) entweder durch einen Download oder als Dateianhang bei einer E-Mail übertragen. Dieses Verfahren eignet sich sehr für Freie. Dazu benötigt man eine Aufzeichnungs- bzw. Schnittbearbeitungssoftware für Audiosignale (gelegentlich als Freeware im Internet verfügbar), einen Zugang zum Internet und ein E-Mail Programm.

Tonübertragungsleitungen sind immer dann ein kostengünstiges und betriebssicheres Medium, wenn Tonsignale kontinuierlich in hoher Qualität (z. B. Musik) zwischen zwei Orten übertragen werden. Die Leitungen sind gerichtet, d. h. die Übertragung ist nur in einer Richtung möglich. Bei einer Konferenzschaltung müssen somit zwei gegenläufige Leitungswege geschaltet sein. Immer häufiger werden bei befristeten Übertragungen aber ISDN-Audio-Codecs (s. oben) benutzt.

Das Dauerleitungsnetz der ARD stellt einen Sonderfall dar. Über bidirektionale Leitungsverbindungen ist jede Rundfunkanstalt der ARD an den sogenannten Sternpunkt in Frankfurt angebunden. Damit sind auch alle ARD-Sender ständig miteinander verbunden. Über dieses Dauerleitungsnetz findet der Austausch von längeren Beiträgen und von Archivproduktionen statt. In den Nachtstunden dient das Dauerleitungsnetz zur Verteilung der gemeinsamen ARD-Nachtprogramme.

Die Privaten nutzen für den Austausch von Beiträgen untereinander häufig ISDN-Leitungen mit Opticodec (MusicTAXI) als Endgerät, natürlich auch Filetransfer (z. B. beim Empfang von Beiträgen der Audioagentur »dpa/Rufa-Audiodienst« und bei der Übermittlung von Werbespots von den Vermarktungsgesellschaften an die Sender). Von einem Anbieter zentral für mehrere Sender produzierte Nachrichten werden über Satellit verteilt, ebenso auch Live-Übernahmen von ganzen Programmteilen (z. B. vom Hersteller eines Mantelprogramms zu angeschlossenen Lokalradios).

Technik-Investitionen gut überlegen. Die Möglichkeiten der Aufnahme-, Bearbeitungs- und Übertragungstechnik entwickeln sich rasant. Immer neue Geräte oder Software-Lösungen werden angeboten. Manches davon ist noch nicht ausgereift, ist zu kompliziert für den täglichen Dauerbetrieb. Anderes ist noch zu teuer oder zu wartungsanfällig. Wiederum anderes passt schlecht zur Technik in den Radiostationen.

→ Tipp: Vor jeder größeren Anschaffung stets den Rat der Techniker aus dem/den Sender/n einholen, mit denen man am meisten zu tun hat. Oft kennen sie auch günstige Bezugsquellen. Über neue technische Entwicklungen berichtet auch gut verständlich für Nichttechniker die Zeitschrift »Cut« (vgl. Beitrag »Fachzeitschriften und Informationsdienste«). Über den Deutschen Journalistenverband lassen sich außerdem schnell Kontakte herstellen zu technikerfahrenen Kollegen/ innen, die sicherlich gern zu Auskünften bereit sind.

Sendung fahren

Aus dem Moderator, der sich allein auf das gesprochene Wort konzentrieren konnte, ist im Lauf der vergangenen Jahre mehr und mehr ein Pilot geworden. Er sitzt in einem Cockpit voller HighTech und fährt seine Sendung ohne Unterstützung selbst. Techniker sind heute zunehmend mit vorbereitenden und abwickelnden Tätigkeiten für das Programm befasst und helfen den Moderatoren während der Sendung nur noch in Notfällen. So sind die Anforderungen an das Technik-Verständnis der Moderatoren einerseits kontinuierlich gestiegen, andererseits erleichtern Digitalisierung und automatisierte Abläufe das Fahren der Sendung enorm.

Das Selbstfahrerstudio ist der Raum, in dem der Selbstfahrerplatz (auch: *Diskplatz*) installiert ist. In technisch baugleicher Ausstattung gibt es direkt daneben meist ein zweites (Havarie-) Studio. Bei nicht gleich lösbaren technischen Problemen kann der Moderator schnell dorthin wechseln und kennt sich sofort problemlos aus. Das Ausweich-Studio wird ansonsten als Produktionsstudio genutzt. Ein kleineres Nachrichten-Studio ist den beiden Selbstfahrerstudios zugeordnet. Es ist ebenfalls zum Selbstfahren ausgelegt. Große Glasfenster ermöglichen die Sicht von jedem Raum in jeden anderen.

Dies ist das Grundprinzip der Anordnung der Sendestudios bei fast allen Privatsendern. Im öffentlich-rechtlichen Rundfunk gibt es auch abweichende Lösungen, z. B. wenn Programme vereinzelt (doch) noch mit Technikern gefahren werden.

Moderator am Selbstfahrer-Platz. Rechts und links die Monitore mit Musik- und Sendelaufplan. In der Mitte ist die Manuskriptablage, die Hand hat der Moderator am Mikrofonregler.

Am Selbstfahrerplatz/Diskplatz steht (meistens) oder sitzt der Moderator vor seinen in der Regel in einem Halbrund angeordneten Geräten. Zentral vor sich hat er die wichtigsten Bedienelemente: im Tisch eingelassen vor allem das Mischpult mit den Reglern (Fadern) zum Aussteuern der einzelnen Tonquellen, in Griffnähe PC-Tastaturen, in Sichthöhe PC-Monitore. Traditionelle

Ausspielgeräte (wie z. B. CD-Player) befinden sich eventuell noch außen am Rand seines Sichtfeldes.

Die Tonquellen für Musik, Wortbeiträge und alle anderen für die Sendung benötigten akustischen Elemente sind Audiofiles. Sie sind digital auf Servern gespeichert. Diese Daten werden durch miteinander verbundene Software-Systeme verwaltet. Die zur Steuerung notwendigen Endgeräte befinden sich im Sendestudio, die PCs mitunter in benachbarten Räumen, um die Wärme- und Geräuschentwicklung möglichst zu reduzieren.

Mit PC-Tastaturen, Maus und Reglern arbeitet der Moderator an seinem Pult. Die gespeicherten Audiofiles und die Abläufe werden auf Monitoren dargestellt.
Fenster für unterschiedliche Inhalte sind auf den Bildschirmen oft nebeneinander angeordnet, manchmal lassen sie sich aufklappen, oder der Moderator muss von einer Ansicht zu einer anderen umschalten.
Wer als Moderator in einem solchen Selbstfahrerstudio arbeiten will, muss die Arbeit mit dem PC perfekt beherrschen (vgl. Beitrag »Moderieren«).

Die Ausspielsoftware der Sendungsplanung ist das zentrale Software-System im Studio. Der Monitor dazu ist in Augenhöhe vor dem Moderator angebracht und gibt ihm alle notwendigen Informationen über den Ablauf der Sendestunde im Überblick mit allen in ihr vorgesehenen Programm-Elementen:
- die einzelnen Musiktitel,
- die Wortbeiträge,
- die Verkehrs- und Wetterinformationen,
- die geplanten Verpackungselemente (vgl. dort) und
- die Werbung.

Häufig werden für Elemente lediglich *Platzhalter* angezeigt, die eigentliche Auswahl trifft der Moderator dann selbst. Das gilt oft für die Verpackung, aber auch Wortbeiträge werden meist erst spät ins System gestellt und treten dann an die Stelle des Platzhalters. Die Bestandteile einer Sendestunde sind in der Regel zur besseren Orientierung farbig markiert oder unterlegt (Musik grün, Wort rot, Werbung gelb usw).

Immer im Blick des Moderators sind damit die Basisinformationen über die auszuspielenden (zu sendenden) Audiofiles. Meist wird eine Sendestunde angezeigt. Wenn diese vorbei ist, wird die nächste von Hand oder automatisch nachgeladen. Andere Systeme füllen selbstständig auf, sobald einzelne Elemente ausgespielt sind.
Der File, der gerade on-air ist, also gesendet wird, ist meist rot unterlegt. Der File, der im Anschluss folgen soll, wird ebenfalls farblich hervorgehoben, so dass der Moderator immer weiß, was als Nächstes ansteht, worauf er sich inhaltlich vorbereiten bzw. welche Geräte oder Regler er für den nächsten Programmpunkt vorbereiten muss.

Musik(spiel)-Listen. Welche Musiktitel in welcher Reihenfolge im Programm gespielt werden sollen, wird im Musiksystem (vgl. Beitrag »Musik-Programme mit dem Computer erstellen«) mit einer speziellen Software zusammengestellt und von dort in die Sendeplanung eingestellt. Musikfiles werden mindestens mit Titel, Interpret und Länge beschrieben. Auch Zusatzinfos über das Ende des Musikstücks (Fade = Blende oder Cold End = harter Schluss) sind verfügbar, damit der Moderator während des Ausspielens sieht, wie ein Titel musikalisch endet. Das ist wichtig für den Übergang zum nächsten Stück oder zur Moderation.

Ein Laufbalken zeigt meist grafisch an, an welcher Stelle eines Titels oder Beitrags sich die Ausspielung gerade befindet – praktisch für den schnellen Überblick: wie viel Zeit bleibt dem Moderator z. B. noch bis zur nächsten Moderation.

Musiktitel vorhören. Während des Ausspielens der Musik besteht jederzeit die Möglichkeit, kommende Titel anzuhören. Der Moderator kann sich aus dem laufenden Programm rausklicken und Anfang oder Ende von Musiktiteln prüfen, um für passende Übergänge zu sorgen. Aus dem Jingle-Board (s. u.) kann er geeignete Bridges auswählen (auch Transitions = kurze Musik-Elemente mit oder ohne Text zur Überbrückung von Tempounterschieden zwischen zwei Titeln (vgl. Beitrag »Verpackungselemente«). Manchmal werden sie auch bereits von der Musikredaktion oder vom Producer der Sendung eingeplant und in die Sendungsplanung eingestellt.

Musiktitel vorblenden. Einige Ausspielsysteme bieten die Gelegenheit, vorab oder noch während der laufenden Sendung mit einem kleinen Mixer Tonblenden zu setzen. Dazu lässt sich ein Extrafenster öffnen, in dem Titel-Anfang und/oder -Ende grafisch dargestellt sind. Mit der PC-Maus kann der Moderator seine Änderungen vornehmen und sie so lange vorhören, bis das gewünschte Ergebnis erzielt ist. Die Blende wird gespeichert und genauso ausgespielt, wie zuvor festgelegt (aber jeweils nur in der laufenden Sendung). Während der Vorhör- und Bearbeitungszeit läuft das System automatisch (Autopilot).

Zusätzliche Informationen für seine Moderation erhält der Moderator häufig, indem er per Mausklick Extrafenster öffnet, in denen kurze Textbeiträge zu den Interpreten vorgehalten werden. Auch Original-CD-Cover lassen sich abbilden. So stehen dem Moderator Hintergrundinfos zur Verfügung, die ihm die Musikredaktion bereitgestellt hat (vgl. Beitrag »Musik-Moderation«).

Wortbeiträge (Beiträge, O-Töne, vorproduzierte Interviews) werden entweder wie die Musikfiles über die Sendeplanung oder getrennt davon über eine zweite Audioausspielung mit eigenen Bedien- und Anzeigeelementen gesendet. Das soll der Redaktion und den Moderatoren größere Flexibilität ermöglichen.

Sendeplanungssysteme unterstützen die Redaktion bei der Vorbereitung und Abwicklung ihrer Sendungen. In ihnen sind bereits leere Senderaster hinterlegt, die das gesamte Programmschema abbilden. Die Redakteure der einzelnen Sendestrecken können dort ihre Planungen schon lange vor der Ausstrahlung eintragen. Über ihre Netz-PCs können alle angeschlossenen und dazu berechtigten Redakteure jederzeit sehen, welche Sendeelemente von wem, wo und für wann vorgesehen sind. Programminformationen lassen sich auf diesem Weg auch ins Intranet des Senders weiterleiten, in elektronischen Programmführern (sog. EPGs) oder im Internet veröffentlichen.

Sendeplanungssysteme liefern auch Zusatzinfos. Dazu gehören Anmoderationen oder sonstige Infos, z. B. für Höreranfragen oder Links zum Internet. Man kann außer dem eigentlichen Moderationstext also z. B. festhalten, an wen Hörer sich bei einer Rückfrage innerhalb des Senders wenden oder wo sie extern Auskünfte erhalten können. Alle Texte werden häufig direkt in der Planungssoftware getextet und sind dann zusammen mit den Beiträgen auf den Servern gespeichert.

Diese Angaben werden wie der fertige Beitrag an die Ausspielsoftware weitergeleitet, die der Moderator im Sendestudio bedient. Auf seinem Monitor erscheinen dann alle Angaben, die er sich selbst für seine Moderationen geschrieben hat oder die Autor und Redaktion für ihn vorbereitet haben. Auf diese Weise stehen die Moderationsunterlagen auch dann zur Verfügung, wenn ein Moderator kurzfristig ausfällt und vertreten werden muss.

Das Jingle Board ist meist ein integrierter Bestandteil des Ausspielsystems. Viele Sender haben zu diesem Zweck aber auch gesonderte Boards oder Cardsysteme installiert, um Jingles noch schneller aus einem großen Repertoire auswählen und ausspielen zu können. In einem gesonderten Fenster oder auf einem Extraschirm hat der Moderator einen Überblick über diese Jingle-Datenbank. Er kann auf alle zur Verfügung stehenden Files zugreifen oder – falls vom System-Administrator eingeschränkt – nur auf einen Teilbestand, der für einzelne Moderatoren und/oder bestimmte Sendungen vorgesehen ist. So kann sichergestellt werden, dass bestimmte akustische Elemente nur an bestimmten Stellen im Programm auftauchen.

Die wichtigsten Elemente aus dem Jingle Board müssen für den Moderator meist schnell verfügbar sein, damit sie auch spontan eingesetzt werden können, bei Gewinnspielen z. B. ein besonderer Soundeffekt für eine richtige Antwort. Daher hat die Basisansicht des Jingle Boards meist einige optisch besonders hervorgehobene Positionen. Dort kann man häufig verwendete Akustikelemente platzieren und sie über spezielle Tasten abrufen. Eine Umbelegung während der laufenden Sendung ist üblich, indem man aus dem Menü ein Element auswählt und es an die gewünschte Stelle lädt.

Eine bessere Übersicht hat der Moderator, wenn sein Ausspielsystem die Anzeige von Unterordnern ermöglicht. In ihnen sind bestimmte Programmelemente zusammengefasst. So erscheint der Werbeblock in der Basisansicht als Einzeleintrag. Ein Doppelklick mit der Maus auf das Ordnersymbol öffnet einen kleinen Verzeichnisbaum, der den Blick auf die einzelnen Werbespots mit allen Detailinformationen zulässt.
Auch die Nachrichten aus dem Nachbarstudio lassen sich so unter Umständen wahlweise in der Übersicht darstellen oder in der Abfolge aller Einzelelemente (Meldung, O-Ton, Kurzbeitrag, Jingle usw).

Die Regler des Mischpults, das der Moderator vor sich im Tisch des Selbstfahrerplatzes hat, sind mit den verschiedenen Tonquellen belegt:
- den Ausspiel-PCs,
- den CD-Playern (s. u.),
- den Mikros und
- dem Telefon-Hybrid (für Telefon-Interviews, vgl. Beitrag »Hörerbeteiligung«).

Zusätzliche Regler stehen beispielsweise für externe Leitungen (zum Ü-Wagen oder in ein anderes Studio) oder zur freien Bestückung zur Verfügung. Es gilt das Prinzip: Häufig benutzte Regler, Geräte und Monitore befinden sich eher in der Mitte – unmittelbar neben der zentralen Ablagefläche für Manuskripte –, die selten benutzten weiter außen.

Automatisch senden. Wenn die Automatik eingestellt ist, werden alle in die Sendeplanung eingestellten Elemente wie die Titel der Musikliste, die Wortbeiträge und die Jingles automatisch »abgearbeitet«, ohne dass sich der Moderator darum kümmern muss. Auch vorher oder während der Sendung aufgenommene und eingestellte Moderationen können so automatisiert gesendet werden.

Elemente lassen sich auf Wunsch mit Markierungen versehen, so dass sie vom System auf die Sekunde genau zu einem gewünschten Zeitpunkt abgefahren werden. Auf diese Weise ist zum Beispiel dafür gesorgt, dass in einem ohne Moderator mit Automatik gefahrenen Nachtprogramm immer mal wieder eine Zeitansage zu hören ist, pünktlich auf die Sekunde (vgl. dazu Voice-Tracking im Beitrag »Moderieren«).

»Von Hand« senden. Alle in die Sendeplanung eingestellten Elemente kann der Moderator auch nacheinander »abfahren«. Dafür hat er zwei Möglichkeiten: *Fader-Start* oder *Hot-Start*. Beim Fader-Start schiebt er den Regler mehr oder weniger schnell bis auf die vorgesehene Normalposition nach oben. Dadurch blendet (= fadet) er z. B. die Musik hoch, lässt sie also lauter werden. Am Ende eines Titels wird sie leiser, wenn er den Regler nach unten zieht. Beim Hot-Start drückt er bei geöffnetem Regler eine diesem Regler zugeordnete Taste und die Musik ist sofort in voller Lautstärke zu hören.

Mit »Drag-and-drop« und Jogshuttle arbeiten. Für alle Operationen, die der Moderator im Sendeablauf vornimmt, verfügt er über geeignete Eingabegeräte. Mit einer oder mehreren PC-Tastaturen (oft auf den ersten Blick unsichtbar in einer kleinen Schublade verwahrt) kann er alphanumerische Eingaben vornehmen, z. B. um (bei einem aktuellen Musikwunsch) einen Titel aus dem Repertoire auszuwählen. Dies kann in Sekundenschnelle über Suchfunktionen für Titel, Interpret oder Archivnummer geschehen. Ergänzend dazu ermöglicht die PC-Maus per Drag-and-drop ein schnelles Auswählen und Austauschen einzelner Elemente, zum Beispiel von Musiktiteln.

Zusätzliche Eingabehilfen sind kleine Panels oder Bedientableaus (Spezialtastaturen mit vorkonfigurierten, oft vergrößerten

Tastenfeldern), auch über Touchscreen-Monitore kann man durch Berührung Steuerbefehle geben. Mit ihnen lassen sich Audiofiles schneller und übersichtlicher handhaben; sie können auch über ein kleines Drehrad (Jogshuttle oder Jogwheel) verfügen, mit dem man Musiktitel präzise einstellen (= cuen) kann, z. B. auf den Beginn des Gesangs nach einem längeren Intro.

Mikro und Headset. Ein Selbstfahrer-Platz verfügt mindestens über zwei Mikros: eines für den Moderator und eines für einen Studiogast oder den Ko-Moderator (bzw. *Sidekick*); manchmal gibt es für Gäste auch mehrere. Das Moderator-Mikro ist oft ein Nahbesprechungsmikrofon, an das man ganz dicht mit den Lippen herangeht. So wird der Klang der Stimme besonders präsent, Geräusche im Raum sind nicht zu hören.
Häufig wird mit sog. Headsets (einer Kombination von Kopfhörer und einem daran angebrachten kleinen Mikrofon) moderiert. Das erhöht die Bewegungsfreiheit des Moderators. Er bespricht das Mikro immer richtig, egal wie er seinen Kopf gerade bewegt. Dabei muss er allerdings darauf achten, dass die Grundposition des Mikrofons exakt stimmt.
Völlige Bewegungsfreiheit im Selbstfahrer-Studio hat der Moderator, wenn das Headset nicht mit Kabel, sondern drahtlos über Funk mit dem Mischpult verbunden ist. Morning-Shows mit mehreren Moderatoren werden so gefahren.

Stehen oder sitzen. Moderatoren junger und »schneller« Wellen stehen in der Regel hinter ihrem Selbstfahrer-Platz, haben nur einen Halbschalen-Hocker zum gelegentlichen Anlehnen hinter sich. Sie hören sich so dynamischer an, weil sie die Ausdruckskraft ihrer Moderation besser mit Körpersprache unterstützen können, die auf Intensität, Tempo, Lockerheit und Präsenz der Moderation rückwirkt. Manche Selbstfahrerpulte sind auch höhenverstellbar, so dass der Moderator die Position wechseln kann.

Voice-Card. Moderatoren müssen gute Stimmen haben, manchmal allerdings sind sie nicht gut genug – zu wenig warm oder zu weich, zu dünn oder zu hoch. Das lässt sich in einem gewissen Umfang technisch ausgleichen. Die bei Probeaufnahmen herausgefundenen Einstellwerte werden auf einer sogenannten Voice-Card gespeichert. Jeder Moderator steckt seine Karte vor Beginn der Moderation dann in den Voice-Processor am Mischpult, um immer den als ideal herausgefundenen Sound zu haben.

Text am Selbstfahrer-Platz bearbeiten. Aus Gründen der Systemsicherheit (Computer-Viren) ist das Textsystem häufig strikt getrennt vom Audiosystem. Im Textsystem laufen die aktuellen Agentur- und Verkehrsmeldungen ein, lassen sich (nicht immer, aber meistens) per Drag-and-drop in die Textverarbeitung kopieren und dort umschreiben. Auch Informationen aus dem Internet und aktuelle Hörer-E-Mails sind hier verfügbar. Im Text-System kann der Moderator natürlich auch eigene Texte (z. B. seine Moderationen) schreiben oder bearbeiten oder er überträgt sie vom Text-System in die Sendeplanung und bearbeitet sie dort.

Am Selbstfahrer-Platz produzieren, auch das geht – mit einer Schnittsoftware am Platz (vgl. Beitrag »An der Audio-Workstation schneiden und produzieren«). Damit kann der Moderator/die Moderatorin aktuelle Kurzstatements von Hörern (Warnung vor Radarfallen, Musikwünsche, Anrufe in Hörer-Diskussionen) oder Mini-Interviews mit Mitarbeitern der Wetterdienste oder der Polizei in der laufenden Sendung bearbeiten (vgl. Beiträge »Hörerbeteiligung« und »Diskussion«).

Über traditionelle Hardware verfügt jeder Diskplatz nach wie vor, Plattenspieler sind allerdings nur mehr in wenigen Studios zu finden. CD-Player, DAT- oder MD-Player (Minidisk) stellen eventuell noch eine Ergänzung zu den PCs dar – für Musik- und Audiobeiträge, die noch nicht auf den Servern zur Verfügung stehen. Und natürlich sichern sie den Moderator für den gefürchteten Fall der Fälle ab, dass die digitale Sendeablaufsteuerung oder die sie versorgenden Server doch einmal ausfallen sollten. Bei ganz hartnäckigen Fehlern springt eine Havarie-Automation

mit einem vorproduzierten Notprogramm an, falls das Studio-
signal länger als eine vordefinierte Zeit ausfällt.

Viel Konzentration und Geschick verlangt die Moderation im
Selbstfahrer-Studio. Der Moderator soll nicht nur locker, sachkundig und präsent moderieren, sondern er muss gleichzeitig
noch sein eigener Techniker und Organisator sein.

Tipps für die ersten Selbstfahrversuche:

➜ **Sorgfältige Einarbeitung** in die gesamte Hardware und
Software des Studios vor der ersten Moderation. Alle
Handgriffe müssen absolut perfekt sitzen. Wer kann,
lässt sich professionell schulen. Die zweitbeste Lösung
ist, einem erfahrenen Kollegen beim Selbstfahren zuzu-
sehen und sich von ihm anleiten zu lassen. Und danach
heißt es üben, üben und nochmals üben.

➜ **Auch den Havarie-Fall proben:** Was tue ich, wenn das
System abstürzt? Deshalb immer Notfall-Musik parat
haben.

➜ **Sich auch technisch auf eine Moderation vorbereiten,** nicht nur inhaltlich. Dazu zählt die Kontrolle der Sen-
destunden. Der Moderator sollte rechtzeitig überprüfen,
ob auch tatsächlich alle vorgesehenen Musik- und Wort-
elemente in die jeweilige Sendestunde eingestellt sind.
Schnittstellenprobleme bei der Kommunikation einzelner Software-Komponenten können nämlich dazu führen, dass einzelne Files nicht richtig geladen wurden.
Das System könnte dann zwar einen Texteintrag anzeigen, der dazugehörige Audiofile fehlt aber vielleicht.

➜ **Sind die richtigen Jingle-Pakete vorhanden?** Lauern
akustische Fallen, gibt es schlechte Übergänge zwischen
den Titeln, müssen Blenden gemixt oder Übergangs-
Jingles (Bridges, Transitions) bereitgelegt werden?

➜ **Passen Musik und Wort zusammen?** Oder sind Musiktitel ungewollte Kommentare zu Wortbeiträgen?

➜ **Und wo ist eigentlich der Knopf,** den man hoffentlich nie braucht, der Knopf für die hundertzwanzig längsten Sekunden des Moderatorenlebens: Wo kann ich den Rechner neu booten, wenn wirklich nichts mehr läuft?

Beim Radio arbeiten

Die Radio-Landschaft

Wer Radio-Journalist werden möchte, für den sollte die akustische Wanderung durch die Radio-Landschaft zur Gewohnheit werden, über den Äther und im Netz, zu Hause und im Auto. Was er dabei zu hören bekommt, das kann sich hören lassen – zumindest von der Menge her. Radio Paradiso oder mephisto, Ostseewelle oder Wüste Welle, Radio Regenbogen oder sunshine live, Radio Lippe oder Radio Ohr, bigFM oder Smart Radio. Ob sie Lotte oder Lora, Prima oder Power, nur Star, oder gleich planet oder gar Galaxy heißen – an Radio-Programmen herrscht kein Mangel. Für die Media-Analyse (MA) 2008 Radio II wurden in Deutschland insgesamt 345 Radio-Programme erhoben, davon 211 private, 59 öffentlich-rechtliche (ö.-r.) und 74 sonstige Programme. Fast alle sind interessant, um erste Radio-Erfahrungen zu sammeln, längst nicht alle bieten allerdings Arbeits- und Ausbildungsplätze für Radio-Journalisten.

Der öffentlich-rechtliche Rundfunk erreicht täglich mehr als die Hälfte der Bevölkerung (MA 2008 II, Montag-Freitag: 51,1 %; der Privatfunk 43,4 %). Er ist kein Staatsrundfunk und kein Kommerzfunk und so organisiert, dass er von Staat und Wirtschaft unabhängig sein soll. Seinen in den Rundfunkgesetzen festgelegten Auftrag hat er im Dienst der gesamten Gesellschaft zu erfüllen.

Der Rundfunkrat ist das entscheidende Gremium einer ö.-r. Rundfunkanstalt. Er setzt sich aus Vertretern gesellschaftlich relevanter Gruppen zusammen. Wer diese Gruppen sind, die jeweils einen Vertreter in den Rundfunkrat entsenden dürfen, wird gesetzlich, also durch Politiker-Entscheidung, festgelegt – von Land zu Land etwas unterschiedlich und von Zeit zu Zeit wieder neu (nicht selten nach Regierungswechseln).

In den Rundfunkräten sind alle großen Organisationen wie Kirchen, Gewerkschaften, Kammern und zum Beispiel die Verbände von Arbeitgebern, Frauen, Umweltschutz, Journalisten und Schriftstellern vertreten. Auch Politiker sitzen in unterschiedlicher Anzahl in den Rundfunkräten, meist als Vertreter der Landtagsfraktionen.[1]

Die entscheidenden Rechte der Rundfunkräte sind:

- Sie wählen den Intendanten.
- Sie entscheiden über den Haushalt.
- Sie sind in den grundsätzlichen Fragen der Programmgestaltung zuständig.
- Sie können Haushaltsführung und Programmentscheidungen rügen.
- Sie können einen Intendanten als letzte Konsequenz auch abwählen.

Neben dem Rundfunkrat gibt es als weiteres Gremium den *Verwaltungsrat*, der die laufende Geschäftsführung kontrolliert und meist auch zustimmen muss, wenn der Intendant leitende Mitarbeiter einstellen will. Bestimmte Aufgaben der Gremien werden in Ausschüssen vorgeklärt, Programmfragen z. B. im Programmbeirat.

→ Tipp: Rundfunkratssitzungen sind in der Regel öffentlich. Gehen Sie ruhig mal hin. Die Termine erfahren Sie von den Pressestellen der Sender.

Die Rundfunkgebühren sind die wesentliche Einnahmequelle des ö.-r. Rundfunks. Über die Höhe entscheiden die Länder nach einem Vorschlag der unabhängigen »Kommission zur Ermittlung des Finanzbedarfs der Rundfunkanstalten (KEF)«. Sie legen die Gebühr in einem Staatsvertrag fest, dem alle Länderparlamente zustimmen müssen. Weitere (vergleichsweise geringe) Etatmittel bekommen die Anstalten aus den *Werbeeinnahmen* und dem *Sponsoring* (vgl. Beitrag »Trennung von Programm und Werbung, Ausloben von Preisen und Sponsoring«). Diese Mischfinanzierung soll für mehr Unabhängigkeit sorgen. Die Werbezeiten und -inhalte sind durch den Rundfunkstaatsvertrag und durch Länder-Gesetze beschränkt.

Staatsfrei aber nicht politikfrei sind die ö.-r. Rundfunkanstalten. Für (partei)politische Einflussversuche gibt es mehrere Einfalltore, vor allem:

- die Gebührenfestsetzung,
- die Zusammensetzung der Rundfunkräte,
- die Beeinflussung von deren Arbeit und Entscheidungen,
- die Zustimmungsrechte von Rundfunkräten/Verwaltungsräten bei der Einstellung leitender Mitarbeiter.

Wie intensiv die Politik von diesen Möglichkeiten Gebrauch zu machen versucht und wie erfolgreich »graue« (also parteiunabhängige) Rundfunkräte und prinzipientreue Intendanten und leitende Mitarbeiter sie daran hindern können (und wollen), ist von Fall zu Fall unterschiedlich.

»Rundfunkmärchen:
Es war einmal ein Minister, der nie den Wunsch hatte, durch Rundfunk zu reden ...«
(»Rundfunk-Ansager« Max Heye in »Lustiges aus dem Reich des Unsichtbaren«, geschrieben 1924 – ein Jahr nach dem 29. Oktober 1923, dem Beginn der ersten öffentlichen Radio-Sendungen in Deutschland von der Berliner »Radiostunde« AG.)

Öffentlich-rechtlicher Rundfunk ist Länderrundfunk (wie der private auch), da Rundfunk als Teil der Kulturhoheit Ländersache ist. Zur länderübergreifenden Regelung der wesentlichen Fragen der Rundfunk-Ordnung haben die Länder einen *Rundfunkstaatsvertrag* abgeschlossen, der regelmäßig durch Änderungsgesetze aktualisiert wird (vgl. Beitrag »Medienrecht für Radio-Journalisten«). Diese föderalistische Struktur geht auf die Einflüsse der britischen und amerikanischen Besatzungsmächte in der Zeit vor der Gründung der Bundesrepublik zurück.[2] Manche Länder haben eine eigene Rundfunkanstalt, andere eine gemeinsame (staatsvertraglich vereinbart).

Es gibt neun öffentlich-rechtliche ARD-Rundfunkanstalten mit jeweils mindestens vier Hörfunkprogrammen: Bayerischer Rundfunk (BR), Hessischer Rundfunk (HR), Mitteldeutscher Rundfunk (MDR; für Thüringen, Sachsen und Sachsen-Anhalt), Norddeutscher Rundfunk (NDR; für Hamburg, Mecklenburg-Vorpommern, Niedersachsen und Schleswig-Holstein), Rundfunk Berlin-Brandenburg (RBB; für Berlin und Brandenburg), Radio Bremen (RB), Saarländischer Rundfunk (SR), Südwestrundfunk (SWR; für Baden-Württemberg und Rheinland-Pfalz) und Westdeutscher Rundfunk (WDR; für Nordrhein-Westfalen).

Die ARD (»Arbeitsgemeinschaft der öffentlich-rechtlichen Rundfunkanstalten Deutschlands«) ist die Dachorganisation dieser Rundfunkanstalten. Sie informiert über ihr Radio-Angebot (auch mit Angaben zu Organisation und Geschichte der einzelnen Anstalten) im Internet unter www.ARD.de, Dach-Domain Radio. Ebenfalls ö.-r. Rundfunkanstalten (und der ARD verbunden) sind die Deutsche Welle (als Auslandsrundfunk nach Bundesrecht organisiert) und das Deutschland Radio (in Trägerschaft von ARD und ZDF). Alle ö.-r. Radiosender (und auch die privaten) haben einen eigenen Online-Auftritt.

➜ Tipp: Wissenswertes über die Organisation der ARD findet sich unter www.ARD.de, Dach-Domain ARD Intern.

Der Privatfunk hat die Radio-Landschaft seit 1985 nachhaltig verändert. Die Geschwindigkeit war rasant, mit der Privatsender entstanden. Immer neue Namen tönten aus dem Äther – und verstummten teilweise auch wieder. Privatradios haben sich in der »Arbeitsgemeinschaft Privater Rundfunk« (APR/www.privatfunk.de) und dem »Verband Privater Rundfunk und Telekommunikation« (VPRT/www.vprt.de) organisiert.

Das »duale System«, das Nebeneinander von ö.-r. und privatem Rundfunk, hat das Bundesverfassungsgericht abgesichert.

Die großen Privatsender strahlen landesweite Programme (manche auch mehrere) aus und sind vom Zuschnitt her erfolgreiche Unternehmen, z. B.: Radio R. SH (Schleswig-Holstein, Kiel), Radio Hamburg, Radio ffn (Niedersachsen, Isernhagen), Antenne Niedersachsen (Hannover), Berliner Rundfunk, 104.6 RTL, r. s. 2 (Berlin), BB Radio (Brandenburg, Potsdam), Radio NRW (Nordrhein-Westfalen, Oberhausen), Radio FFH (Hessen, drei Programme, Bad Vilbel), Radio RPR (Rheinland-Pfalz, zwei Programme, Ludwigshafen), Radio Regenbogen (Baden-Württemberg, Mannheim), Radio PSR (Sachsen, Leipzig), Antenne Bayern (München).

Werbeeinnahmen sind die Existenzgrundlage der Privatradios. Sie sind Wirtschaftsunternehmen, mit denen die Anteilseigner Geld verdienen wollen. Das sind in der Regel (wenn auch nicht nur) Zeitungs- und Zeitschriftenverlage. Großverlage sind bei mehreren Privatradios Gesellschafter. Privatsender sind auch an anderen Privatsendern beteiligt. So sind *Sender-Familien* entstanden (z. B. Regiocast mit zahlreichen Sendern und auch anderen Unternehmen, RTL-Group). Die Entwicklung geht weiter in diese Richtung, um Synergie-Effekte und Vorteile bei der Vermarktung von Werbezeiten zu erzielen.

Über die wirtschaftlichen Verflechtungen informiert in regelmäßigen Abständen die Fachzeitschrift Media-Perspektiven (vgl. Beitrag »Fachzeitschriften und Informationsdienste«).

Landesmedienanstalten: Anders als die ebenfalls privatwirtschaftlich organisierten Zeitungen und Zeitschriften, werden die Privatsender von öffentlich-rechtlichen Kontroll-Instanzen beaufsichtigt. Diese Landesmedienanstalten (www.alm.de) vergeben die Lizenzen und sollen die Einhaltung der gesetzlichen Vorschriften überwachen. Entscheidungsgremium in den Landesmedienanstalten sind Versammlungen, die ähnlich wie die Rundfunkräte in den ö.-r. Rundfunkanstalten zusammengesetzt sind und die gesellschaftlich relevanten Gruppen repräsentieren sollen. Die Zusammensetzung ist in Landesgesetzen geregelt, also von der jeweiligen parteipolitischen Mehrheit in einem Bundesland festgelegt. Dies kann Auswirkungen vor allem bei der Lizenzvergabe haben. Der Privatfunk ist ebenfalls nicht frei von parteipolitischem Einfluss, auch wenn der Zwang zu wirtschaftlichem Erfolg dafür sorgt, dass dieser sich kaum auf einzelne Personal- und Programmentscheidungen auswirkt.

Die unterschiedlichen Formen des Privatfunks sind auf unterschiedliche politische Entscheidungen der Bundesländer (»Kulturhoheit«) zurückzuführen.

- Landesweite Privatradios gibt es in allen Bundesländern außer in Baden-Württemberg.
- Nur regionale Privatsender sind in Baden-Württemberg zugelassen.
- Zahlreiche Lokalradios gibt es in Bayern (neben dem landesweiten Privatsender »Antenne Bayern«) und in Nordrhein-Westfalen, wo ein Teil der Sendezeit von einem landesweiten Mantelprogramm bestritten wird (»Radio NRW«, reichweitenstärkstes Programm in Deutschland).

Das »Zwei-Säulen-Prinzip« in Nordrhein-Westfalen soll bei den Lokalradios dafür sorgen, dass Privatfunk nicht ausschließlich den Gesetzen des Marktes gehorcht. Die eine Säule eines jeden Senders ist die *Anbietergemeinschaft.* Sie ist für das Programm zuständig und soll sich aus gesellschaftlich relevanten Gruppen zusammensetzen, also dem Gedanken des »Verbände-Rundfunks« gerecht werden.
Die andere Säule ist die *Betriebsgesellschaft,* die für Technik, Verwaltung, Werbung und Produktion (aber nicht das Programm) zuständig ist. An den Betriebsgesellschaften sind Zeitungen und Kommunen beteiligt.

Nichtkommerzielles Privatradio (»Bürgermedien«) gibt es fast überall, vor allem in Hessen und Niedersachsen. Die *nichtkommerziellen Lokalradios* (NKL) sind dort als gemeinnützige Vereine organisiert und finanzieren sich aus Mitgliedsbeiträgen und einem Zuschuss der Landesmedienanstalten. Medienvielfalt und praktische Medienkompetenz sollen so gefördert werden.
→ Tipp: Bürgermedien bieten viel Gelegenheit und Spielraum, sich praktisch zu erproben – allerdings meist ohne (kontinuierliche) Betreuung.

Zu den Sendern mit alternativer Zielsetzung zählen auch sog. *Freie Radios,* z. B. »Radio Z« in Nürnberg, das mit einem Schwulenmagazin von sich reden machte, als dies noch ein Stein des Anstoßes war, und »Radio Dreyeckland« in Freiburg, das seine Wurzeln in der Anti-Atomkraft-Bewegung hat.

In die Kategorie der nicht-kommerziellen Radios gehören auch die *religiösen Sender*, wie die katholischen Sender »dom-radio« in Köln und Radio Horeb in München, in Berlin das evangelische »98 zwo Radio Paradiso«.

Uni-Radios und Lern-Radios sind ebenfalls nicht-kommerzielle Sender mit zum Teil umfangreichen Programmen. In der Regel werden die Mitarbeiter dort im Rahmen ihrer journalistischen Ausbildung von Dozenten betreut, die häufig erfahrene Radio-Praktiker sind. Beispiele sind mephisto in Leipzig sowie die Aus- und Fortbildungskanäle (afk) in München und Nürnberg.

→ Tipp: Dort mitzuarbeiten nutzt auf jeden Fall. Aber achten Sie darauf, dass Sie regelmäßig ein Feedback bekommen.

Schulradios senden schulintern, aber immer mehr auch über Internet. Etwa dreihundert soll es in Deutschland geben. Sie können erste praktische Radio-Erfahrungen und -Kontakte vermitteln, weil sie teilweise auch von Sendern und Landesmedienanstalten unterstützt werden (z. B. vom RBB).

OK-Radios werden von manchen Landesmedienanstalten angeboten, direkt oder über Trägervereine. Diese »Offenen Kanäle« sollen allen Bürgern den freien und gleichberechtigten Zugang zum Radio bieten und die Möglichkeit, sich selbstverantwortet mit selbstbestimmten Inhalten an die Öffentlichkeit zu wenden. Sendeplätze kann also jeder Interessierte im Rahmen bestimmter Zugangsregeln bekommen.

→ Tipp: Für die Produktion der Sendungen stellen die Offenen Kanäle die Technik zur Verfügung und bieten auch kostenlos Einweisungskurse und Betreung an.

Internetradios/Webradios (vgl. Beitrag »Podcasts und Webradios«) gibt es in zwei Formen:

- Das normale (UKW-)Radioprogramm wird zusätzlich auch als *Live-Stream* über das Internet verbreitet (*Broadcaster*).

Fast alle Radio-Programme streamen so ihr Programm und sind damit weltweit zu empfangen.

- Spezielle Radioprogramme, die nur im Internet zu empfangen sind (*Webcaster*). Angeboten werden sie von
  - einzelnen Radio-Freaks, Schul- und Universitätsradios, Verbänden und Interessengruppen, die so das Netz als einzigen Verteilweg für ihr Programm nutzen. Es gibt tausende solcher weltweit zu empfangenden Webcaster.
  - Radiosendern, die das Netz nutzen, um zusätzlich zu ihrem Hauptprogramm solche Web-Programme (channels) mit unterschiedlichen Musikfarben zu streamen.

Radio mit Bild. Da Radio mittlerweile häufig über digitale Endgeräte gehört wird, die über ein Display verfügen (Computer, Handys, Fernsehgeräte), werden zunehmend auch ergänzende visuelle Informationen zu Radio-Programmen ausgestrahlt.

Für den öffentlich-rechtlichen Rundfunk hat der Redaktionsleiter von SWR3.online, Oliver Reuther, ein System entwickelt, das die digitalen Hörfunkprogramme auf DVB-S und DVB-C (**D**igital **V**ideo **B**roadcasting über Satellit und über Kabel) mit Bildern anreichert: Rass, die Radioscreenshow. Rass-Bilder können beispielsweise Logos der Radiosender, CD-Cover vom gerade laufenden Titel, Nachrichten, Wetter- und Verkehrskarten und Fotos sein. Rass läuft, einmal eingerichtet, weitgehend automatisch ab.

Für den Radio-Empfang mit visueller Ergänzung über DMB (*D*igital *M*ultimedia *B*roadcasting) oder DVB-H (H steht für »handhelts«) bietet die Firma David Systems eine Software an.

Visualradio ist ein Dienst des finnischen Handy-Herstellers Nokia. Damit wollen verschiedene deutsche Privatsender das UKW-Radioprogramm und begleitend dazu Bild-Ergänzungen (auch zur Radio-Werbung) auf entsprechend eingerichtete Handys übertragen. Der Handy-Radiohörer kann mit Visualradio auch z. B. interaktiv an Votings teilnehmen, CDs oder Konzertkarten bestellen.

Weniger journalistische Arbeitsplätze beim Radio sind die Folge der Entwicklung hin zum Unterhaltungsmedium (Boulevard-Radio) und von Kosten-Überlegungen, die im privaten wie im ö.-r. Radio zunehmend wichtig geworden sind. In beiden Bereichen des dualen Systems sind Arbeitsplätze verloren gegangen – eine Tendenz, die anhalten wird. Auch zusätzliche Programme über DAB oder DAB Plus werden daran wohl wenig ändern, da dafür aus Kostengründen im Wesentlichen bereits vorhandener Content nur neu formatiert werden dürfte.

Arbeitsplätze bei Programm-Zulieferern (Syndicators). Viele Radios kaufen Teile des Programms (z. B. Nachrichten, Korrespondentenberichte, Comedy) ein. Auch bei diesen sog. Syndicators gibt es journalistische Arbeitsplätze und teilweise auch Volontariate.

Für andere Arbeitsbedingungen beim Radio haben die digitale Produktionstechnik und das Internet gesorgt. Immer mehr technische Aufgaben sind von Radio-Journalisten übernommen worden – von der Produktion der Beiträge bis zum Fahren der Sendung (vgl. Beiträge »An der Audio-Workstation schneiden und produzieren« und »Sendung fahren«). Und immer mehr Radio-Journalisten sind auch mit dem Online-Auftritt ihres Programms bis hin zur Produktion von Videos befasst (vgl. dazu und zur Auswirkung des Internets den Beitrag »Radio und Internet«).

Trotz Internet hat das Radio Zukunft. Für diese Auflage von »Radio-Journalismus« haben Maria Gerhards und Walter Klingler eine Prognose[3] aktualisiert, die sie 2003 auf der Basis von mehreren Studien und Quellen für die nächsten fünf Jahre gemacht hatten. 2008 sehen sie nun die Lage und Entwicklung bis zum Jahr 2013 so:

- »PC und Internet sind (mittlerweile) Bestandteile des Alltags.
- Davon sind und bleiben aber die Tagesreichweiten der beiden elektronischen tagesaktuellen Medien (Radio und Fernsehen) im Durchschnitt der Bevölkerung wenig betroffen.
- Beide Medien werden mit leichten Rückgängen in der Nutzungsdauer rechnen müssen, nicht aber mit dramatischen Entwicklungen.

- Alle tagesaktuellen Medien werden ihre Kernkompetenzen behaupten. Das Internet ist und wird aber für immer mehr Menschen ein wichtiges Informations- und Kommunikationsmedium und steht mit seiner Info-Kompetenz in Konkurrenz zu Fernsehen, Hörfunk und Tageszeitung.
- Das Internet ist und wird gemeinsam mit dem Radio zum Newsticker über den Tag hinweg.«

Das Radio werde trotz des Internets und zunehmender Medienkonkurrenz auch im Jahr 2015 noch »intensiv« genutzt werden. Zehn Jahre zuvor hieß es in einer Studie[4] noch »dominant«.

Diese Zukunft auch im Internet-Zeitalter freilich hat sich das Radio in den Massen-, also Begleitprogrammen, schon seit vielen Jahren in der Medienkonkurrenz mit Zugeständnissen erkauft, die nicht nur von Radio-Journalisten beklagt werden: Immer mehr Musik, immer weniger Wort. Kritiker sprechen von »Entwortung« des Radios, von »Häppchen-Journalismus« oder auch von »Jockey-Journalismus«.

▣ Fotoreportage: Radio dreimal anders – Analyse als Programm: »Hintergrund« im DLF – Radio-Geschichte

---

[1] Die genaue Zusammensetzung aller Rundfunkräte findet sich im ARD-Jahrbuch, Verlag Hans-Bredow-Institut, Hamburg, erscheint jährlich.

[2] Ausführliche Darstellung der Geschichte des öffentlich-rechtlichen Rundfunks in Hans Bausch (Hrsg.), Rundfunk in Deutschland, Bd. 3 und 4 (Deutscher Taschenbuch Verlag, München 1980).

[3] Maria Gerhards, Walter Klingler, Mediennutzung in der Zukunft, Eine Prognose auf der Basis aktueller Daten (in Media Perspektiven 03/2003)

[4] Walter Klingler, Peter Zoche, Monika Harnischfeger und Castulus Kolo, Mediennutzung der Zukunft, (in Media Perspektiven 10/98) über eine Expertenbefragung des Medienpädagogischen Forschungsverbandes Südwest zur »Mediennutzung der Zukunft im privaten Sektor«

Weiterführender Link:

Das jeweils aktuelle ARD-Jahrbuch steht in Form mehrerer PDF-Dateien über www.ARD.de zum Lesen und Herunterladen zur Verfügung.

Fest oder frei

Zunächst die Situation bei den Privatradios: Nicht alle dort Beschäftigten fallen unter Tarifverträge. Zwar konnten die Journalistengewerkschaften 1991 erstmals einen Manteltarifvertrag mit dem Tarifverband Privater Rundfunk (TPR) abschließen. Dieser gilt jedoch nur für die Mitgliedsunternehmen des TPR, zu denen nur noch einige landesweite Hörfunksender gehören.

Der Manteltarifvertrag mit dem TPR gilt für alle fest angestellten Mitarbeiter dieser Unternehmen. Er enthält Arbeitszeitregelungen, schafft Ansprüche auf Überstundenausgleich, sieht die Zahlung einer Jahresleistung (Weihnachts- und Urlaubsgeld) vor und sichert die Zahlung von Nacht-, Sonn- und Feiertagszuschlägen. Die wöchentliche Arbeitszeit beträgt 38 Stunden auf der Basis der Fünf-Tage-Woche. Der Urlaubsanspruch beträgt 30 Tage.
Der Tarifvertrag verpflichtet die Unternehmen, für programmrelevante Bereiche Dienstpläne einzuführen. Dem Interesse der Beschäftigten nach planbarer Freizeit wurde dadurch Rechnung getragen.

Der Entgelttarifvertrag mit dem TPR besteht seit 1993. Das Einstiegsgehalt für Redakteure bei landesweiten Hörfunksendern liegt im Jahr 2008 bei 3 557 € monatlich, Volontäre erhalten im ersten Ausbildungsjahr 1560 €, im zweiten Ausbildungsjahr 1850 € monatlich. Die Gehälter werden 13,7-mal pro Jahr gezahlt.

Der Mantel- und der Gehaltstarifvertrag mit der APR (Arbeitsgemeinschaft Privater Rundfunk), die die Interessen der privaten Hörfunksender in Baden-Württemberg, Bayern und Nordrhein-Westfalen vertritt, wurden 1993 auf Landesebene abgeschlossen. Aktuell sind allerdings nur noch die Tarifverträge in Nordrhein-Westfalen gültig. In den wesentlichen Bestandteilen entsprechen die Regelungen der Manteltarifverträge denen des TPR. Die Gehaltstarifverträge tragen der unterschiedlichen Wirtschaftskraft der Hörfunksender in den einzelnen Ländern Rechnung. Daraus folgt ein unterschiedliches Niveau bei den Einstiegsgehältern für Journalistinnen und Journalisten. Weitere Informationen sind bei den Journalisten-Gewerkschaften erhältlich (Deutscher Journalisten-Verband, Bennauerstraße 60, 53115 Bonn; ver.di, Potsdamer Platz 10 Haus 4, 10785 Berlin).

Arbeitsgesetze. Die Mehrzahl privater Hörfunkveranstalter ist nicht in einem Arbeitgeberverband organisiert. Somit besteht ein tarifloser Zustand. Dies bedeutet aber keineswegs, dass ein Mitarbeiter rechtlos ist. In diesen Fällen gelten die Bestimmungen des deutschen Arbeitsrechts.

Zwar enthalten diese Arbeitsgesetze nur Grundanforderungen, gleichwohl kann sich jeder Mitarbeiter im Bereich des privaten Rundfunks auf sie berufen und sich gegen Verletzungen dieser Bestimmungen zur Wehr setzen.

Zu den einschlägigen Gesetzen gehören unter anderen das Bürgerliche Gesetzbuch (BGB), das Bundesurlaubsgesetz (BUrlG), das Kündigungsschutzgesetz (KschG), das Arbeitszeitgesetz (ArbZG), das Lohnfortzahlungsgesetz (LohnfortZG), das Arbeitsplatzschutzgesetz (ArbPlSchG), das Mutterschutzgesetz (MuSchG) und das Betriebsverfassungsgesetz (BetrVG).

Betriebsräte. Auf die Einhaltung der genannten gesetzlichen Bestimmungen sollen auch in Privatfunkunternehmen Betriebsräte achten. Aus diesem Grund sollten die Mitarbeiter in ihren Sendern darauf drängen, dass – soweit dies nicht bereits geschehen ist – Betriebsräte gebildet werden. Fragen, die sich aus der Tätigkeit und den Aufgaben von Betriebsräten ergeben, werden von den Journalistengewerkschaften beantwortet.

Für freie Mitarbeiter ist die Lage auf dem Arbeitsmarkt nach wie vor sehr unbefriedigend. Im Hinblick auf ihre schwache Rechtsstellung werden sie von vielen Sendern nur zu ausgesprochen schlechten Bedingungen beschäftigt. Dabei übersehen viele freie Mitarbeiter, dass sie aufgrund ihrer oft längerfristigen und unternehmensgebundenen Arbeitsverpflichtung weitergehende

Rechte erworben haben. Den Betroffenen wird angeraten, sich über ihre Rechte genauestens zu informieren.

Für Festangestellte ist ein schriftlicher Anstellungsvertrag mittlerweile ein Rechtsanspruch. Bei allen nicht tarifgebundenen Rundfunkanbietern kommt ihm eine besondere Bedeutung zu, da er die Arbeitsbedingungen regelt. In den Anstellungsvertrag sollten die Regelungen aufgenommen werden, die üblicherweise in Tarifverträgen stehen. Auskunft können hier die Journalistengewerkschaften geben.

Inhalt des Anstellungsvertrages: Gesetzlich geregelt ist, dass im Anstellungsvertrag Bestimmungen enthalten sein müssen über
- den Arbeitsort,
- die konkrete Tätigkeit,
- das Gehalt,
- die Arbeitszeit,
- die Dauer des Urlaubs,
- die Kündigungsfristen.

Ein guter Anstellungsvertrag sichert den Mitarbeitern zumindest die Bedingungen aus den Tarifverträgen.
So sollte man in den Vertrag auch aufnehmen Regelungen über:
- die Dauer der Probezeit,
- die Gewährung von Weiterbildung,
- das Urheberrecht,
- den Auslagenersatz
- sowie über Zeugnis und Personalakte.
Eindeutig zu definieren ist auch das journalistische Aufgabengebiet und die Stellung innerhalb des Senders.

Urheberrechtliche Regelungen haben auch im privaten Rundfunk eine erhebliche Bedeutung. Insbesondere Hörfunksender vermarkten die Beiträge ihrer Mitarbeiterinnen und Mitarbeiter. Es dürfte sich von selbst verstehen, dass diese an der weiteren Vermarktung ihres geistigen Eigentums zu beteiligen sind. Daher sollte eine pauschale Abtretung der Urheberrechte im Anstellungsvertrag nicht vereinbart werden.

Die tarifliche Absicherung beim öffentlich-rechtlichen Rundfunk ist besser gestaltet als im Privatfunk. Bei allen Rundfunkanstalten bestehen umfangreiche Tarifverträge, insbesondere auch für freie Journalistinnen und Journalisten. Diese über lange Jahre gewachsenen Tarifwerke haben dazu geführt, dass fast alle Formen der Arbeit für einen öffentlich-rechtlichen Sender unter einen Tarifvertrag fallen.

Die Regelungen sind allerdings von Sender zu Sender unterschiedlich, insbesondere auch hinsichtlich der Verdienstmöglichkeiten und auch in Bezug auf die Arbeitsmöglichkeiten für Freie. Informationen über Vertragsgestaltung und Verdienstmöglichkeiten können bei den einzelnen Sendern, den Personalräten oder den Gewerkschaften dort abgefragt werden.

Vor diesem Hintergrund ist auch verständlich, dass viele Journalistinnen und Journalisten eine Tätigkeit im Bereich des öffentlich-rechtlichen Rundfunks anstreben, selbst wenn die zunehmenden Sparmaßnahmen teilweise unangenehme Folgen haben (wie z. B. häufigere zeitliche Befristung für die Mitarbeit, schwerere Übernahme in den tariflich abgesicherten Status des »festen Freien«, geringere Chancen auf Festanstellung, weniger Verdienstmöglichkeiten durch Einsparungen im Programm).

Eigene Beiträge vermarkten

Freie und feste Mitarbeiter sollten nach Möglichkeit ihre Beiträge über das Sendegebiet des eigenen Senders hinaus vermarkten, um so selbst auch in der ARD bekannt zu werden und zusätzliche Einnahmen zu erzielen. Dabei hilft, dass die öffentlich-rechtlichen Rundfunkanstalten in beträchtlichem Umfang Austausch betreiben:

- mit Informationen über die Beitragsplanung,
- mit fertigen einzelnen Beiträgen und
- mit ganzen Sendungen.

Dies senkt die Kosten und macht die Programme informativer und abwechslungsreicher. Die Zusammenarbeit der Sender geschieht auf verschiedene Art und Weise. Für Radio-Journalisten, auch die freien, ist vor allem wichtig:

»Pflichtbeiträge« müssen die aktuellen Abteilungen der gebietszuständigen ARD-Sender vereinbarungsgemäß immer dann angebieten, wenn im Sendegebiet ein überregional interessantes Ereignis stattfindet. Diese Beiträge sind für den übernehmenden Sender kostenfrei. Freie Journalisten erhalten dafür ein höheres Honorar.

Alle aktuellen Beiträge (über die Pflichtbeiträge hinaus) werden zur Übernahme angeboten. Für freie Mitarbeiter, besonders in den aktuellen Abteilungen, können die *Übernahmehonorare* der übernehmenden Sender ein schönes Zubrot sein.

Auch nicht aktuelle Sendungen/Beiträge werden regelmäßig wechselseitig übernommen. Die Angebote dafür tauschen die Redaktionen aus.

➡ Tipp: Wer als freier Mitarbeiter Redaktionen in anderen Sendern kennt (und das sollte man), kann durchaus auch von sich aus auf eigene Produktionen aufmerksam machen, die zur Übernahme geeignet sind. Manchmal können sie auch durch geringe Veränderungen (Kürzungen, Ergänzungen, Regionalbezüge) übernahmefähig gemacht werden.

Bei Koproduktionen wird vorab vereinbart, dass ein Sender eine Sendung für einen weiteren oder mehrere andere mitproduziert. Dazu verständigen sich die Redaktionen über Inhalt, Form, Besetzung und die Kostenaufteilung. Im Hörspiel und Feature (vgl. dort) ist dieses Verfahren üblich und oft der einzige Weg, teure Produktionen überhaupt noch zu realisieren. Für den Autor lohnt sich die zeitaufwendige Arbeit durch ein wesentlich höheres Honorar (der Tipp oben gilt auch hier).

Programmaustausch. Technisch-organisatorisch werden aktuelle (Sammel-)Angebote direkt zwischen den Redaktionen über Aktualitätenspeicher (vgl. Beitrag »Im Studio und mit dem Ü-Wagen produzieren«) per Audiofile ausgetauscht. Übernahme (direkt ins Programm) oder Austausch längerer oder nicht tagesaktueller Sendungen wird vom *Programmaustausch* abgewickelt.

Die Produktionshilfe stellt sicher, dass und wie sich die Sender wechselseitig beim Herstellen von Sendungen/Beiträgen mit Technik/Produktionskapazität unterstützen. Von diesen Möglichkeiten machen auch viele *freie Mitarbeiter* Gebrauch, die für mehrere Sender arbeiten. Die Rundfunkanstalt an ihrem Wohnort (oder in der Nähe) leistet dann die Produktionshilfe für andere Sender, die die Beiträge senden wollen. Auch umgekehrt geht es: Wer woanders ein Studio oder Produktionshilfe braucht, kann den dort ortsansässigen Sender darum bitten lassen.
Wichtig: Diese wechselseitige Unterstützung vereinbart immer der *Programmaustausch des Senders, der den Beitrag senden will*, nie der Journalist direkt.

→ Tipp: Die Vereinbarungen über Programm- und Produktionshilfe sind in den »Richtlinien für den Programmaustausch im Hörfunk« zusammengefasst. Sie zu kennen, erleichtert die Arbeit sehr.

Auch im Privatfunk werden gelegentlich Beiträge (z. B. Nachrichten-Aufsager oder bunte Stücke/Comedy) bei Mitarbeitern anderer Sender eingekauft. Wer das nutzen will, muss sich selbst um Kontakte bemühen und seine Produktionen anbieten. In den Sendergruppen werden sie ohnehin ausgetauscht (ohne zusätzliches Honorar).

→ Tipp: Nutzen Sie alle Möglichkeiten (z. B. Fortbildungsseminare und Tagungen von Berufsverbänden), um Kollegen/innen anderer Sender kennen zu lernen, und erörtern Sie mit denen ggf. Möglichkeiten für die persönliche Zusammenarbeit.

Medienrecht für Radio-Journalisten

Die verfassungsrechtliche Grundlage für die Arbeit beim Radio ist Artikel 5 des Grundgesetzes (GG). Diese »Magna Charta« für jede publizistische Arbeit überhaupt gewährleistet in Absatz 1 das Recht auf Meinungs- und Informationsfreiheit sowie die Presse-, Rundfunk- und Filmfreiheit.

Die Rundfunkfreiheit dient der Aufgabe, die freie individuelle und öffentliche Meinungsbildung zu ermöglichen. Sie ist daher – so das Bundesverfassungsgericht – eine »dienende Freiheit«. Der Rundfunk, der neben dem herkömmlichen Hörfunk und Fernsehen auch alle neuartigen Dienste umfasst, hat in möglichster Breite und Vollständigkeit zu informieren. Bei der Erfüllung dieser Aufgabe darf der Staat keine Zensur oder sonstige Einflussnahme auf das Programm ausüben.
Diese »Staatsfreiheit« ist ein wesentliches Element der Rundfunkfreiheit und ist nicht auf die Berichterstattung im eigentlichen Sinn beschränkt, sondern umfasst den gesamten Prozess der freien Meinungsbildung:
- die Beschaffung der Information,
- die Produktion von Sendungen und
- die Verbreitung.

Die Rundfunkfreiheit steht privaten Veranstaltern und öffentlich-rechtlichen Rundfunkanstalten gleichermaßen zu.

Die Programmfreiheit ist wesentliches Element der Rundfunkfreiheit. Sie erstreckt sich auf die Auswahl des dargebotenen Stoffes und die Entscheidung darüber, in welcher Form – z. B. Nachricht, Kommentar, Hörspiel, Satire – er verbreitet wird.

»Innere« Rundfunkfreiheit. Die Rundfunkfreiheit schützt den Rundfunk insgesamt vor staatlicher Zensur und programmlicher Einflussnahme. Sie vermittelt dem einzelnen Rundfunkmitarbeiter aber keinen Anspruch darauf, dass sein Beitrag auch ausgestrahlt wird. Rundfunkmitarbeitern stehen insoweit also keine Sonderrechte zu. Andererseits kann sich ein Rundfunkmitarbeiter – wie jeder andere auch – auf das Grundrecht der Meinungsfreiheit und die in Art. 4 GG gewährleistete Glaubens- und Gewissensfreiheit berufen.

> Kein Programmmitarbeiter kann daher gezwungen werden:
> - in seinen Beiträgen eine seiner Überzeugung widersprechende Meinung als seine eigene zu äußern,
> - eine seinen Informationen widersprechende Sachangabe als richtig zu bezeichnen oder
> - Angaben zu unterdrücken, die seiner Meinung nach zu einer wahrheitsgemäßen Information gehören.

Die Rundfunkfreiheit ist nicht grenzenlos. Sie findet ihre Schranken in der Wertordnung der Verfassung. Dazu gehört vor allem das allgemeine Persönlichkeitsrecht, das als Ausfluss der Menschenwürde die engere persönliche Lebenssphäre, einschließlich des Rechts auf informationelle Selbstbestimmung schützt. Auch einfache Gesetze ohne Verfassungsrang können die Rundfunkfreiheit einschränken. Für die journalistische Arbeit sind vor allem die Regelungen zum Schutz der Persönlichkeit und die Jugendschutzbestimmungen von Relevanz.

Kunstfreiheit. Bei künstlerischen Beiträgen – wie z. B. Features, Kabarett oder Satire – kann die Rundfunkfreiheit mit dem Grundrecht der Kunstfreiheit in Art. 5 Abs. 3 kollidieren. Wie die Rundfunkfreiheit, umfasst auch die Kunstfreiheit das ganze Spektrum von der Themenwahl über die Gestaltung bis zur Verbreitung der künstlerischen Inhalte. Die Kunstfreiheit kann – anders als die Rundfunkfreiheit – zwar nicht durch einfache Gesetze eingeschränkt werden, jedoch ist auch sie nicht schrankenlos gewährleistet. Ihre Grenzen sind im Einzelfall unmittelbar aus der grundgesetzlichen Wertordnung und unter Abwägung mit kollidierenden Verfassungsgütern abzuleiten. In der Praxis gibt es nicht selten Konflikte zwischen der Kunstfreiheit und Persönlichkeitsrechten, etwa dann, wenn ein künstlerischer Beitrag auf real existierenden Persönlichkeiten und wahren Begebenheiten aufbaut. Auch Satire und Karikatur, denen als Kunstform wesenseigen ist, dass sie übertreiben, verfremden und ein Spott- oder Zerrbild der Wirklichkeit vermitteln, bergen ein Konfliktpotenzial.

Programmauftrag. Die zuständigen Landesgesetzgeber haben die verfassungsrechtlichen Leitprinzipien und Garantien durch Gesetze ausgestaltet und präzisiert. Regelungen für den Programmauftrag finden sich

- im Rundfunkstaatsvertrag,
- in den Staatsverträgen für Mehrländeranstalten
- sowie in den Landesrundfunk- und Landesmediengesetzen.

In diesen gesetzlichen Konkretisierungen wird – für den öffentlich-rechtlichen Rundfunk wie für private Veranstalter identisch – die verfassungsrechtlich fundierte öffentliche Aufgabe und Verantwortung des Rundfunks als *Medium* und *Faktor* des Prozesses freier Meinungsbildung hervorgehoben.

Für die öffentlich-rechtlichen Rundfunkanstalten ist der Programmauftrag darüber hinaus durch weitere, im Großen und Ganzen inhaltlich übereinstimmende Festlegungen präzisiert:

- In den Sendungen ist ein umfassender Überblick über das internationale, europäische, nationale und regionale Geschehen in den wesentlichen Lebensbereichen zu geben.
- Das Programm hat dabei die europäische Integration und den gesellschaftlichen Zusammenhalt zu fördern.
- Das Programm soll der Information, Bildung, Beratung und Unterhaltung dienen.

In Leitlinien zur Programmgestaltung haben die öffentlich-rechtlichen Rundfunkanstalten den gesetzlichen Programmauftrag weiter konkretisiert. Neben Aussagen zur näheren Ausgestaltung des Programmauftrages enthalten sie

- Grundsätze zur Sicherung journalistischer und qualitativer Standards,
- Rahmenvorgaben über die Qualität und Quantität der Angebote und Programme sowie
- konzeptionelle Aussagen zur Programmentwicklung.

Die Programmleitlinien sind die Grundlage für die programmlichen Selbstverpflichtungsserklärungen, die die Rundfunkanstalten alle zwei Jahre abgeben.

In **Programmgrundsätzen** werden die Anforderungen an Programminhalte und an die Art und Weise der Programmherstellung beschrieben. Zu den wichtigsten Programmgrundsätzen gehören:

Das Programm hat die verfassungsmäßige Ordnung und die Vorschriften der allgemeinen Gesetze einzuhalten. Das sind vor allem: die zivilrechtlichen Normen des Bürgerlichen Gesetzbuchs (BGB), das Strafgesetzbuch (StGB) und das Urheberrecht (UrhG) sowie die gesetzlichen Bestimmungen zum Schutz der Jugend.

- Die Verpflichtung zur wahrheitsgemäßen Berichterstattung.
- Das Vielfaltsgebot für das Gesamtprogramm (Ausgewogenheitsgrundsatz).
- Die Sorgfaltspflicht.
- Das Fairnessgebot.

Rechtliche Möglichkeiten Betroffener. Die genannten Bindungen der Programmgestaltung haben zur Folge, dass jeder, der sich durch eine Sendung in seinen Rechten betroffen fühlt, gerichtlich oder außergerichtlich dagegen vorgehen kann. Zivilrechtlich kann er Ansprüche auf Unterlassung, Schadensersatz, Widerruf und Gegendarstellung geltend machen. Strafrechtlich gibt es die Möglichkeit der Strafanzeige oder von Ermittlungen auf Initiative der Staatsanwaltschaft.

Die Programmbeschwerde kann als Instrument der rundfunkinternen Selbstkontrolle unabhängig von etwaigen rechtlichen Möglichkeiten eingelegt werden. Mit ihr wird die Verletzung von Programmgrundsätzen gerügt. Die Programmbeschwerde ist in den Rundfunkgesetzen geregelt und löst bei den öffentlich-rechtlichen Rundfunkanstalten die anstaltsinterne Programmkontrolle aus, bei den privaten Rundfunkanstalten die Kontrolle durch die zuständige Landesmedienanstalt. Die Programmbeschwerde ist dem Petitionsrecht nachgebildet. Sie steht also jedermann zu und setzt keine individuelle Betroffenheit durch eine Sendung voraus.

→ Tipp: Die Landesanstalt für Medien Nordrhein-Westfalen (LfM) hat eine Broschüre »Mediennutzerschutz« (2. Auflage 2008) herausgegeben. Sie ist dort kostenlos zu beziehen und steht auch als pdf zur Verfügung.

Journalistische Grundsätze für die Programmarbeit sollen sicherstellen, dass die Programm-Mitarbeiter alle Gesetze beachten und dadurch sich selbst und ihren Sender vor straf- oder zivilrechtlichen Konsequenzen schützen:

Verpflichtung zur wahrheitsgemäßen Berichterstattung. Zu den zentralen Grundsätzen für die Programmarbeit gehört, dass alle Tatsachenbehauptungen in einer Sendung vor ihrer Ausstrahlung mit der gebotenen Sorgfalt auf Wahrheit, Inhalt und Herkunft zu prüfen und ggf. durch Rückfragen zu sichern sind. Verlangt wird das grundsätzliche und redliche *Bemühen* um Wahrheit, nicht »Wahrheit im objektiven Sinne«. Da der Rundfunkberichterstattung eine besondere Breitenwirkung zukommt, wird dabei an die journalistische Sorgfalt ein strenger Maßstab angelegt.

Zeitdruck oder der Wunsch, mit einer Meldung als erster über den Sender zu gehen, rechtfertigen nicht den Verzicht auf eine sorgfältige Recherche. Die ordentliche Recherche ist fundamentale journalistische Pflicht!

Welchen Umfang an Recherche die journalistische Sorgfalt im Einzelnen erfordert, hängt von den Umständen ab, insbesondere vom Inhalt, von der Materie und von der Verlässlichkeit der Quelle. Allgemein gilt: *Je gravierender der Vorwurf* und die potentiellen Auswirkungen für den Betroffenen, *desto höher sind die Anforderungen* an die Prüfungspflichten.

Auch bereits veröffentlichte Meldungen sind im Regelfall erneut auf ihre inhaltliche Richtigkeit zu *überprüfen*. Eine Ausnahme gilt dabei nur für sog. »privilegierte Quellen« – wie etwa Mitteilungen von Behörden, Gerichten, Polizei und Staatsanwaltschaft –, bei denen aufgrund ihrer Zuverlässigkeit und Seriosität von einer eigenen Recherche abgesehen werden darf. Im Bericht selbst ist dann aber die Herkunft offenzulegen. Gleiches gilt für Meldungen der anerkannten großen Nachrichtenagenturen, soweit die Meldung selbst keinen Zweifel an der Zuverlässigkeit aufkommen lässt (z. B. wenn sich aus der Meldung ergibt, dass sie ungeprüft aus einem Pressebericht übernommen wurde).

O-Töne, Statements und Zitate müssen selbstverständlich zutreffend wiedergegeben werden. Sie dürfen durch Weglassungen oder Kürzungen weder entstellt noch verfälscht werden.

➜ Tipp: Fragen Sie sich, ob Sie selbst (wenn Sie der Betroffene wären) eine solche Kürzung oder Einbindung in einen Text als zutreffend und fair empfinden würden.

Verdachtsberichterstattung. Soll über einen Verdacht berichtet werden, muss dies in der Berichterstattung selbst deutlich zum Ausdruck kommen. Herkunft, Inhalt und Anhaltspunkte für die Wahrheit des Verdachts sind besonders sorgfältig zu prüfen.

Informationsbeschaffung/Recherchemethoden. Bei der Beschaffung von Nachrichten und Informationsmaterial sowie anderen Recherchetätigkeiten dürfen *keine unlauteren Methoden* angewandt werden. Medien nehmen zwar eine wichtige öffentliche Aufgabe wahr, sie genießen aber bei der Informationsbeschaffung kein Sonderrecht. Journalisten sind bei ihrer Recherchetätigkeit wie jeder andere auch *an die geltenden Gesetze gebunden*.

Zu den strafrechtlichen Bestimmungen, die für die Programmarbeit immer wieder eine Rolle spielen können, gehört der Straftatbestand des Hausfriedensbruchs (§ 123 StGB). Wird im Rahmen der Recherche der Zutritt zu privaten Räumlichkeiten oder zu

Geschäftsräumen gewünscht, die nicht allgemein für die Öffentlichkeit zugänglich sind, bedarf es dafür der Erlaubnis des jeweiligen Inhabers des Hausrechts. Wer sich unberechtigt Zutritt verschafft, macht sich strafbar.

Gelegenheit zur Stellungnahme. Bei einer Berichterstattung, die persönlichkeitsrelevante Angaben enthält, gehört es zum Gebot journalistischer Fairness, den Betroffenen – soweit möglich und geboten – vor der Sendung zu diesen Behauptungen anzuhören und seine *Stellungnahme* zu *berücksichtigen.* Dabei gilt: Je schwerwiegender der Vorwurf, desto höher die Anforderungen. Ist der Betroffene trotz redlicher Bemühungen nicht erreichbar, kann eine vorherige Anhörung unterbleiben. Dann ist jedoch in der Sendung deutlich zu machen, dass eine Stellungnahme nicht beschafft werden konnte (vgl. das Beispiel im Beitrag »Nachrichten«, Abschnitt »Der Nachrichtenredakteur ist kein Briefträger«). Auf eine Stellungnahme kann ausnahmsweise auch dann verzichtet werden, wenn aufgrund der konkreten Umstände außer einem Dementi keine weitere Aufklärung zu erwarten ist.

→ Tipp: Bemühen Sie sich in kritischen Fällen immer intensiv um eine Stellungnahme, auch wenn es rechtlich vielleicht nicht unbedingt erforderlich ist. Sie entkräften damit das Argument, Sie hätten etwas in die Welt gesetzt, ohne wenigstens mal nachgefragt zu haben. Anfragen zur Stellungnahme sollten in geeigneter Form dokumentiert werden.

Die Vertraulichkeit des gesprochenen Worts ist in § 201 StGB unter strafrechtlichen Schutz gestellt. Das ist für die redaktionelle Arbeit von erheblicher Bedeutung. Danach ist es verboten,

- das nicht öffentlich gesprochene Wort eines anderen aufzunehmen,
- eine solche Aufnahme zu gebrauchen
- oder Dritten zugänglich zu machen.

Wer ohne Einwilligung des Betroffenen Telefongespräche oder andere persönliche Gespräche aufzeichnet, macht sich also bereits durch den Mitschnitt, nicht etwa erst durch die Verwendung oder Ausstrahlung eines solchermaßen aufgezeichneten Gesprächs strafbar.

Das gilt auch für die Radio-Comedy-Variante der Gag-Anrufe beim sog. *Crazy-Phone,* bei denen Bürger oder Prominente von Radio-Mitarbeitern (in speziellen Rollen oder als Imitatoren Prominenter) aufs Glatteis geführt werden. Nachträgliche Zustimmung, das Angebot eines Honorars oder das Versprechen, nichts zu senden und alles wieder zu löschen, heilen den Rechtsverstoß nicht, wenn sie auch meist eine Anzeige verhindern.

Auch das bloße Mithören über eine Mithöreinrichtung ist unzulässig – wenn auch nicht strafbar. Das allgemeine Persönlichkeitsrecht schützt auch das Recht am gesprochenen Wort und damit die Bestimmung der Personen, die unmittelbar Kenntnis von dem Gespräch erhalten dürfen.
Auf die Vertraulichkeit des Gesprächsinhalts kommt es nicht an. Ohne Einwilligung ist ein Mithören daher nur zulässig, wenn im Einzelfall vorrangige rechtlich geschützte Interessen dies erfordern. Das wird ausnahmsweise der Fall sein, wenn es um die Aufdeckung eines schweren, die Allgemeinheit schädigenden Verbrechens geht.
➜ Tipp: Fragen Sie vorher, ob Ihr Gesprächspartner damit einverstanden ist, dass ein Kollege mithört.

Achtung von Persönlichkeitsrechten. Durch die Berichterstattung dürfen Persönlichkeitsrechte oder andere rechtlich geschützte Interessen Dritter nicht verletzt werden. Das allgemeine Persönlichkeitsrecht schützt das Interesse des Einzelnen, einen Bereich der Privat- und Intimsphäre vor der Öffentlichkeit abzuschirmen und selbst zu bestimmen, ob, wann und in welchem Umfang Einblick in diese persönliche Lebenssphäre gewährt wird.

Das allgemeine Persönlichkeitsrecht umfasst den Schutz sowohl von wahren als auch von unwahren Tatsachenbehauptungen. Es stellt in der Praxis eine der wesentlichsten Beschränkungen der Berichterstattung dar. Das allgemeine Persönlichkeitsrecht steht damit in einem Spannungsfeld zum Berichterstattungs- und Informationsauftrag des Rundfunks und dem Bestreben, die Öffentlichkeit möglichst vollständig und umfassend aufzuklären. Die Lösung dieser Konfliktlage erfolgt im Wege der *Güterabwägung*. Über persönlichkeitsrechtlich relevante Umstände darf nur berichtet werden, wenn hierfür im Einzelfall ein vorrangiges Informationsinteresse der Öffentlichkeit besteht. Hierzu haben sich in der Rechtsprechung folgende *Abwägungsmaßstäbe* herausgebildet:

Die Intimsphäre genießt den stärksten Schutz (engster Persönlichkeitsbereich, Vorgänge aus dem *Sexualbereich*). Sie ist absolut vor der Öffentlichkeit geschützt. Über Vorgänge aus der Intimsphäre darf nur berichtet werden, wenn der Betreffende in eine Veröffentlichung einwilligt oder wenn er Vorgänge aus seinem Intimbereich selbst der Öffentlichkeit preisgegeben, insoweit also auf einen Schutz verzichtet hat.

Die Geheimsphäre und die Privatsphäre sind ähnlich stark geschützt. Zur Geheimsphäre gehören z. B. persönliche Aufzeichnungen, Geschäftsbücher, für interne Zwecke angefertigte geschäftliche Vermerke. Die Privatsphäre umfasst den *häuslich-familiären Bereich, Krankheiten, religiöse Überzeugungen* sowie *Einkommens- und Vermögensverhältnisse*.
Im Gegensatz zur Intimsphäre werden Geheim- und Privatsphäre nicht absolut geschützt.
Eine Berichterstattung über Vorgänge aus diesen Sphären kann ausnahmsweise zulässig sein, wenn das Informationsinteresse der Öffentlichkeit höher zu bewerten ist als der Persönlichkeitsschutz des Betroffenen. Eine solche Ausnahme kann man etwa bei Vorgängen aus dem wirtschaftlichen und politischen Bereich annehmen, die in die Öffentlichkeit wirken.

Unternehmen genießen im Ergebnis einen dem Persönlichkeitsrecht angenäherten Schutz gegen Medienberichterstattung. Die für das Persönlichkeitsrecht genannten Prinzipien und Kriterien der Abwägung sind daher auch bei der Berichterstattung über Leistungen, Produkte oder Verhältnisse eines Unternehmens zu berücksichtigen.

→ Tipp: Seien Sie bei kritischer Berichterstattung über Unternehmen und Produkte besonders umsichtig. Die *Schadensersatzforderungen* können erheblich sein. Sichern Sie sich in der Rechtsabteilung Ihres Senders besonders ab.

Nennung von Namen/Firmennamen. Das Persönlichkeitsrecht umfasst auch das Recht, anonym bleiben zu dürfen. Namen oder andere identifizierende Merkmale von Personen, Personengruppen, Unternehmen oder Organisationen dürfen nur dann genannt werden, wenn gerade in Bezug auf die Identität des Betroffenen ein überwiegendes Informationsinteresse der Öffentlichkeit besteht oder der Betroffene eingewilligt hat. Für die erforderliche Abwägung im Einzelfall kann auf die Kriterien zurückgegriffen werden, die von der Rechtsprechung für den Bildnisschutz zur Person der Zeitgeschichte entwickelt worden sind.

Einwilligung. Häufig darf über Personen, deren Äußerungen oder Lebensverhältnisse nur mit deren Einwilligung berichtet werden. In der Programmarbeit kommt es nicht selten zu der Auseinandersetzung, ob eine solche Einwilligung wirksam erteilt wurde – sei es, dass der Betroffene gänzlich in Frage stellt, in die Veröffentlichung eingewilligt zu haben, sei es, dass er eine Einwilligung nachträglich widerruft. Für einen Journalisten empfiehlt es sich daher, die *Einwilligung in geeigneter Form* zu *dokumentieren*. Eine Einwilligung muss nicht ausdrücklich erteilt werden, eine Erteilung kann auch konkludent (durch entsprechendes Verhalten) erfolgen, z. B. wenn jemand bereitwillig einem Journalisten Fragen in ein Mikrofon beantwortet.

→ Tipp: Verwenden Sie ein *Mikrofon mit Senderlogo*. Jeder, der in dieses Mikrofon spricht, weiß, dass er es fürs Radio tut.

Die Einwilligung bezieht sich regelmäßig nur auf den konkreten Anlass. Der Betroffene muss daher immer über Zweck und Zielvorstellungen und die Art der beabsichtigten Berichterstattung informiert werden. Eine einmal erteilte Einwilligung ist grundsätzlich verbindlich und kann nur ausnahmsweise widerrufen werden. Bei Minderjährigen ist zur Wirksamkeit der Einwilligung die Zustimmung der gesetzlichen Vertreter einzuholen.

Bei der Berichterstattung über Gerichts- und Ermittlungsverfahren können sich diverse Fragen stellen: Besteht ein *Zutrittsrecht* zur gerichtlichen Verhandlung? Können von Verhandlungen *Tonaufnahmen* hergestellt werden?

Die Öffentlichkeit von Gerichtsverhandlungen ist gesetzlich geregelt. Die Verhandlung, einschließlich der Urteilsverkündung, ist für jedermann im Rahmen der tatsächlichen Gegebenheiten (Platz) zugänglich. *Journalisten haben Zutritt wie jeder andere*; weitergehende Rechte stehen ihnen nicht zu. Ist eine Verhandlung nicht öffentlich (vor allem in Strafverfahren gegen Jugendliche sowie in Familien- und in Unterbringungssachen) oder hat das Gericht die Öffentlichkeit ausgeschlossen, hat auch ein Journalist keinen Anspruch auf Zutritt.

Die Herstellung von Ton-, Film und Fernsehaufnahmen ist in Gerichtsverhandlungen nicht erlaubt. Während der Verhandlung kann sich ein Journalist nur Notizen anfertigen. Das Verbot bezieht sich nur auf die Verhandlung selbst. Die Zeiten vor Beginn und nach Schluss der Verhandlung sowie Verhandlungspausen werden davon nicht erfasst. Ob auch während dieser Zeiten Ton- und Bildaufnahmen ausgeschlossen sind, entscheidet der Vorsitzende des Gerichts im Rahmen seiner sitzungspolizeilichen Befugnisse.

→ Tipp: Hat der Vorsitzende von dieser Befugnis keinen Gebrauch gemacht, sind Aufnahmen in diesen Zeiten zulässig, wenn keine persönlichkeitsrechtlichen Aspekte entgegenstehen.

Eine *Sonderregelung* gilt für *Verhandlungen vor dem Bundesverfassungsgericht*: Hier sind Ton- und Bildaufnahmen zugelassen

- bis zu dem Zeitpunkt, zu dem das Gericht die Anwesenheit der Beteiligten feststellt, sowie
- während der Entscheidungsverkündung.

Namensnennung von Verfahrensbeteiligten. Das Recht, über ein Verfahren zu berichten, bedeutet nicht notwendigerweise, dass auch die Namen der Prozessbeteiligten oder Zeugen genannt werden dürfen. Eine namentliche Nennung ist nur zulässig, wenn hierfür im Einzelfall ein überwiegendes Informationsinteresse der Öffentlichkeit besteht.

Bei Strafverfahren gilt als Richtschnur: Je gravierender eine Straftat und je hervorgehobener die Person des *Angeklagten*, desto eher ist eine namentliche Nennung zulässig. Wesentlich restriktiver ist dagegen bei der namentlichen Erwähnung von sonstigen Beteiligten – wie *Zeugen* oder *Tatopfern* – zu verfahren. Eine namentliche oder sonst identifizierbare Erwähnung ist hier nur ausnahmsweise erlaubt, etwa wenn es sich bei diesen um Personen des öffentlichen Lebens handelt.

→ Tipp: Achten Sie besonders darauf, ob die Angeklagten noch Jugendliche sind oder nach Jugendstrafrecht beurteilt werden, also jünger sind als 18 oder 21 Jahre. Ist das der Fall, dürfen Namen prinzipiell nicht genannt werden.

Die Namensnennung von Straftätern ist darüber hinaus grundsätzlich nur für den vorübergehenden Zeitraum erlaubt, in dem die begangene *Straftat aktuelle Bedeutung* hat und im Blickpunkt öffentlicher Aufmerksamkeit steht. *Nach Abschluss des Verfahrens* stehen das Recht des Straftäters, wieder anonym bleiben zu dürfen und der Gedanke der *Resozialisierung im Vordergrund*. Der Name darf dann nicht mehr genannt werden.

Bei polizeilichen oder staatsanwaltschaftlichen Ermittlungsverfahren gilt im Prinzip dasselbe wie bei der Berichterstattung über Gerichtsverfahren. Da in Ermittlungsverfahren aber nur ein Verdacht vorliegt und die Identität des Täters oder die Begehung der Tat vielfach noch gar nicht feststehen, ist bei der *namentli-*

chen Nennung von Verdächtigen besondere Zurückhaltung geboten. Wegen der Unschuldsvermutung und der Gefahr der Prangerwirkung, die eine Berichterstattung für den Betroffenen mit sich bringen kann, muss auf eine namentliche Nennung in der Regel verzichtet werden. Wenn der Verdächtige die Tat bei der Polizei schon gestanden hat, gelten die allgemeinen Prinzipien, d. h. eine namentliche Nennung ist bei überwiegendem Informationsinteresse zulässig.

Tatsachenbehauptungen und Meinungsäußerungen. Die Rechte eines Betroffenen sind bei Tatsachenbehauptungen wesentlich größer als bei Meinungsäußerungen. Es ist deshalb von erheblicher Bedeutung, ob eine journalistische Äußerung als Tatsachenbehauptung oder als Meinungsäußerung einzuordnen ist. Gegen unwahre *Tatsachenbehauptungen* stehen dem Betroffenen Ansprüche auf Unterlassung, Widerruf, Gegendarstellung und Schadensersatz zu. Bei *Meinungsäußerungen* kommen Unterlassung oder Schadensersatz dagegen nur ausnahmsweise in Betracht, nämlich wenn die Grenze zur *Schmähkritik* überschritten wird, eine Äußerung sich als Formalbeteiligung darstellt oder in geschützte Sphären eingegriffen wird. Eine Gegendarstellung oder Berichtigung einer Meinungsäußerung scheidet, da Meinungen weder wahr noch unwahr sein können, naturgemäß aus. Auch für die strafrechtliche Bewertung ist die Unterscheidung relevant: Die Straftatbestände der üblen Nachrede oder der Verleumdung setzen eine Tatsachenbehauptung voraus, während die Beleidigung sowohl durch eine Tatsachenbehauptung als auch durch eine Meinungsäußerung erklärt werden kann. Mit der Einordnung einer journalistischen Aussage als Tatsachenbehauptung oder als Meinungsäußerung werden daher in rechtlichen Streitigkeiten nicht selten maßgeblich die Weichen gestellt.

Was ist eine Tatsachenbehauptung? Eine Tatsachenbehauptung liegt vor, wenn eine Aussage auf ihre Richtigkeit hin objektiv mit den Mitteln des Beweises überprüft werden kann. Tatsachenbehauptungen betreffen regelmäßig konkrete, nach Raum und Zeit bestimmte Geschehnisse oder Zustände der Außenwelt oder des menschlichen Seelenlebens (sog. innere Tatsachen), wie z. B. Aussagen über Gefühle, Absichten, Einstellungen, Motive oder Zwecke. *Tatsachenbehauptungen müssen zutreffend sein.* Die Verbreitung bewusst unwahrer Tatsachenbehauptungen bzw. solcher Behauptungen, deren Unwahrheit unzweifelhaft feststeht, ist nicht vom grundrechtlichen Schutz erfasst.

Was ist eine Meinungsäußerung? Wird eine Äußerung durch die Elemente der Stellungnahme, des Dafürhaltens und der Wertung als Ausdruck einer subjektiven Ansicht oder Einschätzung geprägt, liegt eine Meinung vor. Als Werturteil entzieht sich diese der objektiven Nachprüfung ihres Wahrheitsgehalts. Meinungen können nicht wahr oder unwahr sein, sondern nur wahrhaftig oder unaufrichtig, überlegt oder unbedacht, rational oder emotional, begründet oder grundlos.

Mischformen zwischen Tatsachenbehauptungen und Meinungsäußerungen: Trotz der leicht nachvollziehbaren grundsätzlichen Trennlinie bereitet die Einordnung in der täglichen Arbeit immer wieder große Schwierigkeiten, weil

- Tatsachenbehauptungen und Werturteile nicht selten miteinander verbunden sind und ineinander übergehen,
- Meinungen sich regelmäßig auf Tatsachen beziehen,
- Tatsachen Meinungen untermauern oder erschüttern sollen.

Bei solchen Mischformen stellen die Gerichte darauf ab, ob der tatsächliche Gehalt oder die wertende Aussage im Vordergrund steht. Dabei kommt es auf den Schwerpunkt und den Gesamtzusammenhang an, in dem die Äußerung steht.

→ Tipp: Auch eine An- und Abmoderation kann für die Bewertung eine Rolle spielen.

Orientierungsmaßstab für die Einordnung ist der sog. *Empfängerhorizont*, also die Frage, wie der durchschnittliche Zuhörer die Äußerung versteht. Es ist weder entscheidend, wie der Journalist selbst die Aussage verstanden hat, noch, ob eine Beeinträchtigung der Rechte anderer gewollt war. Für die Programmarbeit ist wichtig, dass Formulierungen wie sollen an-

`geblich` oder `ich meine` allein regelmäßig nicht ausreichen, aus einer Tatsachenbehauptung ein Werturteil zu machen.

Auch die Formulierung als Frage allein reicht nicht, wenn mit der Frage letztlich in suggestiver Form eine Behauptung aufgestellt wird. Das ist z. B. der Fall, wenn ein Beitrag, in dem einige Umstände genannt werden, die darauf hinweisen, dass der Manager X über bestimmte Geldtransaktionen seines Unternehmens im Bilde war, mit der Suggestivfrage schließt: ... `und X wusste von nichts?`

Schlagwortartige Bezeichnungen wie z. B. »illegal«, »rechtswidriges Verhalten«, »Betrug«, »Unterschlagung« werden regelmäßig als rechtliche Bewertung und damit als Werturteil einzuordnen sein. Sie können aber in eine Tatsachenbehauptung umschlagen, wenn die Äußerung insgesamt stark von tatsächlichen Angaben geprägt ist.

→ Tipp: Sie sind in der Regel auf der sicheren Seite, wenn Sie bei Meinungsäußerungen die Grenzen einhalten, also weder Schmähkritik üben noch in Wirklichkeit doch Tatsachen behaupten. Tatsachenbehauptungen müssen Sie unbedingt verlässlich beweisen können.

Äußerungen Dritter. Enthält ein Beitrag Zitate, Statements, Interviews, O-Töne, ist stets zu bedenken, dass Sender und Journalist auch für Äußerungen Dritter (auch in Live-Diskussionen) in Anspruch genommen werden können. Dies ist dann der Fall, wenn sich der Programmgestalter eine solche Fremdäußerung inhaltlich zu eigen macht. Dann muss er sie sich auch als eigene zurechnen lassen. Soll eine solche Zurechnung ausgeschlossen werden, ist eine *hinreichend deutliche Distanzierung* zu den Drittäußerungen notwendig. Dies kann auf vielfältige Weise geschehen, bei Nachrichten z.B. durch die Einschübe `nach unbestätigter Meldung soll` oder `so wurde erklärt`, in anderen Fällen – etwa bei Zitaten und O-Tönen – durch eine kritische Einordnung in der Moderation oder Kommentierung.

Grundsätzlich gilt: Die Rechtsabteilung Ihres Senders ist auch ein Dienstleistungsbetrieb. Nutzen Sie ihn – und zwar möglichst vorbeugend.

Begleitende Online-Berichterstattung. Vielfach werden Hörfunkbeiträge in identischer oder in bearbeiteter Form auch in das Online-Angebot der Rundfunkanstalt eingestellt. Für die Gestaltung solcher Angebote sind die für alle Programme geltenden gesetzlichen Vorgaben zu beachten und medienspezifisch anzuwenden. Besonderes Augenmerk ist bei der Online-Berichterstattung auf Folgendes zu verwenden:

- Beim *Setzen von Links* ist z. B. zu beachten, dass der Inhalt der fremden Website nach den Grundsätzen des Sich-zu-eigen-machens zugerechnet werden kann, wobei die Gerichte strenge Anforderungen an eine ausreichende Distanzierung stellen.
- Laufend muss überprüft werden, ob einmal eingestellte Informationen auch weiterhin (so) richtig sind. Das ist wichtig, wenn sie als Hintergrund z. B. lange im Online-Angebot bleiben.
- Die Online-Redaktion muss es erfahren, wenn die Hörfunk-Redaktion eine Information korrigiert.
- Bei Bearbeitungen und Ergänzungen durch zusätzliche Hintergrundinformationen muss gesichert sein, dass auch die bearbeitete Fassung durch die Recherchelage gedeckt ist.
- Erforderliche Kürzungen können ebenfalls leicht zu Fehlern führen.

Weiterführende Literatur:

Udo Branahl, Medienrecht. Eine Einführung (5. Auflage, VS Verlag für Sozialwissenschaften, Wiesbaden 2006)

Günter Hermann, Rundfunkrecht (2. Auflage, Verlag C. H. Beck, München 2004)

Jörg Soehring, Presserecht. Recherche, Berichterstattung, Ansprüche im Recht der Presse und des Rundfunks (3. Auflage, Schäffer Verlag, Stuttgart 2000)

Regeln für ein glaubwürdiges Radio:»In Radioprogrammen wird heute nicht selten getrickst und betrogen, werden Hörer bei Gewinnspielen an der Nase herumgeführt und in Informationssendungen für dumm verkauft. Wir – kritische Hörfunkjournalistinnen und -journalisten – fordern daher, die Glaubwürdigkeit unseres Mediums wieder zu stärken. Nur ein Radio, das seine Hörer nicht belügt, wird als Medium im digitalen Zeitalter bestehen können!« Bei einem Hörfunk-Workshop in Tutzing haben die Teilnehmer sechs Leitlinien unter dem Markenzeichen Fair Radio zusammengestellt (www.fair-radio.net). Eine z. B. heißt:. »Was nicht wirklich live ist, wird auch nicht als live verkauft.«
Um die Glaubwürdigkeit des Radios geht es auch dem Projektteam Hörfunk der Bundeszentrale für politische Bildung (www.hörfunker.de), das, z. T. mit gleichen Forderungen an einem (umfassenderen) »Radio-Kodex« arbeitet. »Er hat zum Ziel, ethische Standards fürs Radio zu definieren. Seine Werte sind Achtung vor der Wahrheit, Respekt vor dem Hörer, Fairness und Transparenz.«

Trennung von Programm und Werbung, Ausloben von Preisen, Sponsoring

Werbung ist vom übrigen Programm deutlich zu *trennen* und muss als solche klar erkennbar sein (§ 7 Abs. 3 Satz 2 Rundfunkstaatsvertrag/RStV). Der Hörfunk- oder Fernsehteilnehmer soll immer wissen, wann ihm eine vom Hersteller bezahlte Werbung angeboten wird und wann er von einem unabhängigen Rundfunk-Redakteur im normalen Programm über Produkte oder Dienstleistungen informiert wird. Durch diese Verpflichtung soll auch *Schleichwerbung* ausgeschlossen werden (vgl. weiter unten).

Werbung muss gekennzeichnet sein. Dafür sind im Hörfunk akustische Mittel einzusetzen (im Fernsehen optische), die die

Werbung von den übrigen Programmteilen eindeutig trennen. Vor einer Werbung muss demnach mindestens ein spezieller *Werbejingle* oder eine verbale Ankündigung gesendet werden. Dieses Erkennungssignal muss speziell die Werbesendung kennzeichnen und darf im übrigen Programm nicht verwendet werden. Zweifelhaft ist, ob ebenfalls das *Ende* eines Werbespots bzw. Werbeblocks gekennzeichnet werden muss. Die Richtlinien der Landesmedienanstalten legen dazu fest, dass eine Kennzeichnung am Ende grundsätzlich nicht erforderlich ist. Das gilt allerdings nur, wenn auch ohne Schlusskennzeichnung die Werbung eindeutig vom nachfolgenden Programm zu unterscheiden ist.

Schleichwerbung ist verboten, und zwar für alle Rundfunkveranstalter in Hörfunk und Fernsehen (§ 7 Abs. 6 Satz 1 RStV). Schleichwerbung liegt vor, wenn ein Rundfunkveranstalter absichtlich zu Werbezwecken z. B. Namen von Herstellern oder Produkten erwähnt oder Produkte oder Dienstleistungen darstellt, die Allgemeinheit aber hinsichtlich des eigentlichen Zwecks dieser Erwähnung oder Darstellung irregeführt werden kann (§ 2 Abs. 2 Nr. 6 RStV). Ein Indiz für Schleichwerbung ist, dass die Erwähnung oder Darstellung gegen Entgelt oder eine ähnliche Gegenleistung erfolgt.

Bei der Auslobung von Geld- oder Sachpreisen in Verbindung mit Gewinnspielen (vgl. Beitrag »Radio-Spiele«) und Quizveranstaltungen ist besonders darauf zu achten, dass *keine einseitige Bevorzugung* von Produkten oder ihren Spendern erfolgt. Die Nennung oder die Darstellung von Produkten oder Spendern ist auf das programmlich Notwendige zu beschränken (so die Richtlinien der ARD und des ZDF). Die Richtlinien der Landesmedienanstalten legen dazu fest, dass eine zweimalige kurze Nennung des Preises (im FS: optische Darstellung) bzw. eine zweimalige Nennung der Firma zulässig ist. Weitere werbliche Hinweise auf positive Eigenschaften und Qualitäten des Preises stellen eine unzulässige Schleichwerbung dar.

Produktplatzierungen (Product-Placement) sind nach bislang geltendem Recht unzulässig. Die Rundfunkveranstalter dürfen kein Geld oder geldwerte Vorteile dafür annehmen, dass sie Produkte in Sendungen außerhalb des Werbeprogramms mit werblicher Wirkung nennen oder einsetzen, egal ob im Ton oder im Bild.

Ebenso ist es unzulässig, wenn Rundfunkveranstalter von PR-Agenturen zugelieferte Sendungen bzw. Beiträge ausstrahlen, die im Auftrag von Firmen oder Verbänden oder gar von staatlichen Institutionen in Auftrag gegeben werden, selbst wenn sie dafür kein Entgelt erhalten. Dies stellt überdies einen krassen Verstoß gegen journalistische Grundsätze dar und diskreditiert die Aufgabe der Medien als »Wachhund der Demokratie«.

Allerdings sieht die EG-Richtlinie über audiovisuelle Mediendienste vom Dezember 2007 vor, dass die Mitgliedstaaten der Europäischen Union Produktplatzierungen als Teil der »kommerziellen Kommunikation« unter besonderen Voraussetzungen in bestimmten Sendungen zulassen dürfen. Es bleibt abzuwarten, ob und inwieweit die Länder von dieser Möglichkeit Gebrauch machen werden, wenn sie diese Richtlinie durch eine Änderung des RStV in das nationale Recht umsetzen, was spätestens bis Ende 2009 erfolgen muss.

Erschlichene Werbung. Die Sender dürfen auch nicht zulassen, dass Interview-Partner oder Hörer in Telefonaktionen auf Produkte oder Dienstleistungen hinweisen. Das ist vom Reporter oder Moderator sofort zu unterbinden. Auf einen ggf. bereits eingetretenen Werbeeffekt hat der Moderator »angemessen« zu reagieren, z. B.: bitte keine Schleichwerbung mehr, das ist nicht gestattet.

Auch das Herstellen einer inhaltlichen Verbindung zur vorangegangenen oder nachfolgenden Werbesendung durch den Moderator ist unzulässig. Gestattet ist aber, die Werbesendung als solche anzukündigen: und nun erst einmal Werbung.

Hinweise auf Begleitmaterial, z. B. auf Bücher, Schallplatten, Videokassetten oder andere Publikationen sind grundsätzlich zulässig. Sie müssen allerdings wirklich Begleitmaterial zu einer Sendung sein oder es muss ein besonderes programmliches Interesse an ihrer Erwähnung bestehen, wie etwa bei Ratgebersendungen. Solche Hinweise dürfen aber nur im Zusammenhang mit der betreffenden Sendung oder ihrer Ankündigung erfolgen, nicht ansonsten im Programm.

Sponsoring ist eine eigenständige Finanzierungsform neben den Rundfunkgebühren, der Werbung und den sonstigen Einnahmen (§ 8 RStV). Diese Finanzierungsform steht dem ö.-r. und dem privaten Rundfunk auch im Hörfunk offen.

Auf die (Mit-)Finanzierung durch den Sponsor muss zu Beginn und am Ende der jeweiligen Sendung in vertretbarer Kürze deutlich hingewiesen werden (§ 8 Abs. 1 RStV).

Grenzen des Sponsoring. Der Sponsor darf Inhalt und Programmplatz einer gesponserten Sendung nicht in der Weise beeinflussen, dass die Verantwortung und die redaktionelle Unabhängigkeit des Rundfunkveranstalters beeinträchtigt werden. Damit wird anerkannt, dass ein gewisser Einfluss des Sponsors unumgänglich ist. Manche Sendung wird erst durch die Unterstützung des Sponsors möglich. Gerade der ö.-r. Rundfunk wird aber schon aus Imagegründen darauf zu achten haben, dass auch nur der Anschein vermieden wird, die redaktionelle Unabhängigkeit könne beeinträchtigt sein. Hier sind die Sender und die Journalisten selbst gefordert.

Darüber hinaus untersagt der Rundfunkstaatsvertrag das Sponsern von Nachrichtensendungen und von Sendungen zum politischen Zeitgeschehen.

Sponsoring ist nicht mit Rundfunkwerbung gleichzusetzen, sondern stellt eine eigenständige Finanzierungsquelle dar. Deshalb gelten dafür auch nicht die gesetzlichen Werbebeschränkungen. Für den ö.-r. Rundfunk heißt das: Für das Sponsoring gibt es im Hörfunk keine zeitlichen Beschränkungen und kein Verbot an Sonn- und Feiertagen.

Die Regelungen für Werbung und Sponsoring im Einzelnen
(entsprechend den Vorgaben des § 46 RStV) finden sich

- *für den Privatfunk:* in den Gemeinsamen Richtlinien der Landesmedienanstalten für die Werbung, zur Durchführung der Trennung von Werbung und Programm und für das Sponsoring im Hörfunk in der Neufassung vom 21. 2. 2000,
- *für den ö.-r. Rundfunk:* in den ARD-Richtlinien für die Werbung, zur Durchführung der Trennung von Werbung und Programm und für das Sponsoring vom 24. 6. 1992 in der Neufassung vom 6. 6. 2000.

🖳 WDR-Richtlinien für Wirtschaftsjournalisten

Praxis der Hörfunkwerbung

Hörfunkwerbung kann sehr rasch, relativ kostengünstig und national, regional und lokal gezielt eingesetzt werden. Die Produktionskosten für einen Hörfunk-Spot sind (im Verhältnis zum Fernsehen) gering. Der Hörfunk ist das Begleitmedium für den ganzen Tag und erreicht die Kunden in allen Lebenslagen – beim Frühstück, bei der Fahrt zur Arbeit, am Arbeitsplatz und in der Freizeit. Und durch die Formatierung der Radio-Programme kann Werbung im Hörfunk noch zielgruppengerechter als in der Vergangenheit platziert werden: beim reichweitenstarken Landessender, beim kurz genutzten Infokanal, im Begleitprogramm für ältere Hörer oder beim Hitradio für den Nachwuchs.

350 Radiostationen bemühen sich in Deutschland um die Gunst der Hörer. Werbetreibende Kunden können durch diese Vielfalt des Radioangebots ihre Zielgruppe genau erreichen.

Nationale Werbung von überregional tätigen Markenartiklern macht etwa 75 Prozent der Umsätze insgesamt aus. Nutznießer sind vor allem die landesweiten Sender (privat wie öffentlich-rechtlich), die ihre Hörerschaft in der »Media-Analyse« der Arbeitsgemeinschaft Media-Analyse »durchleuchten« lassen. Verkauft wird auf der Basis der tatsächlich erreichten Hörerzahlen (vgl. Beitrag »Medienforschung für den Hörfunk«).

Der Tausend-Kontakt-Preis (TKP) ist der Preis, der gezahlt werden muss, um mit einem 30-Sekunden-Spot tausend Hörer (-kontakte) zu erreichen. Er signalisiert dem Kunden also, wie günstig oder ungünstig er Werbezeiten einkaufen kann. TKPs zwischen zwei und vier Euro sind die Regel.

Werbe-Kombis sind ein beliebtes Hilfsmittel beim Verkauf von Hörfunkwerbung. Die ARD bietet mit ihrer *ASS (ARD-Werbung Sales & Services)* in Frankfurt ein Instrument zur übergreifenden Markt- und Mediaforschung an. ASS ist eine Serviceabteilung aller Einzel-Werbegesellschaften. Auf privater Seite dominiert die *Radio Marketing Service (RMS)* in Hamburg, die von 16 landesweiten Privatradios wie Radio Hamburg, Radio ffn, HitRadio FFH, Radio Schleswig-Holstein, Antenne Bayern, Hitradio Antenne Niedersachsen, der Radio-kombi Baden-Württemberg, Radio NRW und Radio RPR getragen wird. Hier gibt es die Möglichkeit, mit einer Buchung eine nationale Abdeckung zu erreichen. Die RMS koordiniert darüber hinaus Sonderwerbeformen und führt Marketing-Studien durch. Neben den Gesellschafter-Stationen werden weitere Sender vermarktet.

Von den Werbe-Einnahmen abgezogen werden müssen 30 bis 40 Prozent für Verkaufskosten (Provisionen/Rabatte/AE = Agentur-Einschaltung/Skonti). Bei einem Brutto-Umsatz von 15 Millionen Euro bleiben günstigstenfalls zehn Millionen Euro netto für den Sender übrig.

Lokale und regionale Werbung ermöglicht mittleren und kleinen Kunden den Einstieg in den Hörfunk. Stärker als früher haben auch hier handfeste Hörerzahlen als bestes Verkaufsargument Einzug gehalten. Bayerische, baden-württembergische und nordrhein-westfälische Regionalradios leben zum überwiegenden Teil von Einnahmen aus lokaler Werbung – die durch Werbe-Angebote aus der direkten Nachbarschaft zur »Nähe« des Programms beiträgt. Landesweite Sender erzielen etwa 20–30 Prozent ihrer Einnahmen aus regionaler Werbung.

Dreißig Sekunden lang sind die Spots derzeit im Durchschnitt. Abgerechnet wird nach Länge in Sekunden. Die Preise pro Sekunde schwanken in Abhängigkeit von der erreichten Hörerschaft: Spots am Morgen zwischen 7 und 9 Uhr sind die teuersten, am Abend und in der Nacht haben die Sender oft Spezialangebote. Die Preise werden jeweils im Herbst für das kommende Jahr auf der Grundlage der erzielten Reichweite neu festgesetzt.

Bis zu 20 Prozent der Sendezeit sind nach dem Rundfunkstaatsvertrag und den entsprechenden Medien-Gesetzen der Länder von den Privatradios als Werbezeit nutzbar (zwölf Minuten pro Stunde). Hier gilt es, einen Kompromiss zu schließen zwischen Programm-Verträglichkeit einerseits und dem Füllen der Senderkasse andererseits. Viele Sender haben sich selbst eine Grenze von sieben bis acht Minuten Werbung pro Stunde auferlegt (vgl. Beitrag »Formate für Begleitprogramme«).

Blockwerbung ist die übliche Sendeform, d. h. mehrere Spots werden in fertig produzierten Blöcken zusammengefasst gesendet. Es gibt dafür die klassischen »Werbeinseln« vor den Nachrichten. Andere Sender streuen drei oder vier Werbepakete in den Ablauf einer Stunde. Gängig ist die digitale Speicherung der Spots. Die Werbedisposition stellt dem Moderator die Werbeblöcke zur richtigen Zeit in der Sendeplanung (vgl. Beitrag »Sendung fahren«) zur Verfügung. Knopfdruck genügt, und die Werbeinsel samt Werbe-Jingle ist »on air«.

Das »Zapping« der Hörer, das Wegschalten eines Werbeblocks und das Springen zu einem anderen Sender, ist im Hörfunk weit weniger ausgeprägt als im Fernsehen. Lediglich beim Autofahren ist dieses Phänomen festzustellen.

Produktion von Werbung. Auch wenn es viele Leute nicht wahrhaben wollen: Gut gemachte Werbung ist gutes Programm. Sorgfältig produzierte, mit Witz und Charme präsentierte Werbung ist ihr Geld wert. Eine Vielzahl von Studios hat sich auf die

Werbespot-Produktion spezialisiert, einige Sender verfügen über eigene Produktionsstudios. Immer gilt: Nicht der Aufwand an Effektgeräten oder technischen Mätzchen entscheidet über den Erfolg – sondern die Idee des kreativen Spot-Produzenten.

Einfach produzierte Werbespots (Sprecher mit untergelegter Musik von der Compact-Disc) sind schon für gut hundert Euro zu haben. Nach oben gibt es kein Preis-Limit. Der Einsatz von aufwendiger Produktionstechnik, extra komponierte und eigens von Orchestern eingespielte Musiken sowie Star-Sprecher kosten eben Geld.

Große Werbekunden haben ihre eigene Agentur, die über Kosten und Layout der Funkspots entscheidet. Bei lokalen Kunden knüpft oft der Werbeverkäufer des Senders die Kontakte zu einem Produktionsstudio. Entwürfe und Demos entstehen, werden dem Auftraggeber präsentiert – ehe der endgültige Werbespot im Studio Formen annimmt.

Der »Live-Reader« ist eine nur noch selten von lokalen Privatsendern verwandte Form der Werbung: ein vom Moderator »trocken« (= ohne Musikbett) gelesener Werbetext. Kleinere Werbekunden nutzen diese Form, weil sie die Kosten für eine Spot-Produktion zunächst scheuen. Sie wollen mit einem Live-Reader das für sie neue Medium Hörfunk testen. Gern genutzt wird live gesprochene Werbung auch bei spontanen Verkaufsaktionen (Frisch eingetroffen ...). Ein besonderer Vorteil des Live-Readers ist die intensivere Einbindung des Werbetextes in das gerade laufende Programm und eine gewisse Identifikation mit der Person des Moderators. Zu beachten sind in jedem Fall die Vorschriften über die Trennung von Programm und Werbung.

Um das Risiko von Versprechern auszuschalten, nehmen die Sender Live-Reader-Texte oft auf eigene Kosten mit einem anderen Moderator auf und schalten sie ähnlich wie die Normal-Spots.

Grundsätzlich werden vor allem kleinere Privatsender trotz der bekannten berufsethischen Bedenken von Journalisten nicht darauf verzichten können, auf den Moderator als Werbesprecher zurückzugreifen (vgl. Beiträge »Trennung von Programm und Werbung, Ausloben von Preisen, Sponsoring« und »Moderation«).

Sonderwerbeformen sind eine Alternative bzw. Ergänzung zur reinen Spot-Werbung. Firmen können sich in Zusammenhang bringen mit ganzen Sendungen, einzelnen Rubriken oder Beiträgen sowie off air mit Promotion-Aktionen des Senders. Gewinnspiele (vgl. Beitrag »Radio-Spiele«) sind eine häufige Sonderwerbeform. Wenn auch eingeschränkt, gilt für sie wie für alle anderen Sonderwerbeformen das Gebot der Trennung von redaktionellem und werblichem Beitrag.

Sonderwerbeformen sind zu unterscheiden vom *Sponsoring*, das zwar Werbewirkung hat, aber nicht als solche rechtlich eingeordnet *wird* (vgl. Beitrag »Trennung von Programm und Werbung, Ausloben von Preisen, Sponsoring«).

Mit »Sendekosten-Zuschüssen« versuchen Firmen, die Bestimmungen des Rundfunkstaatsvertrages zu umgehen. Sie bieten für werblich gehaltene, fertig produzierte Beiträge eine als »Sendekosten-Zuschuss« deklarierte Bezahlung an. Vor allem kleinere Sender sind sicher manchmal versucht, solchen Verlockungen zu erliegen. Aber: Man sollte den Hörer nicht unterschätzen, der sehr allergisch reagieren kann, wenn er merkt, dass sein Lieblingssender Beiträge und Informationen nicht nach journalistischen, sondern nach finanziellen Grundsätzen aufbereitet. Das gilt auch für den Einsatz fix und fertig produzierter Interviews und O-Ton-Berichte, die Agenturen im Auftrag von Firmen, Verbänden und Institutionen produzieren und den Sendern kostenlos anbieten (vgl. Beitrag »Moderatoren-, Reporter- und Hörergespräch«, Abschnitt PR-Interviews).

Crossmedial beim Radio arbeiten

Radio und Internet

Schnell arbeiten müssen sie beide – der Radio- wie der Online-Redakteur. Auch die Textmenge eines Hörfunkbeitrags und eines Online-Artikels sind durchaus vergleichbar. Und doch heißt Radio fürs Internet deutlich mehr als nur Manuskripte auf die Sender-Website stellen und Hörerpost auch per E-Mail empfangen.

Radio und Internet wachsen zusammen. Die Konvergenz der Medien, die natürlich auch die Print- und TV-Journalisten vor neue Herausforderungen stellt, bringt für den Hörfunk neue Möglichkeiten, aber auch Risiken mit sich.

Neue Chancen für das Radio. Das heißt: Technische Übertragungswege wachsen im Netz zusammen – Radio-Inhalte werden zunehmend auch als Audiostream oder zum Abruf angeboten und genutzt (vgl. Beitrag »Podcasts und Webradios«).
Ein Inhalt im Radio wird online angereichert mit Hintergrund und Augenfutter, also ergänzt durch zusätzliche Online-Inhalte: zum Lieblingslied im Radio die Informationen, wer da singt und was, das Plattencover, das letzte Interview der Band als Audio, das Kurz-Video vom Studiokonzert, das Fan-Forum in der Community, die Web-Kamera im Studio und ggf. der Link zum Kartenshop und zum Gewinnspiel.

Das Internet bedroht das Kerngeschäft des Radios. Das schnellste Medium – das war einmal. Informationsorientierte Nutzer schauen immer häufiger ins Netz[1]. Auch die Marktführerschaft als Tagesbegleiter scheint bedroht: Bei den 14- bis 19-Jährigen läuft schon heute der Computer länger als das Radio; auf das Radio würden sie eher verzichten als auf den Computer.[2] Und auch darauf, dass man das Netz im Gegensatz zum Radio nicht überall hin mitnehmen kann, sollten sich Radiomacher nicht ausruhen – Geräte wie das iPhone machen mobil genutztes Internet zur Selbstverständlichkeit und zur Konkurrenz für tragbare Radios (vgl. Beitrag »Medienforschung für den Hörfunk«).

Die Grenzen des Mediums Radio verstehen – wer das tut, weiß im Umkehrschluss auch, wo der Web-Auftritt eines Radioprogramms in die Bresche springen muss:

- **Radio arbeitet linear** – im Netz erwartet die Nutzer Zeitsouveränität. Radioangebote müssen genutzt werden, wenn sie gerade übertragen werden – das Internet bietet Hörern die Chance, Radioangebote dann zu nutzen, wenn es ihnen passt.
- **Radio-Informationen sind begrenzt** – im Internet sind die Informationsmöglichkeiten schier grenzenlos. Es kann dazu dienen, Informationen aus dem Radio zu vernetzen, mit Hintergründen zu verlinken, in einen größeren Zusammenhang zu stellen. Je gezielter diese Informationen auffindbar und anwählbar sind, umso besser.
- **Radio zielt auf den Mainstream** – das Internet erreicht den »Long Tail«. Eine Hörer-Zielgruppe definieren und dann das Programm so zuschneiden, dass man möglichst viele in dieser Zielgruppe erreicht: So müssen Radio-Programmmacher denken. Zu Recht setzen quotenorientierte Programme auf die größten Hits – und auf kleinste gemeinsame Nenner. Internet-Angebote können ausgefallene Geschmäcker punktgenau bedienen: Der Erfolg von iTunes und Amazon beruht eben nicht auf den großen Hits, sondern auf einem breiten Angebot, das viele Nischen ausfüllt. Für jeden ist etwas dabei – die vielen vermeintlichen Nischenangebote erreichen so zusammengenommen mehr Umsatz als die paar Millionenseller. Das Internet lässt es lohnend werden, jenseits des Mainstreams zu fischen – am »long tail«, dem langen Ende des Marktes. Radioprogramme tun sich hier schwer – können aber ihr Webangebot nutzen, um zu individualisieren: Jugendprogramme bieten im Netz »Channels« mit speziellerer Musik an.
- → Tipp: Die Stärke des Internets liegt in passgenauen Angeboten. Für Radio-Angebote im Netz heißt das: nicht nur die gesamte Feature-Sendung einstellen, sondern die einzelnen

Beiträge anwählbar machen; nicht (nur) den gesamten Bericht vom Landesparteitag sondern zusätzlich auch noch einmal den zentralen Redeausschnitt nachhörbar machen.

■ **Radio setzt Themen durch redaktionelle Auswahl** – im Internet entstehen sie durch »Abstimmung mit den Mäusen«. Klassische Medien wie das Radio müssen erst auswählen, dann publizieren. Die Realität im Internet heißt: Erst wird publiziert, dann ausgewählt. Bei Youtube bestimmt kein Redakteur, was oben steht, sondern die Popularität der bereits veröffentlichten Filme. Bei Wikipedia ist jeder Leser auch Redakteur.

Propagandisten des Web 2.0 sehen darin eine »Schwarmintelligenz« am Werk, die auf Mittelsmänner verzichten kann. Professionelle Journalisten stehen in Blogs, Foren und Netzwerken unter dem Generalverdacht, manipulativ zu arbeiten – weil sie ihren Job machen: Sie wählen aus, was sie als wichtig erachten. Aber ist nicht das viel wichtiger, was der Reporter beiseite gelassen hat?

➜ Tipp: Der Radio-Journalist muss sich im ergänzenden Web-Auftritt in die Karten schauen lassen, auf Kritik reagieren und über die Website Quellen und Originalmaterial nachliefern.

■ **Radio ist eine Einbahnstraße vom Sender zum Hörer** – das Web ist interaktiv und Netznutzer wollen mitreden. Zwar ist Hörerbeteiligung im Radio nichts Neues: Call-ins, Hörerpost, das direkte Gespräch, seit Jahren die Mail direkt ins Studio – all das haben Redaktionen immer schon gepflegt. Die sozialen Netze und Kommunikationswege im Netz aber sind Verstärker, die aus dem dürren Rückkanal schnell einen reißenden Strom werden lassen.

Die gesetzlichen Rahmenbedingungen für crossmediale Radio-Arbeit sind für öffentlich-rechtliche Sender und den Privatfunk unterschiedlich. Im 12. Rundfunkänderungsstaatsvertrag (tritt zum 1. Mai 2009 in Kraft) sind sie neu festgelegt worden. Grundsätzlich soll gelten:

■ Der Privatfunk kann alle Möglichkeiten des Netzes unbeschränkt nutzen, einschließlich Werbung und E-Commerce.

- Zum Auftrag des mit Gebühren finanzierten öffentlich-rechtlichen Rundfunks gehören Internet-Angebote grundsätzlich ebenfalls. Er soll dabei aber an seinen gesellschaftlichen Auftrag gebunden sein und den im Netz tätigen privaten Unternehmern die kommerzielle Nutzung des Internets nicht unrentabel machen. Deshalb darf er im Netz nicht werben und ist auch ansonsten bei seinen Angeboten beschränkt.

Die wichtigsten Einschränkungen für ö.-r. Sender:

- »Nicht sendungsbezogene presseähnliche Angebote« sind verboten.

- Sendungen und auf eine *konkrete Sendung bezogene* Inhalte dürfen ohne Weiteres nur sieben Tage lang über Online zum Abruf bereitgestellt werden, bei sportlichen Großereignissen sowie Spielen der ersten beiden Fußball-Bundesligen jedoch nur 24 Stunden.
Nicht auf eine konkrete Sendung bezogene Angebote müssen zuvor durch den *Drei-Stufen-Test*, der sicherstellen soll, dass das Angebot einen gesellschaftlichen Mehrwert mit sich bringt.

- Zudem ist alles, was sich auf der dem Staatsvertrag als Anlage beigefügten »Negativliste« findet, für Öffentlich-Rechtliche im Netz tabu – dazu zählen etwa Partnerbörsen, Anzeigen- und Bewertungsportale sowie soziale Netzwerke und Foren ohne Sendungsbezug.

- Alle sonstigen Angebote, die nicht auf eine konkrete Sendung bezogen sind oder länger als sieben Tage abrufbar sein sollen, müssen einen »Drei-Stufen-Test« durchlaufen. Der Rundfunkrat des Senders muss (ggf. unter Hinzuziehung von externen Sachverständigen) prüfen, welchen gesellschaftlichen Wert das Angebot hat, wie es sich auf den Markt auswirkt und was es kostet.

- Die Anforderungen des Staatsvertrages gelten auch für alle am 1. Mai 2009 bereits bestehenden Angebote, die im Netz bleiben sollen.

Unterschiedliche Internet-Angebote. Diese und vorangegangene gesetzliche Regelungen, der öffentlich-rechtliche Auftrag (vgl. Beitrag »Medienrecht für Radio-Journalisten«) und die kommerziellen Zwänge im Privatfunk haben zu recht unterschiedlichen Web-Auftritten öffentlich-rechtlicher und privater Sender geführt. Im Prinzip ist es so:

- Privat-Radios richten ihre Netz-Angebote durch viel Unterhaltendes weitgehend auf hohe Klickraten aus, um durch eine kommerzielle Nutzung ihre Web-Aktivitäten möglichst weitgehend zu refinanzieren oder vielleicht sogar Gewinne machen zu können.

- Die gebührenfinanzierten öffentlich-rechtlichen Sender sehen das Internet als weiteren Verbreitungsweg für ihre Inhalte und haben den Auftrag, mit ihren Angeboten vor allem auf den »gesellschaftlichen Mehrwert« zu zielen.

Der Online-Auftritt ist markenprägend für das Radio-Programm – man kann hier Hörer gewinnen, aber auch die Marke beschädigen, wenn der Webauftritt der Marke nicht genügt. Auch ein Zuviel kann schaden – wer versucht, »Spiegel Online« mit begrenzten Mitteln regionale Konkurrenz zu machen, wird scheitern. Deshalb: sich auf seine Stärken besinnen – und den übrigen Inhalt von Partnern beziehen und einbinden.

Marketingartikel zur Pflege und Unterstützung der Radio-Marke können per *Webshop* angeboten werden, auch Begleitbücher zu Sendungen, Hörbücher, Jahres-CDs und Konzertkarten – wobei die Öffentlich-Rechtlichen, wie bei allen anderen Angeboten auch, die Beschränkungen des Staatsvertrages zu beachten haben. Das Shop-Angebot wird in die entsprechenden Online-Beiträge integriert. Die CD oder das Buch zur Sendung sind so nur einen Klick entfernt. Partnerschaften mit Online-Musikshops ermöglichen zusätzliche Angebote: neben der Kauf-Möglichkeit für Songs aus dem aktuellen Programm auch Compilations (Sampler) unter der Sendermarke.

Der Online-Auftritt des Senders – ebenfalls eine Marke im Netz. Für Privatsender mit nur einem Programm ist dies freilich leichter als für Sender mit mehreren. Die müssen nämlich für den Online-Auftritt eines jeden Programms eine Marke entwickeln – und noch einmal eine für den Auftritt des Senders im Netz insgesamt. Jedenfalls muss ein Sender/ein Programm seine Online-Identität pflegen – das heißt auch: wahrnehmen, was innerhalb und außerhalb der Netzgemeinde passiert. Auch was Blogger über die Marke (sowohl über die im Netz wie auch über die des Programms) schreiben, sollte man verfolgen.

→ Tipp: Ein Werkzeug dafür ist die *Blog-Suchmaschine* Technorati; eine andere Möglichkeit ist ein *Google-Alert*, über die man sich eine Warn-E-Mail bestellen kann, wenn der Name des Senders oder der Sendung im Netz auftaucht.

Arbeitsplätze durch Online. *Crossmedial denken*, also immer überlegen, was sie der Online-Redaktion an Ideen und Inhalten zuliefern können – das müssen heute alle Journalisten beim Radio (vgl. Beitrag »Ausbildungsziel crossmediales Arbeiten«).

Wegen der zunehmenden Bedeutung des Internets für den Erfolg eines Hörfunk-Programms ist für immer mehr Mitarbeiter beim Radio die Arbeit am Online-Auftritt ihres Senders aber zur Hauptbeschäftigung geworden. Im Privatfunk gibt es dafür meist eine *eigenständige Online-Redaktion* innerhalb der Radio-Großraumredaktion (oder in enger Anbindung daran). Beim öffentlich-rechtlichen Rundfunk, wo Online-Auftritte für mehrere Programme zu erstellen sind und auch noch die Gestaltung des Angebotes für den *Fernsehtext* (vgl. unten weiterführende Literatur) hinzukommt, sind die organisatorischen Modelle unterschiedlich:

■ Manche Online-Journalisten arbeiten in einer *zentralen Internet-Redaktion* übergreifend für mehrere Programme.

■ Andere arbeiten in einer *dezentralen Online-Redaktion* für ein bestimmtes Radio-Programm.

■ Wieder andere sind in ihrer Hörfunk-Redaktion angesiedelt, leisten aber überwiegend oder ausschließlich Zuarbeit für den Web-Auftritt ihres Programms.

Wo bereits *Radio mit Bild* angeboten wird, müssen zudem dafür kontinuierlich optische Inhalte bereitgestellt werden. Auch diese Tätigkeit ist in den Online-Redaktionen angesiedelt.

Ins Netz damit: Auf diese Aufforderung am Schluss vieler Beiträge (s. Register unter Netz/Ins Netz damit) folgen Anmerkungen, die dazu einladen, das jeweilige Beitragsthema crossmedial weiterzudenken. Denn am Netz kommt nicht vorbei, wer fürs Radio als Journalist arbeiten will.

⌨ Fragen an den Autor – Ergänzende Informationen

[1]   vgl. die Ergebnisse der ARD/ZDF-Onlinestudie 2008 in Media Perspektiven 7/2008

[2]   vgl. Bernd Schorb u. a., Medienkonvergenz Monitoring Report 2008, online unter http://www.medienkonvergenz-monitoring.de/

Weiterführende Literatur:

Gabriele Hooffacker, Online-Journalismus. Schreiben und Gestalten für das Internet. Ein Handbuch für Ausbildung und Praxis (2. Auflage: List Journalistische Praxis, München 2004)

Kapitel »Als Video-Journalist arbeiten« in: Fernseh-Journalismus, hgg. von Gerhard Schult/Axel Buchholz (bearbeitender Herausgeber), Econ Journalistische Praxis, Berlin 2006

Bettina Blaß, »Fernsehtext, Internet, Multimedia« in: Fernseh-Journalismus, a. a. O.

Podcasts und Webradios

Das Internet hat dem Hörfunk mit dem Webradio und den Podcasts neue Verteilwege und Sendeformen erschlossen.

Der Begriff Podcast setzt sich aus zwei Wörtern zusammen: IPOD und BroadCAST. Und tatsächlich waren die ersten Podcasts ausschließlich mit einer Apple-Software auf dem IPod abspielbar. Heute können Podcasts auf jedem handelsüblichen MP3-Player, aber auch auf dem Laptop, dem (tragbaren) Computer oder eben dem IPod gehört oder gesehen werden.

Ein Podcast ist eine Audio- oder Videodatei, die man sich von Fall zu Fall von einer bestimmten Internetseite laden und dann zum Beispiel auf einen MP3-Player weiterkopieren kann. Das ist aber viel zu umständlich. Deswegen bekommt man sie automatisch. Podcasts nutzen dafür sogenannte RSS-Feeds (vgl. »Ab ins Netz« zum Beitrag »Nachrichten«).

Viele Radiosender verwenden Podcasts als Möglichkeit, ihren Hörern für ausgewählte Programm-Beiträge eine zusätzliche zeitversetzte Nutzungsmöglichkeit anzubieten – zum Nachhören (wenn man die Radiosendung nicht hören konnte) oder zum Noch-einmal-Hören oder privaten Archivieren (wenn das Thema besonders interessiert). Sendungstermin und Hören werden damit entkoppelt und so mehr Menschen erreicht. Podcasts kann man abonnieren; die jeweils neueste Folge landet dann automatisch auf dem Rechner.

Von Radio on demand spricht man, wenn die Sender nur von Fall zu Fall einzelne Beiträge zur Verfügung stellen, sie also nicht automatisch auf den PC geladen werden können. Manchmal findet man die Beiträge als MP3-Datei, manchmal kann man sie nur online hören. In beiden Fällen müssen Interessenten immer wieder auf die Sender-Seiten klicken. Besonders Privatradios praktizieren das, weil sie so die Zugriffszahl auf ihren Internet-Auftritt erhöhen können.

Mit das umfangreichste Podcast-Angebot hat sicherlich das Deutschlandradio mit seinen beiden Programmen. Es stellt alle seine im Tagesprogramm gesendeten Beiträge zur Verfügung, teilweise auch Features und andere längere Sendungen, die man ebenfalls abonnieren kann. Deutschlandradio (www.dradio.de) hat für seine über 80 Podcasts rund 370 000 Abos, monatlich werden 2,9 Millionen Audio-Beiträge heruntergeladen (Stand September 2008).
Immer mehr Sender gehen dazu über, Sendungen durch Zusatzinformationen wie zum Beispiel ein Interview mit dem Autor als Podcast zu vertiefen (vgl. Beitrag »Radio und Internet«).

Private Podcasts sind, wenn man so will, eine interessante Möglichkeit für jedermann, seine eigenen Sendungen zu produzieren und weltweit zum Runterladen anzubieten.
Dazu kann man alles zählen, was nicht vom Hörfunk oder Fernsehen veröffentlicht wird. Das Spektrum der Anbieter ist dabei riesengroß: von der Pfadfindergruppe bis zur Freiwilligen Feuer-

wehr, vom Journalisten bis zum Freizeitphilosophen, der am frühen Morgen über seine Träume nachdenkt.

Wenn Sie selbst einen Podcast starten wollen, noch nicht beim Radio arbeiten und glauben, ein Podcast könnte Ihnen den Weg dorthin ebnen – vergessen Sie's. Es gibt ein Riesenangebot von Podcasts, und Radioleute in führenden Positionen haben andere Sorgen, als sich Podcasts anzuhören. In einer Bewerbung kann ein Linktipp auf einen eigenen Podcast jedoch nicht schaden, vorausgesetzt, er ist wirklich gut gelungen.

Interessant ist zunächst die Zielgruppe. Nach einer im Herbst 2008 veröffentlichten Umfrage der PR-Agentur Bluesky Media aus Hannover und der Internetplattform Podcast.de unter etwa 1 500 Podcastnutzern lässt sich der Durchschnittshörer ungefähr so charakterisieren: 32 Jahre alt, männlich, interessiert an Technik, Bildung und Unterhaltung, kommuniziert gerne im Internet, hört aber selten Radio. Nutzer legen Wert auf Information und auf gute Produktion. Daraus lässt sich schließen: Ein Podcaster sollte vom Radio lernen, es aber nicht zu imitieren versuchen.

Natürlich sollten Sie sich genau überlegen, worüber Sie reden wollen, ob Sie eine Serie planen, die irgendwann endet und wie viel Zeit Sie erübrigen können. Und Sie sollten sich überlegen, ob Sie wirklich die Zeit, Geduld und Disziplin aufbringen, bei der Stange zu bleiben, auch wenn die Zahl Ihrer Abonnenten zunächst gegen null geht. Ein Podcast muss erst bekannt werden, und viele Nutzer steigen erst nach mehreren Folgen als Hörer bei Ihnen ein.

Nun müssen Sie ein wenig Geld ausgeben; denn Sie wollen Ihren Podcast ja produzieren. Ich setze voraus, Sie besitzen einen Computer und einen Internetzugang. Als Hardware brauchen Sie

- ein Aufnahmegerät, zum Beispiel einen Minidisc- oder MP3-Recorder,

- ein Mikrofon mit einem Popschutz (einem Überzug aus Schaumstoff)
- und ein Mischpult.

Beim Kauf eines Mikrofons und Mischpults lassen Sie sich am besten von denen beraten, die davon Ahnung haben, also z. B. in Musikgeschäften, die auch DJs besuchen. Wenn Sie ganz viel Geld zur Verfügung haben und sich sicher sind, dass Sie mehr in diesem Bereich machen möchten, sollten Sie über den Kauf eines Flashmikrofons nachdenken. Das ist ein Mikrofon mit eingebautem Aufnahmegerät. Klingt super, hat keine Kabel, die sich verheddern können, und Sie haben die Anzeigen auf einem Display immer vor Augen. Leider kostet so etwas auch knapp 1 000 Euro (vgl. Beitrag »Mit Mikrofon und Recorder richtig aufnehmen«).

Zum Bearbeiten Ihrer Aufnahmen am Computer brauchen Sie nun noch ein Schnittprogramm. Hier können Sie zunächst auf das kostenlose Audacity von Adobe zurückgreifen. Komfortabler sind allerdings Programme wie Soundforge oder Wavepad. In jedem Fall sollten Sie für den Anfang nicht zu viel für ein solches Programm ausgeben. In der Regel gilt: Je teurer ein Produktions- oder Schnittprogramm, desto mehr Schnickschnack, den Sie nicht brauchen.

Die Hörer schalten einen Podcast nicht zufällig ein, sie wählen ihn bewusst aus, hören also intensiver zu. Und sie reagieren oft auf Podcasts. Damit Sie Ihre Hörer behalten, ist eine *intensive Interaktion* sehr wichtig.
Und: Ein Beitrag im Internet versendet sich nicht. Er kann noch Jahre später abgerufen werden. Intensive Recherche ist daher unbedingt notwendig. Dafür müssen Sie sich aber auch nicht an die üblichen Längen für Radiobeiträge halten. Ihnen sitzt schließlich kein Chef im Nacken. Trotzdem dürfen Sie die Geduld Ihrer Hörer nicht überstrapazieren. Länger als zehn Minuten sollte der Podcast nur sein, wenn Thema und Gestaltung das für den Hörer rechtfertigen.

Ein eigenes Webradio könnte Ihr nächster Schritt in die Medien-landschaft sein. Sie »senden« dann also nicht mehr nur einen kurzen Podcast (eine »Sendung«) von Zeit zu Zeit, sondern möglichst regelmäßig für einen längeren Zeitraum. Wenn Sie erst einmal ausprobieren wollen, wie's geht, muss das nicht teuer werden: Im Internet als weltweitem Medium ist es für Ihren Geldbeutel nicht wichtig, für welchen Markt Sie senden, sondern von wo. Wenn sich Ihre Server-Software, mit der Sie Ihr Signal senden, beispielsweise auf einem Computer in Italien oder Estland befindet, sparen Sie sich einen eventuellen Lizenzantrag bei der Landesmedienanstalt, und es kann dort ein Urheberrecht gelten, das lockerer ist als bei uns. Füttern und steuern können Sie den Computer, der Ihre Serversoftware enthält, mit spezieller Software von zu Hause aus, hören können die Sendung aber Nutzer auf der ganzen Welt.

Mit einer gut gemachten Webseite sollten Sie außerdem Ihre Hörer beeindrucken. Auf ihr können Sie Ihren Hörern die Möglichkeit zum Nachrichtenaustausch und zum gemeinsamen Chat geben.

Für die ersten Tests mit Ihrem Webradio benötigen Sie einen guten PC, eine schnelle Internetverbindung und eine Software, mit der Sie Audio-Dateien, z. B. Musik, abspielen, senden und empfangen können. Dazu wird am Anfang sehr häufig die Software Winamp verwendet, die Sie mit dem »Internet-Sender«, wo immer er auch steht, verbindet; als Sender empfiehlt sich der Shoutcast Server, der bei eingeschränkter Kapazität nichts kostet.

Zugegeben: So kriegen Sie wegen der zwangsläufig kleinen Kapazität Ihres Servers zunächst nur ein sehr kleines Webradio hin, mehr als 50 Hörer werden Sie da nicht haben, aber den ersten und wichtigsten Schritt haben Sie schon geschafft: Sie machen Ihr eigenes privates Radio.

⌨ Ausprobiert: Webradio 2.0 machen – Nischenradio für junge Hörer

Weiterführende Links:

www.podcast.de. Auch über Itunes.de und Radio.de sind eine Menge Podcasts abrufbar.

Deutschsprachige Webradios und Podcasts: http://www.radio.de
Umfangreiche Listen von Internetradios mit Livestreams aus aller Welt:
http://www.mikesradioworld.com, http://www.live-radio.net
Medienpodcast des Autors:http://markos-medienpodcast.podspot.de

Ausbildungsziel crossmediales Arbeiten

Da das Internet zur zentralen Drehscheibe für Text, Bild, Audio
und Video geworden ist, passen sich die Anforderungsprofile für
Einsteiger/innen dieser Realität an. Veränderte Berufsbilder sind
die Folge. Die Personalentwickler fordern und fördern das crossmediale Arbeiten, worunter in einer Definition von Prof. Klaus
Meier (Hochschule Darmstadt) heute das »Kreuzen« der »traditionellen *Medien*« (Radio, TV, Print) mit den *digitalen Plattformen* wie
dem Internet und der mobilen Kommunikation verstanden wird.

Die Tätigkeitsprofile erweitern sich. Mindestens zwei Kern-
kompetenzfelder brauchen die neuen Journalist/innen des nächsten Jahrzehnts. Hans Helmreich, Redaktionsleiter Multimedia-
Inhalte des Bayerischen Rundfunks (BR):»Redakteure sollten
heute neben ihrem Hauptmedium, für das sie sich spezialisiert
haben, zumindest die Regeln und grundsätzlichen Anforderungen eines zweiten Mediums beherrschen.« Damit sei aber nicht
die berühmte Eier legende Wollmilchsau gemeint, weil es den
Redakteur nicht geben werde, »der alle Medien gleichzeitig und
gleich gut bedienen kann.«

Zur Volontärsausbildung gehört crossmediales Arbeiten bereits bei sehr vielen Radiostationen. Im öffentlich-rechtlichen
Rundfunk wird fast überall für Radio, Fernsehen und Online (also
trimedial) ausgebildet. Das gilt für Deutschland, Österreich und
die Schweiz. Obwohl sich die allermeisten Volontäre/innen dabei auf ein oder zwei Medien spezialisieren und dann auch weitgehend dort arbeiten, haben sie die Grundlagen für drei Medien
vermittelt bekommen und auch das Prinzip der crossmedialen
Arbeit kennen gelernt. Zeitungen gehen ebenfalls immer mehr in
diese Richtung.

Zum Online-Redakteur (auch: Multimedia-Redakteur) muss man sich im Rahmen einer solchen mehrmedialen Ausbildung spezialisieren, wenn man anschließend schwerpunktmäßig in Online-Redaktionen arbeiten will. Es gibt aber auch spezielle Ausbildungswege zum Multimedia-Redakteur (vgl. unten den Literatur-Tipp).

Online-Redaktionen unterscheiden für gewöhnlich drei Tätigkeitsbereiche[1]:

- den Schichtdienst in der aktuellen Berichterstattung,
- die Arbeit an *Multimedia-Dossiers* und
- die *Projektarbeit*.

Dossiers sind umfangreiche Hintergrundstücke über komplexe Themen. Sie sind tief und langfristig angelegt. Noch komplexer als Dossiers sind sendungsbezogene Projekte – etwa zu Großereignissen.

Ein Online-Redakteur im Schichtdienst zum Beispiel bei BRonline übernimmt in der Regel folgende Aufgaben:

- Kontakt zu den Radio- und TV-Redaktionen in seinem Themenbereich.
- Vorschlagen und Erstellen von *multimedialen Artikeln*, also Inhalten, die mit Text, Audio, Bild, Video informieren.
- Formatieren (also multimediagerechte Gestaltung) der von anderen Medien zugelieferten Texte.
- Integration von usergenerated Content (»SMSen Sie uns Ihr schönstes Urlaubsfoto!«).
- Klärung von Rechte- und Honorarfragen.
- Produktion von Teasern für die Homepage.

Viele Online-Redakteure haben die digitale Foto- oder Videokamera stets griffbereit, um selbst Aufnahmen für den Internetauftritt zu machen (was crossmedial denkenden und mitarbeitenden Radio-Journalisten ebenfalls zu empfehlen ist).

Die mediengerechte Umsetzung der journalistischen Darstellungsformen ist ein wesentlicher Inhalt der multimedialen Ausbildung. Für das Bearbeiten eines Radio-Beitrags in der Online-Redaktion hier ein Beispiel von Hitradio Ö3 (vom Österreichischen Rundfunk, ORF):

Der Radiobeitrag:
Zuschlagen bei bunten Hemden und T-Shirts. Alles in Gelb, Grün, Hellblau oder Koralle wird sich im Ausverkauf als Schnäppchen erweisen, sagt Liane Taucher-Hohenbichler, Einkäuferin bei Don Gil.
O-Ton:
Jetzt im Frühjahr/Sommer, das war eigentlich nur mal der erste vorsichtige Versuch die Herren zu Farbe zu bringen, aber nächstes Jahr im Frühjahr/Sommer geht es ganz stark weiter.
Studiotext:
Bei den Anzügen sind es vor allem Zwei-Knopf-Varianten in den Farben grau und beige die nächstes Jahr noch in sind. Out hingegen jenes Modell, das die letzten Sommer so trendy war.
O-Ton:
Also der richtig weiße Anzug ist eher rückläufig. Das wird sich auch weiter ziehen, ja.
Studiotext:
Wenig falsch machen kann Mann beim Jeans-Kauf. Da ist im Moment irgendwie jeder Schnitt ok. Ein super Schnäppchen wäre aber, wenn Sie folgendes Modell irgendwo günstig bekommen …

Auf der ORF-Homepage steht es so:
Männer auf Schnäppchen-Jagd.
Zwar macht der Sommer gerade Urlaub, der Ausverkauf hat trotzdem planmäßig begonnen. Ö3 Style-Expertin Romana Nachbauer hat sich umgesehen, was die besten Schnäppchen für Männer sind, die auch im nächsten Jahr noch trendy sind.
Was soll Mann kaufen?
Schlagen Sie zu bei bunten Hemden und T-Shirts. Alles in Gelb, Grün, Hellblau und Koralle können

Sie ohne Bedenken in Ihren Einkaufswagen legen. Im diesjährigen Sommerschlussverkauf sind sie echte Schnäppchen.
Fürs Büro:
Bei den Anzügen sind es vor allem die Modelle mit zwei Knöpfen in den Farben grau und beige. Diese werden auch im nächsten Jahr noch in sein. Out hingegen sind weiße Modelle, die in den vergangenen Sommern so trendy waren ...

Folgende medienspezifische Unterschiede sind in unserem Beispiel erkennbar: Der Radiotext ist sehr erzählerisch gestaltet, auf die Präsentation ausgerichtet und arbeitet mit O-Tönen. Der Text für den Internetauftritt ist noch etwas knapper formuliert, printorientiert und arbeitet mit Überschriften und Fragesätzen. Außerdem ist er im Netz mit den entsprechenden Fotos multimedial aufbereitet.

Auf Übersicht, Planung und Konzeptionierung muss der Multimedia-Redakteur mehr noch setzen als bisher im Journalismus erforderlich. Er braucht als wichtige Kompetenz die Fähigkeit zu *vernetztem Arbeiten* und parallelem Denken. Die Umsetzungsmöglichkeiten in mehreren Medien sollte er stets im Auge haben.

Auch wenn der Arbeitsplatz des Multimedia-Redakteurs in der zentralen Online-Redaktion ist, muss er in die Planungen der anderen Medien einbezogen sein, z. B. regelmäßig an Sitzungen dort teilnehmen (vgl. Beitrag »Radio und Internet«).

Besondere technische Fähigkeiten braucht der Online-Redakteur nach wie vor, der crossmedial zuarbeitende Radio-Journalist inzwischen aber wesentlich weniger als noch in den Anfangszeiten des Netzes.
Inzwischen sind überall Redaktionssysteme oder Content-Management-Systeme im Einsatz, mit denen jede/r nach kurzer Einarbeitungszeit umgehen kann.

Der Audioredakteur der Zukunft arbeitet nicht unbedingt in einem Radiosender. Beispiel: »Die Süddeutsche Zeitung zum Hören« mit dem Angebot *sz-audio.de*. Ein eigenes Redaktionsteam setzt dafür in Zusammenarbeit mit den SZ-Printredaktionen und der Redaktion von sueddeutsche.de täglich Themen aus den Kernressorts der Zeitung auditiv um. Im Vordergrund stehen kreative Darstellungsformen aus dem Audiobereich zur begleitenden Berichterstattung der Druckausgabe. Gefragt sind dabei vor allem Magazinformen, die natürlich O-Töne oder Musik enthalten. Betextet und vertont werden auch Videos.

Ein Auszug aus dem »Ausbildungsplan Hörfunk-Volontariat Süddeutsche Zeitung Audio«:

Ressort, Abteilung/externe Weiterbildung	Ausbildungsziele
SZ Audio Redaktion	Selbstständige Recherche, Verfassen und Erstellen von Audiobeiträgen inkl. Vertonen, selbstständiges technisches Einpflegen in Verbreitungskanal Online bzw. Radio, Websiteoptimierung
Nachrichten/Aktuelles Newsdesk von sueddeutsche.de	Aktuelle Produktion von sueddeutsche.de
Süddeutsche Zeitung	Kennen lernen Ablauf Zeitungsproduktion, Korrespondententätigkeit
Süddeutsche TV	Kennenlernen TV Produktion
Sueddeutsche.de Berlin	Aktuelle Produktionen für sueddeutsche.de und SZ Audio von Berlin aus

Auf Praktikanten im Online-/Audiobereich der Süddeutschen Zeitung kommt die Mitarbeit bei folgenden Tätigkeiten zu (Ausschreibungstext): »Aufgabenbereiche sind redaktionelle Tätigkeiten wie das selbstständige Erstellen von Audiobeiträgen von der Recherche bis zum Vertonen, der Weiterverarbeitung von Audiostreams sowie die tontechnische Betreuung von externen Aufnahmen. Daneben steht auch die Pflege von Internetseiten und Podcastforen sowie die Formatentwicklung auf dem Dienstplan«.

Auf die journalistische Qualifikation von Bewerber/innen wird in allen Online-Redaktionen besonderer Wert gelegt, erst in zweiter Linie auf Erfahrungen im Multimedia-Bereich. Patrick Bürgler, Redaktionsleiter news.online beim Schweizer Radio DRS, betont aber auch: »Bei Anstellungen achten wir auf die Affinität zum Multimediabereich und befragen die Kandidat/innen zu ihrer Fähigkeit des modularen und vernetzten Denkens«.

[1] Dieser und der folgende Absatz basieren auf dem Aufsatz von Hans Helmreich, »Spezialist oder Eier legende Wollmilchsau«, erschienen in Thorsten Quandt, Wolfgang Schweiger, Journalismus online – Partizipation oder Profession? (VS-Verlag, Wiesbaden 2008)

Weiterführende Literatur:

Walther von La Roche, Einführung in den praktischen Journalismus. Mit genauer Beschreibung aller Ausbildungswege Deutschland Österreich Schweiz (18. Auflage, Econ, Berlin 2008)

Den Entwurf eines Tarifvertrags für das Online-Volontariat findet man in der Broschüre »Journalist/in werden?« des Deutschen Journalisten-Verbands

Aus- und Fortbildung

Aus- und Fortbildung in der ARD

Die öffentlich-rechtlichen Rundfunkanstalten bieten Praktika, Hospitanzen und Volontariate nicht nur aus gesellschaftlicher Verpflichtung an; sie gewinnen auf diese Weise auch Nachwuchskräfte für ihre Programme. Die einzelnen Sender unterscheiden sich enorm, was ihre Finanzkraft bzw. Art und Zahl der Programme angeht. Entsprechend unterschiedlich ist auch die Ausbildung geregelt. Namen und Anschriften der ARD-Sender finden sich (mit weiteren Informationen) im »ARD-Jahrbuch« oder im Internet (intern.ard.de).

Das Praktikum. Mit Praktika unterstützen die Sender Journalistenschulen, Journalistik-Studiengänge und andere Einrichtungen überbetrieblicher Ausbildung. Deren Studenten bzw. Absolventen erhalten begleitend zu oder nach ihrer Ausbildung die Möglichkeit, durch praktische Mitarbeit und durch Einblicke in die Redaktionspraxis Programmerfahrung zu sammeln.

Die Hospitanz/Hospitation ist für Bewerber vorgesehen, die erste publizistische Gehversuche hinter sich haben und ihre Eignung für den Radio-Journalismus praxisnah testen wollen. Manche Sender bieten für diese Bewerber *Einführungskurse* an, damit sie beim Einsatz in den Redaktionen auf Anhieb brauchbare Beiträge liefern können. Die Länge der Hospitanz schwankt zwischen vier Wochen und drei Monaten.

Als Voraussetzung für eine Hospitanz brauchen Bewerber neben einigen Semestern Studium journalistische Grundkenntnisse, in der Regel bei Zeitungen und Privat-Radios erworben. Wer dabei auch schon Wissen über das Programm des Senders zeigt, erhöht seine Chancen deutlich. Manche Sender vergeben Hospitanzen nur an Kandidaten, die noch studieren, andere auch an Bewerber mit Examen.

Das Volontariat ist eine *systematische Ausbildung* zum Hörfunk- und/oder Fernsehredakteur. Es dauert beim öffentlich-rechtlichen Rundfunk *18 bis 24 Monate*, umfasst bei allen Sendern *Hörfunk und Fernsehen sowie die Online-Arbeit,* ist also cross-medial angelegt, bietet aber die Möglichkeit, persönliche Schwerpunkte zu setzen (vgl. Beitrag »Ausbildugsziel crossmediales Arbeiten«). Im Detail ist das Volontariat von Sender zu Sender unterschiedlich. Beim Deutschlandfunk/Deutschland-Radio (kein Fernsehprogramm) findet die Ausbildung sowohl in Köln wie in Berlin statt (jeweils neun Monate), Fernsehen kann als freiwillige externe Stage Teil des Volontariats sein. Das ZDF-Volontariat beschränkt sich ganz auf Fernsehen und Online.

Journalistische Professionalität wird bei der Volontärsausbildung nicht nur in Seminaren, sondern vor allem in der konkreten Anwendung vermittelt. In vielen Kursen wie Recherche, Interview, Reportage und Texten bemühen sich Trainer, das handwerkliche Können der Volontärinnen und Volontäre zu vertiefen. Bei Seminaren wie Kommunal- und Landespolitik oder Gerichtsberichterstattung sollen den Teilnehmern Sachkenntnisse vermittelt werden. In manchen Kursen beschäftigt man sich auch mit dem journalistischen Selbstverständnis, der Verantwortung der Medien und der Medienschaffenden.

Voraussetzungen für Volontariate. Die meisten Sender setzen eine – inzwischen aus juristischen Gründen nicht mehr ausdrücklich formulierte – Altersgrenze bei 30 Jahren und erwarten neben einem Studium journalistische Erfahrungen. Mehrere Sender bevorzugen Bewerber, die sie von einer Hospitanz her kennen oder machen Hospitanzen im eigenen Haus sogar zur Voraussetzung. Andere setzen auf eine Kombination verschiedener Tests.

→ Tipp: Auch wenn ein Sender Hospitanzen oder Praktika im eigenen Haus nicht zur Voraussetzung für ein Volontariat macht, zu empfehlen sind sie dennoch. Sie können die Erfolgsaussichten verbessern.

Die Auswahlverfahren sind meist (wie bei Journalistenschulen) mehrstufig und aufwendig, um den bestmöglichen Nachwuchs zu rekrutieren. Getestet wird Sachwissen, Eignung für den Beruf und soziale Kompetenz. Interessenten ist dringend zu empfehlen, sich durch hohe Mitbewerberzahlen nicht abschrecken zu lassen, sondern diese Verfahren als Chance zu nutzen.

➜ Tipp: Sich vorher in der Ausbildungsabteilung und bei Volontären über Ablauf und Anforderungen zu informieren, hilft bestimmt. Wertvolle Hinweise bietet das Internet-Angebot der Sender. Manche zeigen alte Tests zum Ausprobieren.

Ein Volontariat ist bei einigen Sendern Bedingung für eine Anstellung als Redakteur oder Beschäftigung als freier Mitarbeiter. Es nützt dem Absolventen in jedem Fall, wenn es auch keine Karrieregarantie einschließt.

Informationsmaterial der Sender im Internet bietet eine Orientierung über die Bewerbungsmodalitäten für Praktikum, Hospitanz oder Volontariat (vgl. Beitrag »Erfolgreich in Praktikum und Hospitanz«).

➜ Tipp: Wer sich so bewirbt, wie es darin empfohlen wird, kommt möglicherweise schneller zum Zug als Mitbewerber, die es einfach mit einer Bewerbung nach Gutdünken versuchen. Bei Online-Bewerbungen ist das Verfahren ohnehin festgelegt.

Ständige Fortbildung der Mitarbeiter ist nötig, weil Radio, Fernsehen und die Online-Medien sich in atemberaubendem Tempo verändern. Es geht um Hardware und Software, um technisches Know-How, journalistische Qualifikation, Sach- und Hintergrundwissen, die Einübung neuer Techniken und Verfahren für den Gebrauch im Programm-Alltag. Zudem werden größere organisatorische oder programmliche Veränderungen häufig mit Fortbildungsmaßnahmen begleitet.

Auf zwei Beinen steht die Fortbildung im öffentlich-rechtlichen Rundfunk: Da ist zunächst das *hauseigene Angebot der Sender.* Zum anderen bietet die von allen Sendern getragene

ARD/ZDF-Medienakademie Fortbildungskurse für Mitarbeiter aller Sender. Angeboten werden Workshops, Trainings, Kurse und Seminare, die auf die Bedürfnisse der Rundfunkmitarbeiter zugeschnitten sind. Häufig geht es auch um technische Aspekte und den Einsatz von Computern. Die Medienakademie ist aus der »Zentralen Fortbildung Programm« (ZFP) und der »Schule für Rundfunktechnik« (srt) hervorgegangen. Hauptsitz ist in Nürnberg, Filialen bestehen in Wiesbaden und Hannover. Während die hausinternen Angebote der Sender nur eigenen Mitarbeitern offenstehen, kann man die überbetrieblichen Kurse der Medienakademie als Selbstzahler nutzen, ohne Mitarbeiter eines öffentlich-rechtlichen Senders sein zu müssen. Kontakt: www.ard-zdf-medienakademie.de

🖳 Einstellungstests

Aus- und Fortbildung beim Privatfunk

Die Mehrzahl der privaten Hörfunksender bildet mittlerweile auch Volontäre aus. Ein Ausbildungstarifvertrag liegt allerdings nur mit dem Tarifverband Privater Rundfunk (TPR) vor und hat rechtliche Bindung nur bei dessen Mitgliedern. Bei den nicht gebundenen Sendern ist die Qualität der Ausbildung sehr unterschiedlich.

Auskünfte über Anzahl und Anschriften der Sender in den jeweiligen Bundesländern geben die zuständigen Landesmedienanstalten. Informationen über ausbildende Sender erhält man bei den Arbeitgeber-Organisationen des Privatfunks »Arbeitsgemeinschaft Privater Rundfunk (APR)« und »Tarifverband Privater Rundfunk (TPR)« oder direkt bei den Sendern.

Art der Ausbildung: Vor allem bei den kleinen Lokalsendern ist die Ausbildung in der Regel auf die besonderen Bedürfnisse des Betriebes zugeschnitten. Vermittelt wird, was erforderlich ist, um Sendungen zu machen. Dazu gehört neben Kenntnissen im Umgang mit der Technik die Fähigkeit, kurze und prägnante Beiträge zu produzieren. Eine wirkliche Ausbildung, wie zum

Beispiel in den Printmedien üblich, ist bei diesen Sendern eher die Ausnahme. Selbst nicht alle größeren, in den meisten Fällen finanzstarken, Privatradios bieten ihren Volontären einen Ausbildungsplan, Ausbildungsredakteur oder überbetriebliche Ausbildung. Dies hat zur Folge, dass eine theoretische Ausbildung in den Grundlagen journalistischer Arbeit oft zu kurz kommt. Es liegt somit an den Volontären, sich diese Grundlagen durch die *Nutzung überbetrieblicher Ausbildungsangebote* selbst anzueignen. Hierfür gibt es eine Vielzahl von Journalistenschulen und Ausbildungseinrichtungen. Bei den Berufsorganisationen der Journalisten können die Adressen der seriösen Anbieter abgerufen werden (vgl. Beitrag »Radio-Kurse«).

Der Ausbildungsalltag im Privatfunk ist in der Regel *learning by doing*. Von einem Volontär in der Redaktion eines kleinen Privatsenders wird erwartet, dass er *nach kurzer Einarbeitung einen ausgebildeten Redakteur ersetzen* kann. Der Einstieg in den Beruf ist oft durch eine Vielzahl an Überstunden, wenig Urlaub, schlechte Bezahlung sowie einen Mangel an sozialer Absicherung geprägt. Nicht jeder Sender bietet zudem eine Ausbildung an, die für eine spätere journalistische Tätigkeit qualifiziert. Es empfiehlt sich daher, vor Beginn des Volontariats *die wesentlichen Eckpunkte der Ausbildung schriftlich* festzulegen.

Im schriftlichen Ausbildungsvertrag sollte ausdrücklich die Ausbildung zum *Rundfunkredakteur* fixiert werden. Angaben sollten außerdem enthalten sein über:
- Art, sachliche und zeitliche Gliederung sowie das Ziel der Ausbildung,
- Anzahl und Art der Ausbildungsstationen,
- Beginn und Dauer der Ausbildung,
- vorgesehene Ausbildungsmaßnahmen außerhalb des Senders, z. B. in den überregionalen Redaktionen einer kooperierenden Zeitung oder eines Rahmenprogramms,
- Dauer der regelmäßigen Wochenarbeitszeit,
- Dauer der Probezeit (nicht länger als drei Monate),

- Zahlung und Höhe der Ausbildungsvergütung,
- Dauer des Urlaubs,
- rechtzeitige Mitteilung der Übernahme in ein Angestelltenverhältnis,
- Art und Umfang des auszustellenden Zeugnisses.

Der Deutsche Journalisten-Verband e. V. (DJV) bietet einen *Musterausbildungsvertrag* an, der sich im Wesentlichen an den bei Printmedien üblichen Regelungen orientiert. Dieser kann bei der Bundesgeschäftsstelle des DJV (Bennauerstraße 60, 53115 Bonn; djv.de) angefordert werden.

Fortbildung beim Privatfunk. So wie es bei ARD und ZDF Jahrzehnte gedauert hat, bis mit der ZFP (jetzt ARD/ZDF-Medienakademie) ein geregeltes Fortbildungssystem aufgebaut wurde, herrscht beim privaten Hörfunk rund zwei Jahrzehnte nach seinem Entstehen noch reines Gutdünken und es gilt im Wesentlichen (aber auf den letzten Stand gebracht) auch weiterhin, was der langjährige Privatfunk-Programmdirektor und -Berater Hermann Stümpert in der Vorauflage zu diesem Thema geschrieben hat: Radio NRW (auch der WDR u. die Landesmedienanstalt NRW) waren an der Deutschen Hörfunkakademie in Oberhausen beteiligt, die aber Ende 2008 geschlossen wurde. Über die Vermarktungsfirma RMS fördert der Privatfunk die Hamburg Media School (HMS). Grundsätzlich überlassen die Privatsender aber weitgehend ihren Mitarbeitern die Initiative, ob sie an Fortbildungsveranstaltungen teilnehmen wollen oder nicht. Solche Kurse auch für Teilnehmer aus dem Privatfunk werden z. B. von der ARD/ZDF-Medienakademie angeboten (vgl. Beitrag »Aus- und Fortbildung in der ARD«).

Zeit ist Geld. Viele der mittleren und kleinen deutschen Privatsender ermutigen externe Fortbildung kaum, da ihr enges Personalgerüst die ein- bis zweiwöchige Entsendung von Mitarbeitern zu Seminaren eigentlich nicht zulässt.

Training on the job ist dagegen eine bei gut organisierten Privaten verbreitete Fortbildungsmaßnahme. Die praktische Fortbildung der Mitarbeiter gehört direkt zu den beruflichen Aufgaben des Programmdirektors. So zählt es zu seinen Pflichten, mit allen »On Air«-Kollegen, ob alte Hasen oder Neulinge, regelmäßig Airchecks (vgl. dort) durchzuführen. Dabei hört er mit einem Moderator allein oder in großer Runde eine von dessen Sendungen an, weist auf handwerkliche Fehler hin, gibt Tipps und Hinweise und vermittelt seine Vorstellung vom Sound des Senders.

In-House-Seminare. Viele Sender engagieren Berater und Trainer, um gezielt qualitative Defizite oder Schwächen bei der Umsetzung des Formats auszuräumen. Stimmliche Fortbildung, Nachrichten-Seminare oder Motivations-Veranstaltungen und anderes mehr werden da angeboten. Große landesweite Sender haben *eigene Moderationstrainer*.

Initiative erwünscht. Generell gilt in der oft hektisch-dynamischen Arbeitsatmosphäre privater Sender: Wer etwas haben oder erreichen will, muss sich rühren. Die meisten Geschäftsführer und Programmdirektoren reagieren positiv auf Eigeninitiative. Das gilt insbesondere, wenn ein Kollege Fortbildungsbedarf anmeldet, diesen wohl begründen kann und eine betriebsverträgliche Lösung über seine Vertretung gleich mit vorschlägt. 🖳 Einstellungstests

Aus- und Fortbildung in Österreich

Neben der Ausbildung beim ORF gibt es Praktika bei Privatradios sowie Lehrgänge an Universitäten, Fachhochschulen und von privaten Veranstaltern (s. unten).

Der ORF als Ausbildungsstätte. Der Einstieg in den ORF erfolgt über das sogenannte Assessment-Center: In einem standardisierten, mehrstufigen Testverfahren werden Allgemeinwissen, journalistische Neugier, Kreativität, Mikrofonstimme etc. abgetestet. Hat der Bewerber diese Tests erfolgreich absolviert, steht ein

weiterer Testtag auf dem Programm, an dem vor allem Persönlichkeit und Teamfähigkeit überprüft werden (http://jobs.orf.at/).

Das Human Resources Management des ORF bietet Mitarbeitern vielfältige Seminare zur Förderung der Fach-, Methoden-
und Sozialkompetenz an – angefangen von PC-Schulungen über
Technikseminare aller Art, Projektmanagement oder Selbst- und
Zeitmanagement bis hin zu Schulungen in allen Details der Programmarbeit in Radio, Fernsehen und Internet.
Der Wissenstransfer erfolgt auf mehreren Ebenen: in (offenen)
Kursen, bei Workshops oder – nach Bedarf – maßgeschneidert
für individuelle Anforderungen; auch eine Onlinebibliothek kann
zu Rate gezogen werden. 2007 fanden über 1300 Schulungen
statt. Weit mehr als 1000 Kurse jährlich werden angeboten.

Für Radiojournalisten bietet der ORF neben *Spezialseminaren*
einen *journalistischen Grundkurs*. Er erstreckt sich über mehrere
Wochen und reicht von »theoretischem Wissen« (Rundfunkge-
setz, Verwaltungstechnisches, etc.) bis zur praktischen Kenntnis
des Handwerks (Umgang mit dem Mikrofon, Gestalten von Beiträgen, etc.). Mit dem Bereich des Chefsprechers wird das weite Feld
der richtigen Aussprache und Stimmbildung abgedeckt.

Für die nächsten Jahre plant der ORF zusätzlich zum bisheri-
gen fachlichen und methodenorientierten Seminarangebot den
systematischen Aufbau von E-Learning-Plattformen – auch für
Radiojournalisten. Zurzeit stehen bereits hunderte Skripten –
auch zu Radiojournalismus – online. Anfang 2009 folgen die ersten E-Learningkurse zu den ORF-internen Archivsystemen. Weitere thematische Angebote sollen bis Anfang 2010 via »Wilma«,
dem Wissens- und Lernmanagementsystem des ORF, jedem
ORF-Mitarbeiter zugänglich sein.

Radiojournalismus findet sich im Kursangebot folgender Aus-
bildungsinstitute:

- Donauuni Krems (http://www.donau-uni.ac.at)
- Fachhochschule Joanneum, Graz (www.fh-joanneum.ac.at)

- Fachhochschule St. Pölten (http://www.fh-stpoelten.ac.at)
- Fachhochschule Wien (http://www.fachhochschulen.at/FH/
  Studium/Journalismus_&_Medienmanagement, B. A._215.htm)
- Friedrich Funder Institut (www.ffi.at)
- Journalistenakademie Oberösterreich (http://www.journalis-
  tenakademie.at)
- Katholische Medienakademie (www.kma.at)
- Kuratorium für Journalistenausbildung (www.kfj.at)
- Medienakademie Euregio Pannonia (http://www.medienaka-
  demie.at/)
- Medienhaus Wien (www.medienhaus-wien.at)
- polycollege Stöbergasse (www.polycollege.ac.at)
- Universität Wien (www.univie.ac.at/publizistik)
- Wifi Tirol (http://www.tirol.wifi.at)

Weiterführende Literatur:

Kapitel »Österreich«; in: Walther von La Roche, Einführung in den praktischen Journalismus. Mit genauer Beschreibung aller Ausbildungswege, Deutschland, Österreich, Schweiz (18. Auflage, Econ Journalistische Praxis, Berlin 2008)

Aus- und Fortbildung in der Schweiz

Ausbildungsmöglichkeiten bestehen bei der Schweizerischen Ra-
dio- und Fernsehgesellschaft *SRG-SSR idée suisse* und bei den
privaten Lokalradios. Diese schicken ihre Auszubildenden in der
Regel an die *Schweizer Journalistenschule* (MAZ). Das Schwerge-
wicht in allen Ausbildungsangeboten hat einen starken Praxisbe-
zug (Verbindung der Kurse mit dem »Training on the job«).

Bei Schweizer Radio DRS (Teil der SRG-SSR, der für die deutsche Schweiz Radiogramme produziert) ist die wichtigste Aus-
bildungsmöglichkeit der Stage (Volontariat).

Ein Stage bei Schweizer Radio DRS bietet eine umfassende radiojournalistische Grundausbildung. Er dauert in der Regel an-
derthalb Jahre. Das Angebot beträgt sechs Stellen pro Jahr. Es
ist auf den zukünftigen Personalbedarf ausgerichtet. Jährlich

bieten jedes der drei Programme und jeweils drei Regionalre-
daktionen Stage-Stellen an. Seit Kurzem läuft auch beim Jugendsender ›Virus‹ ein verkürzter Stage von sechs Monaten.

Die Grundausbildung der Stagiaires, wie auch neuer Pro-
gramm-Mitarbeiter/innen, ist nach dem Baukastenprinzip aufgebaut (28 Kurstage in mehreren Blöcken, verteilt auf ein bis
maximal zwei Jahre.). Dies erlaubt eine differenzierte und zielge-
richtete Ausbildung, entsprechend der Vorbildung und Erfahrung der neuen Mitarbeiter/innen und den Anforderungen von
Schweizer Radio DRS.

Zum Ausbildungsangebot gehören Workshops und Kurse in
den Bereichen Sprechen, Sprache, radiojournalistische Formen,
Recherche, Dokumentation und Archive, Moderation, rhetorische Kommunikation, Medienrecht und Medienethik.

Theoretische und praktische Ausbildung greifen in der Grundausbildung ineinander. Die Stagiaires werden während der ganzen Ausbildungszeit von einem Tutor als Berater betreut.
Im Zentrum des Stages steht die Einführung in die praktische radiojournalistische Arbeit in einer Stammredaktion. Die Tätigkeit in
der Stammredaktion wird ergänzt durch Praktika in verschiedenen anderen internen sowie externen Redaktionen. Weitere Auskünfte und Unterlagen: www.drs.ch/Offene Stellen/Ausbildung.

Die Schweizer Journalistenschule MAZ in Luzern bietet verschiedene Lehrgänge im Bereich Radio an: für Einsteiger einen
7-tägigen Kompaktkurs; für InteressentInnen, die bereits eine
Anstellung bei einem Medium haben, eine Diplomausbildung mit
90 Kurstagen, verteilt auf zwei Jahre; für alle schließlich, die bereits ein Studium absolviert haben, einen zweijährigen Master-
Studiengang (www.maz.ch).
Die *Zürcher Hochschule für Angewandte Wissenschaften (ZHAW)*
führt ein Bachelor-Studium zum Thema Journalismus/Organisati-
onskommunikation. Es vereint zwei Studienrichtungen, die üblicherweise nur getrennt angeboten werden: die journalistische und

jene im Bereich Unternehmenskommunikation (www.zhaw.ch). Radiokurse bietet der *Verein klipp&klang* (www.klippklang.ch). Die *Mediengewerkschaft comedia* hat einen Ratgeber zur Medienausbildung in der Schweiz veröffentlicht: »Allerhöchste Zeit zum Ausbilden« fasst Informationen zum Berufseinstieg, zu Kursen und Studien sowie Volontariatsstellen knapp und verständlich zusammen. Die Broschüre kann bei presse@comedia.ch bezogen werden.

Fortbildung: Im Bereich des Radiojournalismus bieten die SRG-SSR idée suisse ihren eigenen Mitarbeiter/innen und die Schweizer Journalistenschule MAZ in Luzern für Radioleute aller Sender ein systematisches und kontinuierliches Fortbildungsangebot an, das laufend aktualisiert wird.

Weiterführende Literatur:
Kapitel »Schweiz«; in: Walther von La Roche, Einführung in den praktischen Journalismus. Mit genauer Beschreibung aller Ausbildungswege, Deutschland, Österreich, Schweiz (18. Auflage, Econ Journalistische Praxis, Berlin 2008)

Erfolgreich in Praktikum und Hospitanz

Wer nicht gleich als freier Mitarbeiter anfängt (was, vor allem beim öffentlich-rechtlichen Rundfunk, immer schwerer wird), sammelt seine ersten Radio-Erfahrungen in der Regel als Hospitant oder Praktikant. Dabei gibt die Hospitanz Gelegenheit zum eher unverbindlichen Hineinschnuppern, zu ersten Informationen über die Arbeit beim Radio. Sie sollte mindestens vier Wochen dauern. Das Praktikum dagegen ist in der Regel länger (häufig drei Monate) und soll gezielte Berufsvorbereitung sein, etwa als Teil der Ausbildung an Journalistenschulen oder in Medien-Studiengängen.
Die oft unbezahlten Hospitanzen und Praktika sind sehr begehrt und deshalb meist nicht einfach zu bekommen.

Bei Bewerbungen versuchen Universitäten und journalistische Ausbildungsstätten zu helfen. Aber selbst so kann es schwer werden, besonders bei einem bestimmten Sender oder in einer gewünschten Redaktion, einen Platz zu finden.

➜ Tipp: Bewerbungen sollten mindestens ein halbes Jahr im Voraus abgeschickt werden, besser noch früher – vor allem für die Semesterferien.

Die Bewerbungsunterlagen müssen wirklich werben, zumindest also formal korrekt und fehlerfrei sein. Im Anschreiben (einfach vorbeikommen und sich vorstellen ist höchstens bei kleinen Privatsendern zu empfehlen) darf ein Hinweis auf die eigene Motivation und die Begründung dafür nicht fehlen, warum man sich um Hospitanz oder Praktikum bemüht, auch gerade bei diesem Sender oder in einer bestimmten Redaktion.

Wichtig ist, dass sich im *tabellarischen Lebenslauf* auch ein Hinweis auf journalistische Interessen und Betätigungen findet: evtl. schon absolvierte Hospitanzen/Praktika oder freie Mitarbeit, auch Erfahrungen bei einer Schülerzeitung oder beim Studentenradio etwa. Wer im Sportverein oder im sozialen Bereich Verantwortung für andere übernommen und dabei auch kommunikative Fähigkeiten bewiesen hat, sollte dies anführen.

Die Wunschredaktion (im Privatfunk gibt es allerdings meist nur *eine* Wortredaktion) kann im Bewerbungsschreiben genannt werden, besonders wenn der Wunsch sich mit fachlichen Vorkenntnissen oder anders gut begründen lässt. Klug ist, wer gleichzeitig darauf hinweist, dass er gern auch in andere Redaktionen gehen würde. Sonst wird vielleicht aus dem ganzen Praktikum nichts, weil gerade in der Wunschredaktion keine Plätze frei oder keine Mitarbeiter zur Betreuung vorhanden sind.

Die Wunschredaktion kann vielleicht auch im zweiten Anlauf erreicht werden – wenn Sie zuerst woanders eingeteilt wurden. Ist das Praktikum lang genug, ist manchmal ein Wechsel möglich. Eine entsprechende Bitte lässt sich besonders gut mit fachlichen Vorkenntnissen begründen. Gut beraten ist, wer erst nach erfolgreicher Tätigkeit in der ersten Redaktion vorsichtig seine

Fühler ausstreckt – oder (wenn es vorab eine generelle Einführung gibt) von Anfang an darum bittet. Manchmal wird ja auch kurzfristig etwas frei.

➜ Tipp: Zu kurze und gestückelte Praktika bringen weniger. Immer muss bei einem Wechsel der für die Ausbildung Zuständige eingeschaltet sein (auch wenn es auf dem »kleinen Dienstweg« von Redaktion zu Redaktion vorbereitet wurde).

Aktuelle Redaktionen sind grundsätzlich gut geeignet. Dort ist ständig viel zu tun und Hilfe immer willkommen. Wo viele kürzere Beiträge und manchmal auch einfachere Themen anfallen, ist die Chance zum Selbermachen am größten. Dies gilt auch für Privatradios, die ohnehin kaum Fachredaktionen haben und bei denen Hospitanten und Praktikanten in der Regel schnell zur Mitarbeit herangezogen werden.

Die richtige Vorbereitung. Wer den Sender, dessen Programm und die Aufgaben der Wunschredaktion schon kennt, findet sich schneller zurecht und kann sich von Anfang an besser einbringen. Also: Das Programm, wenn technisch möglich (on air oder streaming), vorher regelmäßig hören, den Online-Auftritt des Senders lesen und sich von der Pressestelle die Hauszeitung und anderes Informationsmaterial schicken lassen.

➜ Tipp: Versuchen Sie, jemanden ausfindig zu machen, der in diesem Sender (oder in der Wunschredaktion) schon als Hospitant oder Praktikant war und beziehen Sie dessen Erfahrungen in Ihre Vorbereitung mit ein.

➜ Tipp: Sehr nützlich kann auch eine »Bezugsperson« beim gewünschten Sender sein. Vielleicht gibt es dort eine Redakteurin oder einen Redakteur, die/der von Ihrer Journalistenschule oder Universität kommt, zu der/dem Sie also schneller Zugang finden können.

Der erste Tag im Praktikum könnte die eine oder andere unliebsame Überraschung bringen. Es hilft, daran schon einmal gedacht zu haben:

■ Die Redaktion hat vergessen, dass heute ein neuer Praktikant kommt: kein unfreundlicher Akt, das passiert schon mal
im oft hektischen Radioalltag.

■ Oft dauert es nach der Begrüßung einige Zeit, bis sich Ihr(e)
Bertreungsredakteur/in wieder um Sie kümmern kann: Das
Tagesgeschäft mit der Morgenkonferenz hat natürlich Vor-
rang. Also »nerven« Sie nicht gleich.

■ Es findet sich nicht (gleich) ein freier Schreibtisch: keine Miss-
achtung, in manchen Redaktionen sitzen die Kolleginnen und
Kollegen selbst eng beieinander.

■ Es nimmt sich keiner so richtig Zeit: keine Nachlässigkeit, Sie
haben vielleicht einen ungünstigen Tag erwischt.

➜ Tipp: Ruhig und freundlich bleiben, wenn's mühsam anläuft,
und im passenden Moment daran erinnern, dass Sie sich
gern möglichst schnell nützlich machen würden.

Die Einführung läuft normalerweise so: Der Ausbildungsredakteur, der Redaktionsleiter oder jemand, der mit der Betreuung
beauftragt wurde, gibt einige Erklärungen zur Redaktion, macht
den Praktikanten dann mit Kolleginnen und Kollegen bekannt,
weist einen Platz zum Arbeiten zu und lässt die Praktikantin oder
den Praktikanten dann erst einmal einem Kollegen über die
Schulter schauen zum Kennenlernen der Arbeitsabläufe.

Was das Praktikantenleben einfacher macht:

■ Seien Sie *pünktlich*. Auch wenn es allgemein beim Radio etwas lockerer zugeht, räumt man solche Freiheiten nicht unbedingt gleich jedem Praktikanten ein.

■ *Kleiden* Sie sich jedenfalls am Anfang »redaktionsüblich«,
weder allzu leger noch overdressed. Auffallen wollen Sie
doch mit Ihrer Arbeit, nicht mit Ihrer Kleidung.

■ Geizen Sie am Dienstende nicht mit der Zeit. Der *Blick auf die
Uhr* könnte als fehlendes Engagement gedeutet werden.

■ *Fragen* beweisen Interesse, aber nerven Sie nicht mit zu vielen *einzelnen*. Also Fragen sammeln und einen günstigen
Moment abwarten.

- Bestimmt fällt Ihnen bald das eine oder andere auf, was in der Redaktion oder im Programm (Ihres Erachtens) *besser gemacht* werden könnte. Überlegen Sie sich aber genau, ob Ihre Meinungsäußerung dazu nicht als voreilig erscheinen würde. Vielleicht tut es ja auch eine Frage, warum dies oder jenes so geregelt sei.

- Wenn man Sie nach Ihrer Meinung fragt, haben Sie eine – aber lassen Sie sich nicht in *redaktionsinterne Streitigkeiten* verwickeln. Sie wollen ja von allen noch etwas lernen.

- Bald werden Sie merken, von wem Sie besonders viel *lernen* können. Sagen Sie's ihm/ihr ruhig. Und nutzen Sie's.

- Setzen Sie sich ein *Ziel* für Ihr Praktikum, z. B. eine bestimmte Tätigkeit oder einen *Beitrag allein machen* zu dürfen. Bringen Sie das rechtzeitig ins Gespräch, damit die Zeit nicht zu knapp wird.

- Bitten Sie um *möglichst detaillierte Kritik*. Aus einem »war schon ganz gut« können Sie wenig lernen.

- Von gelungenen Beiträgen sollten Sie einen *Mitschnitt* erbitten. Gute Arbeitsproben helfen bei der nächsten Bewerbung.

- Besonders gute Beiträge solte man auch durchaus schon als Praktikant oder Hospitant für *Journalistenpreise* einreichen. Manche sind speziell für junge Journalisten ausgeschrieben (jährlich z. B. der Axel Springer-Preis/Radio). Wird man ausgezeichnet, kann das für den weiteren Berufsweg sehr hilfreich sein. Wenn es nicht gelingt, erneut versuchen. Die Fachzeitschift »journalist« veröffentlicht regelmäßig Ausschreibungen (unter Dokumentationen bei www.journalist.de zu finden).

- Bitten Sie am Ende des Praktikums um eine *Abschlussbesprechung* mit Hinweisen auf Ihre Stärken und Schwächen. Auch daran wird Ihr Engagement deutlich, und Sie wissen, woran Sie sind.

- Lassen Sie sich eine *Praktikumsbescheinigung* ausstellen. Manche Sender verbinden das auch mit einer Beurteilung, was noch besser ist. Fragen Sie nach, wenn die versprochene Bestätigung nach einigen Wochen noch immer nicht da ist. Sie brauchen sie bei ihrer nächsten Bewerbung (vielleicht gar um ein Volontariat bei diesem Sender).

Wenn das Praktikum ganz schlecht läuft, überlegen Sie erst einmal, was Sie vielleicht selber falsch machen und versuchen Sie, es besser zu machen. Wenn das nichts hilft:

- Bitten Sie Ihr(e)n Betreungsredakteur/in um ein Gespräch. Erklären Sie, warum Sie sich mit dem Praktikumsverlauf unzufrieden fühlen. Bitten Sie um Rat, was Sie besser machen können. Halten Sie sich mit Schuldzuweisungen an andere zurück, auch wenn Sie noch so sehr davon überzeugt sind, dass es nicht an Ihnen liegt. Verhärtete Fronten helfen Ihnen nicht.
- Bitten Sie Ihren Dozenten an der Universität (Journalistenschule usw.) telefonisch um Rat. Wenn Sie unsicher sind, auch schon vor dem Gespräch mit Ihrem/Ihrer Betreungsredakteur/in.
- Haben Sie eine »Bezugsperson« beim Sender, sprechen Sie mit ihr.

Weitere Mitarbeit. Stolz sein können Sie, wenn man Ihnen am Schluss Ihres Praktikums anbietet, noch den einen oder anderen Beitrag zu machen oder gelegentlich mitzuarbeiten. Sollte das nicht der Fall sein, Sie aber ein gutes Gefühl haben, dann fragen Sie ruhig von sich aus danach.
Pflegen Sie jedenfalls den Kontakt, vielleicht wollen Sie ja später noch einmal wiederkommen oder dort mitarbeiten.

Das Dankeschön dürfen Sie keinesfalls bei allen vergessen, die sich um Sie gekümmert haben (in manchen Redaktionen ist »eine Runde Kuchen« Tradition). Auch Ihre Nachfolgerin oder Ihr Nachfolger wird davon profitieren.

🖥 Erfahrungsbericht: Freie Radios als Einstieg – Vom Sendungbasteln zum Berufswunsch

Weiterführender Link:
www.praktika-offensive.de

Autoren

Jeder Autor wurde um fünf Zeilen Autobiografie gebeten. Wo uns längere Texte eingesandt wurden, haben wir jene Daten bevorzugt, die über den individuellen Weg zum Funk Auskunft geben.

MARGRIT BENECKE *(Formate für Einschaltprogramme)*, Jg. 1953, seit 2007 Geschäftsbereichsleitung Programm der ARD. ZDF medienakademie in Wiesbaden. Davor seit November 1990 Bereichsleiterin in der ZFP (Zentrale Fortbildung für Programm-Mitarbeiter ARD/ZDF) für den Hörfunk, Sprache und Sprechen, Marketing/Presse- und Öffentlichkeitsarbeit. Während dieser Zeit Lehrauftrag »Darstellungsformen des Radio-Journalismus« an der Uni Mainz. Von 1983 bis 1990 Redakteurin beim NDR. Davor Redakteurin in Dänemark. Studium der Germanistik, Politologie und Pädagogik in Hamburg. Mitarbeit an Publikationen zu den Themen Radiogeschichte und Hörfunk-Nachrichten.

RUTH BLAES, Dr. phil. *(Frei sprechen)*, geb. 1949, bis 2008 Leiterin der Zentralen Fortbildung der Programm-Mitarbeiter von ARD und ZDF (ZFP), Wiesbaden/Hannover. Studium der Sozial- und Kommunikationswissenschaften; während und nach dem Studium Mitarbeit bei Zeitungen, Hörfunk und Fernsehen; wissenschaftliche Mitarbeiterin am Publizistischen Institut der Universität München, seit 1978 bei der ZFP, Mit-Hrsg. »ABC des Fernsehens«; »Handwerk Nachrichten«; »Zukunftsmusik für Kulturwellen«; »Geschichten die das Medium schrieb«.

MICHAEL BOLLINGER *(Radiocomedy)*, geb. 1944 in Heidenheim/Brz., Redaktionsleiter und Teamchef Comics beim SWR. Volontariat u. Lokalred. »Heidenheimer Zeitung«, dann Bezirksausgaben »Kölner Stadt-Anzeiger«. Seit 1971 beim SWF, bis 1975 Unterhaltung, Tagesaktuelle Information und Service-Magazine. Spezialist für unterhaltende Informationsformen und Medizinjournalist. Jetzt im Vorruhestand Stellvertreter seines Nachfolgers Andreas Müller.

STEFAN BRAUN *(Sendung fahren)*, geb. 1954 im Saarland, beim Saarländischen Rundfunk zuständig für zentrale Programmaufgaben (insbes. Programmcontrolling) in der Programmdirektion und für technische sowie organisatorische Koordinationsfragen SR-Hörfunk/ARD, zuvor Redakteur in der Programmgruppe Information, Chef vom Dienst und Magazin-Moderator auf SR1 Europawelle, Studium in München (Literatur-, Theater- und Sprachwissenschaft), dort freier Autor zu Themen der Filmgeschichte und Medienästhetik. Seit 1985 beim SR, zunächst freier Mitarbeiter im Hörfunk (Zeitgeschehen) und Betreuer von Praktikanten und Volontären im SR-Nachwuchsstudio.

GABRIELA BRÖNIMANN *(Aus- und Fortbildung in der Schweiz)*, geb. 1963, Leiterin Ausbildung Schweizer Radio DRS, Journalistin, Produzentin und Redaktionsleiterin bei Schweizer Radio DRS; Studium Medien- und Kommunikationswissenschaft, Vorgesetztenausbildung IAP, WB in der Erwachsenenbildung, vor und während Studium Freie bei Printmedien und Lokalradio.

STEPHAN BRÜNJES *(Radio-Aktionen)*, geb. 1961 in Bremen, Chef vom Dienst NDR-Fernsehen, viele Jahre ZFP-Seminarleiter f. Radio-Aktionen, Lehraufträge an den Universitäten Lüneburg und Hamburg. Studium: Geschichte, Germanistik, Publizistik, Absolvent d. Henri-Nannen-Schule, Redakteur, Moderator NDR 2, Aufbau des Bereichs Radio-Aktionen, HUK-Journalistenpreis, Deutscher Umweltpreis f. NDR-Radioaktionen, Buchautor.

Autoren

AXEL BUCHHOLZ (vgl. Inhaltsverzeichnis), s. »Herausgeber« am Schluss.

GEORG DIEDENHOFEN (Aufsager/Nachrichten-Minute), geb. 1960, Redaktionsleiter der ARD-Talkshow »hartaberfair«, war geschäftsführender Programmdirektor von Klassik Radio, Chefredakteur von Antenne Bayern, beim Bayerischen Rundfunk und beim Rias als Redakteur und Reporter tätig. Er unterrichtet an verschiedenen Journalistenschulen.

WERNER DIESTE (Dem Programm Profil geben), geb. 1957 in Anröchte, seit Oktober 2001 Direktor des MDR-Landesfunkhauses Thüringen in Erfurt, zuvor Leiter des MDR BildungsCentrums in Leipzig, von 1992–1998 Wort-Chef bei MDR 1 Radio Thüringen in Weimar, zuvor Leiter der Redaktion Kip-NRW (»Kirche im privaten Hörfunkrahmenprogramm Radio NRW) in Essen, von 1984 – 1990 Studienleiter für Journalistenausbildung im »IFP Institut zur Förderung publizistischen Nachwuchses e. V.«. Studium der Germanistik, Geographie, Erziehungswissenschaften, Absolvent der dreijährigen studienbegleitenden Journalistenausbildung des IFP in München. Lehrbeauftragter am Seminar für Medien und Kommunikationswissenschaft der Universität Erfurt.

DIETER DÖRR, Dr. jur. (Trennung von Programm und Werbung, Ausloben von Preisen, Sponsoring), geb. 1952 in Tübingen, Prof. für Öffentliches Recht, Völker- und Europarecht, Medienrecht an der Universität Mainz, Direktor des Mainzer Medieninstituts, Mitglied der KEK), Studium und Promotion an der Universität des Saarlandes, Habilitation an der Universität zu Köln; 1988–90 Prof. am Institut für Internationale Angelegenheiten der Universität Hamburg, 1990–95 Justiziar beim Saarländischen Rundfunk; zahlreiche Veröffentlichungen zum deutschen und europäischen Rundfunkrecht.

JAN EGGERS (Radio und Internet, alle Stichworte Ins Netz damit), Jahrgang 1968, arbeitet als Projektredakteur für die Online-Redaktion des Hessischen Rundfunks. Zuvor war er dort Medien-und Technik-Redakteur, war am Aufbau der Welle hr-iNFO beteiligt und hat vier Jahre die hr-iNFO-Tagesredaktion geleitet. Mehr unter www.eggers-elektronik.de.

MARIA GERHARDS, M. A., (Medienforschung für den Hörfunk), Jg. 1966, seit 1994 Mitarbeiterin und seit 1997 Referentin in der SWF-, jetzt der SWR-Medienforschung/ Programmstrategie, Studium der Germanistik, Psychologie und Geschichte in Bonn, Publikationen (Auswahl): Jugendmedium Radio (in Media Perspektiven, 11/98), Mediensozialisation und Medienverantwortung (Hrsg. mit W. Klingler, G. Roters, 1999), Radioformate für die »Neue Mitte« (hrsg. mit W. Klingler u. a., 2002), Informationsnutzung und Medienauswahl 2006 (in Media Perspektiven, 12/06), Mediennutzung in der Zukunft (in Media Perspektiven 06/07), Das Social Web aus Rezipientensicht: Motivation, Nutzung und Nutzertypen (in: Kommunikation, Partizipation und Wirkungen im Social Web. Hrsg. von Ansgar Zerfaß, Martin Welker, Jan Schmidt. Köln 2008).

JOCHEN HEUER (Mini-Feature, O-Ton-Collage), Jahrgang 1946, von 1986 bis zu seinem Tod 1997 Leiter der Baden-Württemberg Redaktion des SDR. Während des Studiums der Volkswirtschaft an der Universität Erlangen/Nürnberg freier Mitarbeiter beim Erlanger Tagblatt, nach dem Examen Volontariat beim SDR, dann fester Freier beim SDR als Reporter, Autor, Moderator und Redakteur.

HANS-DIETER HILLMOTH (Aircheck, Das Programm als Markenartikel, Praxis der Hörfunkwerbung), geb. 1953 in Münster, Programmdirektor und Geschäftsführer Radio/Tele FFH (Hit-Radio FFH, planet radio, harmony.fm), Geschäftsführer DIGITAL 5 und RTL Hessen TV, Vorsitzender Radio-Fachbereich des VPRT. Dipl.-Ing. für

Autoren

Nachrichtentechnik (TU), Redakteur Westfälische Nachrichten (Münster), Fernseh-Redakteur Hessischer Rundfunk (Kassel), Leiter Radio Charivari, München und Leiter HF Münchner Zeitungsverlag (1986 – 89).

ULRIKE HÖFLEIN, Dr. phil. *(Archive)*, Jg. 1953, seit 2009 Leitung der Hauptabteilung Dokumentation und Archive des SWR in Stuttgart, von 2004 bis 2008 Leiterin der SWR-Abteilung Dokumentation und Archive. 1988 Volontariat beim SWF zur Dokumentationsredakteurin und wissenschaftlichen Dokumentarin.

GABRIELE HOOFFACKER, Dr. phil. *(Radio-Kurse)*, geb. 1959, Journalistin und Leiterin der Journalistenakademie in München, Spezialgebiet: Online-Journalismus. Organisatorin der »Münchener Mediengespräche« gemeinsam mit der Friedrich-Ebert-Stiftung, Autorin zahlreicher Fachbücher (u. a. Online-Journalismus, Reihe Journalistische Praxis), Lehraufträge am Masterprogramm Medien Leipzig, Vertrauensdozentin der Heinrich-Böll-Stiftung, Berlin.

FRANK JOHANNSEN *(Kulturbericht)*, Jahrgang 1950, Stellv. Programmdirektor HF/FS Saarländischer Rundfunk und Programmchef SR2 KulturRadio, zuvor seit 1982 »Aktuelle Kultur« beim SR. Studium der Germanistik, Geschichte, Visuellen Kommunikation, Staatsexamen, Zeitungsvolontariat, Redakteur bei der Hannoverschen Allgemeinen Zeitung.

HELGA KIRCHNER *(Dokumentation)*, geb. 1946 in Mönchengladbach, Chefredakteurin/Programmbereichsleiterin Politik des WDR Hörfunks, Referentin in der Journalistenausbildung, beteiligt an Volontärsauswahl und -ausbildung im WDR, nach Lehramtsstudium und Volontariat WDR-Redakteurin in verschiedenen Ressorts des Hörfunks, Autorin, Moderatorin, Kommentatorin für ARD-Tagesthemen, Ressortleiterin »Aktuelle Kultur« in WDR 3.

MICHAEL KLEHM *(Fest oder frei, Aus-und Fortbildung beim Privatfunk)*, Jahrgang 1956, Referent für Neue Medien beim Deutschen Journalisten-Verband (DJV), Studium der Rechtswissenschaft, Rechtsanwalt in Bonn.

PIT KLEIN *(Glosse)*, geb. 1940 in Köln, freier Journalist und Sprecher; bis 29. 2. 2000 beim SWR, zuletzt als Chefreporter Kultur für SWR 2. Vorher ARD-Korrespondent in Athen. Mittlere Reife, Versicherungskaufmann, Pauschalist im SDR-Jugendfunk in Karlsruhe, Reporter und Redakteur im Deutschlandecho des DLF in Köln, Korrespondent des SWF in Madrid (für mehrere Sender). Zahlreiche Reisen. CD-Veröffentlichungen (alle Conträr Musik):«Hört mal her, ihr Zeitgenossen«, »Leben ist Poesie«, »Der Black«.

WALTER KLINGLER, Dr. phil. *(Medienforschung für den Hörfunk)*, Jg. 1951, Leiter der SWR-Medienforschung/Programmstrategie, Studium der Soziologie, Zeitgeschichte und Politischen Wissenschaften an der Universität Mannheim. Publikationen (Auswahl): Radioformate für die »Neue Mitte« (Hrsg. mit M. Gerhards u. a., 2002), Digitale Spaltung. Informationsgesellschaft im neuen Jahrtausend, Trends und Entwicklungen (Hrsg. mit G. Roters, O. Turecek, 2003), Medienzeitbudgets und Tagesablaufverhalten (in Media Perspektiven 04/2006), Informationsnutzung und Medienauswahl 2006 (in MP 12/2006), Mediennutzung in der Zukunft (in MP 06/2007), Web 2.0: Nutzung und Nutzertypen (in MP 04/2007), na 2008 Radio II: Stabile Nutzungsmuster auch bei erweiterter Grundgesamtheit (in MP 10/2008).

JÜRGEN KÖSTER *(Radio-Spiele)*, geb. 1948 in Wuppertal, geschäftsführender Gesellschafter der Produktions- und Event-Agentur eurekaradio, Hannover. Zuvor bis 2008 geschäftsführender Gesellschafter »Deutsche RockRadio GmbH & Co. KG«, davor Programmdirektor FFN, Hörfunkchef NDR-Radio Niedersachsen, Chef vom Dienst/Wortchef Radio Schleswig-Holstein (RSH), freier Mitarbeiter beim SR, Jura-Studium.

Autoren

EKKEHARD KÜHN (*Feature*), geb. 1934, freier Autor von Features und Dokumentationen zu Themen, die besonders »akustisch« interessant sind. Während des (Germanistik-)Studiums Studentenkabarett, danach Texter und Regisseur bei Profi-Kabarett. Das erwies sich als gute Vorbereitung für das Schreiben von Sprechtexten.

ALEXANDER KULPOK (*Regeln fürs Schneiden*), geb. 1938, freier Journalist und Autor für Radio und Presse, bis 2004 Leiter ARD-Text, zuvor Leiter der ARD/ZDF-Videotext-Redaktion. 1966 – 70 stellv. Leiter des SFB-Zeitfunks, bis Mai 1980 Leiter des Berliner Büros von »ARD aktuell«, mehrere Jahre Lehrbeauftragter am Publizistik-Institut der FU Berlin und Vorsitzender des DJV-Landesverbandes Berlin. Veröffentlichungen u. a.: »Revolution auf dem Bildschirm – Videotext/Bildschirmtext« (mit Axel Buchholz).

WALTHER VON LA ROCHE (*vgl. Inhaltsverzeichnis*), siehe »Herausgeber« am Schluss.

WERNER G. LENGENFELDER (*Verpackungselemente*), geb. 1960 in München, Berater und Medientrainer, Geschäftsführer der Medien- und Eventagentur image GmbH. 1984 Zeitschriftenvolontariat, 1986 –1989 Musikredakteur, Marketingleiter und Studioleiter bei verschiedenen Sendern, seit 1990 frei tätig im gesamten deutschsprachigen Raum, u. a. für den MDR. Veröffentlichung: »Erfolgreich Präsentieren«.

GÜNTHER LINDINGER (*Ausbildungsziel crossmediales Arbeiten),* geb 1959, Partner und Senior Consultant der Medienberatungsfirma bci, Schwaig bei Nürnberg. Er arbeitet im Coaching und in der Strategie für Radio- und Fernsehsender in Deutschland, Österreich, der Schweiz und Südtirol; in der strategischen Kommunikation auch für Großunternehmen und Bundesbehörden. Absolvent der Deutschen Journalistenschule (Studiengang Dipl. Journ. an der LMU). Stationen im Radio: Redakteur im Bayerischen Rundfunk (Sozialpolitik, Aktuelles), erster Chefredakteur bei der Gründung von Antenne Bayern 1988, Rias und BLR.

NORBERT LINKE (*Das Manuskript sprechen, Fachsprache),* geb. 1955 in München, seit 1992 Leiter Nachrichtenredaktion Hit Radio FFH (Bad Vilbel, Hessen), Dozent Deutsche Hörfunkakademie (Oberhausen) und Business and Information Technology School (Iserlohn), Veröffentlichungen »Radio-Lexikon« (List Journalistische Praxis, München 1997) und »Moderne Radio-Nachrichten« (Verlag Reinhard Fischer, München 2007).

LUDWIG MAASSEN, Dr. phil. (*Aus-und Fortbildung in der ARD),* geb. 1947. Leiter der Ausbildungsredaktion des BR, Beiratsmitglied der ARD/ZDF-Medienakademie. Während des Studiums Mitarbeit bei Presse, Nachrichtenagenturen, Hörfunk und Fernsehen. Seit 1983 in der Journalistenausbildung tätig. Diverse Lehraufträge und Publikationen.

ROLAND MACHATSCHKE (*Kompaktsendung*), geb. 1940 in Wien, bis 2002 Intendant von Radio Österreich International, davor Chefredakteur ORF-Fernsehen, bis 1994 Ressortleiter (Umschau-Sendungen, Außenpolitik) im ORF-Radio. 1965 –1968 BBC German Service in London. Gastprofessor an der Europäischen Journalismus Akademie. Lehrbeauftragter am Institut für Publizistik und Kommunikationswissenschaft der Universität Wien.

SANDRA MAISCHBERGER (*Eine Reportage als Beispiel),* geb. 1966 in München, FS-Moderatorin und -Interviewerin, seit 2003 »Menschen bei Maischberger«, ARD/WDR; davor u. a. »Maischberger« bei ntv, »SPIEGEL TV Interview« bei VOX, Interviewmagazin »0137« bei Premiere, »Talk im Turm« bei SAT. 1 sowie »Live aus dem Schlachthof« beim BR; Schülerin der Deutschen Journalistenschule in München, nach dem Abitur Freie beim BR, bei der Münchner Stadtzeitung, beim Musik-Express/Sounds und bei SWF 3; Preise: Deutscher Fernsehpreis, Goldene Kamera. Hanns-Joachim-Friedrichs-Preis, Medienpreis für Sprachkultur.

JOHANNES MARCHL (*Mit Mikrofon und Recorder richtig aufnehmen*), geb. 1962 in Regensburg, seit 1991 freier Mitarbeiter beim Bayerischen Rundfunk, u. a. als Moderator und Redakteur für das HF-Magazin »orange« und für die FS-Sendung »quer«, seit 1993 Trainer in der Hospitanten- und Volontärsausbildung des BR, Studium Geschichte und Politik in Regensburg und Boulder/USA, Volontariat beim BR.

STEFANIE MARKERT *(Korrespondentenbericht aus dem Ausland)*,geb. 1965, Redakteurin/Moderatorin bei MDR info, vorher ARD-Auslandskorrespondentin in Paris und Moskau, Praktikum bei der Stiftung »Journalisten in Europa« in Paris, Redakteurin Außenpolitik und Moderatorin beim Jugendradio DT64, Studium: Slawistik und Romanistik für Dolmetscher und Übersetzer in Berlin und Moskau, Kurt-Magnus-Preis 1998.

KATJA MARX *(Nachrichten-Präsentation)*, geb. 1965, Hörfunk-Chefredakteurin und (seit 2009) Programmchefin hr-INFO, vorher: Leiterin des Bereichs Aktuelle Information, Nachrichtenchefin des HR, Redakteurin, Korrespondentin. Stationen: SWR Stuttgart und Berlin, ARD-Studio Moskau, DIE ZEIT. Studium der Politikwissenschaft und Slavistik. Deutsche Journalistenschule. Hans-Jäckh-Preis, Kurt-Magnus-Preis der ARD.

EVA-MARIA MICHEL *(Medienrecht für Radio-Journalisten)*, geb. 1957 in Schwäbisch Hall, Justiziarin und stellv. Intendantin des Westdeutschen Rundfunks in Köln. Ausbildung für den gehobenen Verwaltungsdienst, Diplom-Verwaltungswirt und Studium der Rechtswissenschaften in Heidelberg und Tübingen; 1988 bis 1996 Referentin in der Rechtsabteilung des Süddeutschen Rundfunks; 1996/1997 Justiziarin des Saarländischen Rundfunks; seit 1997 WDR-Justiziarin und zudem Januar 2008 zudem stv. Intendantin; Veröffentlichungen zum deutschen und europäischen Rundfunkrecht.

KONRAD MITSCHKA *(Aus- und Fortbildung in Österreich)*, geboren 1969 in Wien, leitet den Bereich Training/Förderung des Human Resources Management im ORF. Journalistische Erfahrung: 1987 Redakteur (ORF-Fernsehen), 1990 Sendungsverantwortlicher bei Ö3. Seit 1997 Berater und Vortragender u. a. an der Universität Wien. Veröffentlichte mehrere Sachbücher (u. a. »Wandelwörter. Kleines Konversationslexikon zu Change und Management").

ANNETTE MOLL *(Die eigene Audio-Workstation, An der Audio-Workstation schneiden und produzieren)*, geb. 1967, seit Sept. 2003 Leiterin der Volontärsausbildung an der ems, ElectronicMedia School, Potsdam-Babelsberg. Freie Autorin und Medientrainerin. 2000 – 2001 Juniorkorrespondentin im HR-Gruppenstudio Washington. Anschließend freie Hörfunk-Journalistin für ARD, Deutschlandfunk, Deutsche Welle, ORF in den USA. Zuvor ab 1995 Reporterin bei Antenne Brandenburg des RBB. Moderations- und Reportertraining beim SR.

SABINE NEU *(Musik-Moderation, Musik-Programme mit dem Computer erstellen)*, geb. 1961 in Saarbrücken, Radio-Beraterin, zuvor Programmdirektorin Radio rpn (Österreich), Programmdirektorin delta Radio (Kiel), stv. Programmdirektorin Hitradio FFH (Frankfurt), Musikchefin R. SH (Kiel), Freie beim SR.

JOSEF OHLER *(Nachrichten)*, geb. 1937, ehemaliger Leiter der Nachrichtenredaktion beim Saarländischen Rundfunk. Studium in Mainz, Köln und München: Geschichte und Germanistik. Freie Mitarbeit bei Zeitungen und Radio. Von 1964 bis 2002 beim SR. Lange Jahre Ausbildungsbeauftragter, Dozent bei der ARD/ZDF-medienakademie (vormals ZFP) und anderen Fortbildungseinrichtungen. Mitautor (mit Dietz

Autoren

Schwiesau) von »Die Nachricht in Presse, Radio, Fernsehen, Nachrichtenagentur und Internet«. Mitherausgeber von »Radio-Nachrichten« (beide List Journalistische Praxis).

THOMAS PEILER, Dr. rer.nat., Dipl.-Ing. *(Im Studio und mit dem Ü-Wagen produzieren)*, geb. 1955 in Kassel, Leiter des Fachbereichs Betriebstechnik beim Saarländischen Rundfunk, Studium Diplomingenieur Elektrotechnik an der Universität des Saarlandes in Saarbrücken, 1985 Promotion auf dem Gebiet der digitalen Satelliten-Empfängertechnik, seit 1986 beim SR.

INA RUMPF *(Programm-Promotion)*, geb. 1957, seit 2008 freie Hessen-Reporterin für den HR, seit 2001 Beratung und Kommunikationstraining (»rumpfprogramm.com«), 1995 bis 2001 Chefredakteurin Radio Köln, 1990 bis 1995 Chefin vom Dienst, Moderatorin, dann stv. Chefredakteurin radio ffn, 1980 bis 1990 Moderatorin, Reporterin, Autorin SWF 1, SWF 2, SWF 3, RIAS 2, WDR 2. Studium: Germanistik, Publizistik, Rechtswissenschaften/Mainz.

BIRGIT SCHAMARI *(Das Manuskript)*, geb. 1943, Lehrbeauftragte am Journalistischen Seminar der Universität Mainz, bis Ende 2008 (seit März 2003) Programmchefin des Informationsradios »hr info« und Leiterin der »ARD-Börse« beim Hörfunk des Hessischen Rundfunks, zuvor Leiterin des Programmbereichs »Wirtschaft, Arbeit, Technik, Wissenschaft« sowie Aufbau und Leitung des ersten digitalen hr-Programms »hr chronos«. Davor: langjährige Moderatorin, Redakteurin und Reporterin der aktuellen Zeitfunk-Magazine.

HANS-REINHARD SCHEU *(Sportreportage)* geb. 1941 in Wiesbaden; Reportage-Trainer und Autor, bis 2006 Chefreporter Sport im SWR; Studium der Volkswirtschaft in Mainz, 1971 Festanstellung in der HA Sport des SWF Baden-Baden; ARD-Fachreporter für Fußball, Tischtennis, Nordischen Skisport und Formel 1; Fortbildungsseminare für die ZFP/ARD/ZDF-Medienakademie; zahlreiche journalistische Auszeichnungen.

MARKO SCHLICHTING *(Podcasts und Webradios)*, geb. 1965 in der Nähe von Hannover, Redakteur bei der Hörfunkagentur BLR/Radiodienst in München. Dozent an der Journalistenakademie Dr. Hooffacker und Partner in München, Mitinitiator und Mitarbeiter der weltweit ersten Ausbildung im Bereich »Onlineredakteur für Blinde«, Herausgeber des wöchentlichen »Markos Medienpodcast« auf http://markos-medienpodcast.podspot.de

DIETZ SCHWIESAU, Dipl.-Journalist *(Der Sender, die Jobs)*; geb. 1961 in Haldensleben, Chef Nachrichten/Zeitgeschehen MDR 1 Radio Sachsen-Anhalt. Volontariat, Journalistikstudium, Redakteur beim DDR-Rundfunk in Berlin und beim Sachsenradio in Leipzig. 1992–2000 Nachrichten- und Zeitfunkchef beim Nachrichtenradio MDR INFO in Leipzig und Halle. Lehraufträge, Tätigkeit in der Aus- und Fortbildung. Zahlreiche Veröffentlichungen, Mitherausgeber von »Radio-Nachrichten«; gemeinsam mit Josef Ohler Mitautor von »Die Nachricht in Presse, Radio, Fernsehen, Nachrichtenagentur und Internet« (beide List Journalistische Praxis).

AXEL SEIP *(Reportage)*, geb. 1950 in Köln, selbstständiger Medien-Berater u. -Trainer, zuvor stellv. Leiter der ZFP, Chefreporter SWF Mainz; Studium: Germanistik, Geschichte, Soziologie in Köln und St. Louis, USA. Seit 1977 DLF, WDR und SWF: Reporter, Moderator, Redakteur. Fortbildung für die ZFP, Lehrauftrag am Journalistischen Seminar der Universität Mainz.

ANGELA SIEGEL *(Regeln fürs Schneiden)*, geb. 1961 in München, Tontechnikerin beim Bayerischen Rundfunk, dort auch Schulungen in der digitalen Sendungs- und

Produktionstechnik, Dozentin für Schnitt und Beitragsproduktion beim Institut zur Förderung publizistischen Nachwuchses (ifp, München) und bei Phonetik-Kursen der Hanns-Seidel-Stiftung (München); Ausbildung in der Schule für Rundfunktechnik (Nürnberg), seit 1981 in der BR-Hörfunkproduktion- und Sendung.

CAROLA STERN (*Kommentar*), 1925 – 2006, bis 1985 Kommentatorin und Redakteurin im WDR. Studium der Soziologie und Pol. Wiss. an der FU Berlin,seit 1970 im WDR. Zahlreiche Buchveröffentlichungen, u. a. über Walter Ulbricht, Willy Brandt, Gustav Heinemann und Helmut Gollwitzer, Autobiografie »Doppelleben«.

HERMANN STÜMPERT (*Formate für Begleitprogramme*), geb. 1949, gest. 2005; einer der Privatfunk-Pioniere in Deutschland, zuletzt Radiounternehmer (beteiligt an der Regiocast-Holding) und Radioberater (»Funk-Büro«). 1970–1984 beim Saarländischen Rundfunk zunächst Reporter und Moderator, dann Redakteur und Unterhaltungschef der Europawelle Saar; 1985–1992 Aufbau und Leitung von Radio Schleswig-Holstein (R. SH). Ab 1992 selbstständig, Aufbau und beratende Begleitung zahlreicher privater und öffentlich-rechtlicher Programme; Autor mehrerer Beiträge in »Radio-Journalismus« seit der ersten Auflage 1980 und u. a. von »Ist das Radio noch zu retten? Überlebenstraining für ein vernachlässigtes Medium«, uni-edition, Berlin, 2005.

Herausgeber:

AXEL BUCHHOLZ, geb. 1939 in Berlin, Honorarprofessor am Journalistischen Seminar der Universität Mainz, Lehrauftrag dort auch im Master-Studiengang Medienrecht u. an d. Universität Trier (FB Medienwissenschaft), Dozent u. a. an d. Deutschen Journalistenschule u. dem ifp (beide München), der Klara – Schule für Journalismus (Berlin), Journalist und Journalismus-Trainer und Ausbilder in Redaktionen. Bis 2002 Chefredakteur u. stv. Hörfunkdirektor Saarländischer Rundfunk, zuvor u. a. Wellenchef SR 1 Europawelle Saar, Moderator und Reporter bei Radio, Fernsehen u. Zeitungen, zuerst SFB, dann SR; Jura-Studium. Zahlreiche Publikationen: u. a. »Fernseh-Journalismus« (bearbeitender Hrsg. u. Koautor).

WALTHER VON LA ROCHE, (1936 – 2010), Gründer und Mitherausgeber der Reihe »Journalistische Praxis«, zuletzt Honorarprofessor für Radiojournalistik an der Universität Leipzig, langjähriger Leiter der Hörfunk-Nachrichtenredaktion des BR. Nach Besuch der Lehrredaktion des Werner-Friedmann-Instituts in München Abschluss der juristischen Ausbildung. Im BR zunächst als freier Mitarbeiter Reporter und Diskjockey, danach Zeitfunk-, Bayern- und Feature-Redakteur, Leiter des Jugendfunks, Ausbildungsbeauftragter des BR. 25 Jahre Vorstandsmitglied der Deutschen Journalistenschule. Veröffentlichungen u. a.: »Einführung in den praktischen Journalismus«. Kurt-Magnus-Preis der ARD, Auszeichnung »München leuchtet«.

Dank

Dank sagen die Herausgeber auch vielen Kolleginnen und Kollegen, die zwar nicht als Autoren, wohl aber mit Rat und Tat zum Gelingen der neunten Auflage von »Radio-Journalismus« beigetragen haben. Besonders seien erwähnt:

Jürgen Bohr, Musikredakteur SR 1 Europawelle;

Marlene Buhleier, stv. Redaktionsleiterin Kurpfalz Radio/SWR 4 Baden-Württemberg in Mannheim;

Michael Conrad, Leiter Nachrichten, SR;

Georg Dingler, Geschäftsführer und Programmleiter Radio Gong 96,3;

Ernst Dohlus, Leiter Produktion und Sendung, BR;

Roland Feisel, Redakteur Stichtag/Zeitzeichen, WDR;

Martin Ganslmeier, NDR, Leiter der Intendanz;

Dr. Jürgen Heyn, stv. Bereichsleiter Programm, Bayerische Landeszentrale für neue Medien BLM;

Michael Koch, Referent in der Unternehmensplanung und Medienforschung des BR;

Alexander Krahe, Chef vom Dienst und Moderator, rbb-Inforadio;

Detlef Kuschka, Chefredakteur und stv. Programmdirektor Antenne Bayern;

Erwin Linnenbach, Sprecher der Geschäftsführung der Privatradio-Gruppe REGIO-CAST;

Daniel Mischke, Redakteur NDR 1 Welle Nord;

Julia Scheibe, Leiterin SR-Medienforschung;

Klaus Schunk, Radio Regenbogen, Programmdirektor und Vorsitzender der Geschäftsführung;

Tina Täsch, Fachreferentin für Hörfunk im Bereich Programm der BLM;

Ulrich Ueckerseifer, Redakteur/Reporter Programmgruppe Wirtschaft, WDR;

Harald Weiß, Programmchef SWR 1 Rheinland-Pfalz und stv. Direktor des SWR-Landessenders Rheinland-Pfalz in Mainz;

Joachim Weyand, SR, 1. Redakteur und Moderator in Hörfunk und Fernsehen;

Urs Zietan, Redakteur Internetredaktion, WDR.

Register

Register

Register

Register

Printed by Books on Demand, Germany